珍藏本·增订本

纪念版

汉译世界学术名著丛书

意识与社会

1890年至1930年间欧洲社会思想的新取向

〔美〕H. 斯图尔特·休斯　著

李丰斌　译

商务印书馆
SINCE 1897
The Commercial Press

汉译世界学术名著丛书
（120 年纪念版·珍藏本）
增订本出版说明

2017 年 10 月，为纪念商务印书馆创立 120 周年，本馆推出“汉译世界学术名著丛书”（120 年纪念版·珍藏本），计七百种。近五六年来，仰赖学界同人倾力支持，订正旧译，增补新译，拓展新著，积累日多。为满足读者需要，本馆在七百种的基础上，继续推出“汉译世界学术名著丛书”（120 年纪念版·珍藏本·增订本）三百种。至此，“汉译世界学术名著丛书”累计出版已达千种。

今后，本馆将继续推进丛书的翻译出版工作，在积累单本名著的基础上陆续分辑刊行，汇印出版。为促进中外文明互鉴、推动我国学术发展，使“汉译世界学术名著丛书”这项对我国学术文化有基本建设意义的重大工程发挥更大作用，诚望海内外学术界、翻译界继续给予支持，帮助我们把这套丛书出得更好。

商务印书馆编辑部

2024 年 2 月

汉译世界学术名著丛书
（120 年纪念版·珍藏本）
出 版 说 明

2017 年 2 月 11 日，商务印书馆迎来 120 岁的生日。120 年前，商务印书馆前贤怀揣文化救国的理想，抱持“昌明教育，开启民智”的使命，立足本土，放眼寰宇，以出版为津梁，沟通中西，为中国、为世界提供最富智慧的思想文化成果。无论世事白云苍狗，潮流左右激荡，甚至战火硝烟弥漫，始终践行学术报国之志，无改初心。

迻译世界各国学术名著，即其一端。早在 20 世纪初年便出版《原富》《天演论》等影响至今的代表性著作，1950 年代后更致力于外国哲学和社会科学经典的译介，及至 1980 年代，辑为“汉译世界学术名著丛书”，汇涓为流，蔚为大观。丛书自 1981 年开始出版，历时三十余年，迄今已推出七百种，是我国现代出版史上规模最大、最为重要的学术翻译工程。

丛书所选之书，立场观点不囿于一派，学科领域不限于一门，皆为文明开启以来，各时代、各国家、各民族的思想与文化精粹，代表着人类已经到达过的精神境界。丛书系统译介世界学术经典，引领时代思想，为本土原创学术的发展提供丰富的文化滋养，为推动中国现代学术和现代化进程做出了突出的贡献。

为纪念商务印书馆成立120周年，我们整体推出“汉译世界学术名著丛书”120年纪念版的珍藏本，寄望既利于文化积累，又便于研读查考，同时向长期支持丛书出版的译者、编者和读者致以敬意。

两甲子后的今天，商务印书馆又站在了一个新的历史时间节点上。我们不仅要铭记先辈的身影和足迹，更须让我们的步伐充满新的时代精神。这是商务人代代相传的事业，更是与国家和民族的命运始终紧密相连的事业。我们责无旁贷，必须做好我们这代人的传承与创造，让我们的努力和成果不仅凝聚成民族文化的记忆，还能成为后来人可以接续的事业。唯此，才能不负前贤，无愧来者。

商务印书馆编辑部

2017年10月

目　录

新版前言

《意识与社会》于42年前问世，旋即备受尊敬和赞扬。作者 xi
研究的是“1890年代的一代知识人”。那是形形色色的一代知识人，他们以各自独异的方式反抗实证主义在社会科学话语中的优势地位。作者的气魄令人敬佩。该书涵盖历史学、社会学、心理学、政治思想和文学，分析精妙、文字优雅、气度从容，其大师手笔令人赞叹。第一版的护封上推崇该书为“所有语言中此类作品的第一部”，现在看来，也是后无来者。

诚然，思想史领域中也有少数杰出作品可与之媲美，如雷蒙·阿隆的《社会学主要思潮》。但是在休斯之后再也没有学者以如此气势和如此宏大的视野来重新造访这独特的一代，而后者
创造的理念已经变成了20世纪思想的范式。此外，思想史的辉煌 xii
似乎已经消退。这里有一种吊诡之处。在历史著述的广阔领域里，传统的政治史、经济史和社会史都曾独领风骚，现在似乎让位给文化史。不过，文化史更关注的是风俗与时尚，或者说，更关注如何揭示那些伪装了的表象后面的权力和偏见，而无意于研究理念和思想论争。我不敢断定是否利大于弊。作为非历史专业学者，我不太理解，为什么照亮以前被忽视的历史侧面需要把历史的其他重要侧面推入黑暗，待我想到其他研究领域也有同样的情况才

有所领悟。

40 多年后重读《意识与社会》，仿佛经历一次具有三重魅力的重新发现之旅。首先，沉浸在这部著作中感受到一种奇妙的震撼。这部著作处理的是一堆复杂的思想和理论以及彼此之间时常令人迷惑的错综联系，但是行文却是极具欺骗性的直白、透彻和易懂。从围绕行业术语必要性的长期争论的角度看，《意识与社会》不啻一份关键性的证明，证明使用术语有碍于而非有助于理解。

其次，当年纠缠甚至折磨休斯笔下学者的那些问题至今依然挥之不去。我们真的能重新捕获过去，或者说，最好的历史研究就是用现在提示的新问题来重新考察过去吗？事实与价值的分离站得住脚吗，进而言之，可取吗？合理性作为概念和理想是否能容纳柏格森所推崇的直觉和弗洛伊德的隐秘发现？众所
xiii 周知，后者深深惊扰了给他提供证据的那个社会。科学与信仰之间、科学中立与政治行动之间应该是什么样的关系？历史是否有历史学家或哲学家所能识别的意义，或者说，历史是人类偶然性和自发性的偶然产物吗？对实证主义的反抗如何能避免非理性主义的泛滥？须知，实证主义一旦成为社会达尔文主义、“遗传”和“环境”说法的牺牲品，也同样难以避免陷入这一泥淖，而最终成为休斯所说的“某种科学宿命论”。一方面是由实证主义所体现的“科学主义”踌躇满志的历史乐观主义，另一方面是休斯笔下人物面对不可协调的冲突、目睹政治和人格的堕落而痛彻心扉的悲观意识，二者之间的较量在一百年后的今天依然难解难分。

第三，该书开篇与主体部分的鲜明反差也令人惊异。最初几章，休斯划定研究领域，排列主力阵容，确定核心论题（人类的目的，以及“人的思维如何才能真的认识社会”），清晰严谨，堪称典范。但是，主体部分则洋洋洒洒、信马由缰。其他学者若是论述同一时期，当然也会关注弗洛伊德、韦伯，或许还有索雷尔。但是他（或她）会如此被克罗齐所吸引，或如此对涂尔干无动于衷吗？或倾向于对研究对象如此进行排名吗？最重要的是，在本书中所涉及的大多数学者身上都能看到尼采的印记，但有谁会如此大笔一挥就悄悄带过这样一位革命性的思想家？世纪末振兴马克思主义的努力（例如被休斯贬为喋喋不休的饶勒斯）也会被如此冷落，被休斯选出的小说家——阿兰-傅尼耶、纪德、托马斯·曼、黑塞和普鲁斯特——也会凸显在类似的研究中吗？的确，《意识与社会》的魅力之一就在于它体现了休斯的心灵状态，那是
专业与“爱好”的混杂，前者表现为解剖他人头脑时的敏锐精细， xiv
后者表现为对能够带来美感或哲思快乐的事物的关注，而非按部就班、面面俱到。正是由于休斯涉猎广泛和学识广博，读者才会在拓宽视野的多方面探险中不时地“被远远带离这卷书的核心问题”。

休斯把 20 世纪初的社会思想家们描述成“在剃刀的锋刃上”行走，一方面是过去的实证主义谬误，另一方面是“未来的非理性和感性思维谬误”。这也是对休斯自己立场的准确描述。他的其他论述 20 世纪法国和意大利思想的著作，对那些在锋刃上时而站住时而跌落的学者给予了莫大同情。休斯坚决反对屠杀者的意识形态，又深刻洞悉理性的脆弱。他毕生为之呐喊的是既丢掉了幻

想又告别了绝望的启蒙自由主义。

a

斯坦利·霍夫曼*

（刘北成 译）

* 斯坦利·霍夫曼（Stanley Hoffmann, 1928—2015），哈佛大学教授，曾任哈佛大学欧洲研究中心主任。——译者（本书以 * 号标注均为译者注，不另注）

致　谢

写完这本书以后，显然，我必须向许多人表示谢意。 xv

我之所以致力于思想史的理论研究与实际写作，这要归功于我昔日的老师和现在的同事布尔顿（Crane Brinton）和泰勒（Charles H. Taylor）两位先生。

刚开始着手撰写这本书时，伯林（Isaiah Berlin）、吉尔伯特（Felix Gilbert）、霍尔本（Hajo Holborn）、克拉克洪（Clyde Kluckhohn）、麦凯（Donald C. Mckay）、理斯曼（David Riesman）、伍德沃德（Llewellyn Woodward）等诸位先生曾经予以赞助，在此我也向他们致最深的谢忱。

斯坦福大学高级研讨班的同学以及行为科学研究中心（the Center for Advanced Study in the Behavioral Sciences）的同事们曾经耐心地和我一起琢磨草稿里的论证方式，并且提供了新的表达方式以及原先未曾想到的研究途径，在此也一并致谢。

谢谢古根海姆基金会（Guggenheim Foundation）提供给我旅 xvi
行研究奖学金，使我能够在 1955 年的下半年开始从事这本书的写作；也感谢行为科学研究中心提供我闲暇的时间和理想的工作环境，使我能够在 1957 年的前 8 个月当中，完成大部分的写作工作。

我的学生也是朋友米歇尔（Allan Mitchell）在第六章的研究工

作中曾给我宝贵的协助。金特里夫人（Mrs. Jeanne Gentry）孜孜不倦地，以她的聪明和挚诚为我完成了一项吃力的工作——把我那些几乎难以辨认的手稿厘清。鲍默（Franklin L. Baumer）、多伊奇（Karl W. Deutsch）、迈尔霍夫（Hans Meyerhoff）诸先生，小心谨慎地为我读完全稿，我的内人则在编排方面提供了细心的帮助。

我也感谢基础书店（Basic Books, Inc. ）允许我引述琼斯（Ernest Jones）的作品——《弗洛伊德的生活与作品》（*The Life and Work of Sigmund Freud*），以及自由出版社（The Free Press）允许我引述帕森斯（Talcott Parsons）的作品——《社会行动的结构》（*The Structure of Social Action*）。

最后，我必须说明，以下这些章节的一部分最初都是以演讲的形式发表的：即第二章（1955 年 9 月在罗马史学会上发表）、第四章（1957 年 3 月在密尔学院（Mills College）发表）、第七章（1956 年 12 月在圣路易举行的美国历史学会（American Historical Association）上发表）等。最后提醒读者们：诸位如果不是对思想史的专门问题有特殊兴趣，可以略过第一章和第三章。

第一章　导论

本书是一本思想史的论著。但是，除非先为“思想史”一词 3
下一个定义，否则，自称撰述思想史，便无意义了。显然，这一
类的历史是处理人类的思想和情感——它一方面讨论理性的论证，
另一方面也处理突发性的情感。人类所表达的一切内容——如见
诸著作、习惯、传统中者——都包括在它的范畴之内。的确，从
某个意义来说，人类所表达的一切东西，除了一些野蛮的呐喊之
外，都可以看作思想史的素材。

我们也很可以争辩说：这个素材并不是历史当中最深刻者。它
的底下（姑且借用处理人的心理时所用到的，实用但容易混淆耳
目的具体譬喻——“高”和“低”）还埋伏着散乱无归依的情感领
域，以及规律的经济活动过程。马克思称此一层次为“下层结构”
（substratum）。对马克思而言，重要的事是要了解那些不可避免地
制约人类生活的生产制度的特征；而对于他的下一代的那些伟大的 4
社会思想家来说，最核心的关注是人类情感的非理性、几乎永恒不
变的本质——亦即弗洛伊德所指称的“驱力”（drives）以及帕累托
（Vilfredo Pareto）勉强所称为“剩余物”（residues）者。这些思想
家虽然与马克思泾渭分明，但他们至少都同意他的一个说法：藏在
人类行为“最深处”的东西大多不过依循一种反复的模式。

或者，用道德的术语来说，他们都同意：人类经验的基本特征乃是其自由的有限性。他们主张：人只有在有限的时间内，在严格限定的活动范围内，才是他自己的主宰者。18 世纪或 19 世纪早期的思想家则认为：人是一种自觉的理性存在，可以在诸多经过适当权衡的可选项中自由地定夺取舍——现在我们所讨论的这些思想家却认为这根本是一种过时的幻想。

当代社会科学在不知不觉中已经把这种人类自由无可避免的限制（不论外在环境所造成的，或是情绪上的制约）当作一种主要的前提。社会学家、人类学家、经济学家以及心理学家一致把“有意识的选择”（conscious choice）局限于一个狭小的范围内。而历史学家们（他们通常对这些事情都持比较审慎的态度）则深深震惊于一些理论，这些理论似乎把他们所研究的主题剥夺掉了。他们的主题一向就是“人类的行为”（res gestæ），如果这些行为只是物质与心理制约的产物，则它们还有什么好写的？历史学家是不是要变成不折不扣的社会学家？

此一困境至少在 19 世纪 60 年代就已经出现，在本书中，论及 19 世纪末期的实证主义时，它也会再度出现。社会科学目前在
5 美国的力量及人们对其所持的自信，则使此一困境更形尖锐。如今，当一位美国历史学家选择以“高层次”事物（道德的理想与自由玄想的心灵）作为写作题材，他很可能会感到良心不安。

不过，从稍微不同的角度，情势就未必如此了。自来历史学家便一直在撰述“高层次”的事物，但并不知其所以然。他们的性情气质投合于过去的伟大行为与崇高的思想。他们对社会科学的新自觉，并没有改变他们的这种倾向；历史学家虽然从马克思

和弗洛伊德处习知了人类经验中较有意识的方面不过是一种“合理化行为”（rationalization），或者随帕累托称其为“衍生物”（derivation），却固守这种写作的倾向。一种模糊但切合事理之感，使他们仍然执着己身所熟悉的使命定义。

事实上，我们稍加思索就会发现：目前这种对人类行为之“基本”（basic）性质的坚持，非但远未剥夺历史学者的传统倾向，还首次为其提供了一个充分的解释——它说明了为什么他们会被某种主题所吸引。我们现在已经认识到，这个主题不可能仅仅是一些重复性的东西。因为历史的本质乃是“变迁”（change）——而变迁则至少必须有一部分是有意识之心智活动的结果。在某一个时候，某一个地方，一定有某一个人决定了要去做某些事情。“广大的非人格力量”（vast impersonal forces）只不过是个抽象物，也可以说是无数微小但绝对是“带人格的”（personal）的“决定”的总和。从统计学意义来说，许多选择的结果可能是可以预测的；但是在形而上学和伦理意义上，我们大多数人则相信每一个个体的选择都是自由的。我们的语汇和思想的范畴已暗示出此一信念。[①]因此克罗齐（Benedetto Croce）坚称历史必定是“自由的故事”乃是正确的——虽然其所以为正确并不全然与他所说的道理相吻合。

重复性、非理性、虚拟本能性的（quasi-instinctual）事物可能 6
是历史的下层结构，但是，它们绝对不是历史主题本身。唯有在以逻辑界定的时间序列中，能够连贯解释的事物，才能成为历史的主题。而在这种解释当中，行为与思想乃是牢不可分地纠缠在

① Isaiah Berlin: *Historical Inevitability* (London, 1954), pp. 32–34.

一起。思想史代表着一种从思想的观点（而非行为）来处理这个题材的方法。

因此，思想史的主题乃是各种不同层次之复杂体的“合理化解释”。如此，思想史提供了历史学家们所必须处理的极为棘手的材料。思想史所布下的陷阱是如此多，如此恐怖，使人感到绝望，认为无法去充分地了解它，也无法以可理解的形式把它表达出来。

浩瀚如海的思想史资料令学生感到震惊，远甚于史学研究的其它领域。其材料只有小部分可以度量；同时除了很有限的范围，这些材料也是无法互相比较的。其中包括智性刻意经营的各种类型和水平：自最粗劣的新闻报道到最深奥的科学及哲学研究。这种情况下，首先且主要应避免的，就是遍览一切的冲动。历史学家那种（或许值得赞同的）想合宜地“网罗”一切材料，写成一部“经纬明确之作”的欲望，一旦用于探索观念的领域，显然是一种危险的幻想。

不管其他史学领域的情况如何，在思想史界声称自己所写的乃是“经纬明确之作”，显然是荒谬的事——要把思想的发展（即使是在一个有限的范围内）作百科全书式的研究，乃是一项不可能的工作。这样的一部书一定会始终受困于各种不能相容的“解释层次”（levels of interpretation）。这种书的作者不可能具有他所
7 处理的各个学科领域中的专门学识；即使是资质最优秀的历史学者，对他自己本行以外的东西，也不过只有差强人意的了解。这种尝试几乎都不免陷入不平衡与缺乏重点——或肤浅，或对材料的处理和呈现太过专门化。因为思想史家们所犯的最常见的错误，

乃是下笔去写他们没有真正了解的事物——亦即未经“消化”，未经自己反复思索的材料。少了这一个步骤，历史学者所写出来的却只是克罗齐所谓“大事记”（chronicle），亦即仅仅是被界定、描述、分类了的材料，而不是最优秀的历史作者心目中的真正历史。

我希望我的这本书能不陷入这个主要的陷阱中。写作本书时，我抱着这样的信念：思想史的写作唯有把要研究的问题做严格挑选和精确定义之后，才能达到艺术与逻辑的整合境界。

围绕历史的合理性这一问题，还有着第二层危险。一方面，史学家总想看到一个清楚的结构，想把自己那一套划一的模式套在不定的资料上。历史学家对于这个危险大多相当警觉——或许过于警觉了。他们非常害怕破坏资料的完整性，以至于不做任何系统表述。大多数所谓的思想史由此成为无筋骨之物。然而，避开一个陷阱并不意味着必须盲目地踏入另外一个陷阱。认识到“在历史中寻找内在理性”这一谬误，并不意味着必须屈从于另一个相反的谬论，亦即宣称历史在本质上是非理性的。如果历史显然没有得到公认的理性的模式，其相反的情况也未必是真确的——即使对于在历史上找到明显的逻辑感到绝望，也不应该就此放任自流而慨叹凡事混乱无序。

归根究底，这是个无法解决的问题。但是，就实用层面观之，8
却很容易解决。不论“实际发生”的历史究竟属于何种性质，“关于历史的陈述”（statements about history）必须是合乎逻辑的；因为若非如此，它们就不可理解了。不论历史终究的“实相”（reality）为何（任何人告诉我它是什么，我都不信），我们只能用理性的语言表述对历史的发现，即前后一贯的、可复制的，不必是很

精确的。再者，所谓做合理的陈述，乃意味着建立起某种架构，或铺陈某种设计。即使这架构或设计只作为极具试探性的假说，它仍然不失为出自人类心智的精心设计之物：它绝对不是由历史自身自然孕育而产生。因此本书的研究基于这样一个假设，如果要谈论一些思想史上值得谈的事物，我们就应该不畏于提出假说，并且用合乎逻辑的方式来讨论它们。我不会回避社会学家所说的“建构”（structuring）材料。

最后，“时代精神”是一个古老但仍然相关的问题。我们大多数人相信这种精神的存在。歌德认为“时代精神”（Geist der Zeiten）乃是“反映了时代的、‘史家自己的精神’”[1]，很少有人赞同他的这一怀疑态度。但是谁又胆敢说这个精神究竟是什么？谁那么有自信，认为他有办法找到它，或为它下定义？矛盾的事实是，发现时代精神既在技术上近乎不可能，同时却是思想史家的最高成就。

本书既在时间和主题上有所界定，它便意味着诸如此类的精
9 神的存在。我所要努力去发掘的（至少在一些经过挑选的思想家中去发掘），就是构成20世纪早期批判性之自觉的共同态度。

于是乎，我们又面临了为本书界定范围的问题。首先我要说

---

① “*Was ihr den Geist der Zeiten heisst,*
Das ist im Grund der Herren eigner Geist,
In dem die Zeiten sich bespiegeln.”
Faust, Part I, “Night.”

（译者案：此段周学普先生译为：“你所说的各时代的精神，无非是各时代反映于其中的学者们自己的精神。”见周先生中译本，（台湾）志文出版社，1978年，第73页。）

明我所写的是什么样的思想史；其次，我要说明我为什么挑选某个地方、某个时间、某些思想、某些人作为研究的对象；最后，我愿意就本书的形式说几句话，并说明我个人的观点。

通常，思想史的论著不是处理“高层次”的思想，就是处理“低层次”的思想。前者指在思想上清楚而有意义的表述；后者则是一些含有口号宣传性质的陈腔滥调。通常人们都认为后者乃是经过一两代“文化脱节”（cultural lag）后，从第一个层次“过滤出来”的残余物——在这种新的背景底下，思想几乎一成不变地以鄙陋或扭曲的形态出现。本书所讨论的是属于“高层次”的思想。下面会做进一步区分，以说明为什么它们是属于“高层次”的。

我在审视思想文献的时候，很惊讶地发现：做这种研究，似乎有三种途径可循。（我所指的并不是那些处理某一特定美学领域或学科——如艺术、文学、哲学、经济学等——历史的作品，因为这些著作所处理的是一系列颇为不同的问题，而没有提出有关“整合”的“时代精神”的问题。）第一个途径是处理流行的观念和习惯（包括整个民俗和社群情感的广大领域）。对这种材料感兴趣的史家们所使用的方法差不多与人类学家研究“初民”（primitive）文化的方法一样。因此这一类史家的工作就很恰当地被称为“回溯性的文化人类学”（retrospective cultural anthropology）。第二种是克罗齐所说的“伦理-政治”（ethico-political）的研究途径——亦即研究少数统治阶层，以及企图对其取而代之的敌对少 10
数的活动与抱负。[①] 最后一种途径，是对启发统治阶层的精英分

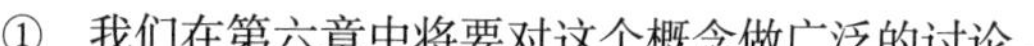

① 我们在第六章中将要对这个概念做广泛的讨论。

子之思想的起源与发展加以研究。这种研究途径基于这样的假设：文明价值的建立与维护实际上是依靠少数个人的努力。最后这种类型的历史，试图确定在任何特定时期，受过优秀通才教育的人所能吸收的思想是源于何处。有时候，它所处理的是一些“已经”为人所接受的思想——但是在这种情形下，它和我所提到过的第一个范畴会有所重叠。在多数的情况下，它是要处理尚待争取影响力的思想。

现在读者们大概已经可以很明显地知道，我自己的著作是属于最后这个范畴之内的研究了。我坚信，这就是思想史的康庄大道。这并不是说，其他类型的思想史就不值得关注——事实绝非如此。但是，我们在经过仔细的检视之后，就会发现那些类型的思想史并不全然是思想的历史。这一点又使我们回到“高层次”与“低层次”的分别上来了。在普遍为人们所接受的这个层次上，几乎无法从探讨真正本质的角度来处理思想——因为它们不够明确。史家处理这类思想的努力往往沦为机械式的、对奇怪概念的罗列。在处理得成功（有意义）的场合，它们则结合于一种概括性的解释结构里，这种解释结构涵盖了某一特定社会里人类实践方法之间的所有交互影响关系。简而言之，它们变成了一般性的社会史的一部分。这或许就是我刚才提到“回溯性的文化人类学”的真正意义。这与“概念化的”（conceptualized）——不只是叙述性的——社会史几乎相互吻合。因此，我所指出的第一种类型的思想史或许根本就不是思想史。就作为唯一一种实际撰述“低层
11 次”的思想史的方法而论，它或许纯粹就是对社会做历史性研究的可能的方法——一种极为重要，但是与我们目前所讨论者无关

的研究。

以上所说的，在稍加修正以后，也可以适用于“伦理-政治”型的思想史。这一类的研究究竟属于“高层次”或是“低层次”，并不十分明显。当然，少数统治阶层心中的想法和他们那些地位稍逊的同胞的想法，即使有所不同，也往往只是稍微不同而已。而有些时候，统治阶层的精英分子（或说是，某些具有影响力的分子）的思想可能会“远超出”多数人的思想。无论在任何一种情况下，除了在非常的“意理整合”（ideological integration）的时期外，少数统治者所持有的一套想法，显然因人而异。要精确地评估某一时期内的主要思想究竟为何，是非常困难的。最可靠的指标并不是人们所说的话，而是他们的所作所为：这又再度把我们带回到行动的历史，而不是思想的历史上来了。

这就是我们之所以要怀疑“伦理-政治”历史是否正是我们所追求的目标之原因——亦即回到史家在传统上对政治活动之注意的问题。再者，这种类型的历史即使企望盘旋于思想层面，它若要成功，唯一途径即是付出把思想过于简化的代价。史家必然会挑出一二种“伟大”的思想来作为组织的脉络。而我们在把这些领导性的思想做更详细的检视后，总会发现它们乃是史家们自己的思想。伦理-政治史的巨擘——克罗齐本身也绝无法逃脱此一罪名：亦即把自己的思想投射到过去的历史中——我们稍后会谈到这一点。

现在，我们所要讨论的就只剩下第三种思想史了——亦即在
高层次上，研究主要思想的原始形态。我要简短地说明，我认为 12
什么样的思想才值得用这种方式来处理；因为，在这种篇幅的著

述当中，即使对于较具影响力的思想，我们也只能就其中的小部分加以处理——如果我们还是要避免编目式的工作的话。同时对本书的特点做个总结。简而言之，它的目的是填补一个众所皆知的漏洞：它是对一位晚近思想史家所表述的思想史研究领域之主题——即“对相对较短时期内之思想的交互关系做详细研究”——的回应。同时它也是针对同一作者认为是未来研究指南的问题而写：

> 观念是否真正能够在各种不同的思想领域里相互交错（即使在此过程中以变形的姿态出现）？……那么所有的（或者大多数）知识分子最终一致认同的基本假设——如果有的话——是什么？在这些假设当中，有什么样程度的紧张状态存在？贯注于共同的思想架构当中的最富意义的变异是什么？[①]

对于本书所呈现的历史之“类型”（type）的定义，我们就说到这里为止。现在该来谈谈其内容了——在此之前，我们甚至还要谈谈如何界定其时空关系。“历史研究的单元”（the unit of historical study）——套一句汤因比（Arnold Toynbee）的话——既不是世界性的，也不是国家性的。它也不是那个疆界始终不明，而其精神实体却为我们多数人所相信的未经界定的实体——即所谓的“西方文明”；最后，它也不单纯是欧洲的思想。本书的地理范围是狭义的欧洲——亦即西方世界的原始“心脏地带”：法国、德

---

① Franklin L. Baumer: “Intellectual History and Its Problems,” *Journal of Modern History*, XXI (September 1949), 193–194.

国（包括奥地利）和意大利。

为什么恰好是这个地区呢？首先，我们可以做这样的辩解，即：从查理曼帝国时代到现在，由六国组成的“小欧洲”社会 13
（这个范围与我所处理的范围很相近）总是比西欧边缘国家更具有强烈的“欧洲意识”（European consciousness），同时也具有比较容易感觉得到的共同文化与共同利益感。斯堪的纳维亚、伊比利亚半岛、英伦三岛等，这些地域总不如大陆核心地带那么具有欧洲意识。至于东欧，它在这个传统中所占的地位则更令人怀疑。对于这一点，我们只要回想起如丹尼列夫斯基（Danilevsky）、斯宾格勒（Oswald Spengler）和汤因比等思辨历史哲学家，他们虽然在其他方面各有所不同，却一致把俄国和大部分的斯拉夫世界摒弃于欧洲文化之外，就可以明白了。

就本书的研究而言，除了以上这些历史的——或许还算是过于抽象的原因外（对此若加细论，会离题太远），还有一个更具体的顾虑，限制我们必须把范围界定在中欧大陆。因为本书的主题是约略1890—1930年间的社会思想；尤其所研究的都是主要的改革者。在本书的研究中，我希望能够确立这样的事实：亦即，一般而言，是德国人、奥地利人、法国人和意大利人，而不是英国人、美国人，或者俄国人，提供了最具我们这个时代特点的思想资源。此外，他们往往在前后几年间相继提出惊人相似的理论。关于这一点，有时候，我们可以用个人之间友谊和知识的交流来解释。但更常见的情况是，这看起来纯粹是偶然——事实上两位思想家对彼此的研究情形毫无所知。这种关联，除却偶然外，还有别的因素：与欧洲边缘国家比较起来，西欧和中欧大陆国家共

同享有更多制度上和思想上的传统——包括哲学、法律、高等教
14 育结构等；这些传统为他们的主要社会思想家提供了一套类似的问题。而就在第一次世界大战前那个时代里，这些思想家同样地都有了更广泛的心理上之“抑郁”（malaise）的经验——亦即世纪末的感觉，以及旧习俗、旧制度不合于社会现状的感觉；这些感觉许多大陆人终日萦怀，但是大陆边缘的人却只有轻微感受。

这种旧社会死亡的感觉，与一种扰人的动荡感，以及不知道新社会将是个什么样子的感觉，暗示了我为何要把本书的范围界定在这个时期的理由。它始于“世纪之末”（fin de siècle），止于20世纪30年代的不景气时代，前后贯穿40年的时间。它横跨了第一次世界大战——虽然战前那一段时期远比战后那段时期更具有决定性。我相信，随着本书之讨论的进行，会更清楚地说明，我为什么要为这个时代赋予某种一贯之思想形态。同时，我也必须说明：此书目的是要为我们称之为这世纪的思想风尚，下一原始定义，并且为其做详尽说明。我们将会发现：在这时期里结合了思想上之创造力与德国人所称“文学上之颓废”（Epigonentum）的人（其作品为其后50年奠定了指导性的思想模式的一些人）经常具有一种特殊的感受——他们觉得自己只是在衍生下来的哲学和学术思想中讨生活。[1] 特别是那些去世得早的人，他们处在一种灭亡必临的悲观主义与自我怀疑之中，而因此绝对没有想到他们的作品对未来会产生那么大的影响。

同样地，从另外一个角度来看，我们所研究的这个时期也可

① See, for example, Marianne Weber: *Max Weber: Ein Lebensbild*, new edition (Heidelberg, 1950), p. 151.

以说是显示了某一类型的思想活动的结束，以及另一类型活动的肇始。这时期里的许多主要思想家，诸如弗洛伊德、克罗齐、帕累托（举三个很不相同的例子来说）都曾建立起无所不包的体系。但是，他们却也同时缩小了这类理论适用的范围，并且也为将来 15
这一类思想运作的用处提出了质疑。因此，在一方面来说，他们代表了自亚里士多德以降，一长列的体系建立者的最后一批人。同时，由于他们的体系是开放的，而且留给后来思想家的遗产，与其说是对某些问题的具体解答，不如说是一些未经证明的假说，因此他们也在社会理论上开启了一个专业化的，以及把注意力集中在审慎的、有限的问题上的时代。就个人而言，他们都是人文主义者——他们将哲学与科学教育结合，也并没有在文学和社会科学之间划下很明确的界限。但是，相比他们的先驱者，由于他们为社会研究宣布了更严格的标准，所以他们也几乎使他们的后继者无法塑造出自己的形象——这些思辨的、心胸广阔的心灵教育出了两个世代的专题研究者。

在他们所处的那个多变化的、过渡型的思想界里，“意识”（conciousness）的问题很早就成了一个严重的问题。另外，我们也可以说这个时代的思想特质，即是：一个社会观察者首次以专断的形式表现出自己的主观态度——本书的命名便是由此而来。稍早以前，众人都以为这种态度并不会产生严重的问题——理性主义者（rationalists）和经验主义者（empiricists）都同意在社会过程中，演员与观察者都具有相同的观点，也同意我们可以把这种共同的态度认为是科学研究或功利派伦理学的共通设定。他们还曾经辩说：其他的观点都可以视为不相干的情绪的干扰，而不足以

重视。[①]现在，突然间，有一些思想家开始个别怀疑而认为：这些情绪上的介入，非但不仅仅是外界的东西，它们甚至还可能是最
16 主要的东西。经由缓慢的“重新取向”（reorientation）（往往与他们的初衷相违），他们发现了人类行为中的主观“价值”。他们发现：作为社会中的演员（actor）而言，人们很少受到逻辑思考的决定性影响——他们的行为通常受到这种或那种超理性或次理性（supra- or infra-rational）的价值的影响。的确，科学的观察者，不论其态度与其他的演员有多大的不同，其本身的处境并没有本质区别——因为对他而言，也有一套价值体系（不论表述多么含糊）在决定对值得研究的问题的选择，由此其解决方案的性质也受到了影响。

因此，我们以下所要讨论到的许多不同的思想家都各自用了不同的方法，尝试去了解外界实体与对此实体之认识、认知之间的相异之处。渐渐地，他们都发现：社会的研究并不只是把观察所得的资料套进一个人们认为是普遍一贯的人类思想架构中而已，它是一种远比这更为复杂的工作。他们认识到，这种“套入”并不是很自然的——早期的思想家认为他们自己只是直接面对材料而已，但是他们却认为他们比此更进了一步。简而言之，他们发现自己在外界资料和最后的智识产品中插入了一个中间阶段——亦即本身对这些资料之自觉（awareness）的反省。结果乃产生极高度的智识上的自觉——亦即对社会之基本假定的全盘检讨。“洞察”（seeing through）（即深入地探讨）——此乃20世纪早期思想

① In this connection see Talcott Parsons: *The Structure of Social Action,* second edition (Glencoe, Ill., 1949), p. 61.

的标记。

从这个观点来看，1890—1930 年的思想上的努力，便是一系列试图解决某些特定问题的努力，这些问题是因为意识到“社会观察”（social observation）的可争议的特质，而酝酿产生的。如我们刚才所说，这种努力很明显地提高了社会研究者的智识自觉 17
的程度。但是这种复杂性的提高也有其危险存在。差不多在每一种情况中，它都或多或少地造成对本身不利的状况。这种新的自觉很容易流为偏激的怀疑主义（skepticism）如：“社会思想都是主观的”。这种意识，很容易地就会进一步演变成否定所有这些思想的观念——或者，换言之，就是变成了千方百计地要去“用血来思考”（think with the blood）* 的态度。在评估 19 世纪 90 年代的永久性影响时，我们必须时时记住这一代人的成就中所含有的主要矛盾——他们的成就往往助长了“反理知主义”（anti-intellectualism），而这种反理知主义却正是他们自己极端反对的东西。

这些思想家中，有的人根本没有很清楚地认识到自己的理论中所隐含的意义——他们倔强地执着于一套早就不适用于他们的思想的哲学假设。还有一群思想家则庆幸“非理性因素”（the irrational）的发现，并且想要把未来的社会哲学植根于“直觉”上。最后还有一些思想家（我相信这些是最伟大的思想家），当他们千方百计地要保存理性主义者的传统时，却同时也绝对地改变了此一传统的轴心，使得此一传统能够包容对人的重新定义——即：人不全然只是依照逻辑来思考的动物。

* 即以亲身体验，主观去衡量一切。

这些作家们集合在一起，构成了所谓的天才的“丛集”（cluster）。[①] 为何历史上会出现这么一个丛集，为何历史上的某些时期似乎会比其他的时期更充满了创造性的心灵？对这个问题历史学家无法提出令人满意的答案。或许，这整个现象根本就是个幻觉——在某一时代里看起来像是天才的人，在半个世纪后看来，或许不过是些点子特别多的诡辩家罢了。不论如何，从我们目前
18 这个有利的观点来看，在 1890 年代臻于成熟的那一代社会思想家是主要创造力的象征——我们愿意承认，那些建立了如今仍然属于我们的思想风格的人乃是我们的导师。

历史上的“一个世代的观念”（the notion of one generation）“是非常具有弹性的”；但是，“这个观念甚吻合于我们对实相的具体感……有些世代是长久的，有些世代是短暂的。我们唯有根据观察，才能察觉曲线在何处改变方向”。[②] 显然，每一个世代都是互相重叠的——而所谓的“世代”多少都是人们专断界定的产物。但是它们是透过共同经验而由本身形成的。围绕着这种经验，“丛集”的情形又出现了。因此，那些人和比他们年长 15 岁的人共同认识了对心理具有决定性影响的事件，他们遂会觉得和这些年长的人比较亲近，而与没有这种体验的年轻一点的人比较疏远——两次世界大战中的世代就是这样的例子。我在下一章中会说明，什么样的共同经验（社会的及智识上的）界定了“1890 年代”。

---

① A. L. Kroeber: *Configurations of Culture Growth* (Berkeley and Los Angeles, 1944), pp. 10–16, 839.

② Marc Bloch: *Apologie pour l’histoire ou métier d’historien* (Paris, 1952), translated by Peter Putnam as *The Historian’s Craft* (New York, 1953), pp. 186–187.

在这个例子里，我们是在讨论一个比较长的世代。它的创造时期绵延了大约40年。而其中最年轻的成员则比最年长的成员年轻了21岁。假如我们撇开分别出生于1847年的索雷尔（Georges Sorel）和1848年的帕累托不论（他们开始从事写作的时间较晚，因此在心智上是和比他们年轻许多的作者连在一起的），则我们所要讨论的思想家都出生于1856—1877年。[①] 他们尤其是集中于19 19
世纪60年代晚期出生。新的世纪来临的时候，他们的年龄大约都是30出头。

我们来看看其中的“出场人物”（dramatis personœ）。显然，这个时代的巨人是弗洛伊德。其次重要的是集法学家、经济学家、史学家、社会学家、哲学家于一身的韦伯——一个智力高超、多才多艺的人；他的内心交杂着致使他身心崩溃的矛盾冲突，凭着铁一般的意志他才化解了这些矛盾。其次我们应该提到的或许是克罗齐，克罗齐是一个比较缺乏独创性的思想家，但是他对他本国（意大利）的影响却远非我们的时代所能比拟——在约半世纪的时间里，他独霸了意大利的文学与哲学界。今天我们对于史学方法与哲学假定所提出的最有力之批评，几乎都是得之于他。对于这三个人的重要性，人们几乎是没有什么异议的。

有些人或许会把涂尔干与他们三人并排在一起。显然，作为现代社会学的始祖之一（另一位是韦伯），他也值得我们以尊敬

① 1856年，弗洛伊德；1858年，涂尔干、莫斯卡；1859年，柏格森；1862年，迈内克；1864年，韦伯；1865年，特洛尔奇；1866年，克罗齐；1867年，班达、皮兰德娄；1868年，阿兰；1869年，纪德；1871年，普鲁斯特；1873年，佩吉；1875年，荣格、曼；1876年，米歇尔；1877年，黑塞。

的态度来讨论他的思想。但是我却希望能够确立以下这样的看法，亦即：涂尔干所留给后代的教训必然没有弗洛伊德、韦伯或克罗齐所留给人们的那么发人深省，并且也比较缺乏独创性。他是一个典型的局限于某种知识架构当中，但是却经常缺乏资料根据的理论家。第三位主要的社会学家——帕累托的情形也是一样。谈到帕累托，我们就触及了某一类型的思想家，就他们而言，人们对他们的议论永远分歧，莫衷一是。情形大致与此相似的还有另外三位——哲学家柏格森（Henri Bergson），以及无法判定该属于哪一类思想形态的索雷尔以及背离弗洛伊德师门的荣格。

前面所提到的这些人都一度或数度被人们称为震撼世界的重要人物，在现代人的研究中，他们的名字也都还是鼎鼎有名的。像政治社会学家莫斯卡（Gaetano Mosca）、米歇尔（Robert
20 Michels），史学家迈内克（Friedrich Meinecke），神学家特洛尔奇（Ernst Troeltsch）以及诗人兼道德家佩吉（Charles Péguy）的情形就与他们不同。但是我希望，读者从我们的讨论过程可以体会到，在我们的研究内容中，他们也是不可或缺的人物。和以上这些比照参看之下，一些比较不重要的作家们就会显得肤浅——特别是法国的散文家班达（Julien Benda）和阿兰（Alain）。还有一些比 19 世纪 90 年代的思想家们更年长或更年轻的重要思想家，我们将会把他们当作先驱者或后继者来处理——前者如哲学家狄尔泰（Wilhelm Dilthey），后者如马克思主义理论家葛兰西（Antonio Gramsci）、推理史学家斯宾格勒、哲学家维特根斯坦（Ludwig Witgenstein）及社会学家曼海姆（Karl Mannheim）。

最后，还有6位富有想象力的作家，我则作为说明的范例，他们是：傅立叶（Alain-Fournier）、纪德（André Gide）、普鲁斯特（Marcel Proust）、托马斯·曼（Thomas Mann）、黑塞（Hermann Hesse）以及皮兰德娄（Luigi Pirandello）。把他们列入本书讨论的范畴，有些人或许会感到惊讶。为了解释这一点，我得对我所指的“一般社会思潮”（general social thought）再做进一步的说明。

首先（也是最重要的），我要强调：我并不是在处理社会科学的专业发展史。因此我就不去考虑那一些影响力仅及于本学科学问之内的思想家。我只对超越专业知识范围，并且与其他领域的知识有关的观念有兴趣——我只讨论那些能够对一般受过通才教育的人们提供社会与道德观念的作品。在此一定义之下，我剔除了许多来自诸如经济学、人类学、逻辑、形而上学等不同领域的人物。

就另外一个极端来说，我不愿意讨论那些与政治运动有强烈而密切之关联的人——不论他们是右派的，还是左派的。我只对某些思想家感兴趣，他们渴望自己的知识探寻能成一家之言，而
且追求知识的态度不偏不倚，不受自身的利益和宣传所动。在我 21
所选择来探讨的人物当中有些（我们可能会想到韦伯和莫斯卡）曾积极地参与当时的政治活动；不过，他们却想要使他们的科学性或争论性的著作与政治保持分明的界限，这一点虽然有时不太成功，但是他们确曾如此努力去做。无论如何，我都将从抽象的性质上去研究他们。有些作家像葛兰西和阿兰都是坦率的党派的代言人，在这些例子里，我只要论及他们的著作当中所表现出来的对“社会中的人类”（man in society）的不变的关切这个较广泛

的问题。因此，本书显然不容纳法西斯主义的先驱者——尽管在紧接第一次大战前或其随后的几年当中，法国和意大利民族主义运动以及德意志种族主义运动是如此波澜壮阔，读者在本书里也找不到有关于它们的任何讨论。同时马克思主义的出现也将代表着一个分歧点，而不是代表着本身内在真正具有研究价值的一系列思想。

我只囊括了有限的几个富有想象力的作家，这一点或许更有问题。对于这些人，我也不打算用实质上的艺术意涵去讨论他们。我并不是在从事文学史的写作。不过，我认为想象的文学（特别是小说）在我们这个世纪中，对于价值的提出比前两个世纪扮演着更严肃、更具有自觉性的角色。把哲学家和社会科学家的抽象的洞察力变得更具体化，使它更能够直接为人所接受，这个任务便由重要的小说或戏剧承担起来。在我们这个时代里，想象文学所发挥的功能当然不止于此——它在描绘社会的时候，把周遭涂上了用象征和暗示所构成的半阴影地带，这个范围是难以直接描述的。同时它也不只是借重社会科学的知识而已，它还把本身的发现回输于社会学，造成二者之间密切的互相影响。[①] 在本书倒
22 数第二章中，当我们讨论到各种观念如何影响某些人（这些观念的创始者原来是想影响受过教育的大众这个较广的层面）的时候，我想小说和戏剧的切题性就会更明白地显示出来。

“一般社会思潮”的意义可能还不够清楚。就社会科学这门学

① 关于这一点，请见 Thomas Mann: *Freud, und die Zukunft* (Vienna, 1936), translated by H. T. Lowe-Porter as “Freud and the Future,” *Essays of Three Decades* (New York, 1947), pp. 412–415。

问的意义来说，“社会学”（sociology）可能和我所说的意义最相近。“在一个充满了自由开放之理想的时代里，哲学把社会与知识界的情况反映得最清楚；在今天把它们反映得最清楚的则是各种不同的社会学。”[①] 但是我所指的社会学，却不是今天我们在美国所熟知的那种高度专业化与细分的学术。我所指的乃是承袭孟德斯鸠或马克思之传统的更普遍化的社会理论之建立工作。这就是韦伯、涂尔干和帕累托对社会学的观念。不论他们所处理的是如何有限的问题，他们真正的目的乃是要建立一个全面性的有关社会的知识架构。值得注意的是：他们都是受过通才教育的人，并且都先在其他个别的领域内受完训练以后才投身于社会学的工作当中。的确，在当时根本就没有正式的社会学教育，而他们在这方面所受到的一点教育也根本无法给他们任何帮助。

在这个范围广阔的领域当中（除了社会学以外，还包含哲学、心理学、历史与政治理论的某些层面），我们比较关心的倒不是概念的正式提出，而是我们或者可称之为“思想风格”（styles of thought）的问题。我们的兴趣是：在我们所列举的20世纪思想家的名单中，尽量确立一些其间的相互关系。如果我们难以为它们做有系统的陈述或下一专业化的定义（譬如说从心理学或伦理学 23
的角度来看），我们将会设法去透视其基本的相似性。最后还可能会出现一些“共同假定”（common assumptions），我们可以把这些共同假定当作是构成此一时代之知识“风格”的东西。

---

① Karl Mannheim: *Ideology and Utopia*, 即 *Ideologie und Utopie* (Bonn, 1929) 的英译增订本 , London and New York, 1936, p. 226.

在这个焦点底下，观念所蕴涵的意义往往会比观念本身显得更重要。思想家们在潜意识、半自觉的状态中对这些观念所持的态度，会比这些观念的有系统的陈述显得更突出。假若原始的术语听起来不顺耳且已经过时（帕累托的语汇正是如此），我就会尝试为它们重新下一个定义。在其他的情况中，如果该问题在过去曾显得很重要，但是在今天看来却很琐碎，则我所强调的重点也会随之而改变。在做这种“再诠释”的工作时，我的指导原则将是克罗齐的名言，亦即——史家对其问题的定义，必然是，而且也很恰当地是其时代事件的反映。

读者们或许要问，为什么我不以观念为中心来组织本书，而把注意力集中在个别的思想家上？这个问题完全合理，而且也提出了一个在写作思想史时最困扰人的问题。首先，我必须说明：本书并不是一系列的思想的传记——读者们只要把目录看过一遍就会知道我是如何地把对于个别思想家的分析纳入一个更普遍的概念架构当中。但是我却认为，除了这样的工作以外，再去追踪某一观念的变动消长，乃是一种危险的消遣——不论在任何时候，要把事物以紧密的方式安排起来，不留一点空隙或不确定的因素在其中，这种诱惑力是难以抗拒的。为避免这种危险，我们必须经常参考特殊的个案。唯有如此，史家的想象力才能植根于接近真实的基础上。史学研究的最终极单元毕竟还是个人。观念本身——如“趋势”（trends）、“运动”（movement）或“思潮”
24（current of thought）——只不过是人所构架起来的东西而已。一个观念发展成熟以后，并不就会制造出某一个人的思想来（虽然有许多大哲学家认为如此）；除非有一个具体的个人在某个时候、某个地点，从自己的头脑中创造出某一个观念来，观念根本就不会存在。

很可惜地，前面所讲的这一些，听起来或许只是些基本的概念而已。但是在做进一步的探讨时，我们却绝对有必要把这些问题弄清楚。唯心论者（the idealists）的传统是不易根绝的。而把我自己记在此一传统的纪录上乃是特别重要的事，因为在本书当中，某一形式的唯心论会以特出而且令人同情的角色出现。如是，则本书必是一本有关于个人的研究。同时，它却不只是有关于普通人的研究，而是有关于高人一等之辈的研究。刚刚我还以傲慢的态度为“伟大”（greatness）做了某种评估。我希望本书以其本身的内容就能对这种评价做充分的解释。因为这种评价将会产生一个副产品——亦即对当代所谓的“心智上的伟大”（intellectual greatness）的标准作试探性的评估。

在本书当中，自始至终有两个中心的问题会吸引我们的注意力。最重要的，我们会发现：20 世纪早期的社会思想领导者提出了“人类的目的”（man’s purpose）的理论（即人性的定义）——这是比较明显而能直接去了解的研究主题。其次，我们将会粗略涉及“人的心灵如何能够去了解社会”这个较困扰人的问题——亦即是古老的“认识论”上的（epistemological）哑谜，但是截至我们这个时代以前却不曾有人以如此的勇气与精审的态度去面对它。

我认为这是一般社会思潮所必然关心的两种主要问题，即人类活动之源泉（广义来说）以及人类对此等活动之了解程度的标准。“逻辑的与实验性的”（logico-experimental）行为（相对于非

理性的行为）、个人与群体的优越性、社会聚合力之来源、宗教
25 情操的本质与功能——这些以及相对的“人如何去解释它们”的问题构成了我们所熟知的主要思想家心灵上的困扰。哲学家在传统上特别会把这些问题视为他们的特权。然而在我们这个时代里，这些问题却有落到社会科学以及想象文学手中的倾向（当这些问题没有被完全忘记的时候）。就与我们关系最密切的先驱（19 世纪 90 年代的那一代人）而言，解释这一些问题的主要尝试都是以认识论和形而上学为基础，而终极则归诸心理学和社会学。的确，把这一群思想家当作是哲学与社会学之间的过渡型人物乃是一种有用的分类方法。他们所提出的问题都是高度理论性的——他们所提出的答案只代表了可以由拟科学性的方法来处理的问题的一小部分。或者说，（从此一困境的另一极端来看）这一类的答案仍然是潜伏在透彻洞然、譬喻动人的文字背后，足以代替社会科学的东西乃是文学——以往曾经被哲学联系在一起的理论思想的两个层面，现在注定要分离了。

现在，我们应该可以很清楚地看到：本书里的好几位主角都已经对本书的“设定”（presuppositions）产生了影响。他们所产生的这两种功能是我刻意安排的。如果不是相信这些人可以帮助我们对“社会人”所扮演的角色做更进一步的理解的话，我根本就不应该挑选这些人来研究。在本书当中，几乎从头到尾都可以看到克罗齐、弗洛伊德和韦伯的影响。本书当中所隐含的“什么是历史构成物”的观念在基本上乃是克罗齐式的观念。但是，这却是一种深受精神分析与社会学理论（克罗齐本人所不喜欢的理论）

影响的克罗齐式的态度。这其中存在着一个原始的矛盾——陷入一种缺乏道德力量的折中主义的危险是很明显的。但是我相信我会克服这一点。

这些考虑引出我的最后一个责任，这是一个有良知的思想史 26
家对他的读者所应该负起的责任。如果他不打算假“客观”之名，把自己的偏见隐藏起来以蒙骗世人的话，他就应对他们说明白，他的作品是受到了什么样的教育以及伦理价值的影响。显然，他并不全都知道这些因素——即便是做过精神分析的人对自己的心灵也不见得就十分了解。但是对于自己所确知的部分，他应该尽力去说明。

就我个人而言，我愿意让诸位知道：我的国籍虽然是美国，但是影响我的知识背景的却大半是欧洲式的教育；这个教育最初是“英法式的”（Anglo-French），早在我研读以下这一系列的哲学家之著作以前，他们的若干观念，诸如笛卡尔式的逻辑学、有关洛克（John Locke）的常识，以及休谟的怀疑主义等，就已经存在于我的教育背景中了。同时我的思想也很自然地是属于“理性主义式”（rationalistic）的思想。但是早年的德国以及德国唯心论传统的影响却使我的“取向”（orientation）有了激烈的改变。最近我则关心着意大利——克罗齐的说服力一直默默地影响着我。我希望这些互相冲突的影响能够产生某种知识上的均衡状态。我在气质上倾向英国与法国的理性与人道，但是我对德国哲学的惑人的魔术及其无可比拟的批判性也有所了解；现在在这二者之间，已经出现读者们所熟知的那种紧张状态了——尽管我内心不愿意如此，但是由于历史的研究以及对方法的反省，我已经被牵引到

“准唯心论者”（quasi-idealist）的位置上来了。或许这个微妙的平衡会使各个派别都受到某种程度的公平处理。另外我还要补充说：我将尽量把容易遭人嫌恶的国与国之间的比较完全剔除——群体的激情在思想史中比在其它历史研究中更没有立足之地。唯一适合于从事思想史工作的态度乃是无分畛域、超然的知识分子所持有的态度。

27 这一番“附语”（obiter dictum），已经预先考虑到另一种“自我描述”（self-characterization）。纵贯本书，其分析的参考点与基准线乃是 18 世纪的启蒙运动。我相当地意识到我的立场乃是“18 世纪的”。我相信我们或多或少都是启蒙运动的传承者，而西方社会的开明分子（即为时已超过两世纪的人道传统之继承者）所凭借以判断当代的政治与社会运动的，也正是此一观点。

“在我看来，现在比以前任何时候都更是对当代提出批判的时机——亦即是用启蒙运动所塑成的那一面清明洁净的镜子来把它照映出来的时机……我们不能，也不应该抛弃把理性的科学尊奉为人类能力之最高表现的那个时代。我们不仅要设法去看到那个时代本身的形态，同时也要把塑造那个时代、产生那个时代的原始力量再解放出来。”我愿意把这位当代最伟大的 18 世纪哲学史家*的信念当作是自己的信念。如此一来，我便将自己对启蒙运动的看法和他的看法结合在一起了——此即强调大多数 18 世纪思想之开放、不受教条拘束的性质，及其对理性概念的弹性运用，以及其对“感受性”（sensibility）与“激情”（passions）的同情的谅

* 指卡西尔（Ernst Cassirer）。

解的观点。经过如此概括性的重建以后，启蒙运动的哲学就不如一般人所形容的那么倾向“理知性”（intellectualistic）了；同时它也证明了一般人的推定：若说启蒙运动执迷于机械与唯物的解释，并且对人类之进步存有幼稚的信仰，则多半是其后歪曲的批判所造成的。[①]

但是以此暗示说过去两个世纪以来的批判性的努力都是枉 28
然——我们只要坚守自己对启蒙运动的立场就够了——这却是愚蠢的。我们要表明的乃是：某些18世纪所特有的道德上的“基本原则”（postulates）（其中主要的是：可能的话，就坚持用理性的解决方法以及人道的行为）代表了一种绝对重要的恒久遗产——就作为一种知识分子的指导者而言，其后人们所揭示的原则，没有任何一种比它更为有效。显然，19世纪与20世纪对启蒙运动之认识论与心理学的批判，只要它们真正纠正了其肤浅与流于“机械论式”（mechanistic）的所在，我们就应该把这些批评视为是我们自己所应该提出的批评——这是我们的特权，也是我们的义务。经历了过去40年的恐怖经验，我们很难再保留18世纪对人类向善之潜力所存有的完整的信心。但是就作为行为与研究的指南而言，拒斥启蒙运动的原则却只会使我们身受其害。

在这里，本书的“假定”又再度反映了本书所关心的目标。

① Ernst Cassirer: *Die Philosophie der Aufklärung* (Tübingen, 1932), translated by Fritz C. A. Koelln and James P. Pettegrove as *The Philosophy of the Enlightenment* (Princeton, N.J., 1951), pp. xi–xii, 13, 55, 73, 90–92, 104–108, 169; 也见 Peter Gay: “The Enlightenment in the History of Political Theory,” *Political Science Quarterly*, LXIX (September 1954), 374–389。

20 世纪早期的主要社会思想家的中心任务之一，便是要对启蒙运动提出一个批判。有时他们只是隐含地提到这些批判，但是有时候，他们却利用一种高度具有自觉性的否定过程把这种批判表示出来。但是，在这些思想家当中，大多数对一般人所描绘之下的启蒙运动是没有敌意的。他们之中最伟大的思想家也曾经以“开明的”（enlighted）标准来衡量政治与社会现象。但是他们这样做却很明显地感到困窘。知识上的癖好以及对陈义过高之言语的嫌恶，使他们不公开表示对启蒙运动的信仰，同时也使他们听起来比真正内心更“倔强”。“科学性的客观”（scientific objectivity）乃是他们用来保护个人情感，使其不被亵渎的眼光所窥伺的一道墙，我们偶然才能看见藏匿在这道墙后的强烈的道德感。

29 现在我们的工作乃是要去发掘那些隐藏在明显的理论陈述背后的“半意识的”（half-conscious）态度。更进一步的责任便是要去区分对启蒙运动的各种不同类型的批判。如果说 20 世纪早期的最伟大的思想家（如弗洛伊德、韦伯与克罗齐）确实是“忠实”的批判者，则恰好可以把那些第二流的思想家形容为“不忠实的”批评者——索雷尔便是一个明显的例子。因此，很重要的一点是：必须弄清楚：哪些人在嘲弄启蒙运动时，有意识地攻击西方的人道价值；哪些人对人类之动机及社会结构做更深入的探讨，以便重述启蒙运动的传统，使它能为怀疑的世代带来信念。

事实上，一般所说的 19 世纪 90 年代的反启蒙运动之情感是别有其攻击目标的。这些思想家的敌意并不是针对着 18 世纪之传统的原始形态而来的，它的对象其实是此一传统在 19 世纪末期所出现的“再化身”（reincarnation）（歪曲了的形式）——亦即“实证主义”（positivism）之崇拜。下一章中将会讨论对实证主义的反动。现在我们只有做下列的说明就够了：“人们经常说启蒙运动的思想是机械论式与唯物式的，其实这种责难所指的应当是以各种形态出现的实证主义哲学的思想”。就我个人而言，我坦白承认我不喜欢实证主义——在这一点上，我的看法倒是和本书当中多数主人翁的看法一致。但是我们在这里还得再提出一点修正——即彻头彻尾与实证主义唱反调乃是可笑的。此一学派所追求的“科学性的严格标准”以及他们对其心目中之“客观之研究”所做的奉献，都仍然值得我们敬佩。确实，我们从他们的错误中也同时找到了他们的成就之所在。“使实证主义能够产生如此多重大贡献的原因正是实证主义对进步的信仰及其天真的‘唯实论’（realism）观点。”[①]

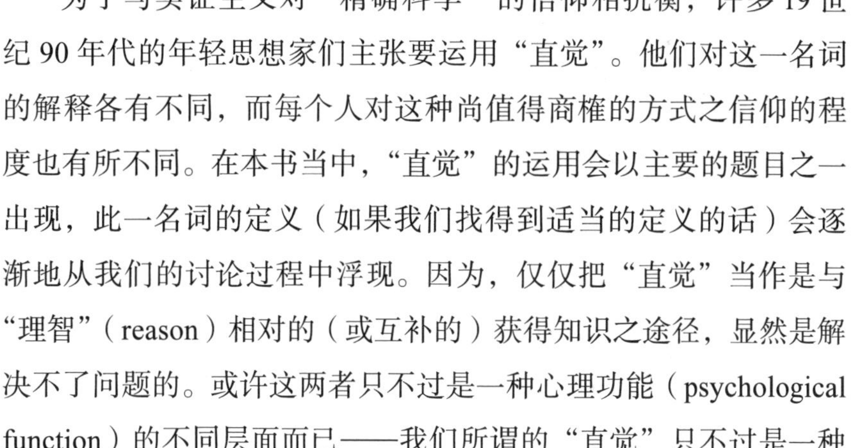

为了与实证主义对“精确科学”的信仰相抗衡，许多19世 30
纪90年代的年轻思想家们主张要运用“直觉”。他们对这一名词的解释各有不同，而每个人对这种尚值得商榷的方式之信仰的程度也有所不同。在本书当中，“直觉”的运用会以主要的题目之一出现，此一名词的定义（如果我们找得到适当的定义的话）会逐渐地从我们的讨论过程中浮现。因为，仅仅把“直觉”当作是与“理智”（reason）相对的（或互补的）获得知识之途径，显然是解决不了问题的。或许这两者只不过是一种心理功能（psychological function）的不同层面而已——我们所谓的“直觉”只不过是一种理性的（rational）与细致到无法察觉的“情感的”（affective）活

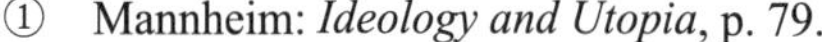

① Mannheim: *Ideology and Utopia*, p. 79.

动之混合而已。“推理”（reasoning）几乎全部是有意识的行为，而“直觉”只是部分有意识的行为。但是直觉却不是弗洛伊德所指的“无意识”（unconscious）的活动，它游移于弗氏所谓的“先意识的”（preconscious）与詹姆士（William James）所谓的“意识边缘”（fringe of consciousness）之间。它具有一种无法精确地指出的“诸多居间步骤之融合”（fusion of intermediate steps）的特色。它对于所有“正常的象征性创造性思想”（normal symbolic creative thinking）（不论艺术方面的或是科学方面的）所具有的重要性，几乎是无可置疑的。唯有依靠它，“艺术与科学才能跃进，有了它，创造活动就等于穿上了快跑鞋一样。”[①]

即使是最具有科学思想的人也无法反对这种描述。至于我自己，我承认我相当能够容忍直觉性的方法——也因此我相信“精神动力”（spiritual motivations）扮演着一个具有决定性的角色。就这一点而言，我是和我所要研究的多数思想家站在同一条线上的——他们与他们的父执辈所争论的重点，乃是他们坚持：要解释人的行为仅仅靠“自然主义式的”（naturalistic）方法是绝对不
31 够的。但是他们之坚持这种看法却绝少和宗教有所关联——如果说韦伯、帕累托和涂尔干都被宗教所吸引，那并不一定就代表着他们的信仰，而是他们认为这个他们的前驱所没有考虑到的因素乃是一个极为重要的社会现象。因此这些思想家们对“精神”所采取的新态度总是以消极的方式表现出来：20 世纪早期的思想家

① Lawrence S. Kubie: “Problems and Techniques of Psychoanalytic Validation and Progress,” *Psychoanalysis as Science*, edited by E. Pumpian-Mindlin (Stanford, Calif., 1952), pp. 50–51.

个人绝少倡导什么特殊的精神价值——他们只不过宣称说科学的以及伦理上的“自然主义”只是肤浅之论而已。在这一方面，19世纪90年代的思想家要比他们的20世纪的诠释者谨慎多了。

我自己的情形也是一样。我们从第一次世界大战爆发前的想象文学中，举一个自然主义者的有力声明，最可以说明这种怀疑的、消极的态度：

> 我不相信心灵与物质是互相排斥的东西。“灵魂”（the soul）是一个复杂的心理现象，“肉体”（the body）是一个复杂的有机现象……我知道我的“人格”（personality）不过是物质粒子的聚合而已，这种聚合一旦解散，这人格就会绝对地消失了。
>
> 我相信一种“普遍的决定论”（universal determinism）；我相信我们在各方面都被环境牵制了……
>
> “善”与“恶”只不过是一种专横的划分……
>
> 我相信，虽然并不是所有的生命现象都已经被分析过了，但是有朝一日它们终必会被分析出来……[①]

从以上引文，可看到作者内心的分裂与困惑。我们在本书倒数第二章中会看到，他的小说乃是在第一次世界大战爆发前正臻于成熟的那一代欧洲人（亦即在1890年代成熟的那一代人的孩子） 32
在心灵上之挣扎的实录。这种对自然主义的信仰，到1913年已经

① Roger Martin du Gard: *Jean Barois* (Paris, 1913), translation by Stuart Gilbert (New York, 1949), pp. 255–256.

过时，退化了；但是它在25年以前却是流行的主要哲学。1890年代的思想家只是否认了自然主义的信条，并没有肯定反面的东西。他们宁愿不下判断而只采取一种暧昧的态度——他们接纳“形而上”（metaphysical）的种种可能，但是对教条式的主张却也十分具有戒心。我相信在他们的第三代传人当中——在认为这种态度乃是研究人类社会者所应采取的最正确的哲学立场的人当中——我并不是唯一的一个。

第二章　1890年代——抨击实证主义的时期

在历史上的某些时期，会有一些比较前卫的思想家（他们往 33
往互无联系，独立工作），对“人的行为”提出一些与当代一般人极为不同，但是绝对有关联的看法，以至于整个看起来，他们好似形成了一种思想上的革命。1890年代便是这样的一个时代。18世纪与19世纪的社会思想之基本假定在这十年及其后的十年当中被批判性重估，而从此一重估中又出现了我们这个时代所特有的新的假定。“在盛行着有关人类社会之‘经验主义式的诠释’（empirical interpretation）的时候，而且在短短的一个世代中就发生了如此重大的革命，这种情形除非我们回溯到16世纪中去找，否则，在其他的时期当中再也找不到了。其原因何在？”①

19世纪末的学者几乎都感受到某种深刻的心理变迁（psycho- 34
logical change）。但是他们所用以表达对此一变迁之了解的方法很明显地各有不同。在比较陈旧的、比较倾向美学意义上的诠释当中（我可以举亚当斯（Henry Adams）为例），1890年代是以“世

① Talcott Parsons: *The Structure of Social Action*, second edition (Glencoe, Ill., 1949), p. 5.

纪之末”（fin de siècle）的形态出现的——那是一个过度成熟、邪恶的、矫饰的、衰败的时代，是一个时代的结束。我们不必去追究这段话只是什么样的艺术与文学上的刻画。这种探究，就我们现在的目的而言是不切实际的——“世纪之末”只是一个背景（backdrop），如此而已。

我们或许会想在美学的与比较理智化的诠释以外，另寻一种诠释，而把这种新的态度称为“新浪漫主义”（neo-romanticism）或“新神秘主义”（neo-mysticism）。这种说法值得赞同。我们在1890年与第一次世界大战之间这大约四分之一世纪的时间里看到许多想象文学与理论性著作都转而追求“主观”的体验，这无疑地会使我们回想起“浪漫主义者”（the Romanticists）的抱负。我们不难想象：1890年代或1900年初的作家们会觉得他们是在设法跨过半个世纪的鸿沟，而企望使受到其前一代人所嘲弄与忽视的“想象力的价值”恢复昔日的光彩。这一类作家崇拜陀思妥耶夫斯基（Dostoyevsky）与尼采，把这两人当作新时代的文学先驱。尼采的著作被忽视了二十多年，其开始广泛被接受的时期正巧是尼采发疯的那一年（1889年），此一事实构成了一个病态的矛盾现象。在本书当中，我们会一再发现有某些社会思想家在用更严格、更有系统的态度来阐述关于“无意识的挣扎”（unconscious striving）以及尼采以不完全的形式所描绘出来的少数英雄人物的观念。

但是称尼采为“新浪漫主义者”却确实会使人产生误解。这一类的描述都没有对他的思想中的批判性以及苏格拉底式的因素
35 给予公平的评价。同时此一名称若是应用到20世纪早期社会思想

家的身上，则也只适合于其中极少数人——而这些人又都是如佩吉和荣格这样的次要角色。真正伟大的思想家若不是对他们心目中的新浪漫主义趋势没有好感，就是要努力去抑制他们自己心中的浪漫情怀——如弗洛伊德与韦伯。涂尔干或许是在与他同一时代的人当中，最彻底反对他称之为“再生之神秘主义”（renascent mysticism）的人，但是他并非孤例。① 与一般人比较不一样的倒是“神秘的”柏格森（他或许就是涂尔干所攻击的目标之一）。的确，在此一时期的新学说当中，柏格森的形而上学曾经特别地坦白承认它具有神秘性的一面——但，即使是此一说法，也是尽可能隐藏在人们所能接受的哲学术语的背后。新浪漫主义思潮产生最大效果的地方乃是在“较低”的思想层面上（或说是在半群众化的激情层面上）。也就是在这种层面上，此一思潮在政治上的应用，最终导致了“知识分子的背叛”（The Betrayal of the Intellectuals），而 30 年之后班达的同名著作，对此做了有力的攻击。

如果不用“浪漫主义”，那么“非理性主义”（irrationalism）是不是更适合描绘一般的情况？这名词灵巧，人们也常常使用到它，同时它至少也开始暗示出 20 世纪早期的社会思想所关心的对象。无疑地，1890 年代的主要思想改革者对于人类行为中之非理性的动机，具有极深厚的兴趣。他们念念不忘（同时也几乎被迷醉了）希望能够再发现“非逻辑的”（nonlogical）、“未开化的”（uncivilized）、“不可理喻的”（inexplicable）的事物。但是，把他

① 见 Emile Durkheim: *Les Règles de la méthode sociologique* (Paris, 1895) 第一版序言，英译本由 Sarah A. Solovay and John H. Mueller 据法文第 8 版译出：*The Rules of Sociological Method* (Chicago, 1938), p. xl。

们称为“非理性主义者”却有语意不清之处。这个名称暗示它能够容忍无意识领域内的事物，甚至还偏好这些事物。其实情形正
36 好相反。1890 年代的社会思想家之所以关心非理性的事物，其目的在于祛除它的存在。他们之所以去研究它，就是要修正它，要把它引导到一个能为人所用的、具有建设性的目的上。甚至连索雷尔（他经常被人指为极端的非理性主义者）也有一个毕生致力的目标，希望找到一个能够适合“工业时代之情况”与机械世界的“政治公式”（political formula）。

索雷尔、帕累托、涂尔干、弗洛伊德等人都自认为是工程师或科技专家、科学家或医学家。除非在最狭义的情况下，要不然称他们为“非理性主义者”简直就是荒谬的。有时，人们就用“反理知主义者”（anti-intellectualists）来代替它。[①] 这个描述更具有弹性，同时所指的范围也较广泛。它意涵嫌弃“意识形态”（ideology）与“先验”（a priori）之物，以及一个半世纪以前的抽象思想——像涂尔干和索雷尔这一类的作家便是借着这种抽象的思想联结在一起，若非如此，他们二人不知要相去多远。同时这个名称还令人回想起詹姆士的声望与影响——它可以与尼采的影响一较长短，同时也可以相辅相成，但是，本质上，两者却泾渭分明。因此“反理知主义”根本就相当于“詹姆士的实用主义”（Jamesian pragmatism）。它使我们获得一个能够区分 1890 年代大部分知识变革的共同标准。

但是，这个名词一方面失之于广泛，另一方面失之于狭窄；

① 例如 Richard Humphrey 的著作 *Georges Sorel: Prophet without Honor: A Study in anti-Intellectualism* (Cambridge, Mass., 1951).

它没有考虑到克罗齐思想中坚持不放的“抽象性”与“理知主义”（intellectualism）；或者，再举一个十分不同的例子来说明：它也没有考虑到稍后韦伯根据所谓“理想类型”（ideal types）所发展出来的社会理论。同时它还暗示说：这种“反理知主义”实际上并没有彻底背离启蒙运动之原则，也没那么具有决定性。实际上，思想家们对于以往之知识传统的攻击是集中在一个比较狭小的目标上。这些攻击主要是针对 1890 年代的作家们所谓的“实证主义”而发的。他们所谓的“实证主义”并不意指与孔德（Auguste Comte，首创此一名词的人）有关的一些古怪的学说；同时也不 37
是指斯宾塞（Herbert Spencer）的社会哲学——其实斯氏的社会哲学乃是一种伪装，他的思想在那个时代最能表现实证主义的特色。这些作家对此一名词采取比较广义的解释，用它泛指从自然科学当中采取类比来讨论人类行为的整个趋势。1890 年代的改革者在反抗此一学说时，感到他们是在排斥当时最为盛行的一种知识教条。他们相信他们扬弃了前四分之一世纪所加在他们身上的精神的桎梏。

因此，作初步的描述时，把 1890 年代的改革称为“实证主义之反动”（revolt against positivism），与本书所要讨论的作家的思想，最为相近。但是即使是这最后一种说法，也有其陷阱存在。我们要注意：有人会像克罗齐一样，把所有他不喜欢的学说都归到这个名词之下。我们不应当忘记这时期里某些有影响力的思想家在基本上仍然是承续着实证主义的传统——如涂尔干与莫斯卡。最后，我们也要对其他人（如弗洛伊德）——在旧有的语汇已经容不下其“发现”以后，这些人仍然继续使用从自然科学领域借

用的“机械论”式的语汇——给予适当的评估。

那么，实证主义如何出现在这一批1890年代的年轻反叛者的心中呢？我们在解释一个新的思想的趋势以前，当然得先明了这个新思想到底在反抗什么？

我曾经暗示：19世纪末期的实证主义批判者，对于实证主义不曾做十分精确的描述。显然，他们认为读者对实证主义十分熟悉，因此不必去指明那是何物——他们认为其一种散见于各处的知识倾向，而不是一套特殊的原则。所以他们把实证主义拿来与另外
38 一些他们同样不喜欢的哲学理论，如“唯物论”（materialism）、“机械论”（mechanism）、“自然主义”（naturalism）交互使用。把19世纪之主要思想描述为“唯物论”，显然太过于简化了。不论在哪一个时代，真正属于唯物主义者的严谨的思想家，毕竟是极少数。的确，就连人们往往视为19世纪唯物论之“始祖”的费尔巴哈（Feuerbach），也并非不折不扣的唯物论者。[①] 相反的，“机械论”倒是一个比较精确的名称；这名称暗示了某些“解释”在人们心目中的声望——这些解释是从牛顿式的物理宇宙所学来的一些解释。同样地，“自然主义”这名词也援引了在19世纪越来越流行的生物学上的解释。特别是在1860年代达尔文主义（Darwinism）臻于全盛以后，情形更是如此。

谈到“应用的”（applied）或“社会的”（social）达尔文主义，就触及知识界冲突的核心了。达尔文的最早的支持者曾经是

① Franco Lombardi: *Ludovico Feuerbach* (Florence, 1935), pp. 227–245.

孔德的追随者，而实证主义的第二个“主教”——斯宾塞也察觉达尔文主义或许可以用来支持他自己的学说，因此也很早就支持这种思想。[①] 实证主义思潮在这些达尔文主义式的联盟者的影响下产生了某些奇特的变迁。实证主义在早先 18 世纪（或功利主义的（utilitarianism））的形式下原是一种“理知主义者”的哲学，它是建立在“人在社会中的问题可能用理性的方法直接解决”这个信念上的。但是实证主义在“社会达尔文主义”（Social Darwinism）的影响下，却开始失去理性主义者的特征——“遗传”（heredity）和“环境”（environment）代替了“有意识的、合逻辑的选择”（conscious logioal choice），而成了决定人行为的主要因素。霍布斯式的“自然之状态”（state of nature）（现在称为“生存竞争”（struggle for existence））取代了刻意经营的社会制度，而形成了一种对人与人之间之关系的特有看法。结果乃产生了一种“科学的命定论”（scientific fatalism）——恰与 18 世纪哲学家以及 19 世纪早期英国功利主义者所持有的乐观态度相反。实证主义的最大讽刺乃是：它原来是一种“高度的理知主义者”（ultraintellectualist）的学说，后来却变成一种极端反理知主义的哲学。[②]

因此从一个被社会达尔文主义所笼罩的文化背景来看，我们可以认为：1890 年代的年轻思想家所做的事，正好与人们通常所指责他们的相反。他们非但不是“非理性主义者”，反而是努力试

① Jacques Barzun: *Darwin, Marx, Wagner: Critique of a Heritage* (Boston, 1941), pp. 37–42.

② Parsons: *Structure of Social Action*, pp. 64, 67, 111–114.

图要证明我们有权利做理性的探讨。他们对严酷的决定论（determinism）早有戒心，因此想要让自由思辨的心灵重拾它在一世纪之前所享有的尊严。

以今天所处的有利的地位作为出发点，我们很难在心中再去体验 1890 年代的主要知识气氛。我们很难想象：如今已经被遗忘的人在他们的时代里竟能发挥那么大的影响力。在意大利，统治阶级的“反教权主义”（anti-clericalism）加强了实证主义，并且以他们简陋的思想形式来表达实证主义，此时实证主义崇拜的守护者乃是被剥夺圣职的阿迪戈（Ardigò）。在实证主义植根最坚固的地方——德国，执教于柏林大学的生理学家杜布瓦·雷蒙（Du Bois-Reymond）执言论界之牛耳。造就最杰出实证主义思想家的或许是法国——作为探求精确因果关系，以及崇高、温文的“听天命”（resignation）之态度的提倡者，伊波利特·泰纳（Hippolyte Taine）以及欧内斯特·勒南（Ernest Renan）的名字仍然令我们兴起敬佩之心。然而，对于直接在他们影响下长大的那一代人而言，这些教导看起来更多是恶意的。泰纳的著名观点——“美德与罪恶就像是砂糖和硫酸盐一样的产品”“天才乃是种族、环
40 境及天时所造成的”，以及“自然与历史不过是普存的‘必然性’（necessity）的展示而已”——这些今天看来不过是夸大其词的说法，在当时却等于是一种重担，年轻、富有想象力的心灵，在其压力下感到窒息。与此类似，勒南的极度开明的“相对主义”（relativism）也像是冰冷的浴池一样——理想性的价值（ideal values）在其中已经消融无迹。小说家罗曼·罗兰曾经回溯他年轻时在高等师范学院（Ecole Normale Supérieure，法国最高教育机构）教授

艺术和音乐的时候，如何和他的朋友力谋挣脱当时流行的悲观的怀疑主义的束缚，他说：

> 看我们，苦恼地畏缩在一起，几乎喘不过气来……啊，我们一起度过了困难的年头。导师们却不曾察觉到他们的年轻子弟是如何在他们的阴影下苦恼、挣扎！[①]

19 世纪 80 年代将要结束的时候，让年轻人开始感到窒息的并不只是关于内心生活的问题。平心而论，那也是个很苦闷的时代。尼采真是为了要更自由自在地呼吸，退隐阿尔卑斯山山巅——避开中产阶级上层社会的自满与庸俗。那个时代的装潢艺术也透露出一种材料过多、沉重、困囿的感觉：

> 70 年代与 80 年代的人们对“现实”有一种贪婪的渴望，
> 但是很不幸地，他们却把现实和物质混在一起了——其实物
> 质，只不过是空洞的、骗人的外表而已。因此他们一直生活
> 在一个被棉花、纸板以及棉纸填塞着的可悲的世界里。在他
> 们所创造出来的东西当中，唯有装饰艺术——亦即室内装潢 41
> 家、糖果商与粉刷匠的艺术，才运用了想象力……[②]

① 引文见 Daniel Halévy: *Charles Péguy et les Cahiers de la Quinzaine* (Paris, 1918) 第 1 版，p. 30. 修订版中删去了这一段引文，此一版本有英译本。

② Egon Friedell: *Kulturgeschichte der Neuzeit* (Munich, 1931), translated by Charles Francis Atkinson as *A Cultural History of the Modern Age* (New York, 1932), III, 299.

这段话引自一个最富有想象力、最缺乏系统的文化史家的著作，但是它很巧妙地捕捉了 1880 年代中产阶级生活的物质背景。

接下来的十年中（尤其是最后的那几年），先前曾经给予人们一种冷凛自信的政治社会环境开始有了改变。在“低”层次与“高”层次的知识活动中，人们开始怀疑支配中产阶级上层社会的哲学——即对物质进步的自我满足式的崇拜（就粗略的意义而言，这也可以称之为“实证主义”）。度过了内部不安而表面平衡安静的 20 年之后，西方主要国家的制度再度受到质疑。统一所带给德国与意大利的政权也因为运行不当而暴露出虚伪、造作的性质——在德国，这是由于 1890 年俾斯麦辞职所带来的骤然改变所造成的；在意大利则是社会的紊乱以及随着世纪之结束而宣告终结的极权政府所造成的。在法国，德雷福斯（Alfred Dreyfus）事件刺激人们重新审视传统的意识形态。（当时为这位被告军官辩护以及反对他的人都援引此一意识形态为他们的理由。）

社会的紊乱、经济危机以及制度上的功能失调都促成了各种“社会党”（Socialist parties）的出现，以及马克思主义的传播。1890 年代成为欧洲社会主义扩张的大时代。乍看之下，马克思主义（一种批判性的，而不是积极的社会哲学）似乎已经能够
42 为 1890 年代的思想改革者提供一种适当的武器，以便对抗欧洲中产阶级的主要意识形态。在意大利，当拉布里奥拉（Antonio Labriola）在罗马大学发表那些振奋人心的演讲的那段短暂的时期内，情形确是如此。但是即使是在意大利，拉氏的学生克罗齐最后也逼不得已要发展出一套属于他自己的“马克思主义之批判”的学说。在 1890 年代的知识革命当中，马克思主义基本上

所扮演的乃是一种超越正轨、特别秘密的实证主义之崇拜。在文化的地平线上，它以一种最后的、最具野心的“抽象的与假科学性的”（abstract and pseudo-scientific）意识形态出现，这种抽象的与假科学性的意识形态乃是自从18世纪早期就迷惑了欧洲知识分子的东西。

于是，1890年代的知识改革者的第一件事，也是最主要的工作便是要设法与马克思主义取得妥协。有些人（如弗洛伊德）只是隐含地谈到马克思——亦即把社会思想推展到一个不包含在社会主义者之意识形态中的新的领域上去。其他的人（如帕累托）则以高度的怀疑态度排斥了唯物辩证法（dialectical materialism）。更有一些人（如克罗齐与索雷尔）虽然使用马克思主义的术语，却使它变质成为和原来绝不相同的东西——没有什么声望，只剩下一个空洞的架构——其中早期所包含的思想已经丧失内容，只成了一些符号与方法学上的工具而已。最后，比其他的人晚了十年，韦伯提出了一种社会的观点，使马克思的经济动机与人类最深刻的精神价值之间产生了紧张、两极化（polar）的关系。

这整个的文化重估（cultural re-evaluation）的工作所关心的虽然是一些共同的问题，但是它在西欧和中欧不同的主要国家里，却各有其不同的基调与性质。在这些国家当中，我们首先应当注意的是德国。德国领导知识界的黄金时代虽然已经消逝（1760—1860年这个伟大的创造世纪如今已逐渐变成美好的记忆），它的杰出地位仍然无可置疑。法国或许是艺术家与小说家的黄金国度，43
德国却是思想家与教授的园地。德国的知识资产或许日渐减少，

但想要获得坚实的科学与史学训练的学生仍然以此地为目标。因此当我们要对1890年代的知识界与知识活动作一简单的观察时，德国自然而然地成为优先观察的对象。

如今依然健在的一位伟大的人物，在经过50年后，回忆起他年轻时的思想界情形说："在1890年代的时候，我们在德国不只可以看到政治上的新现象，同时也可以看到精神上与思想上的崭新情况……现在政治在走下坡，思想界则又在向上提升。"这种对精神价值重新燃起的兴趣表现在一种"对于纯粹真实的事物所产生的更深刻的新的兴趣"上；也表现在"对现代生活的不完整与充满问题的性质的新的感受上……用一个比较粗俗的说法，1890年以后的人们至少能够以拥有比前20年一般所流行的更高级的鉴赏力而自豪"。[1]

时代改变的第一个迹象是1890年的一本无名氏著作——《教育家伦勃朗》(*Rembrandt als Erzieher*)的出现。这本书掀起了前所未见的风靡狂潮。当另一本书再激起这种风靡的情形时，已是四分之一世纪多以后的事了——亦即斯宾格勒的《西方的没落》(*The Decline of the West*)的出现；此书与前者的相似之处是：二者同样是"杂乱无章的杂学之展示"，同时也都具有"征候性的意义"(symptomatic meaning)。[2]

《教育家伦勃朗》一书的作者（后来发现是某一个名叫朗贝(Julius Langbehn)的人）是一个典型的"半调子"式的人物，对
44 任何学问都表现出一种武断的自信。其实他所拥有的不过是一种

---

[1] Friedrich Meinecke: *Erlebtes 1862—1901* (Leipzig, 1941), pp. 167–168.

[2] Ernst Troeltsch, quoted in Liselotte Voss: *Rembrandt als Erzieher und seine Bedeutung* (Dissertation: n.p., n.d.), p. 71.

艺术的想象力、修辞的本领，以及广泛但是并不系统的教育而已。尼采发疯不久，他就立刻到这位哲学家的家里去，声称如果把一切都让他来处理的话，他就能够治愈他——这也正是他的特殊性格的表现。[①]

朗贝的书是各种观念的大杂烩，对任何一个观念都没有足够深入的探讨，以致足以使不专心的读者感到厌烦。它包罗伦理、政治、科学与艺术等各方面的题材。全书没有一个清楚的观念架构。因此它的结尾所说的和开始所说的差不多（他的书最精彩的地方也只是开头的地方而已）。他只是从文化生活的各种层面采取了许许多多的例子来说明他的中心论点——即：伦勃朗应当被确认为未来德国文化的象征与指导者；他的例子当中，有的很具启发性，有的值得怀疑，有的则根本是滑稽可笑的。

朗贝为了此一论点还特别提出了他自己的一种论辩——亦即德国生活中含有西北德国（niederdeutsch）的成分。但是我们却不必因为此一特殊的辩解而感到踟蹰。使这本书不流于空洞，并使它至少具有一种征兆性的重要性，乃是它对德国文化情况的诊断。朗贝抨击他的时代，说那是一个衰败的时代——亚历山大人的时代（the age of Alexandrians）。他说那是一个被教授与专家所统治的时代。“歌德（今天人们在理论上比实际上对他更尊敬）不能忍受戴眼镜的人；然而现在德国却到处都是实际上戴着眼镜或在精神上戴着眼镜的人。”[②] 朗贝特别攻击人们对自然科学及其“假

① Walter A. Kaufmann: *Nietzsche: Philosopher, Psychologist, Antichrist* (Princeton, N.J., 1950), p. 48.

② *Rembrandt als Erzieher: Von einem Deutschen* (Leipzig, 1890), p. 1.

客观”（false objectivity）的崇拜。他比大多数人都早些看到：德
45 国文化创造力的复兴是从边缘，而不是中心发生的。同时他也呼吁人们用更具哲学精神的态度，与更具综合性的方法来研究学问。最中肯的，是他要求（并且也如此预测）人们在思想上和艺术上的追求应该从强调客观转变为对主观的强调。

朗贝声称德国的知识生活被教授们所掌握，这也确是事实。这或许就是使德国的知识界与法国及意大利的知识界情况截然不同的缘故。业余文学家在说德语的国家内，并不如他们在拉丁语系国家那么受人尊重——教授们把持了整个园地。

在 1890 年代中，德国的教授们不仅位居要津，经济情况也过得去，这情形一直持续到第一次世界大战时为止。在学术界，地位较低的人除非出身富豪之家（实际上的情形多是如此），否则就有饥饿之虞；但是在大学里拥有教席的人却不必担心经济上的问题。他们工作既认真，精神上也快乐。他们的生活中不乏啤酒醉饮、阿尔卑斯山的假期以及意大利的旅行，这些事情回想起来是既快活又丰饶的。

此一学术思想圈比法国的学术思想圈更为分散。如海德堡、哥廷根或波恩等小小的大学城是其中杰出的几个。但是最伟大的知识重心无疑乃是柏林，它既是首都同时又拥有一座柏林大学——此一大学虽然历史不及百年，却已经被公认为学术上成就最高的学府。然而，柏林在文化上却带有一种暧昧的意味：它不只代表着霍亨索伦（Hohenzollern）王侯们自从腓特烈大帝以来（曾经显著中断了一段时间）就引以自豪的思想之自由，同时
46 也代表着一种王室的严格的思想成就，此一成就使柏林大学的教

授们赢得了“学术尖兵”的雅号。[①] 到 1890 年代末期和 1900 年代初期，它开始有了衰微迹象——至少在其声名最著的史学研究领域中是如此；历史哲学家狄尔泰虽然还在此执教，但是现代史学大师如兰克（Leopold von Ranke）与德罗伊森（Johann Gustav Droysen）等人却在 1880 年代中期过世了；十年之后聚贝尔（Heinrich von Sybel）与特勒齐克（Heinrich von Treitschke）也相继辞世。

与柏林比较，南方的首都——慕尼黑就显得庸俗和浪漫了。它已受到法国的影响，并且以画家、作家以及嘲讽式的“反叛精神”（esprit frondeur）闻名。在威廉统治下，德国笼罩着严肃的气氛，慕尼黑的评论周刊 *Simplizissimus* 几乎是唯一讽刺性的作品。这份期刊用一种具有侵略性的个人主义式的笔调，不只讽刺了现存的制度，并且俨然以“印象派文化”以及“印象派生活方式”之机关报自居。年轻的托马斯·曼，在 20 世纪来临不久后，就在慕尼黑定居，并且与这份评论杂志建立了关系（正如其他许多从无情的北德逃出来的人一样）——这并不是偶然的。[②]

但是，与艺术界的领导者相对，就思想界的领导者而言，慕尼黑所拥有的要人却比某些西南小城市还要少。我们可以举大学城海德堡、自由堡（Freiburg），以及阿尔萨斯的斯特拉斯堡（当时为德国所辖）以及瑞士边境上的巴塞尔为例；当时瑞士的文化

① Friedrich Meinecke: *Strassburg/Freiburg/Berlin 1901—1919: Erinnerungen* (Stuttgart, 1949), p. 145.

② Arnold Bauer. *Thomas Mann und die Krise der bürgerlichen Kultur* (Berlin, 1946), pp. 17, 20–21.

由老迈的布克哈特（Jacob Burckhardt）执牛耳，直到1897年他去世时为止。这些城市一起形成了“莱茵上游的文化省”（cultural province of the upper Rhine）。柏林的声望逐渐衰退之际，西南部的大学在德国的思想界渐形重要。在这些城市里有不少思想新颖
47 的年轻学者们定居——包括哲学家、史学家、社会学家等；他们都想要把“艺术与科学的精神结合起来”。的确，当人们把文德尔班（Wilhelm Windelband）和他的学生李凯尔特（Heinrick Rickert）的名字凑在一起的时候，就必然会提到显然具有反实证主义特色的“西南德国哲学”（Southwest German philosophy）。文德尔班1894年就任斯特拉斯堡大学校长时所发表的演说，在他的同时代人听起来就像是“对实证主义宣战”。年轻的迈内克（可能是20世纪德国最具影响力的史学家）觉得他在精神上与这些哲学家们十分相近。同时他也感到他自己是和韦伯在“同拉一条缰绳”——他和韦伯同样是由柏林移居莱茵河上游的人。透过韦伯的关系，他也结交了特洛尔奇，特氏在第一次世界大战发生的前几年还和他一起住在海德堡的同一间屋子里。[①]

这些学者并不是全部长留在西南方。韦伯的确在那里（主要是海德堡）度过了思想的成熟期，但是他在学术生涯开始与结束的时候，也曾经分别在自由堡和慕尼黑度过了一段短时期的日子。迈内克想必也愿意如此；他留在西南方（先是斯特拉斯堡，其后则在自由堡）正是如鱼得水。但是，到柏林去讲学这份邀请也的确是任何德国学者都无法抗拒的诱惑——更不用说在首都度过了

① Meinecke: *Strassburg/Freiburg/Berlin*, pp. 48–51, 102.

整个年轻时代的迈内克。战争刚爆发迈内克就搬回北方去住，一年后特洛尔奇也去了。其后迈内克便成了战时特洛尔奇最亲密的友人。

但是他们的身上却留下了西南方的烙印。只要在莱茵上游的文化省中住过一段日子，即使是个忠于普鲁士或柏林文化的人也会有所不同。因为他们在德国的这个区域内——地理上及文化上 48
都最近于法国的地方——都曾经受到自由主义（liberalism）的温文与容忍之风的薰陶。海德堡与自由堡都是在巴登大公国（Grand Duchy of Baden）的辖区内；在英国式的议会政治治理下的巴登是德国境内最“开明的”邦国——是普鲁士以外的另一种典范。巴登的统治者以他们这两所伟大的大学而自豪，政府也是以同情和谅解的态度来管理教授们。[①] 值得一提的一件事是：战争刚结束的时候，德国在一段短时期内曾经试行君主立宪政治，当时有一位巴登的王侯就曾经被推选为首相。

在西南方还有另外一股改变普鲁士移民之心态的影响力。在威廉时代的灰暗政治背景中，亦即在几乎找不到任何一个才智突出的个人的情况下，有一个人却独获年轻学者们的赏识。那就是瑙曼（Friedrich Naumann）牧师，他是符腾堡的自由派人士，也是一个日耳曼爱国者。作为政治家，他可以说是不幸而多难的——他想要建立一个新的政党，希望借着这个政党来消除旧有的政治与阶级的隔阂，而把善意的德国人联合起来，但是却没有成功。

---

① 例如受严重抑郁症折磨而退出教坛的马克斯·韦伯的情形。见 Marianne Weber: *Max Weber: Ein Lebensbild*, new edition (Heidelberg, 1950), pp. 277, 299.

然而作为一个个人——一个廉洁而又有社会眼光的人，他却吸引了像韦伯和迈内克这样的人物——这些人都希望为德国的僵局寻求一条出路。

瑙曼的计划在今天看来，似乎是绝对矛盾的——他想要调和民族主义与社会主义，然后又想把它们与政治民主调和在一起。但是我们从这些矛盾中却可以察觉出战前德国开明的知识分子所
49 面临的主要困境。他们几乎都是不折不扣的爱国者。他们把“增强德国的国力”当作教条一般信奉。他们的父执辈都默许，不抗议，甚至积极赞同俾斯麦的德国统一政策（间接地等于是在国家的价值下牺牲了自己的价值）。韦伯和迈内克就是在这种环境下成长的——他们年轻时都是标准的附随者，甚至还愿意为此而参加学生决斗团体。他们都是抗拒了极大的阻力，才改变态度，而对社会的主要价值观念提出有限度的反对。

但是，在外界事件的压力下，以及西南方的居留经验之影响下，这种反对终必产生。本书中的三位主人翁——韦伯最早，也最具有决心，迈内克经过一番迟疑，特洛尔奇则到战后才改变——最后终于都跨过了横亘于反对和支持政府的人之间那一道看不见的障碍。同时他们之所以如此做也都是出于悲痛的心情——年轻的皇帝不负责任的表现、外交上的严重挫败以及普鲁士及德意志帝国宪法对民主化的抗拒，这些原因使他们做出了违背本心的行为。这些事情在他们的心目中都构成了德国统治阶层昏庸愚昧的证据。改革一年一年地拖下去，他们都觉得越来越无法挽救国家于危亡了。

早在世界大战爆发前，德国开明知识分子间的联合攻击行动

就已经播下种子——此一联合行动在战后达到高潮，因而成立了民主党（the Democratic party）。在本书近尾声的时候我会对此一行动有适当的交代。目前我们只要明白威廉时代的德国知识分子对他们所处的政治社会环境都持有一种特别暧昧的态度就可以了。和柏林与西南方之吸引力相对的是政治上的赞同者与反对者之间 50
的紧张情势。几乎所有杰出的知识分子都发现威廉统治下的德国有令人嫌恶的地方——诸如它的自夸、暴发户般的庸俗以及他们称之为“拜占庭作风”（Byzantinism）的卑躬屈膝的行为。但是，他们却也曾透过无数的关系与这个社会的统治者结合在一起。作为教授，他们都在中产阶级中有坚实的基础，同时他们也往往是政府官员（像普鲁士的情形一样），但是他们却都彻底反对这个政府的宪法。

因此，德国教授们所代表的学术尽管严肃，教授们个人的地位尽管受人尊敬，但是他们却反而被他们的崇高地位束缚住了。社会大众对他们都尊敬有加，并且也很热情地听取他们的辩论——这种热情对我们来说，几乎近于奇迹；但是雇用他们的政府却像其他大多数的政府一样，希望教授们对社会国家采取彻底附随的态度。而教授们也不至于执拗——他们之中有些人可能会很强烈地批评政府的“内在”本质，但是在实质外交上却仍一切以国家为前提。他们大多数都不太察觉到其中的矛盾现象。韦伯或许是唯一（在知识上）忍心把这些情况清楚地表达出来的人。此外，因为他在整个学术生涯里都只拥有荣誉教授职，实际上并不授课，所以他也特别享有更多的自由。韦伯从来不改变对国家的支持。但是他却相当诚实地承认德国大学生活中伪善的一

面——亦即承认：像西美尔（Georg Simmel）和米歇尔这样的人都会因为分别是犹太人和社会主义者而被有计划地排除在大学门外，在这种情形下空谈真正的学术自由是没有用的。[①]

51 创作家则在精神上与实际上都较少依赖社会的支持。在他们身上，我们强烈地接触到社会边际上的生活情况——亦即尼采所坚持的“不随波逐流”（unseasonableness）。托马斯·曼来自波罗的海的港口城市吕贝克（Lübeck）——仅存的三个自由城中唯一无法适应工业世界的城市。他在他的第一部小说《布登家族兴亡史》（*Buddenbrooks*）中所描绘的古朴风气之薰陶下长大。当他从古典派转变为“前卫派”（avant-garde）的时候——他也从吕贝克来到了慕尼黑。但是他的风格却至少仍然是属于这整个社会国家的。然而黑塞对社会的疏离感却更深。由于对当时流行的军国主义感到嫌恶与惊恐，黑塞甚至在战争爆发前就离开自己的国土，在瑞士度过流放的一生。他在大多数知识分子警觉到危难将至的20年前就已经察觉到德国生活的极端邪恶的一面，这种邪恶终于在1930年代促使成千的知识分子急速逃向国外。

因此，1890—1914年，我们察觉出有两种“互补的”（complementary）与“矛盾的”过程——“文化的复兴”以及“知识分子之退隐”（secession of intellectuals）在德国产生。此二者之间的紧张情势使德国知识分子在德国处境最危险的25年之间产生了一种痛苦的自我追寻。

---

① Marianne Weber: *Max Weber: Ein Lebensbild*, new edition (Heidelberg, 1950), pp. 360, 395–396.

就弗洛伊德所在的地方——维也纳的情形来讲，我们禁不住要把这位精神分析始祖的著作与奥地利首都的著名的生活特色牵扯在一起。的确，人们也往往把弗洛伊德对“性”与心理上病态的关心归诸当时维也纳生活风尚之影响。这种风尚或许就是我们在施尼兹勒（Arthur Schnitzler）的戏剧中所发现的诱惑力与色情的“腐败”。

无疑，1890 年代与 1900 年代初期的维也纳人是很欣赏施尼兹勒的戏剧的——正如他们欣赏霍夫曼斯塔（Hugo von Hofmannst- 52
hal）的诗以及马勒（Gustav Mahler）的音乐一样。但是施尼兹勒、霍夫曼斯塔和马勒所居住的城市却都与弗洛伊德所居住的维也纳有所不同。弗洛伊德个人的确与他们其中二人有所接触——他从 1906 年开始就与施尼兹勒有书信往返；他很钦佩施氏，并且认为在施氏身上很“怪诞地”反映了自己的兴趣；就在马勒去世的前一年（1910 年），他还为马勒所患的暂时性的强迫性心理疾病，做了短期而成功的治疗。[1] 不过，在他繁忙的事业生活中，这只是些插曲而已。弗洛伊德根本就缺乏音乐细胞，在文学上的兴趣也较倾向于古典，对当时的文学缺乏兴趣（至少在年轻时代是如此）。此外，他的生活方式也使他与当时自以为是“前进”的文化主流有所隔阂。弗洛伊德不是传统意义上的知识分子，他是一个医生——一个工作过度勤奋的医生。他到了晚年才与小说界的泰斗黑塞、托马斯·曼、罗曼·罗兰、茨威格有所交往。早年他

① Ernest Jones: *The Life and Work of Sigmund Freud*, II*: Years of Maturity 1901–1919* (New York, 1955), pp. 79–80; III*: The Last Phase 1919–1939* (New York, 1957), pp. 84, 443–444.

的交往对象都是些医生同行（多数是犹太人）或者是他所住的犹太区里面的人。再者，他的病人也不会都是维也纳社会圈里的人物——其中有很多是从东欧来的外国人。

作为犹太人，弗洛伊德在工作时所受到的限制——特别是他迟迟无法受聘在大学任教这种来自政府的不平待遇，都更进一步地暗示出当时的维也纳最不受人欢迎的一面。在维也纳流行的“反犹太主义”（anti-Semitism）就是国与国之间以及自奥匈帝国的最后十年以来所特有的阶级与阶级之间的敌意的最强烈表现——弗洛伊德发展以迄成熟的地方也正是希特勒度过幼年时期的地方。
53 因此我们也就能了解：弗洛伊德为什么不喜欢自己的家乡，为什么他一直想要逃到英国的自由气氛去的原因——这个愿望于他死前一年在一个悲剧性的情况下实现了。

不过，如果认为奥匈帝国末年的知识来源也只限于弗洛伊德那个圈子或是维也纳的文学界和音乐界，那就错了。奥地利或许没有很大的文化聚合力（奥地利的国民对于与传统有异的社会理论都较含敌意），但是存在于其社会中的敌对情绪却使其知识产品受到特殊刺激而呈现多彩多姿的状况。在最好的情况下，奥匈帝国成了日耳曼世界和斯拉夫世界的桥梁。就在第一次世界大战发生前的几年，流行二种语言的布拉格城就曾经保护了马萨里克（Thomas Masaryk，后来的捷克总统）的斯拉夫文化研究，同时也保护了德国年轻的大师——卡夫卡的备受折磨的创作。在更早的时候，它还曾经是物理学家恩斯特·马赫（Ernst Mach）——当代最具影响力的科学哲学家——的家乡。1890 年代中期，当马赫移居维也纳的时候，他的科学事业也差不多近尾声了。但是他的影

响却造成了以维也纳为中心的哲学研究的复兴。马赫是 19 世纪实证主义的最后一个，也是最优秀的产品。他度过晚年的城市又成了战后的哲学运动的代称——此一运动*再度使“实证主义者”成为光荣而不是受责难的名词，这是再恰当不过的安排了。

当我们把法国的知识生活拿来与德国的知识界做一番比较时，不免会很惊讶地发现两个显著的不同之处：即法国文化活动之集中化，以及较具批判性的知识分子对法国政府反而较为支持的现象。

这两件事或许与以下这个事实有关：亦即在我们的“出场人 54
物”中虽然有较多的法国人，但在其中却找不到堪与韦伯或弗洛伊德媲美的大师。1890 年代和 1900 年代早期法国的外在环境对心智的追求很有利——或许比欧洲其他任何国家的情况都更有利。但是从某一个意义上来说，它却是太过于有利了。在这种情况下，官方的压力和地方性的孤立不像德国一样造成思想发展的严重阻碍，知识分子自求独立的欲望也就没那么大了。他们会觉得受到政府的开明作风与同侪情谊的支持和鼓励。因此在法国孤独的天才要比德国少。同理，20 世纪早期法国的二位与此种天才最接近的“道德家”（moralists）——索雷尔与佩吉则较具地方性的色彩，同时也自我意识到具有这种色彩。而即使是这两位也都不是在真正的孤立的情况下工作——他们都住在巴黎，都是经常性的知识分子社交圈中的成员，同时他们两人也相交达十多年之久。

巴黎在法国文化生活中占有独特、权威性的地位，这个事实

* 指“逻辑实证论”（logical positivism）的运动。

本身就经常令法国人不满。早在1890年代就已经有保守分子及地方传统的仰慕者主张：天才之集中于首都，非但没有使法国的文化资产达于鼎盛，反而还使其减少了。年轻的知识分子本来可以在他们的玩伴中独立崛起自然而然成为领袖，但是他们和这些伴侣分离而集中于首都，结果徒然使他们彼此互相掣肘而把时间浪费在文学界小集团无谓的争论上。巴雷斯（Maurice Barrès）在1897年出版的《无家可归者》（*Les Déracinés*）一书中就曾经本着地方性民族主义者的立场，为这论点做了具有说服力的阐述。10年
55 以后，阿兰的散文也从另外一个政治角度述说了无数的法国小城所提出的同样强烈的抗议，对于首都的过分自傲表示不满。

但是这种天才的集中很明显地也有其有利的一面。在这种情形之下，每一个知名的作者都认识别的作者，因此知识界便产生了一种在德国或意大利所缺乏的步调、亢奋与活力。报章杂志上或沙龙里面的公开或半公开的观念之交换已经成了启蒙运动的真正源泉。而知识界领导人物的彼此相识，也不只是形式而已。我们已经谈到过，索雷尔和佩吉是好朋友。反过来他们又自视为柏格森的门徒（诚然有些距离）。同时经由哈勒维（Daniel Halévy，他是那种较不出名，却扮演了不可或缺的“澄清者”（clarifier）与“中间者”之角色的文人之一）善意的安排，他们才与纪德以及《法兰西新评论》（*Nouvelle Revue Française*）圈里的文人建立了关系。

这些知识分子之间的友谊，有时是他们还在法国的某些著名公立学校念书时就建立起来。但是，我们所谈论的知识分子中，大约只有半数是在巴黎出生的。事实上，这些毕生的情谊多半是

在那个独一无二的法国最高学府——高等师范学院建立起来的。这所非同寻常的学校傲视巴黎大学，声望也高于巴黎大学；设置这个学校的目的是培养全国的一等人才，将来让他们在高等教育机构中教授人文科学。它的学生都是经考试严格挑选出来的。同时它的情况也与欧陆一般的大学不一样——学生们食宿在一起，有一个理想的环境做密切的知识交流。

当局还刻意设计了民主化的方法来招收这些未来之“教育精英”的新成员。在法国，情形和德国一样，“在实际上”，一个人若非出身中产阶级，很少能够挤进文化圈里去。但是在法国至少
“在理论上”是民主化的，在德国却不然。此一区别充分说明了法 56
国政府对知识界的态度，同时也能够帮助我们去了解：为什么法国知识分子本身不会像 1890 年后的德国知识分子一样，对政府那么不满。

本书中的每一位法国思想家在某一意义下都是共和主义者。对当时既存的制度有兴趣的或许只有涂尔干一人；其他的人则或多或少在经过修正以后，赞成共和政体与民主政治（索雷尔到了世纪之交才变节）。1890 年代末期，德雷福斯事件掀起轩然大波的时候，共和政体受到威胁，他们一致护卫它。在此，我们不能同意“在世纪之交的时候，法国文学界很流行‘保皇主义’（royalism）以及其他的反共和活动”的说法；在德雷福斯事件中，立场不同的知识分子几乎各占一半，但是反对德雷福斯的都是次一等的作家——如经不起时间考验的小说家巴雷斯（Barrès）和布尔热（Paul Bourget），以及较古板的教授们。在社会思想界当中，具有敏锐高明之思想的人几乎都是支持德雷福斯的人。

同时我们还可以提及相关事实，亦即：此一“事件”之所以演变至那么激烈，乃是因为德雷福斯上尉是犹太人。我们很难想象，在同一个时代中，德国会产生类似的“德雷福斯事件”（事实上也不可能）。第一：德国境内的犹太人根本没有机会像法国的德雷福斯一样，在陆军总部供职。此外，德国开明的知识分子对犹太人的态度也比法国的开明知识分子对犹太人的态度更为暧昧——像韦伯和迈内克这些人，他们虽然反对德国上层阶级传统的“反犹太主义”，但是他们的反对却都是经过某种修正的，这种修正在法国是不容易令人接受的。在伏尔泰的国家里，纯理论式的“启蒙运动”观念才是主流，其余的情形乃是例外。有一个高
57 等师院的学生回忆说：“我们和犹太同学亲密相处，就好像和基督徒在一起一样；我们无法想象说他们和我们会有什么不同；同时，‘一个人为了他的信仰和种族乃必须受苦’这种观念也是我们所不能容忍的。”[1]

在本书的法国籍主角中，有三位是犹太后裔——柏格森、班达和涂尔干；普鲁斯特则双亲中有一人是犹太人。这个高比例显示了犹太人在法国和知识界的同化与参与程度。但是我们若以为这情形就表示在文化圈中有一种类似“犹太人之团结”（Jewish cohesiveness）的东西存在——如反犹太主义者所经常宣称的——那就错了。世纪之交的时候，确实有某一些犹太人聚集在佩吉以及他的奇怪的杂志《半月笔记》（*Cahiers de la Quinzaine*）的周遭。但是更常见的情形乃是：犹太知识分子分散于各个不同的文学圈，

① Jérôme and Jean Tharaud: *Notre Cher Péguy* (Paris, 1926), I, 134.

有时彼此也冲突得很厉害——与柏格森对立最久的敌人乃是和他信仰相同的班达，他们二人之间的敌对持续了四十多年。[①]

关于这一点，我们注意一下柏格森和涂尔干的相等成就（他们最后都获得了法国政府颁发的最高学术荣誉奖）会很有帮助。虽然同是犹太人，他们的背景却十分不同。柏格森是彻底被同化了的人——他是一对富有的巴黎夫妇（波兰籍）的儿子，曾经就读于巴黎最有名的公立中学。涂尔干则相反，他是一个来自阿尔萨斯（一个日耳曼风极盛的地方）的牧师的儿子。他们出生时间
相差一年，而在高等师院相识——柏格森虽然比较小，于 1878 年 58
进入这个学校，涂尔干则在次年才进校。然而他们彼此之间却似乎不曾变得很熟识。他们两人都是出名的头脑冷静的知识分子。我们曾经瞥见好辩的涂尔干在楼梯口叫嚷着逻辑的谜语，柏格森则利用他做助理图书馆员之便，从同学的争论和欢乐中躲开。有一次，他的老师看到地板上堆了一堆书，就责备他说："你这该死的（原文：'灵魂该受难的'）图书馆员！" 他的同学们听到了就异口同声回答说："他没有灵魂"——对于一个比任何 20 世纪的人都出力更多，而使哲学重新恢复其精神价值观念的人，这倒是个奇怪的评语。[②]

柏格森和涂尔干都在巴黎担任重要的教职。他们两人一个被认为是 20 世纪早期的"哲学家"（the philosopher），一个则是"社

---

① 除了两本直接攻击柏格森的书 (*Le Bergsonisme, ou une philosophie de la mobilité* [Paris, 1912] and *Sur le Succès du bergsonisme* [Paris, 1914]), 班达至少还在其他四本著作中，广泛讨论到柏格森的哲学。见 Robert J. Niess: *Julien Benda* (Ann Arbor, Mich., 1956), pp. 95–143.

② Jacques Chevalier: *Bergson*, revised edition (Paris, 1948), pp. 42–45.

会学家”（the sociologist）。但是他们两人在 1890 年代的知识批判中却代表了两个极端——即“直觉主义”（intuitionism）以及残留的“实证主义”思想。他们的事业显示了在某一种或两种一般人都同意的基本假定中的分歧情形——这一两种基本假定的观念不仅代表了法籍犹太人的特色，也代表了 20 世纪前 15 年中法国知识界的特色。

因此，“共和国”（法兰西）便不仅仅是可接受而已，有时它似乎还很值得热烈维护。对于犹太人而言更是如此——对他们而言，建国的名言“平等”（equality）所代表的并不只是个空洞的象征而已。[1]“共和的爱国主义”（republican patriotism）是自然而然出于感激之情的东西；德雷福斯上尉的控诉者以为他会背叛祖国，乃是犯了一个天大的错误。爱国主义在所有法国知识分子之间的确是一种自然的、几乎是本能式的情感；一般人也不像德国人一

59 样，成天把它挂在嘴上，因为他们认为爱国乃是理所当然的。法国人对国家的毫无条件的忠诚含有某种“率真”（innocence）的情感在内——其中并没有那种“恶魔”（demonic）似的具侵略性的、高度紧张的性质；包含这种性质的爱国心，即使在德国人看来，也会觉得恐惧。佩吉的爱国主义（我们的例子当中最彻底的“民族主义者”）则是一个农人倔强护卫自己土地的那种爱国主义。

同理，法国的知识分子甚至一点儿也没有抛弃对国家之忠诚的念头。罗曼·罗兰在第一次世界大战中的自我放逐的行为，仍然只是一个独特的现象。法国的作家或学者从心底认为他的国家

① Julien Benda: *La Jeunesse d'un clerc* (Paris, 1936), pp. 36–42.

是文明世界的中心——因为它的语言乃是最完美的思想交通工具。一个法国作家无法想象他怎么可以在别的地方居住——正如他想不出来，除了巴黎以外还有什么地方可以做长久居留的打算一样。纪德一辈子都在抱怨巴黎的气候和种种骚扰，但他却从来无法脱离巴黎。同样的，像班达这样不断批评巴黎文学社团之堕落的人，自己却也深深地卷入“沙龙”的生活里。对于法国的知识分子来说，同侪的刺激是不可或缺的。一离开巴黎，他就没指望了。

当 1890 年代渐渐消逝之时，有些什么新的兴趣在刺激这些作家？尼采的广大影响尚未来临——在法国，直到世纪末才有一些知名的年轻人宣称自己是尼采主义者。[①] 不过当时在法国也和德国一样，人们越来越察觉到精神价值的重要——哲学家布特鲁（Emile Boutroux）致力于这个方向，稍后柏格森本人在高等
师院也致力于此。但是在“师范学院学生”（normaliens）中，最 60
重要的影响并不是来自教授团，而是来自吕西安·埃尔（Lucien Herr）——一个在 1886 年后那重要的 10 年间担任图书馆员的人。

埃尔是法国思想史上最奇怪的一个人物。他虽然不曾写下任何重要的片语只字，但是在世纪之交，不论哪一种思想研究，他都应该占一席重要的地位。他和涂尔干一样是阿尔萨斯人；他在知识事业上前途光明，却出乎意料愿意屈就为一个图书馆员。

> 他就是想要这样的工作，而他也安心地做下来了……他竟日坐在他气派的办公桌前，看着成群的年轻人走过……他

① Geneviève Bianquis: *Nietzsche en France* (Paris, 1929), pp. 13–15,

> 供给他们读物，并且以他渊博的学识为他们服务……他的精神以及身躯同样地高贵优秀，赢得人们的尊敬……他天生就应该服务于教会，传播信仰……他出身于一个良好的天主教家庭，……但是他却都放弃了……而加入了社会党。这多少可以使我们了解他选择某种事业的原因。[①]

埃尔——一个 30 岁的年轻人，倔强的阿尔萨斯人，看到高等师院提供了一个在法国地位最优越的地方——从此地他可以塑造一些杰出的社会主义者。结果证明他把这一项自己挑选的使命做得非常成功。但是在埃尔之前，最伟大的社会主义之皈依者却是饶勒斯（Jean Jaurès）——未来的护民官（tribune）。爱喧闹、可
61 亲、自信、思想敏捷的饶勒斯是公认的 1878 年之“晋级”（promotion）中的佼佼者——柏格森也是这个班上的学生。[②] 三年后，在竞争激烈的公立中学教师“选任考试”（agrégation）中，饶勒斯名列第三——在第二名柏格森之后；另一个名不见经传的人却得了第一，饶勒斯深以此为耻。他是一个早熟的南方人，也很早就选定了他的人生方向——对比较畏怯的同学来说，他领导，别人跟随，似乎再自然不过。

此后，当他成了有影响力的政治家和教授以后，他也常回到学校去；并且在午后围绕在埃尔桌旁的聚会中帮着这位图书馆员

① Daniel Halévy: *Péguy and Les Cahiers de la Quinzaine* (translation by Ruth Bethell of the revised version, published in France in 1940, of Halévy's *Charles Péguy et les Cahiers de la Quinzaine*) (London, 1946), p. 31.

② 高等师院的“晋级”以入学日期为准，而不是毕业日期。

宣扬他的教诲。这两个不同的性格联合起来所产生的力量是惊人的。当我们回想起，高等师院的学生在1890年代末期几乎全体一致支持德雷福斯上尉的时候，我们更应该要记住这一点。[1]

但是，这个情况的结局就没有那么精彩了。对于德雷福斯之支持者而言，他们的胜利也就是失败的原因。伴随着共和党左派的胜利，一种幻灭感也占据了知识分子的良心；这些知识分子曾经为他们心目中的“抽象的正义”打了一场漂亮的仗，但是现在却都已经步入中年。他们在年轻时代曾经为护卫共和、促成政党的社会主义化等，贡献了最大力量，但是现在这些目标却似乎都被玷辱了。他们之中有许多人抛弃了社会主义，有的人（像索雷尔）更否定了民主的价值。同时以前在意识形态之战（ideological battle）中曾经打败仗的保守主义者也找到了更吸引人的新理由来要求人们重视传统的价值。20世纪刚来临的时候，这些事都还非常遥远。在本书结束以前，我们会论及新的“1905年的一代”，到时候我们会对这些事情做更详尽的讨论。

在意大利就找不到与法国、德国一样的，广大且具有影响力 62
的知识社团了。因为在意大利，大部分地方仍然带有太浓厚的地方性色彩；同时它的教育层面也不够广泛，无法支持具有德国或法国那种水平的大学与刊物。罗马也远逊于巴黎，甚至不能与柏林相提并论。意大利和德国一样，其知识圈的分散反映了历史上的不团结。同时，它也与德国相反，行政的首都绝不是知识的首都。1890年的罗马仍然是一个属于僧侣、游客、公务员的城市。

① Tharaud: *Péguy*, I, 91, 97–98.

都灵、米兰、佛罗伦萨，尤其是那不勒斯，这些地方上的首要城市仍然自以为在文化上远胜于罗马。而且，大多数活跃的知识活动也的确都表现在兴趣相同的人所组成的地方性社团上——如佛罗伦萨的乔各菲里学院（Academy of the Georgofili，帕累托在 70 年代中期到 90 年代中期便是这个学院的成员），以及那不勒斯的学人圈——在那里，克罗齐发表了第一篇历史哲学论文。

这并不是说，意大利对 1890 年代思想革新的贡献不重要，或者不出色——事实并非如此。当时有少数意大利作家与学者已经属于欧洲第一流——只要想到从 1871 年到 1883 年去世时为止，在那不勒斯大学任教的文学家与批评家弗朗切斯科·德·桑克蒂斯（Francesco de Sanctis），就可以明白这一点。但是这些人毕竟为数不多，也没有受到社会上道德力量的支持。而很令人惋惜的，从 19 世纪中叶到 19 世纪 90 年代这一段期间，意大利所出现的重要人物竟比德国还要少。在这两个国家中，富有创造天才的人似乎都把才能转移到统一的问题上，在这个问题上耗尽了才力。从 70 年代中期到 80 年代中期，议会政治的典型的代表人物是面色苍白而巧于贪污的阿戈斯蒂诺·德普勒蒂斯（Agostino Depretis）；
63 眼光远大的人不是根本没有，就是不被人重视。帕累托多少年来一直想要在自己的国家谋个大学教授的职位不成，不得不受聘于瑞士（法语区），这就是以上这种情形的征兆。还有一件值得注意的事：帕累托去国的那一年，也正是意大利七年国内暴乱开始的时候——回想起来，这个暴乱也似乎是政治文化更新的一个必要的序曲。

意大利至少和德国的情形一样：从 19 世纪 90 年代到第一次

世界大战之间这段时期应该算是一个文学与哲学的复兴时期。此一复兴，绝大部分应该归功于克罗齐一个人的贡献——日后克氏写作当代史的时候也毫不谦逊地承认这一点。[①] 克罗齐毕生都以一个私人学者的身份工作，从没有在大学任教。但或许正由于这个缘故，他的影响反而更为深远。克罗齐的影响发自他可爱的家乡那不勒斯，渐渐广被各处。而他所投注精力的工作也正是意大利所最需要的。克罗齐和伊拉斯谟（Erasmus）一样，以“世界主义知识分子”（cosmopolitan intellectual）和“文艺复兴人”（man of Renaissance）的身份致力于“铲除（意大利）文化与风俗的地方性……，并且透过与外面世界的接触及观念交换，提高知识生活的品质。”[②]

有关文化背景的问题，我们就谈到这里。我们将以此为背景，对某些重要观念做一个初步的、架构式的描述；这些观念最初是在1890年代提出来的，而在20世纪的前十年当中由学者们完成了详尽的阐述。

1. 最基本的（或许也是了解其他观念之关键）乃是对“意识”（consciousness）问题以及“无意识作用”（the unconsciousness）所产生的新兴趣。这个问题在柏格森的第一本著作——“论意识 64
之直接资料”（*the Essay on the Immediate Data of Conscious*）中就

① *Storia d'ltalia dal 1871 al 1915* (Bari, 1928), translated by Cecilia M. Ady as *A History of Italy 1871–1915* (Oxford, 1929), pp. 242–246.

② Antonio Gramsci: *Il materialismo storico e la filosofia di Benedetto Grace* (Opere, vol. 2) (Turin, 1952), pp. 246–248.

已经间接提到。他在那本书中区别了两件事情：即可以适当地应用空间与数字之逻辑的“表层心理生活”（superficial psychic life）以及“意识深处之生活”（life in the depths of consciousness）——在这一种生活中，“藏在深处的自我”（the deep-seated self）自有它的一套逻辑。他得到一个结论说：“‘梦的世界’或许可以对此一神秘、未开发的领域提供一道线索。”他又说：“为了再找回这种基本的自我，我们必须积极地努力做一番分析工作。”[①] 十年之后，弗洛伊德从一个几乎全部与柏格森相反的哲学与事业基础上出发，开始进行柏格森所勾勒出来的计划。弗洛伊德的第一本书《释梦》（*The Interpretation of Dreams*）便是站在他“积极努力”的自我分析（selfanalysis）的基础上，建立了一个以梦境为解释关键的“无意识动机”（unconscious motivation）之理论。

2. 与意识问题有密切关联的乃是心理学、哲学、文学与历史中的“时间与持续之意义”（the meaning of time and duration）的问题。柏格森曾经一再地探讨这个问题，想要为“主观的存在”（subjective existence）之性质找到一个定义，这种“主观的存在”是和自然科学所加诸外在世界的“图表式秩序”（schematic order）相对的。克罗齐曾经想要确定历史领域与科学领域间“质的”（qualitative）与“方法学上的”（methodological）分别，前面所提到的问题正代表了此一问题的一个层面。自然科学家主张“设定”（postulating）一个不再绝对与“牛顿物理”（Newtonian phys-

① *Essai sur les données immédiates da la conscience* (Paris, 1889), authorized translation by F. L. Pogson as *Time and Free Will: An Essay on the Immediate Data of Consciousness* (London and New York, 1910), pp. 125–127, 129.

ics）定律一致的宇宙，他们所处理的问题也等于是前面那个问题稍微变更了形式的东西。最后，这个问题也就是 20 世纪前 20 年当中小说家们（傅立叶、普鲁斯特、托马斯·曼）所面临的一个困境——亦即如何用我们的语言来重新捕捉“对过去经验之直接感 65
受”（the immediacy of past experience）这个恼人的问题；但是我们的语言却只能重建某一种“存在”（existence）的“不完整的实在”（fragmantized reality）——这个“不完整的实在”乃是依照逻辑法则运作的记忆力所贮藏起来的东西。

3. 更进一步来说，在“意识”与“时间”的问题之外，同时也包含了这个问题的乃是狄尔泰称为“心灵之科学”（sciences of the mind）里的“知识之本质”（the nature of knowledge）的问题。狄尔泰在 1880 年代早期就曾经试图建立一些规则，借着这些规则他希望能够把人类心灵想要对它得到某种“内在的了解”（internal comprehension）的那个领域和自然科学所创造出来的“外在的”（external）与“纯粹传统式的符号”（pure conventional symbol）所代表的那个领域划分开来。十年之后，克罗齐在他的第一篇重要论文“在艺术之一般概念下的历史”（La storia ridotta sotto il concetto generale dell’arte）中再度论及这个问题。克罗齐很快就放弃把历史包括在艺术中这个简单的解决方法。但他仍然坚持历史是一门极端主观的学问。到 1900 年的时候，与克罗齐同属一个时代，而想象力较丰富的人已经很明显地看到：19 世纪的人想要用耐心的累积与苦心的证明去建立一个历史与社会学的知识架构，这种计划是不健全的。用这种方法是永远没有办法透视人类经验的。我们所能够做的乃是：运用克罗齐在其“新唯心论的历史理论”

（neo-idealistic theory of history）中所建议的“设身处地的直觉”（sympathetic intuition）；或者是创造一些有用的“拟制”（fictions，如后来韦伯所苦心制定出来的）来作为批判性了解的模式。

4. 据此，如果我们把关于人类事务的知识建立在这一类试探性的基础上，则整个政治研究的基础一定产生激烈的改变。如此，我们就不能满足于我们所承自本世纪以及前半世纪的“理性主义式的意识形态”（rationalistic ideologies）（不论它们是自由主义的、民主的或社会主义式的）所给我们的信心。我们的工作应该是去透视政治行为的虚假的一面——亦即索雷尔称为“意拟概念”（myths）[*]，帕累托称为“派生物”（derivations）以及莫斯卡
66 所说的时代之“政治公式”（political formula）。我们在这些简单的外表后面还可以假定“运用权力者”“创造的少数人”以及“政治精英”等之存在。这么一来，政治的讨论就从舞台前被推到舞台旁去了——亦即从公众讨论的高调转移到“半意识情绪”（half-conscious sentiments）所操纵的言论上。

对于 1890 年代之新的知识目标，我们所能做的最普遍的描述即如上述这些。这些新的知识目标把社会思想的重心从明显的、客观上可验证的事转移到“未经解释的动机”（unexplained motivation）这个只有部分被意识到的问题上来。从这一个意义来说，这个新的学说很明显是倾向于主观的。“心理活动”（psychological process）代替“外在的实体”（external reality）成了最急需研究的题目。实际上真正存在的事已经不再是最重要的东西——“人类

---

* 从索雷尔在第五章使用此语的方式来看，他所指的乃是一种对“实在”之本质所假定的一种概念。

以为它们是存在着”的东西才是重要的。而人类在无意识层面所感受的也变成比他们有意识地加以“合理化解释”（rationalized）的东西更有趣。或者，我们也可以用比较激烈的词语来描述这个改变——事实证明，我们绝不可能获得任何有关人类行为的确定的知识；我们必须依赖“主观之直觉”（subjective intuition）所产生的浮光掠影或者是一些方便的“拟制”，则很明显的，人类的心灵便的确从实证主义的方法中解放出来了——它可以自由地推测、想象、创造了。这一下子就同时使人类理解的范围激烈地缩小，同时也大大地开阔了。社会思想的可能性伸展到无限的境地。弗洛伊德在 1896 年说“后设心理学”（metapsychology）（人文之渊源与本质的定义）是他的“理想的及问题的孩童”（ideal and problem child）——即他未来最具挑战性的工作——时，他心里所想到的，或许就是这一点吧。[①]

① Jones: *Freud*, I; *The Formative Years and the Great Discoveries 1856–1900* (New York, 1953), p. 294.

第三章　对马克思主义的评判

67 马克思留给后来社会思想家的知识遗产纷乱且存在分歧。到了 1890 年代的时候，我们已经不能只把他视为无产阶级传播者了；尊他为先知的政党的形势之大，以及他所肇始的经济学研究之重要性，使他变成一股强大的力量，因此我们必须用某种方式来把他与欧洲思想的主要传统结合起来讨论。当 1890 年代渐渐过去的时候，许多思想倾向不同的“中产阶级”（bourgeois）经济学家与社会思想家都觉得非得去接触他的学说不可了。但是，他们到底应该掌握马克思遗产的哪一部分，这一点却还不很清楚。他们到底应该把他当作一个“科学的”社会思想家而从抽象的层面来研究他呢，或者应该更实际一些，把他当作是一个极端成功之政治运动的倡导者呢？

马克思当然自认为两者都是，并且主张他在这两个层面上的活
68 动是不可分的。他主张：理论来自行动，而行动也来自理论，两者之间有一种不可分的“辩证的”（dialectical）关系；“中产阶级”社会科学声称的客观分明是一种骗局。但是若仔细研究马克思自己的话，就可以发现他的科学性的研究与实际的箴言之间的关系，并不如他所想象的那么严密。在马克思那些范围广大、互相重叠，而彼此不同的著作中（如果加上恩格斯在马克思死后所写的作品，则这

些著作的完成时期大约贯穿了从 19 世纪 40 年代中期到 19 世纪 90 年代中期的半个世纪），我们不难发现有些学说可以从原来与它们关联在一起的学说中抽离出来，因此可以独立地加以解释。

例如：马克思的历史理论不一定必然指向社会主义；而他所假定的“社会主义不可避免的全胜”也不一定就暗示着我们的背后有什么道德上的驱策力在逼迫我们去加速那个胜利。马克思的历史解释（一般称为历史唯物论）与社会主义之间并没有特别必要的关联——我们把它稍加修正，就可以用它来做比较保守的解释——20 世纪的前 10 年就证明了这一点。同时相信社会主义社会必然来临，也不一定就意味着必须认为这种改变是理想的；诸位看一看我们这个时代的“失败主义的保守派”（“defeatist” conservatives）的作品就可以明了——熊彼特（Joseph Schumpeter）就是一个最杰出的例子。[①]

当马克思的著作渐渐地受到详细的逐字研究时（最经不起这种研究），它们就很明白地显示出其中包含了许多不重要的（甚至是不必要的）特点——这些特点在它们的创始人的脑海中显得很重要，但随着时间的消逝，它们却成了累赘。我们很可以把这些
著作中的“黑格尔式的结构”（Hegelian structure）看作 1830 年代 69
马克思在柏林上哲学课那个时期的必然产物。这段上哲学课的过程说明了他的理论中的许多累赘的部分——即使是辩证法（表面上是黑格尔遗产中的一颗无价的珠宝）——都是在讨论中显得比较堂皇，但当被应用在具体的社会环境时，就没那么堂皇了。同样

① 见其 *Capitalism, Socialism, and Democracy*, third edition (New York, 1950).

地，马克思的经济学是建立在两三个中心支柱上的——此即：利润降低工人阶级的处境就更悲惨这两个互补的“法则”，劳动的价值理论（the labor theory of value）以及从这个理论推演而来的，值得审视的“剥削性的剩余价值论”（exploitative surplus value）——随着时间的过去，这些支柱也都显得摇晃了。难怪大多数的批评家会认为：马克思主义作为一种历史解释（或理论社会学）的教条，比作为专业性的经济学更能打动人心。

的确，诚如许多研究马克思主义的学者可以证明的：仔细读马克思的著作，就渐渐会发现作者以其具震撼力的人格以及对理想所持的不可动摇的信念，把一些最不相同的哲学与社会因素综合在一起了。在抽象的社会理论层面上，马克思把黑格尔与李嘉图结合在一起，然后又把李嘉图与伟大的乌托邦主义者结合在一起。在革命行动的层面上，这位《共产党宣言》和《资本论》的作者更把一些似乎含有逻辑关系的论点结合起来，但是对于这些逻辑关系，他只是以自己深厚的道德信念去证明。我们能够确定说社会主义的胜利必定会带来工人阶级的胜利吗？苏联的经验没能证明这一点。最后，当所有的阶级都在“天启”的情况下消失了，这个胜利是否就会随之结束呢？同样的，苏联的例子又证明了结果是相反的。再者，“天启”这观念本身是不是一
70 个“非历史的”而且与19世纪整个历史思想的发展乖离的一种观念呢？

这些乃是1890年代马克思的批判者（包括同情他与不同情他的人）在熟读他的著作以后，向他们自己所提出的一些问题。同时当他们研究马克思学说的主题——“天启的宣言”（apocalyptic pronouncement）时，会发现“社会思想家——马克思”以及“政治鼓动者——马克思”之间的一个常见的对比；把这个对比用“19 世纪科学家——马克思”和“旧约先知——马克思”重新形容，效果会更为突出。在 1890 年代，人们仍无法察觉马克思无意识泄露的古老的“思想模式”（thought pattern）（这个模式散见于其著作当中）——弗洛伊德及其继承者才能在他们的著作中对这个自以为是的唯物论者所使用的字汇中的“宗教意象”（religious imagery）加以彻底的评估。但是即使在还不到 1900 年代的时候，像涂尔干这样的学者就已经明白：使马克思学说充满灵感与力量的原因乃是道德上的激情而不是系统的研究之结果。

这个“社会科学的马克思主义”与“道德训示的马克思主义”之间的对比使我们接触到最后一个问题—— 1890 年代批评家只间接提到而未曾有意识地陈述的问题。作为一个社会科学家，马克思很明显地是属于启蒙运动的理性传统的。作为学者，他是心胸开阔而心智公正的，他甚至对敌人的著作都给予绝对公平的看待。但是，作为预言家，他却是一个愤怒、毒舌、好辩的人，对他的对手嘲讽有加。就作为这种预言家而言，他的著作将成为启蒙运动的掘墓者（包括右派和左派的人）的经典。如果说 1890 年代的新社会思想家的主要任务是对 18 世纪的欧洲传统重新加以评估，
那么他们就必须先决定（甚或只是间接地表示也好）：到底在什么 71
样的程度内，马克思可以算是启蒙运动的产物？

当然，“愤怒的马克思”和“理性的马克思”这个对立是一直存在的。但是关于他所留下的“遗产”的争论却在他死后十多年

才开始；那是因为他的合作者恩格斯去世（1895）的缘故——马克思学说与过去权威的唯一联系遂因而截断，再也没有人能对这个学说的原始内容中所含有的矛盾给予最权威的解释。年轻一点的人遂可以在马克思所留给他们的困境中任选一条路，并且尝试为马克思学说中的对立的倾向寻找一个合理的结论。

这个对立表现在政治上乃是欧洲社会主义诸党之内的“修正派”（revisionists，或称“改革派”（reformists））与革命派之间的冲突。到世纪之交，这两派之间的界线已经划分出来了；这两派在 20 年后又演变成“民主社会主义”（Democratic Socialism）与“共产主义”（Communism）两个互相敌对的阵营。从一个有系统的意义上来说，启辩论之端的乃是修正派。此一派的代言人——德国社会民主党人伯恩斯坦（Eduard Bernstein）在英国驻留太久，以至于无法保持纯正的马克思主义思想，同时也深深受到“费边主义”（Fabianism）思想的感染。伯恩斯坦在发表于杂志上的一系列的文章（1896—1898 年）以及（更有系统地）在一年后所出版的《进化的社会主义》（*Evolutionary Socialism*）一书中提出许多主张，这些主张无疑都具有费边社精神。他主张：马克思经济学中的许多内容以及他的大多数对未来所做的预测都被过去十年中的发展所否定了。他在一段潦草写成的理论摘要中表示：“农人不
72 会沉沦下去”，“中产阶级不会消失”，“抱怨之声也不会扩大；不幸与奴役不会再增加”。[①] 伯恩斯坦主张，在这一些改变了的情况

① Bernstein Archives: cited by Peter Gay in *The Dilemma of Democratic Socialism* (New York, 1952), p. 244. 伯恩斯坦的原书名为 *Die Voraussetzungen des Sozialismus und die Aufgaben der Sozialdemokratie*.

下，欧洲社会主义所应该采取的合理对策乃是尽可能地运用议会政治所能提供的渐进的改革。

对于伯恩斯坦的言论，首先发出震惊之呐喊的乃是考斯基（Karl Kautsky）以及其他自命为“党之正统”的维护者。这些人多半只是顽强地想要调和革命理论与社会民主党的合法行动，因而抹杀了修正派存在的理由。对于伯恩斯坦的真正答辩（从知识的严格角度来看）则是另外一些人所提出来的。第一次与伯恩斯坦所提出的问题发生正面冲突的乃是马克思主义的初学者（而不是权威）——列宁在1901年所写的一本题为《该怎么办？》（*What Is To Be Done*）的小书中所提出的论辩。列宁对于明显地存在于马克思主义当中的矛盾并不畏惧。他很大胆地从伯恩斯坦所收集的“中产阶级化”（embourgeoisement）的证据当中，推得相反的结论，主张马克思主义者必须成立一个团结的、暗中活动的政党，不断地从事革命和反对的工作。

伯恩斯坦和列宁主要都是党派的辩论家。他们二人如果用比较抽象的方式写作，都可能成为第一流的社会思想家。但是伯恩斯坦实际上却不得不投注毕生精力为他在1890年代所标明的立场辩护；列宁在一度投入抽象理论的战场后，又回到为党派作理论之攻防战这个老岗位上来。同时还值得注意的是：列宁那次抽象理论上的冒险——即出版于1909年的《唯物论与经验性的批判》（*Materialism and Empirio-Criticism*）表面上虽然是针对“新康德学派”（neo-Kantian）的认识论（甚至在马克思主义者当中也有许多人渐渐地相信这一派理论）而为唯物论者的形上学所提出的辩论，73
实际上这却是为了要解决苏联社会民主党（Russian Social Demo-

cratic party）内一项不重要的党派之争而写的。[①]

我们以下还会看到社会主义诸党派中的教条上的危机和地位超然的社会思想家之研究互相重叠，并且因而演变得更紧张的情形。我们真正的主题当然是集中在这一些思想家上，而欧洲社会民主主义阵营之内的党派之争之所以重要，乃是因为它提供给我们一个原因，说明了为何许多极为能干而原先对马克思主义没有兴趣的知识分子会在 1890 年代的时候把注意力转向马克思主义。他们已经认识到：马克思太重要了，他们再也不能容许宣传家和党派雇用的文人任意处理他。

他们都希望从马克思的思想带来知识上的革新。但是他们所用来了解马克思的观点，以及他们在马克思学说中所发现的东西却各不相同，正如马克思哲学渊源是来自各个不同的地方一样。涂尔干在个性上倾向于实证主义，但是却不满孔德和斯宾塞所留下来的实证主义的传统；他把马克思的社会主义做了一番有系统的研究以后，发现马克思的学说使他认识了一种新的社会学——这种社会学的基础是建立在经验性的（empirical）资料上，而不是建立在抽象性的理论上。帕累托也是实证主义者，但是他对马克思较具有敌意，而且也大都是从专业经济学的观点去评断马克思；他打破了社会主义者的神话以后，发现了一个更具普遍性的“社会冲突”（social conflict）的理论。对于索雷尔来说，马克思的社会主义乃是一个装满新奇物品的摸彩袋，必须经过一番苦心整理才能分清楚其中装的是些什么东西；既是 19 世纪的科学家，又是

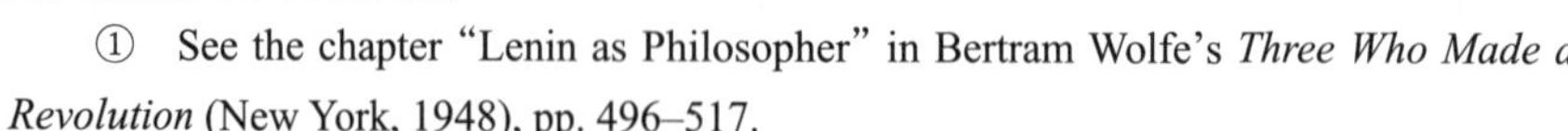

① See the chapter “Lenin as Philosopher” in Bertram Wolfe’s *Three Who Made a Revolution* (New York, 1948), pp. 496–517.

20世纪的预言家的索雷尔曾一再提及马克思——有时为了弄清楚知识上的问题，有时是为了寻求道德上的激励。克罗齐是一个渊博的历史学家与美学家，他原来是最不可能与马克思发生接触的，却在无意中接触到马克思的作品；这一段接触虽然为时不久，但是他已经能凭借此一经验而提出四个或五个高度具有智慧的论点，
其后他又立刻转而去关心一些比较具有永恒性的问题了；对他来 74
说，马克思主义等于是给了他一根打击实证主义的棒子，同时也对他自己建立在文学与艺术模式上的唯心论者的历史观提供了某种修正。

不论实证主义或反实证主义，也不论赞同或敌对——这些观点在1890年代的批判中都重叠在一起，令人迷惑。事实上，涂尔干的关于社会主义的课程多半是为了替他那种好恶参半的矛盾态度做辩护而讲授的。马克思的杀手帕累托、最老到的马克思思想之现代化者（modernizer）索雷尔，以及最冷酷的历史唯物论之解析者克罗齐都彼此互相尊重，差不多建立一种友谊了。但是他们的结合却不只是以“同意歧异”（agreement to differ）为基础——其基础建立在比此更稳固的基础上；他们都被下述这个关键性的问题：亦即马克思所声称的“合乎科学的正确性”（scientific validity）这说法是否正确的问题吸引住了。而他们在自问“马克思主义是否能成为一种科学”的时候，都无可避免地要进一步去追问：“社会的科学”（science of society）是代表什么意思，以及我们到底有没有可能获得这种科学性的知识。

因此，马克思主义的研究就为他们提供了一种试验场——一种关于社会科学之一般理论，以及较个人化的理论（这些理论是

和马克思的教条正面冲突以后所产生的）之初次试验。马克思在其一生当中很喜欢使用妇产科学上的譬喻，他把“力量”描述为“社会变迁”的助产士；按照同一种类比的方法，我们可以把在死后不出15年就被奉为意识形态之权威的马克思称为20世纪社会思想的“助产士”。因为1890年代的改革者在抛弃他们心目中的马克思主义之不健全的地方，以及在解释马克思主义中何者是有益的以及有启发性的东西的时候，他们就迈进了第一步，准备为“社会的实相”（social reality）建构一个更具普遍性的理论。

涂尔干与道德情操的马克思主义

75 传统上涂尔干被公认为现代社会学的创始者，我们稍后在本书中再论及他的时候，他便是以这个姿态出现的[①]。早在1880年，当他还是高等师院的学生时，他就接触到错综复杂的马克思社会主义了；在高等师院他还和他的同学——未来的社会主义者的“护民官”饶勒斯建立了坚固的友谊。但是他却一直等到15年以后才对这个题目发表有系统的见解；而当人们出版他的关于社会主义的演讲稿（逝世后出版，仍未全部写完）时，已经又是30个年头过去了。之所以拖延这么久，似乎是因为“涂尔干的马克思主义”（Durkheim Marxism）只不过是提供了许多研究社会所能遵循的途径之一而已；另一方面也是因为其他更具“经验性”（empirical）的研究题目之压力，致使他无法对马克思主义做一番完全的分析。

① 见本书第八章。

涂尔干的亲密同事告诉我们，涂尔干本来是有意要写一本一般性的关于“社会主义与个人”的书。但是这个计划却渐渐变成对“个人与社会”的一般性的研究，而这个研究又努力替社会学（被孔德的继承者弄得声名狼藉的学问）这个新学术再建立一个更坚实的基础。因此他对社会主义的研究就被打断，而在大学的讲演中也只处理一些如“自杀”与“分工”等具体的题目——这些题目乃成为他早期著作中的主题。

在1895—1896年，涂尔干任波尔多大学的教授，37岁时，他的注意力转移到社会主义上。他的目的至少是科学上的，同时也是道德上的——正如他在对马克思主义所做的分析中之强调道德因素一样，他的目的也是想对自己、对世人、对他的学生（他 76
们之中有些人已经是社会主义者）申明他自己为什么对社会主义运动抱持暧昧的态度的理由。“他毕生都不附随社会主义（狭义而言）……只因为它含有暴力的性质、阶级的性质……以及政治的性质……甚至于引起社会与道德之危机；同时他自己之参与德雷福斯事件也没有改变他的观点……他‘同情’社会主义者，同情饶勒斯、同情社会主义。但是他自己却从来不附随他们。”[①]

我们明白，这些讲演是个大成功，但是其后另有两讲原本可以透过马克思而贯穿社会主义这题目，他却一直没有讲完。因此我们只拥有一本主要是从一般性角度去谈社会主义与圣西门的著作——这本书只是仓促地、试探性地提到马克思主义本身。总括起来说，涂尔干所提出的观点乃是：当代大多数社会主义的批评

① Introduction by M. Mauss to Emile Durkheim: *Le Socialisme: sa définition, ses débuts, la doctrine saint-simonienne* (Paris, 1928), pp. v–ix.

家都没有触及重点，因为他们都相信它的表面价值，认为它是科学的。经济学家如庞巴维克（Böhm-Bawerk），以及辛辛苦苦以教条攻教条去驳斥马克思主义的奥地利学派（Austrian school）等于是在做一件“佩涅洛佩的工作，而且需要不断重复”*。运用这些方法就只能从外表来研究社会主义——此种分析的工作永远不能触及其内含的力量。[①]

因为（涂尔干主张说）从抽象的层面来攻击社会主义并不是个适当的方法。社会主义“全部是指向未来的”，而不是一个“确实存在的东西”，因此也就不具有“真正的科学的性质”。社会主义实际上乃是个“理想”（ideal）：

> 无疑，即使最乌托邦式的社会主义也不会唾弃“事实”
> 77 的支持，最近它甚至还越来越具有某种科学的性质了。如此一来，社会主义显然帮了社会科学的忙，而不是接受社会科学的帮忙。因为它唤醒了“反省”的能力，刺激了科学的活动……社会主义和科学的关系如此之深，所以它的历史在许多方面都与社会学的历史混合在一起了。它自科学借用的资料是那么稀少、那么薄弱，但是从此所引申出来的实际性的结论却那么多，而且这些结论却又正是社会主义的中心论点——当我们看到这二者之间这种极不成比例的情形，谁能不感到惊讶？[②]

* 指如佩涅洛佩之等待其夫奥德赛之归来而需要一再地拒绝求婚者。

① Ibid., p. 10.

② Ibid., pp. 3–4.

即使“最有影响力、最有系统、观念最丰富的社会主义者的思想——马克思的资本论”也不例外：

> 它所处理的无数的问题都需要许多的统计资料、历史性的比较及研究来解决……事实上它所收集到的事实与观察都只不过是辩论之词而已。马克思为了要确立（社会主义）这种学说才去研究它，而不是因为研究它才产生这种学说……这些体系中充满了情绪化的内容；它们（体系）的产生以及它们的力量都是对一种更完美的“正义”（justice）之向往所造成的……社会主义不是一种科学，也不是社会学的缩影——它是痛苦的呐喊。

我们只有去找寻藏在社会主义学说之后的科学的伪装以及引
起这个学说的具体的社会环境，才能明白它为何能产生持久性的
影响。如此说来，一个有良知的社会科学家所能采取的应是一种
“慎重而有所保留”的态度——但是这却是任何一个同样有良知的 78
社会主义者所不能采取的态度。[①]

帕累托与精英分子的理论

帕累托的《社会主义者之体系》（*Les Systémes Socialistes*）（1902 年首度出版）很早就被公认为是驳斥马克思之经济学与社会

① Ibid., pp. 5–6.

学的经典之作。根据传闻，这本书比其他任何反马克思的著作更使列宁感到不安——他失眠了好几夜才想出反驳的方法。这本书无疑是一本尖刻、活泼、机智的书——一本绝佳的辩论性的著作。但是当我们从它最初所造成的蛊惑状态中醒来以后，我们就会察觉其中的漏洞和推理上的不一致——以及它的倾向于文学性。这本书虽然比克罗齐和索雷尔最初的有关马克思主义的著作出现得迟，并且也是以这些著作为基础，但是《社会主义者之体系》在许多方面却没有达成其先驱以及思想界之同侪所得到的结论。事实证明：这本书凭着它的辩论性的结构是无法对马克思的学说作完整而彻底的批评的。

帕累托的关于社会主义的著作代表了他的方向已经从专业的（特别是数理的）经济学问题转移到一般性的社会学体系上了。帕累托和涂尔干一样是透过社会主义才接触到社会学。受工程师与公务员训练出身的“帕累托侯爵”既有着贵族式的对大众的憎恶，同时也保有技术人员对事实的尊重——这二者构成了奇异的混合。1893 年帕累托对自己国家肮脏的议会政治感到憎恶，流亡到日内瓦湖畔的洛桑大学当经济学教授，过着舒适的日子。而经济学的研究自然而然地使他对马克思主义发生了兴趣；同年（1893 年）马克思的女婿拉法格（Paul Lafarge）用法文摘译
79《资本论》，帕累托就替他写了一篇序言。再经过 8 年的研究，他写成了《社会主义者之体系》，这本书的第二册主要是献给马克思的。

作为一个实证主义者，帕累托也和涂尔干——这位法国社会学者一样，几乎否认了所有马克思著作在科学上的正确性。同样

地，他也同意涂尔干的做法——明确划分了社会主义学说的逻辑上的价值（他们认为没有）以及这些学说所反映出来的社会情况。但是涂尔干只是提出这个建议，作为将来之研究的准则，帕累托则从方法学上的角度彻底地研究此一问题，而从马克思所提出的“前提”（premises）中导出与马克思截然相反的理论。马克思曾经宣称他把黑格尔主义“翻正过来”了，现在帕累托也可以说他是把马克思主义“翻正过来”了。

很显然地，帕累托在从事社会主义研究的时候是心存敌意的，而涂尔干则持有一种“有限的同情”的态度，二者相去甚远。我们姑且不论他们有何阶级偏见，但因为他是古典经济学家，同时对自由贸易也持有一种教条式的信念，因此在他看来所有的社会主义都非常可憎。同时经济学家对社会主义作家常常使用的诡辩技巧所特具的厌恶感更加深了他这种厌恶的程度。因此帕累托便禁不住要和他的敌手作思想上的格斗，而这种行为在涂尔干看来根本没有用，所以他不屑如此做。

帕累托的两大册著作中多半充斥着这种意气轩昂的争辩。经过半世纪以后，我们回顾起来，这些争辩只不过具有一些娱乐性的价值。现在与我们的讨论有直接关系的乃是帕累托的一个中心论点——此即他在马克思学说中所发现的所谓“正确”的主要内容。他肯定说：“马克思的学说中有一部分是属于社会学的，这个部分比其他的部分都更优秀，而且往往与事实一致。马克思有一个很清楚的观念——即‘阶级冲突’的观念；他的所有实际的行 80
动都是被此观念激发出来，同时他也用这个观念指导所有理论的

研究。”[①]

根据帕累托这种说法，社会科学家的任务是接受马克思的阶级斗争理论的粗略概念，然后再从其中抽丝剥茧，分辨何者为真，何者为假。而“社会主义的圣经”——《资本论》——“极具所有‘圣经’（holy books）的特征，即模糊而暧昧的性质”这一点乃使社会学家的工作更形复杂。但是因为马克思和恩格斯的著作中“混合了激情与理性，目的要使它们同时适合于一般人与博学者的研究”，所以又使原来已是复杂的工作更形复杂了。一般人看到马克思描写资本家之压迫时，笔下所表现的那种气势以及绘形绘影的描写，都会受到感动；博学者则会迷惑于它的精思巧构，以及“众人都不知道其真义，唯有我们能够发现它”这种谄媚式的观念。帕累托认为社会科学家会感兴趣的乃是这第二种的研究（即博学者之研究）——不论这种研究有多艰难。他断言说：“唯物论者的历史观念在经过博学的诠释以后会引导我们去接触‘实相’（reality），同时也会具有一个科学理论所有的特征。”[②]

但是从这一个形态来看，历史唯物论“在根本上，对社会主义和对其他学说一样，都不怎么有利”；我们甚至还可以说它是“绝对与重视情感和理论的社会主义完全相反”。因为（如果我们对达尔文主义稍有了解就知道）阶级斗争（class struggle）与一般社会主义者用来点缀社会主义和人道主义的情操是没有一点儿关系的。这种情操是存在的——否定它们的存在就“和那些以为人
81 类可以完全抛弃宗教的人犯了同样的错误”——但是阶级冲突的

① *Les Systèmes socialistes*, second edition (Paris, 1926), I, 16; II, 338.

② Ibid., II, 333, 393, 402.

本质却不是这种情操。[①]

当这种冲突扩大为更复杂的现象时，则很明显地：研究社会的学生所面临的就不只是“中产阶级”与“无产阶级”（proletarians）之间的斗争这问题了。事实证明这两个阶层不只为个人之因素而冲突；“无产阶级”很显然也只是在为自己的利益而战斗。表面的现象容易让人受骗——事实上，社会的冲突从来就不是贵族与“人民”（the people）之间的冲突。从古至今，群众的领导者都是一些能力极高而没有掌权的异见者。伟大的革命则是一群新的精英分子想要取代旧有的一群人所发生的冲突——“人民”就是他们的士卒。这些“人民”无疑都相信他们是在为“他们心目中的正义、自由、人道”而战斗，同时他们的许多领导者也“衷心地”自认为是在为同样的目标而奋斗。然而，事实上真正有利害关系的乃是新精英分子集团的阶级或个人的利益。

因此，帕累托下结论说：认为“资本家”与“工人”之间的斗争结束以后，阶级的冲突（广义的）就会消失——此乃一种幻觉。即使在集体主义的社会（collectivist society）当中，在“社会主义的国家中的各种不同的工人之间、知识分子与非知识分子之间、各类政客之间、政客与被其管理的人之间、改革者与保守主义者之间，都会有冲突发生。”[②] 社会主义者的天启福音并不现实。

帕累托就是如此把马克思思想整个颠倒过来的。他倒是很愿
意承认阶级冲突确实存在，但是他却认为决定冲突的因素远比经 82

① Ibid., II, 405, 413.

② Ibid., I, 35–37; II, 430, 467.

济法则更为复杂。[1] 各种“非逻辑”（non-logical）的动机（这些动机在本质上是宗教性的）——亦即“理想”乃是最主要的因素，历史上成功的领导者都知道如何运用此一因素。帕累托主张：群众在革命和内战中如果只是一种被动的工具而已，则马克思的“科学的”理论就不一定会指向社会主义。我们可以从一个保守的角度来解释历史唯物论，使受到威胁的精英分子增加一分新的强韧性与自信。帕累托在写完《社会主义者之体系》一书时，就已经把“社会组织理论”（the theories of social organization）的大要勾勒出来了——此一理论在 14 年以后也使他名副其实地成为“权威保守主义”（authoritarian conservatism）的伟大阐释者。[2]

克罗齐与以诠释为宗旨的历史唯物论

帕累托在讨论马克思主义的“博学者之研究”时，曾经以“两位才华洋溢的马克思主义者”来称呼他的学问上的友人克罗齐与索雷尔，而且他还在其中一章中说过：要“了解历史唯物论的现况”，就不得不对克罗齐以及传授马克思主义思想给他的人——拉布里奥拉（Antonio Labriola）——的著作有所解释。[3]

对于索雷尔而言，“马克思主义者”这名称或许还差不多相称，但是对克罗齐来讲就极不恰当了。克罗齐与马克思主义在五年之间所发生的轻微摩擦，跟他以前的知识生活和未来的主要

① See Erwin Schuler: *Pareto's Marx-Kritik* (Tübingen, 1935), pp. 15–21.

② 见本书第七章。

③ *Les Systèmes socialistes*, II, 333, 402.

研究内容，都没有什么太大的关系。他不经意地触及马克思主 83
义，从马克思主义当中采纳了一些内容来帮助他建立历史解释的准则；当他发现无法再从它那里获得好处的时候就抛弃它了——他把它突然抛下，就好像突然把它拾起来用一样。不过，在他对马克思思想还有兴趣的时候，他曾经很热烈地研究过它；他甚至还因此而精通了一些与他的美学与文学涵养无关的专业性经济知识。

因为只能隔着一段距离探寻克罗齐的思想，也难怪帕累托会认为克罗齐是马克思主义者。事实上，克罗齐准备把他发表于各处的有关历史唯物论的文章收集起来出版的时候，他还抱怨说他曾经不只一度被称为“顽固不化的正统马克思主义者”——而后才逐渐变成一个马克思主义的批判者与反对者。他承认，在研究马克思主义的时候，他思想上的主观色彩变化多端——我们在他的文章中既可以看到他对“天才之作品”所涌现的“狂热”，也可以看到他极“厌恶”后来批判这些作品的人的“迂腐、诡辩与空洞”——但是他的思想本身却没有变更。他认为：这些思想代表了“几乎在同一时间内，在法国经由索雷尔的作品所表现出来的发展趋势，此一发展使马克思的思想脱离了马克思本身的形而上学与文学的粉饰以及马克思党派的轻率的训诂和解释，从而回到健全与实际的中心思想来。”①

1895 年 4 月末，对于在家乡那不勒斯埋首研究古典作品的学者生活，29 岁的克罗齐渐渐感到厌倦——这时他从他以前的老师

① Preface of 1899 to *Materialismo storico ed economia marxistica*, ninth edition revised (Bari, 1951), pp. viii–ix.

拉布里奥拉那里收到了一封信；这封信激励了他，使他开始从事一种新的、不寻常的活动。这位年长的学者在这一封信中宣称巴黎已经出版了一种马克思主义杂志，名为《社会发展》（*Devenir*
84 *Social*）。拉氏是意大利唯一能以严肃态度研究马克思主义的理论家，这份新出版的杂志终于为他提供了一个发表意见的地方。他首先要求克罗齐订阅这份杂志，然后又请他对他准备发表于该杂志的一篇文章提供一些意见。

就这样，很偶然地，拉布里奥拉和克罗齐开始了在研究马克思主义上的奇怪的合作。克罗齐在 1880 年代曾经是拉布里奥拉在罗马大学教书时的学生；他知道拉氏后来开始讲授有关历史唯物论的课程，但是，因为居住在那不勒斯，无法听这些课，因此克罗齐很热切地盼望拉布里奥拉的文章刊出。他把拉氏的文章一再研读以后，发觉他“燃烧着的”心灵充满了一些事实上可以说是“启示”（revelation）的新“概念”与“远见”。他回复拉氏说他愿意担任这篇文章，以及其他一些拉氏“应该去写”的文章的编辑工作。[1]

他们二人之间的关系本来就很暧昧——克罗齐虽然很有手腕地想要避开这一层关系，但最后还是表现了出来。拉布里奥拉或许是哲学家和学者，但是用政治的术语来说，他却是个坚定的社会主义者。对他而言，马克思主义乃是毕生所关注的事。但是对于置身党争之外的克罗齐来说，马克思主义只是一种令人兴奋的新知识而已。因此，在他们热诚的书信往返之间，以及面对面的

① “*Come nacque e come morì il marxismo teorico in Italia (1895–1900)*”, 见 *Materialismo storico* 第 6 版（1941）及以后之版本的附录, pp. 272, 274.

长久交谈中，暗藏着的误会随时都会爆发开来。克罗齐如果仍然只是个单纯的学生——只是偶尔对拉氏的密集而至的文章与诠译加以评论的话，一切就都不成问题；但是一旦当他自己也开始写作有关马克思主义方面的作品时，他的怀疑与批判的态度很快就 85
表面化了。

他的第一篇关于历史唯物论的文章——亦即是对意大利的马克思主义之“通俗化者”以及拉布里奥拉心目中的“可厌的人物”罗利亚教授（Professor Loria）的理论之批判，就没有使他的老师感到完全满意。拉氏认为克罗齐不可能实现“他所寄予的深切期望”——即希望他成为“护卫正统马克思主义传统的同伴与继承者”。拉布里奥拉抱怨说克罗齐的“知识分子”“文学家”与“冥想的伊壁鸠鲁派”（comtemplative epicurean）的味道太浓厚了。经过一年的反省，克罗齐所发表的对历史唯物论的看法从外表看来虽然不像是对拉氏的观点的批评，但事实上却是。1896年5月，克罗齐在那不勒斯的学界发表了一篇文章，这篇文章适时且充满敬意地批评了拉氏所收集的马克思主义的文集（已辑成书出版）。据克罗齐自己说，他费尽心思才表达出自己心中想说的话：“这好像不再是我个人思想的问题，有的已经见之于拉布里奥拉与马克思本人的思想。”因此，至少在当时，拉布里奥拉无法察觉但丁（Dante）所谓的“论证中的毒药”（the poison in the argument）。[①]

这种不确定的情况显然不能一直持续下去。两年之后，克罗

① Ibid., pp. 293–296.

齐继续以更独立的态度去写文章讨论马克思主义——拉布里奥拉的不安就更为明显与尖锐了。1898 年里，此一潜伏已久的炸弹终于爆发。这一年是“马克思主义的危机年”（the year of the “crisis of Marxism”）——即伯恩斯坦发表“异端”学说的一年。克罗齐很不经意地卷入欧洲社会民主主义的内部教条之争。此时，伯恩斯坦已经对克罗齐的著作感兴趣，认为可以利用他的理论来支持自己的论点；因此他也曾经写信给拉布里奥拉询问关于克罗齐
86 的事。拉布里奥拉当然感到十分震惊——他以为自己的学生“把他（拉氏）所授予的学说颠倒了，并且使这种学说处在致命的险境里”，因此他感到十分痛苦。拉布里奥拉急忙写信给克罗齐，要求他向众人解释他“只是个文人”“只是个知识分子与辩论家”而已，并说明他对于人们竟然可以用他的“证明”与“权威”来“促使严重如‘马克思主义之危机’的事发生”深感惊讶。[①]

克罗齐当然从未说过这样的话。他只是很有风度地从整个争论的局面中退出而已。因为到这时候，他几乎已经把所有该对马克思主义发表的言论都发表完了。到 1898 年的时候，他已经准备关闭生命中的“马克思主义者的括弧”（Marxist parenthesis）。拉布里奥拉也差不多在同时结束关于社会主义的研究。对克罗齐来说，他“很高兴已经经历过”历史唯物论的考验；他说，若非如此，他的“现代人的心灵”会有一种“空洞之感”。[②]

① Ibid., pp. 305–308.

② “*Marxismo ed economia pura,*” 见 *Materialismo storica* 第 2 版（1906）及其后版本之增录部分 , p. 175.

因此，克罗齐的有关马克思主义的著作就暗藏着混淆不清的观念；这是因为拉布里奥拉对马克思曾经做过一番诠释的缘故。克罗齐本人的文风尽管清晰明白，但他在处理争论性的问题时总是小心翼翼，因此，读者就得细心注意他那些很含蓄的话才行。克罗齐坦白承认说自己并非从历史的观点来处理马克思，他并不是要“逐字逐句地去解释他的作品”；相反地，他是自由地挑选了一些“理论正确，防卫得住”的论点为马克思主义做一种“较能为人所接受”的解释。克罗齐和索雷尔一样，都想要找出马克思 87
的文字“在最深刻的意义之下”到底做何解释——或者，“应该”做何解释。[①]

克罗齐主要是一个历史哲学家。因此，他很乐意有机会与马克思的理论格斗，从而使他能够理清早已出现在他脑海中的一些历史解释的概念。同时，他也很自然地会紧盯马克思的历史唯物论。克罗齐以他惯有的直接而有效的方法，一步一步地把这个理论缩小在更狭窄的范围内来处理。他首先就说：“历史唯物论根本不是一种历史哲学。”他还更进一步主张：任何想要决定历史发展之法则的历史哲学都不可能存在。其次，他还坚持认为我们不应该把历史唯物论的真正意义与马克思主义之庸俗化者所说的“形而上的”（metaphysical）唯物论混在一起。他发现，这些马克思主

① “Concerning the Interpretation and Criticism of Some Concepts of Marxism,” *Historical Materialism and the Economics of Karl Marx*, translated by C. M. Meredith (London, 1914), pp. 79, 81. 米勒第这个译本显然是根据克罗齐的《历史唯物论与马克思主义之经济学》一书之第二版译成的，但是却没有包括意大利文本上的所有文章；我改动了其中许多译文。

义的庸俗化者根本就蔑视“物质”（matter），正如黑格尔党派之蔑视“思想”（the Idea）一样。然则，撇开所有这些不论，历史唯物论还剩下一些什么东西？如恩格斯和拉布里奥拉很清楚地说过的：它还剩下一种新的“方法”程序；或者，更确切地说，它还剩下一种历史的新“内容”（content）——因为研究历史的技术性方法仍然和过去一样。

简而言之，克罗齐认为：历史唯物论变成了“一堆新资料”“新经验”。它不是一种一成不变的程序上之规则，而是一种“警告”——警告人们“要随时把根据此一观点观察得到的东西牢记在心，把它当作是一种帮助我们去了解历史的新工具”；它是一种解释的“准则”（canon）——帮助人们在史料迷雾中找到方向。索雷尔说得很恰当——他说：历史唯物论“启发了”事物的道理，

88 而不是以科学方式解释事物。[1]

克罗齐论道：所谓很科学地解释事物，其意义乃是说获得一些可以普遍运用的“四海皆准的公式”（universal formulas）。马克思认为他是在应用科学的方法去解释事物的道理，但是事实上他的理论乃是因为“必须解释某一特定的社会现象”而产生的——这个理论与其创始人的“政治家与革命家”的激情有密切的关系。克罗齐发现，马克思错误的地方乃是：他想要把他得之于历史的知识无限扩展，而远离了其原来的据点。如此，他所得到的乃是一些与任何社会都没有必要关联的所谓“理想与图示的”（ideal

① “Concerning the Scientific Form of Historical Materialism,” *Historical Materialism*, pp. 3–5, 8–9, 12, 20; “Concerning the Interpretation and Criticism of Some Concepts of Marxism,” ibid., p. 77; “*Marxismo ed economia pura,*” *Materialismo storico*, p. 165.

and schematic）定义[①]。

韦伯很快就利用这些“理想与图示的”解释构成了一种有系统的“社会科学之类型”（social-science types）的理论。但是克罗齐从来就没想到这种可能性。他仍然坚持清楚划分“拟科学的假说”（quasi-scientific hypothesis）和“特殊的史料”（specific data of history）的界线。因此，除了和涂尔干以及帕累托一样否认马克思主义的科学性以外，他更进一步地把对马克思主义的反省延伸到如何为“研究整个社会之科学方法”赋予一定义的问题上。涂尔干和帕累托只要能够守住实证主义者的简单而基本的方法——“从事实推得合理的结论”[②]这公式就满意了。但是，比较挑剔的克罗齐却不满足于这种摘要式的定义。他主张“所有的科学法则”都是“抽象的法则”（abstract laws）；以下是克罗齐与他同时代人的观点截然不同之处：

> 具体的事物和抽象的事物之间却没有互相沟通的桥梁；因 89
> 为抽象的事物不是实在的事物，它只不过是一种“思想的形式”（form of thought）——亦即是一种我们“简化了的思想方式”。同时，对法则的了解虽然可以帮助我们去理解实在的事物，但是它却不能构成“理解本身”（this perception itself）。[③]

---

① “Concerning the Scientific Form of Historical Materialism,” *Historical Materialism*, pp. 16–17; “Concerning the Interpretation and Criticism of Some Concepts of Marxism,” ibid., pp. 50, 56–58.

② *Les Systèmes socialistes*, I, 6.

③ “Concerning the Interpretation and Criticism of Some Concepts of Marxism,” *Historical Materialism*, p. 104.

换个方式说，“社会科学之法则”（the laws of social science）绝对不能与“经验的具体资料”（the concrete data of experience）产生任何确定的关系。历史与社会的研究如果要达到“心理上的确定状态”（psychological certainty），就非得另辟蹊径不可。透过对马克思主义的批判（以及其中所隐含的进一步对整个当代社会学的批判），克罗齐渐渐形成了他自己的“新唯心论”（neo-idealist）式的研究人活动之准则。

如是，克罗齐就把马克思的理论降格为一套多少还算有用的“普遍的格言”（general aphorisms）和“特殊的应用”（particular application）而已。[①] 在取舍的过程中，他获得了一套判断方法——这些方法几乎成为日后社会科学家所采用的标准。当他觉得需要马克思主义的时候，马克思主义就可以呈现在他眼前，而他也只采用了其中一些绝对必要的东西。他对马克思主义感到有兴趣至少可分两方面来讲：第一，马克思主义构成一种批判性的学说，此一学说能直接对年轻人与人们的想象力产生吸引力，它可以“弥补实证主义与随实证主义而来的悲观主义所造成的虚空状态”；第二，就克罗齐自己的情况来说，历史研究已经几乎要变成“古物研究癖”（antiquarianism）了，马克思主义正好可以使历史研究从这种“古物研究癖”中振兴起来。但是全部也就止于此——对于克罗齐而言，除此之外，马克思主义不具有任何意义。他认为，当我们把它的教训“好好地吸收”了以后，就不必再去提它了。[②]

① “*Le teorie storiche del Prof. Loria,*” *Materialismo storico*, p. 27. See also Mario Corsi: *Le origini del pensiero di Benedetto Croce* (Florence, 1951), p. 150.

② *Storia d'Italia dal 1871 al 1915* (Bari, 1928), translated by Cecilia M. Ady as *A History of Italy 1871–1915* (Oxford, 1929), p. 149; “*Marxismo ed economia pura,*” *Materialismo storico*, p. 176. 关于克罗齐的更详细讨论，请见本书第六章。

索雷尔与“社会之诗”的马克思主义

在所有马克思主义的批判家当中（不论法国人、意大利人或 90
德国人），最深入与最持久的——被它困扰最久，用最新的方法去把它做一番“再解释”（re-interpretation）的人乃是住在塞纳河畔布隆地方（Boulogne-sur-Seine）的退职工程师索雷尔。我们已经提到过克罗齐是如何把索雷尔当作自己的法国化身。索雷尔回答他这位意大利朋友的赞美说：克罗齐是一个“极为机智与优雅的作家”；他也经常引述克罗齐的作品而表示赏识之情。[①] 他们二人也的确维持了近 25 年的亲密友谊。同样的，他和帕累托也互相推崇，直到他们相距一年先后去世为止——索雷尔虽然对马克思更具好感，但是他也很敬重地引述帕累托的《社会主义者之体系》一书的内容；[②] 而帕累托不满索雷尔的地方也只在于：索雷尔在矫正社会主义的“加蜜的与甜得令人恶心”的地方时，“过于夸张”了。[③] 对于涂尔干，索雷尔则保持一种略带嘲讽的尊重。同时他也曾经被指控剽取涂尔干的作品而未说明出处[④]——他虽然在他自己的有关马克思主义之作品中曾经三度提及这位伟大的社会学家，[⑤]

---

① *La Décomposition du marxisme*, second edition (Paris, 1910), p. 5.

② “*Avant-propos*” (1914), *Matériaux d'une théorie du prolétariat* (Paris, 1919), pp. 36, 48.

③ *Les Systèmes socialistes*, II. 408.

④ John Bowle: *Politics and Opinion in the Nineteenth Century* (Oxford, 1954), p. 452n.

⑤ “*Avenir socialiste des syndicats*” (1898), *Matériaux*, pp. 83, 124–128; “*La necessità e il fatalismo nel marxismo*,” *Saggi di critica del marxismo* (Milan, 1903), p. 80.

但是他却不可能抄袭涂尔干有关社会主义的作品，因为当时那些
91 作品根本还没有出版。据我所知，涂尔干本人并不曾如此指责索雷尔。

因此，在进入20世纪以后，索雷尔便站在“马克思主义之批判”的焦点。他把隐含在帕累托与克罗齐的言论中的对马克思主义的敌意做了个总结，并且把它们所暗示的论点更进一步地表达出来。从1893年刚对社会主义发生兴趣开始到1922年去世时为止，其中经历了30年，索雷尔对马克思主义理论的兴趣只有过短时期的动摇，同时他也发表了许多关于这方面的问题的文章。他把其中重要的部分辑成两本书出版；其中第一本出版于意大利——这表示他在意大利比在国内更早受到人们的重视。[①] 他对欧洲主要的社会主义传统的再诠释并不是表现在他那本较负盛名的《论暴力》（*Reflections on Violence*）中，而是表现在前述那两本书以及另外一本关于马克思学说之“崩溃”（decomposition）的小本著作里。

但是索雷尔对马克思的态度却不断地、慢慢地在改变，终至陷入不可解的矛盾里。在1899年，我们就曾经发现他支持伯恩斯坦和修正主义者。1908年以后，他在《论暴力》那本书里就把马克思主义的理论应用在“革命的工团主义”（revolutionary syndicalism）上了。晚年，他又以列宁之辩护人的姿态露面。这些互相矛盾的立场乃是索雷尔惯有的暧昧态度的一部分——我们在本书后面的一章中会讨论到这个问题。[②] 目前我们只要了解他如何来“解

① *The Saggi and Matériaux* already cited.

② 见本书第五章。

释”这种改变；以及“在什么程度上”我们可以找到一个一致的观点就好了。

从索雷尔的自传内容来看，他之所以从修正主义转而提倡暴
力似乎反映出对民主政治的绝望。他和其他许多法国的知识分子 92
一样，曾经是强硬的德雷福斯之支持者；他在1890年代转变为修正主义者——这件事正好与因为德雷福斯事件所引起的社会主义者与中产阶级民主主义者联合的那一段“乐观”的时间一致，这是十分合逻辑的。但是最后他却和那些少数的死硬派站在一条阵线上，反对把德雷福斯派的胜利作为派系之争以及达成个人事业目的的工具；[①] 他所写的那本小书包含了一些最刻薄的内容，发泄了他所有受压抑的愤怒。[②] 此后，不论在政治上的立场如何改变，他都未曾再相信议会民主政治。

其次，索雷尔并不是那种会为矛盾感到困扰的人。他甚至还认为这种矛盾乃是一种好处——它可以帮助我们从“社会实相”（social reality）中获得一个更完美的观念。他为他的第二册马克思主义文集作序的时候曾经解释说，他故意不去作修正，使各篇文章的观点一致。他引述他自己那一套特别的社会科学方法来证明这样的做法是对的——他把这种方法称为“分离模式”（diremption）法；这种“分离模式”法乃是故意从“实相”中抽取某一部分，然后把包围它们的各种关联切断，孤立起来探究的方法。[③] 索雷尔认为：把一些互相排斥的陈述并列起来，可以观察到一些原

① Pierre Andreu: *Notre Maître, M. Sorel* (Paris, 1953), pp. 138, 143–144.

② *La Révolution dreyfusienne*, second edition (Paris, 1911).

③ “*Avant-propos*,” *Matériaux*, pp. 3–6. 关于“分离模式”请参照本书第五章。

来观察不到的“实相”之某一部分。

因此就作为一个个别的“分离模式”而言，我们可以把一个赞扬伯恩斯坦的陈述和一个赞成革命的工团主义的陈述并列而观，而把它们看作是分开的，同时也是相辅相成的了解马克思的方法。93 从这个观点来看，我们可以把马克思主义本身当作是一个大规模的“分离模式”。索雷尔和克罗齐一样，都认为马克思所提出来的看法必然只是“社会实相”的“局部”观点（partial view）；他的看法不可能很精确，因此若要求马克思思想的精确，那就错了。

> 马克思的语言往往不精确，因为他想要用一句话囊括历史运动（historical movement）的全部，并且“整体思考其复杂内容”，而这种综合的内容其实是人的智慧无法表达的。

但是，“马克思不执着于对社会之复杂性的描述，也不执着于用‘敌对的双方’之斗争来表达大规模的冲突，这一点却是对的。”[①] 简而言之，《资本论》一书的作者是把问题过于简化了。

为什么索雷尔认为马克思是“正确的”？——显然，这是因为他所持有的是实用主义的观点所致。在此，我们就接触到索雷尔之“再诠释”的重点了——他就是在这一点上与帕累托和克罗齐分道扬镳，自己找到一个新的立足点来融合他的矛盾。这个新态度意味着对马克思主义（就作为一种科学、道德教训、象征性的意义而言）彻底地重新界定。

---

① “*La necessità e il fatalismo nel marxismo*,” Saggi, p. 61; “*Préface pour Colajanni*,” *Matériaux*, pp. 186–187.

索雷尔主张：社会主义者往往误解了科学，以为科学是个“磨坊”——“把问题倒进去，解答就会跑出来了”。事实上，科学的“功能”“远比这小得多”；科学的功能只是要设法去“了解”实际工作者的“试验”，并且使它“更臻于完美”而已[①]。索雷尔和克罗齐一样都是从实际的观点来为科学下定义的。但是，他没有清楚划分“具体实相”（concrete reality）和科学的“抽象概念”（abstractions）——这是他和克罗齐不一样的地方。他发现像他自
己一样的工程师们都在耐心地工作，想要消除无生命的自然物的 94
抗阻力，从而使这些自然物为人类所用，这种工作与大多数抽象理论家的推测工作是一贯的——后者的确也偶然会透过技术人员所提出的实际问题而产生。

因此，“科学的陈述”也只不过是近似的或“工具性之假设”（working hypothesis）。在社会科学中，马克思所提出的便是这种东西。很显然地，这是不完全的——它是偏颇的，而且是混杂着情感的。但是，我们根据这一点就能够否定科学的全部有效性吗？索雷尔本人倾向于把马克思的理论与“常识”（common sense）的领域关联，而不认为它是科学范围内的东西。但是，因为他已经改变措词来说明这问题，所以这问题大致上也就成了一个遣词用字的问题了——问题的答案在于：我们要求科学公式精确到什么样的程度？索雷尔和克罗齐一样都是在为“科学是什么”追求一个新的定义。同时，以他的新讲法来说，马克思主义到底是不是“科学的”这个老问题也就不存在了。

---

① “*La necessità e il fatalismo nel marxismo*,” *Saggi*, p, 92.

索雷尔认为：滥用“必然性”（necessity）与“宿命”（fatality）的概念，因而把问题搅浑了的，乃是马克思的后继者，而不是马克思自己。[1]索雷尔的观点和克罗齐一样（而且，至少是间接地表示和帕累托不一样）——认为社会科学当中没有“决定论”（determinism）存在。但是他又再度超越他这位意大利友人，把注意力集中在“马克思主义在情感上的吸引力”的问题上。在评估人类的社会行为时，帕累托强调其“非逻辑”一面的重要性，却很明显地用一种厌恶的态度去处理它。对于克罗齐而言，非理性的事物总是可憎的，因此他就尽量避免它们。在马克思主义的主要批评者当中，唯独索雷尔看到“客观的”与情感的因素之配合对于人之理解力所具有的积极价值。

95 这就是他的再诠释之道德上或心理上的一面。我们往后会看到：索雷尔基本上是一个道德家（moralist）——对于他来说，社会与历史问题的伦理层面总是极为重要的（即使他没有用很多的话来叙述这些道理）。当然，涂尔干也是一样，同时在稍微低一点的程度上，克罗齐也是如此；但是他们都只愿意做个超然的学者，从不涉身于社会主义运动。但是就索雷尔的心理而言，这种超然独立的情形是不可能存在的。投身于某种社会事务乃是一种生命中的必要之务——在第一次世界大战中的那几年里，他找不到任何政治运动可以投注他的希望，因此感到很不快乐。对于一个没有伟大胸襟的人而言，这种态度很容易会流为“宣传主义”（propagandism）。但是对于索雷尔而言，这种投注却使他能够对无法加

① *“La necessità e il fatalismo nel marxismo,” Saggi*, pp. 69, 93–94.

以精确分析的社会行为寄予一种同情的了解。

不论作为修正主义者或暴力的辩护者，也不论是否参与工人阶级之运动，索雷尔从不改变他对马克思主义的主张——亦即抽象的马克思主义只代表着一半的真理而已。涂尔干和帕累托都知道使马克思主义产生持久性之吸引力的乃是道德上的情操而不是科学上的精确度。唯有索雷尔主张：要了解一项伟大的道德运动之性质就非得以同情的态度去参与不可。他暗示说：我们在政治与社会领域中所能了解的只是限于我们能直接或间接“经验”之事——这种观点成为一种先驱性的观念——日后曼海姆（Karl Mannheim）遂成为这种观念的最有力的倡导者。“为了要判断正确”，我们就必须“把我们置身于运动中，并且要对它寄予一种智识上的同情；否则我们就无法彻底了解它。”[①] 因此即使是互不兼容的政治立场也可以互相阐明经常在变动的“实相”。也因此，我们乃能因为参与于某一种情感之流中，因而改变我们对另一个在表 96
面上和我们不相关的运动之认识——试看索雷尔对马克思主义和宗教所同时具有的兴趣，以及他如何能够把从基督教历史得来的经验应用到社会主义的问题上就可以明白这一点了。[②]

因此，对索雷尔来说，马克思主义也和宗教一样，最后都变成了隐藏在象征性之形式背后的一组没有精确意义的思想。他发现：我们“必须放弃把社会主义变成科学的念头”，并且要把社会主义重新定义为“社会之诗”（social poetry）——这不论对修正主

① Letter of 1910 to Agostino Lanzillo, cited by Andreu: *Sorel*, p. 77.

② “*Le Caractère religieux du socialisme*” (1906), *Máteriaux*, pp. 309–363: *Décomposition*, pp. 67–68.

义者或者是正统的革命者而言，都是一种嘲讽。他宣称：马克思在不知不觉中用“象征”（symbolism）处理了问题——他把他的思想用“摘要式与象征式的公式”表达出来了，并且几乎都表达得十分贴切。[①] 多数的马克思主义者都抱怨说这些公式在应用到个人所遭遇的特殊问题上时都显得（很令人惋惜的）意义模糊——这种抱怨是没有用的。真正的问题并不在此；真正的问题乃是：实际上到底是什么东西在促使人变成伟大的历史事件中的演员？索雷尔以象征的方式重新定义马克思主义的时候，他在心智上已经有了一种准备，打算重新把“社会行动”（social action）扩大解释成为一种“意拟概念”（myth）* 在心理上的可见的表现。

附记：葛兰西以及马克思主义者的人道主义

就最广泛的意义来说，1890 年代之批评者所做的工作乃是激烈地改变了马克思主义传统的重点。他们把它从社会中的经济生活层面转向道德与文化的层面。如此一来，他们就超越了以他的名字为名之政治运动的权宜性需要，而把焦点集中在马克思主义
97 中可以被认为是具有普遍之有效性的内容上。因此他们也就完成了一件基本的工作：亦即把马克思著作中的一般性社会理论从一大堆革命教条中分离出来。马克思主义经过这一番“消毒”（de-contaminated）后就可以融汇到欧洲社会思想的主流中了。从 1900 年开始，马克思主义就扮演着两种角色：一方面仍然继续激励着

① “*Introduzione*,” *Saggi*, p. 13; *Décomposition*, pp. 50, 59n.

* 请参照译者在第二章中对此语所做的解释。

社会主义者与共产主义者的党派活动；另一方面，作为第一种声称具有科学之正确性的广涵的社会理论，它也为经验性社会科学提供了第一次试验。它不仅仅是以阶级冲突理论以及文化活动之“物质的制约”（material conditioning）等中心理论而普遍为欧洲较具想象力之社会思想家所接受；其教条性的方法与诠释上的弹性也刺激了这些思想家，使他们必须设法为他们的“社会实相”之概念给出一种更令人信服的解释。

此外，撇开所有的“科学方法”的问题不论，1890 年代的批评家们也都同意，马克思之所以能发挥影响力，主要是因为他算是个道德上的领袖；因此，他或许也能够在自 18 世纪以降的伟大的世俗改革家中占有一席之地。但是他们所指的也不过是说：他们不愿意特别把马克思与启蒙运动结合在一起，同时也不愿意表示他们自己的著作也是源自类似的一个传统。为什么这些批评家会有这种犹豫的态度？为什么我们会发现 1890 年代的批判只是颇不情愿地承认了启蒙运动的传统？答案并不难找到；因为 18 世纪的思想在“世纪末”的背景下，很少是以纯粹的或原有的形式出现的——它多半是和一些 19 世纪新增加的思想如唯物论、实证主义以及较庸俗化的人道主义重叠在一起。即使像帕累托、克罗齐和索雷尔这样敏锐的理论家也很少从抽象的层面来讨论启蒙运
动——他们通常都把它拿来与他们最不喜欢的学说一齐讨论。于 98
是他们对于启蒙运动的论断也几乎都是反面的。在这四位最“18 世纪”的思想家中，只有涂尔干不曾特意去谴责启蒙运动的传统。

自然而然地，他们对马克思主义的批判就不完全了。到底他们没有讨论完全的马克思的理论（尤其是十年后刺激了社会学分

析之更新的历史阶级观点的诠释）有多少，他们自己也只晓得一半。同样地，他们也忽视了隐藏在他们自己以及马克思的著作后的18世纪之明显的共同“假定”（presuppositions）。索雷尔从来就没有认识到这一点——他到最后仍然是坚持一己之见而反对启蒙运动。但是帕累托和克罗齐的情形就不一样了（我们在后面会谈到），他们在晚期的作品当中都暗示出他们对曾经被他们攻击、嘲讽的学说都有了一番更积极的评价。[①]

20世纪的20年代和30年代的马克思主义理论著作都经常会提醒1890年代的批评家：他们对马克思主义有所亏欠；同时也都会以一种比较具有自我意识的“开明的”形式来重述马克思主义的传统。如果我们造成一种印象，以为涂尔干、帕累托、克罗齐和索雷尔从马克思主义中把他们所需要的东西吸收完了之后，马克思主义就成了一种没生命的学说，这是错误的。因为在第一次世界大战爆发的前几年及其后的十年中，马克思主义这种意识形态仍然很奇怪地照样呈现生气勃勃而且继续成长的状态。

在社会民主主义这一派中，像布鲁门（Leon Blum）这样的议会政治领袖便发展出较为宽容的及人道主义的特色来——这些特色在伯恩斯坦的著作中就已经隐含地出现过。其中的左派如马克
99 思主义之权威考斯基以及态度较不强硬的维也纳理论家鲍尔（Otto Bauer）及阿德勒（Max Adler）则在革命理论与改革主义的现实中保持微妙的平衡，并且试图在社会主义运动中调和无产阶级的动力与民主政治的程序。在共产主义这一派中则有卢卡奇（Georg

① 见本书第六、第七章。

Lukács）为此一传统的学说建立了更坚实的社会学以及哲学理论上的基础。在想象的文学中，罗曼·罗兰和巴比塞（Henri Barbusse）则在马克思主义中找到一个思想上的借口，借以逃避第一次世界大战的恐怖事实。

在所有这些20世纪的理论家和实践者当中，为马克思主义思想做了最精微与最富创见的解释者——亦即尝试要为它的自由与强迫这两种矛盾的冲力完成最困难之综合工作的人，乃是意大利共产党的圣徒——葛兰西。葛兰西于1891年生于意大利最偏僻与最贫穷的地方——撒丁岛；他比克罗齐年轻一代，双亲是中产阶级人士。终其一生，他都没有脱离撒丁的影响——他对与自然接近而劳动的人具有一份熟稔的情感；同时也融合了革命的强硬态度与对人文主义文化的重视——这种文化气息是一个生长在与思想很疏远的环境之下，而具特殊才华的年轻人所特有的。[①] 葛兰西有一个非常艰辛的童年——他11岁的时候就得去工作；有好几个晚上他都“偷偷地哭泣，因为全身都疼痛”。许久以后回想起来，他觉得他“只认识人生最残酷的一面”。[②]

但是由于勤奋与自我牺牲，他终于能够使自己受教育，并且 100
进入都灵大学就读。除了都灵以外，我们再也找不到其他的地方和撒丁有这样强烈的对比——这个皮德蒙（Piedmont）省的首府在20世纪早期也和今天一样，都以文化和进步的工业技术之领先者而自豪。都灵生活的这两个层面都对葛兰西思想的形成具有绝

① Aldo Garosci: “*Totalitarismo e storicismo nel pensiero di Gramsci,*” *Pensiero politico e storiografia moderna: saggi di storia contemporanea*, I (Pisa, 1954), p. 194.

② Antonio Gramsci: *Lettere dal carcere* (*Opere*, vol. 1) (Turin, 1947), p. 207.

对性的影响：在大学里他发现一种带有显著之实证主义色彩的知识环境；在这个环境中，他自然产生一种反动而倾向马克思主义；在工厂里，他则遇见一些聪明、受过高度训练、有阶级意识的工人，这些工人和像他这样从小就认识贫穷的知识分子当然能够互相交换心得。这种交换的结果产生了出现于战后的期刊——《新秩序》（*Ordine Nuevo*），此杂志设想了一种自动组成的“工厂会议”（factory council）作为即将来临的特殊的意大利的革命形式。

因此，自然而然地，1921 年意大利共产党从社会民主党脱离出来的时候，以葛兰西为中心的都灵的知识分子以及技工们就成了创始人。同时第三国际的领导人也做了一个明智的决定：他们在次年往访莫斯科的时候，选葛兰西作为意大利共产党党魁。但是这种在莫斯科指挥下的党的领袖地位却使我们难于评估葛兰西的事业。一方面，他是一个正统的共产主义者，经常以赞美的口吻提到列宁；另一方面，早在斯大林夺得大权之前，他就表示对苏联内部的党争之演变过程有所疑惧；他的著作在苏联国内从来没有被吸收作为官方之马克思主义的准则，这是一件值得注意的事。[①]

此外，葛兰西的领导时期也过于短暂，因此无法给意大利共
101 产党一个明确的指导。1926 年他被墨索里尼逮捕——之后一直留在狱中；1937 年出狱时形容憔悴，三天以后就死了。这位至少能够带领部分国际共产主义朝向人道与容忍的路上去的人，在斯大林正统与人民解放阵线风行的时候居然沦落为阶下囚，真是历史

① Garosei: “*Totalitarismo e storicismo*,” pp. 195–198, 200–202, 207–208.

的一大讽刺。

因此，我们所能据以评断他的便只有他在被囚期间（特别是1929—1935年）的著作片段了。这些著作都显示出葛兰西乃是一位博大而具有深厚文化素养的马克思主义思想家。列宁的理论著作与他的这些著作比较起来的确是简陋。当我们想到他是在如何艰辛的情况下完成这些著作时，我们更会觉得这些著作之了不起——他所能参考的书籍有限，又要受到各种束缚，而且百病交攻，他只能用书信和短笺的形式写作，而把其中的马克思理论之主要用语用委婉的文字或密码写出来。

这些著作明显表现出葛兰西思想中之矛盾。这些著作坚持主张工人以及社会中思想较先进的人必须取得“领导权”，在这一点上它们是跟随列宁跟到家了。这个“领导权”的概念与列宁主义者的做法之不同只是字义上的不同——它只不过是另一个委婉的说法而已。在葛兰西的著作中，在自由开明的外表之下，总是隐藏着极权主义的思想。葛兰西所谓的“领导权”是指一种哲学与社会习俗融合了的情况——在这种情况下“知识的指导”应该被认为是从一种革命之变迁的情况中自然而然地产生出来的东西。因此葛兰西的极权主义思想有其纯真的一面。他和马克思一样都没有想到他自己的思想最后会产生什么样的结果；同时他也衷心 102
相信他是在为解放人类而努力。在精神上他是属于1914年以前那个世界的——他从来就不明白20世纪的极权主义又是什么样的东西。[1]

① Garosei: “*Totalitarismo e storicismo*,” pp. 233, 239, 253–254.

因此，葛兰西对无产阶级之独裁的了解，不论语气上或内容上都与列宁的了解相当不同。他的俄国师父所注意的乃是政治领导权与革命的实际问题，他则根本不曾对此发表任何意见。他所感兴趣的乃是在无产阶级夺权成功“以后”的新文化之性质——特别是像他自己这样的知识分子在社会主义的社会中将会产生何种功能的问题。

因此在主要的共产党领导者之中，葛兰西几乎是唯一认真地把马克思的所谓“跃入自由境地”（leap into freedom）当作是从旧社会变成新社会之决定性因素的人。他和列宁一样都对曲解了马克思和恩格斯的“经济的”、机械论以及决定论式的诠释有所批评。他同意列宁的看法，认为必须再度强调人类的意志并且要注重绝对重要的个人之主动性。但是他并不满足于此——他要为启发无产阶级领导者的文化价值找寻定义，还要探求这些文化与所谓的“有教养的阶级”（cultivated class）的传统看法之间的关系。这些便是他的狱中著作的主题。

葛兰西主张说：新型的知识分子不能只承担与大众之需要和理想无关的文学的文化（literary culture），他必须兼具这种传统的教育和专门的技术。葛兰西强调自然因应工业社会之需要而产生的文化，在这一点上他是和索雷尔相似的——葛兰西曾经不只一次地提及索雷尔。他们两人一个是正统主义者，一个是异端，但是他们在意识形态上却差不多站在同一阵线上。葛兰西和索雷尔
103 一样，主要都是道德家——他在寻找能赋予社会主义生活以新的“内涵”（quality）的伦理动力，这种动力索雷尔只是“不经意地瞥

见过”。[①] 同时他也和索雷尔一样深深地被一般人之倾向“天主教主义”（Catholicism）[*] 的现象所吸引——此一现象亦即是指：从文艺复兴以来，就把一般大众的理想世界和受过教育之阶层的理知的与开明的文化划分开来的一道裂痕。

葛兰西在追寻伦理的过程中，无可避免地要对他那位最具影响力的同胞——克罗齐之作品加以评估。克罗齐的名字出现在葛兰西的著作中的次数远比索雷尔多。他们的关系也是一种奇怪的关系——既含有尊敬的意味，同时也有谴责的意味在内。葛兰西很喜欢把马克思主义拿来与新教改革运动或18世纪之启蒙运动相比较。他认为：马克思主义和后两者具有同样的功能——亦即创造了一种有“群众性质”的“整合的新文化”。因此它原来是建立在“平庸的哲学著作”之上这个事实“无关紧要”；他认为，具有“希腊文化与文艺复兴时代古典特质”的马克思主义著作晚一点才会出现。同时葛兰西还主张说，作为一个受过高等教育的欧洲思想的领导者，克罗齐实在不应该背叛马克思主义。他的表现就好像是伊拉斯谟和其他的人文主义者看到马丁·路德之鄙俗因而退却的情形一样。克罗齐因为急着要看到一种思想上的高度精致的发展，因此不认为有一种新的文化已经在酝酿之中——他忘了德国的新教主义花费了三个世纪的时间才制造出一个黑格尔来。[②]

葛兰西认为：克罗齐把马克思主义哲学当作自己思想生活中

① Antonio Gramsci: *Il materialismo storico e la filosofid di Benedetto Croce* (*Opere*, vol. 2) (Turin, 1952), pp. 84–86, 243.

* 主要是从罗马天主教演变而来的政治学；在很多经济问题上都倾向社会主义。

② Ibid., pp. 105, 199–200, 224–225.

的一个“括弧”，所以他没有看到他自己的思想在未来的文化中将扮演何种重要角色。克罗齐不但不承认在1890年代的冒险以后，
104 马克思主义所留给他的东西，同时也否认自己真正具有群众影响力。葛兰西认为：在大多数的人看来，克罗齐的哲学将会提升20世纪马克思主义的知识境界——就好像黑格尔主义（Hegelianism）之赋予马克思主义以原始的哲学根源一样。

以上这些论辩都很有技巧，但是却完全没有作用。因为它们是在狱中发表的，所以在当时必然没有发生直接的影响。但是经历一个世代以后，它却可以提醒我们它在“隐含的、没有被注意到的情况下吸收了马克思主义”（套一句葛兰西自己的话）——当时马克思主义是以“布于四处之气氛”的形式出现的，这种气氛透过一些不能直接看出来的作用与反作用而对陈旧的思想方式做修正。[①] 同时它也可以表示出马克思主义在绕了一个大圈之后又回到原处的奇怪方式。马克思主义经过葛兰西的处理后又回到它的唯心论者的来源上了。葛兰西明白：伟大的社会思想只会产生在知识分子的意识中。它们不会自动从物质条件中或经济关系中蹦跳出来。它们具有一种不可化约成别的东西的“自主性”（autonomy）。而且它们与群众意识间的关系既不是必然的，也不是自动的——这的确为现代社会之诠释工作提供了一个中心问题。葛兰西之著作的最后之苦闷乃是因为它们既含有意识形态上的确定性（一种19世纪的传统），同时却也认识到一个完全属于我们这个时代的问题——即所有的知识上之探求都“具有可议的性质”（problematical）。

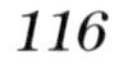

① Ibid., p. 83.

第四章　无意识作用之再发现

哲学与科学背景

以“无意识动机”（unconscious motivation）的问题为主要关 105
心对象的社会思想家（如柏格森、弗洛伊德和荣格）自然会引尼
采为典范。当然，如我所说过的：他们的言论都反映于“拟科学
的”以及明示的形式，正如尼采透过诗人之洞察力所发现的事物。
尼采较有系统的著作始于1880年代——如《善恶的彼岸》（*Beyond
Good and Evil*）及《论道德的谱系》（*The Genealogy of Morals*）等
著作；其中包含了自然“驱力”（drive）、“合理化”（rationaliza-
tions）、“性虐待”（sexual masochism）、“升华”（sublimation），以
及“罪恶”为文化抑制之结果等理论；这些理论都很快变成了弗
洛伊德式的理论；而尼采的“生之意志”（will to power）也似乎
与后来弗洛伊德称为“原欲”（libido）以及柏格森称为“原创力”
（élan vital）的东西十分相近。但是一个矛盾的事实是：尼采对这
些伟大的后继者几乎完全没有产生直接的影响。我们无法证明柏
格森曾经受益于尼采的典范。[1] 而弗洛伊德虽然仰慕尼采，也偶尔 106

① Geneviève Bianquis: *Nietzsche en France* (Paris, 1929), p. 100.

引述他的话，并且宣称："他（尼采）比过去任何人都了解自己，将来也不可能有像他那么了解自己的人"，但是他坚称尼采对他自己的思想没有影响。弗洛伊德对抽象的哲学不感兴趣——"他曾经想要去研读"尼采的作品，"但是他发现尼采的思想太丰富了，于是他放弃了这种打算。"[①] 只有在荣格身上，我们才能发现特殊的尼采的传统。

叔本华的情形也是一样。的确，令我们对柏格森以及弗洛伊德感到惊异的是：他们的工作不曾诉诸前辈与同代人的影响力。与许多具原创性的思想家一样，他们没有兴趣去寻找那种可敬的哲学之"家学渊源"（这种渊源可以使次一等的人因而信服）；他们在经历研究工作上的某一点以后就没有耐心再去做有系统的研究了。因此，我们会发现他们的思想和一些与他们有甚多共通之处的哲学与科学潮流（亦即从一些"假设"和"方便的拟制"（convenient fiction）上去思考的方法——这些假设和拟制与恩斯特·马赫（Ernst Mach）、庞加莱（Henri Pointcaré）和凡因格（Hans Vaihinger）等人之研究有关联）是平行的，而不是后者的直接反映。我们几乎难以发现此类方法学对柏格森与弗洛伊德的影响。在帕累托和索雷尔的身上，我们才发现它们的影响力。

更特别的是：马赫与凡因格的理论提供了一个可能解决实证主义与反实证主义之对立的方法。但是柏格森和弗洛伊德却都没有对这个解决方法表示特别的兴趣。对于"拟制"的（fictional）思想方式所造成的哲学问题，他们都是迂回地避开而非直接去

① Ernest Jones: *The Life and Work of Sigmund Freud*, II: *Years of Maturity 1901–1919* (New York, 1955), p. 344.

面对它们。柏格森很早就表示反对实证主义和“科学主义”（scientism）——这种激烈的反对立场变成了他的知识上的“看家本领”，我们没有任何理由认为他会改变态度采取一个比较妥协的立场。再者，马赫和凡因格的学说，其基础是建立在康德的理论上的，但是柏格森在他的第一本著作中就已经宣称：康德的认识论根本是错误的。[①] 我们马上就会谈到，弗洛伊德根本不曾真正去面对终极的形而上以及认识论上的问题——弗洛伊德不认为他自己的“心灵的理论”（theory of mind）需要哲学的明确支持。 107

但是，这些终极的问题毕竟要去面对。柏格森和弗洛伊德避开不谈的问题却深深困扰着索雷尔。甚至逼得反对形而上学的帕累托也不得不发表了某些“计划性”（programmatic）的论点。但是他们二人却都不曾把“拟制”的方法成功地应用于社会研究，而让后来的研究者感到满意。他们还对科学范畴内的东西保持着一份传统式的敬意。只有在韦伯的身上，我们才发现一个有足够连贯之内容，能成为对社会思想之永久贡献的“拟制的理论”（theory of fictions）。

在这种形而上学与认识论的理论里，“康德哲学”（Kantianism）提供了一道桥梁，足以调和各种矛盾。实证主义者及其反对者都尊敬这位大师。在 19 世纪当中，几乎每个初学哲学的德国人都读过康德的作品。1870 年以后，法国的情形也是一样——当时德国的哲学在法国的公立中学（lycées）占有绝对重要的地位。马

① *Essai sur les données immédiates de la conscience* (Paris, 1889), authorized translation by F. L. Pogson as *Time and Free Will: An Essay on the Immediate Data of Consciousness* (London and New York, 1910), Conclusion.

108 赫自己回忆起他 15 岁的时候开始念康德的作品时说：康德“给了我一个非常有力而且难以忘怀的印象，我这一生中读其他的哲学作品再也不曾感受到同样的经验。”①

研究康德的作品以后，马赫接着又读叔本华和贝克莱（George Berkeley）的作品——马赫从他们身上学到了“可以不必假定某种‘基质’（essence）或‘物自身’（thing in itself）的存在，就能从事哲学理论的工作”。他就以他自己这个“感觉论”（sensationalism）为基础，开始建立自己的“知识论”（theory of knowledge）。他在担任物理学教授与科学哲学教授（首先在布拉格（1867—1895），其后在维也纳（1895—1902））的长久生涯中，把原来单纯的实证主义观点精炼成几乎与原来不同的东西。他对科学理论虽然坚执一种“严格与实证的”态度，却扬弃了在他那个时代中非常流行的“机械论的”与“拟唯物论的”（quasi-materialistic）的解释。他主张说：整个“实质”（substance）的概念都是不必要的——我们可以用“感觉”（sensation）来为人类的经验做更简单、更有效的解释。接近晚年的时候，他更渐渐地倾向一种哲学上的“主观主义”（subjectivism）。马赫并没把什么是“科学法则”（scientific laws）交待得十分清楚。有时他似乎说科学法则就是有关事实的“广涵意义的描述”（Comprehensive descriptions）；但有时却又似乎只把它们当作“我们的心智活动之指南”。但是其后的科学

① *Die Analyse der Empfindungen und das Verhältnis des Physischen zum Psychischen*, fifth edition (Jena, 1906), translated by C. M. Williams and Sydney Waterlow as *The Analysis of Sensations and the Relation of the Physical to the Psychical* (Chicago and London, 1914), p. 30n.

研究者却是受到他的后一种说法的影响。

> 马赫在威廉·詹姆士之前就已经宣称："我们的知识（甚至科学知识）之真实性乃是建立在它们能够'有效地对事实加以说明'这一点，以及它们最终对生活所产生的功用上。"
>
> 他在庞加莱之前也已阐明："我们的数学与自然科学所赖以建立的一些'原则'，只不过是一些'习惯上的假说'（conventional hypothesis）而已；它们之所以有用乃是因为它们能给予我们方便。"
>
> 他又在柏格森之前指出："假如'实相'是一种不断'演 109
> 变'（becoming）的过程，则我们的智慧的功能便是透过文字与概念来使这个过程'静止'，而把'现象之流'（the flow of phenomena）中永恒的与完全相同的事物捕捉住。"[①]

弗洛伊德只引用那么少的马赫的著作，这似乎令人难以置信。马赫的《感觉之分析》（*Analysis of Sensations*）于1886年发行第一版；这时弗洛伊德因为受到布劳伊（Joseph Breuer）的影响，正把他的研究对象从神经学转移到临床心理学上去。从1890年代中期开始，到马赫去世为止，马赫和弗洛伊德一同居住在维也纳——最后还成了大学里的同事。但是当马赫到达维也纳的时候，弗洛伊德已经确定其思想路线——他不再怀疑自己学说的科学假

① Robert Bouvier: *La Pensée d'Ernst Mach: Essai de biographie intellectuelle et de critique* (Paris, 1923), pp. ix, 111, 132, 306, 321, 325–326.

设，也不从哲学中寻求灵感了。

庞加莱使“科学是一种循方便之道的假设”这个概念受到理论性的社会思想家的注意。就这方面而言，马赫的影响力则较微弱。庞加莱出生于18世纪中叶刚过（比弗洛伊德大2岁，比柏格森大5岁），他在30岁之前就已经获得巴黎大学的讲席。从1880年代早期开始到1912年去世，他乃是法国影响力最大的自然科学家。庞加莱不只是数学家、天文学家、物理学家，还具备很优美的文采。他具备相当优秀的条件，能够把物理学界与天文学界伟大的自我批判之结果传给大众——此一批判用“可替换的”（alternative），甚至是“矛盾的”解释取代了早先牛顿式的宇宙之“确定”（certainty）的概念。

110 但是，这些大众太热切地抓住庞加莱所传播给他们的东西了。逻辑学家和文学家把庞加莱的理论推到矛盾困思的死胡同。[1]或许正为了这缘故，柏格森绝少提及这位伟大的同时代人，而索雷尔也指责庞加莱“对科学的实相存有怀疑”。在20世纪早期的主要社会思想中，帕累托是唯一从庞加莱的科学准则中获得好处的人。[2]

同样的，也唯有帕累托与弗洛伊德才反映了（甚至是隐含地提到）凡因格有名的“似是”（as if）的知识定义观。[3]在我们所研

① Léon Husson, *L'Intellectualisme de Bergson: Genése et développement de la notion bergsonienne d'intuition* (Paris, 1947), p. 89.

② 请见本书第五章及第七章。

③ G. H. Bousquet, *Vilfredo Pareto: sa vie et son œuvre* (Paris, 1928), pp. 32, 163; Sigmund Freud: *Die Zukunft einer Illusion* (Vienna, 1927), translated by W. D. Robson-Scott as *The Future of an Illusion*, Anchor edition (New York, 1957), p. 49.

究过的哲学公式中，凡因格的公式最能为社会科学提供其所需要的，具有高度弹性的“研究准则”——他的科学之“拟制”的概念差不多就等于是韦伯所谓的“理想类型”（ideal type）。但是在凡因格的大半学术生涯中，他的著作几乎不为人所知。这主要是因为他的主要著作《“似是”哲学》（*The Philosophy of “As If”*）虽然早在 1877 年就已经完成，却等到 1911 年才出版——当时凡因格已经快 60 岁了。

凡因格也和马赫一样，都是透过康德、叔本华以及英国经验主义者的作品而接触到哲学的。事实上，他的观点与马赫的观点相近——尤其是在马赫的最后以及最主观的时期里；但是他却一直称马赫为实证主义者。另一方面，他对自己的立场有各种不同的定义——如“实证的理想主义”（positive idealism）、“理想的实证主义”（idealistic positivism）、“批判性实证主义”（critical positivism），甚至“逻辑实证论”（logical positivism）——最后这一种哲学孕育了在一次世界大战后跃居最重要地位的哲学派别。凡因 111
格多数的著作只是用比较长、比较明确的形式说明了“知识通则的虚拟性”（the fictional character of intellectual generalization）的观点——此一观点在 20 世纪的前 10 年变成了一般人所共有的知识。但是凡因格还超越了一步。他还把“拟制”与“假说”做了明显的划分，这两种概念在马赫与庞加莱的著作中有混淆的倾向。凡因格认为：“这二者之间的真正区别是：‘拟制’只是一种辅助性的架构，一个迂回的方法——它是一个鹰架，用完以后就要拆除；而‘假说’则希望能够被确立起来。前者是人类刻意造成的，后者则是自然产生的。作为一种‘假说’站不住脚的东西，往往可

以作为很好的‘拟制’。”[①]

凡因格用这种方法耍了脚踏两条船的花招。他坚持科学假说的“自然”（natural）性，因此便和实证主义者站在同一条阵线上。但是他强调“拟制”的“人为性”（artificiality）却使得持敌对观点的人也可以大胆地提出各种“拟制”来。但是凡因格的这个区分假说与拟制的方法在多数情况下无法成立——后来的社会思想家只把它们看作是粗略相同的东西，就好像在他们的先驱者之中，他们简单地称马赫为“实证主义者”，而称凡因格为“实用主义者”（pragmatist）一样。如此则表现出他们对詹姆士的“实用主义”（pragmatism）比对凡因格所谓的“拟制主义”（fictionalism）具有更大的包容力。

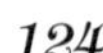

关于这一点，凡因格也曾小心地划分它们的区别。他承认说，实用主义“曾经完成了铺路的工作”，促使人们去接纳他的观点。他承认“实用主义和拟制主义在实际上或有许多相同之处”，但是在“原则上”（in principle）它们却是“背道而驰的”——实用主义把“有用”（usefulness）当作“真理”；但是“拟制主义”却主
112 张“有用”和“真理”是不同的两个问题——某一个观点或许很显然是错误的，但是“实际上却很有用途”。[②]

这次凡因格又平白辩解了一番。詹姆士在进入20世纪以后开始风行一时。我怀疑前此或其后是否有另一位美国思想家在欧陆享有如此之盛名。因此詹姆士一出现（1902）——亦即是《宗教

① *Die Philosophie des Als ob* (Berlin, 1911), translated by C. K. Ogden as *The Philosophy of 'As If'* (London, 1924), pp. xxvii-xxx, xxxiv, xli, 64, 88, 163.

② 英文版序言, ibid., p viii.

经验之种种》(*Varieties of Religious Experience*)以及(更特别的)《实用主义》(*Pragmatism*, 1907)出版的时候，知识界的境界突然变得开朗——所有的道理变得直截简单而明确了。思想家们再也不必去为康德的形而上学以及条顿民族过于细腻的析理而伤透脑筋。这位从新世界来的圣人一劳永逸地阐明了：传统哲学上最恼人的问题根本不值得去烦心。

詹姆士在本书中将会一再地出现。我们会发现：韦伯在有关宗教的研究中曾经提到他，帕累托则反对他对科学所持的不明确的态度，索雷尔却向他欢呼，认为他是哲学的救星。詹姆士和柏格森彼此推崇。这位英国哲学家称赞柏格森的《创造进化论》(*Creative Evolution*)为“神圣的”“奇迹”；柏格森则回报说《实用主义》是一本“醒目而迷人”的著作。对于詹姆士而言，柏格森是推动哲学革命的“哥白尼”；而对柏格森而言，詹姆士则是一个热爱真理、热切地追求真理的人，认识他乃是一种“喜悦”[①]。我 113
们在哲学史上很难再找到两个思想渊源与个性气质如此不同，但是却如此相互推崇的人。

而詹姆士与弗洛伊德之间的友谊则比较倾向于单方面；我们找不到证据说弗洛伊德曾经因为读了詹姆士的作品而获得什么好处——弗洛伊德并没有潜心去研究学院派的心理学。但是詹姆士

① Jacques Chevalier: *Bergson*, revised edition (Paris, 1948), p. 58; Henri Bergson: “*Sur le Pragrnatisme de William James. Vérité et réalité*” (1911), *La Pensée et le mouvant: Essais et conférences* (Paris, 1934), pp. 239, 251. 关于柏格森与詹姆士之间的书信往来，见 Ralph Barton Perry: *The Thought and Character of William James* (Boston, 1935), II, 605–634.

对他的情谊却毫无保留、令人感动。1909 年，弗洛伊德在克拉克大学（Clark University）演讲时（这是他的名声首次传播到精神分析之笃信者圈外的时候），詹姆士抱重病前来听讲。演讲结束时，詹姆士对这位来自维也纳的访客说："未来的心理学要靠你来推动"——在我们这时代的思想史上，再也找不出更富戏剧性的时刻了。[1]

柏格森与直觉观

在社会思想的论著中是否真的必须讨论柏格森的思想？弗洛伊德是当然必须加以讨论的；但是就柏格森的情形而言，我们却可以辩说：他主要毕竟是个玄学家，而且他对目前的影响可以说几乎等于零。这都没有错；但是有责任感的思想史家却不得不对他的道德理论稍加说明，并且对于"为什么他在当时会那么受推崇"这问题有所解释。柏格森在 1890 年代的批判中是以极端的"直觉主义者"（intuitionist）的姿态出现的。而那些对他表示重视的社会思想家如索雷尔、佩吉等人也因为认为他是"直觉主义者"，所以才相信他的教训可以应用在处理人类的事务上。因此，我们若要评估"直觉法"（intuitive approach）在第一次世界大战前
114 的四分之一世纪的时间内发挥了什么样的作用，最好的方法就是去研究一下柏格森。

柏格森的事业一直是一帆风顺的——直到患了重病而在生命

[1] Jones: *Freud*, II, 57. 可与下书中的描述对比 Perry: *William James*, II, 122–123.

的最后20年当中无法从事心智活动时为止。我们已经谈过他曾经在巴黎最优秀的中等学校就读，并且在高等师院中也有极优异的表现。其后，他也和一般师院毕业生一样被分到地方上的公立中学任教，然后调到巴黎；其后又有三年在高等师院任讲座教授——这三年是德雷福斯事件闹得最严重的时候，当时佩吉正好在他门下受教。1900年，柏格森受聘法兰西学院（College de France）的哲学讲席——这是一个比巴黎大学文理学院（the Sorbonne）教授更显赫的职位。接着他又被选为法国学术研究院（French Academy）院士，并且获得诺贝尔文学奖。他显然已经获得最高的殊荣了。1918年他被选为研究院院士的时候，他年轻时代的友人致欢迎词说："您已经成名了。您一向名重四方。您知道当一个人第一次看到一个名人，哪怕只是有名的小孩，他会充满怎样强烈的好奇心；那种印象教人永志不忘。"①

一般大众对他的感觉就是这样——尤其是在1907年《创造进化论》出版以后。柏格森在课上的演讲风靡一时。观光客和贵妇人们都争着去看他，好像是争看巴黎的风光一样。柏格森也没有令观众失望，他演讲的时候，

> 不看任何稿子……他的前额宽阔，眼睛炯炯有神，似乎从眉毛下射出两道光芒，他气质优雅，前额饱满，凸显思想的灵性光辉。他谈吐从容、优美，像写作一样规整，异常笃定且极为精确，音调有如乐音，令人感觉亲切……状态如此 115

① Quoted in Chevalier: *Bergson*, p. 37.

> 完美……几乎看不到造作的痕迹……他认为："哲学即使在做深奥的分析以及高度综合的时候，也要使用平易近人的语言"——此乃哲学家之完美的表现。①

听过他的演讲，人们都有一种"释然"之感。他们的精神与思想都得到了升华。在所有 1890 年代的思想改革者中，柏格森是最伟大的"克里斯玛"（Charisma）式* 的人物——他的个人影响最令人心服。

作为一个情感与精神价值之维护者，柏格森直接继承了法国的一种传统——这个传统从 17 世纪以来就对盛行的"笛卡儿式的理性主义"（Cartesian rationalism）倾向保持一种沉着、坚定，有时甚至是强烈的敌对态度。柏格森透过他的哲学老师布特鲁（Etienne Emile Marie Boutroux），布氏又透过他的老师拉旭烈（Jules Lachelie），再透过 19 世纪的玄学家比朗（Maine de Biran），他们终于追溯到帕斯卡尔（Blaise Pascal）。他和帕斯卡尔一样，也是以"纤细心智"（esprit de finesse）来反对"几何心智"（esprit de géométrie）**；同时也很坦率地为宗教找了一些"非知性的"（non-intellectual）理由——这样的理由或许近乎异端，对 1900 年代早期的年轻人却非常具有吸引力。

① Chevalier: *Bergson*, p. 55.

* 指具有神奇之影响力，能使众人信服的领袖人物。

** 帕斯卡尔所著《思想录》之第一篇即论及此二种心智；粗略而言，纤细心智类似直觉的认知心灵，几何心智，则必按部就班地推理——请参考孟祥森先生中译本（水牛版）第一篇，译者对此二词译名采用孟祥森先生之所译。

和其他许多争论性的问题一样，柏格森积极的反实证主义是由于破坏了早先的信仰偶像而崛起的。在公立中学的时候，他喜欢数学；到了高等师院（如我们所谈过的）他就被人怀疑是个机械论者，甚至（或许）是个唯物论者。同时他也确曾受到无所不在的斯宾塞的魔力（如果我们认为这么平凡的思想家也能够产生魔力的话）的影响[①]。但是当他近30岁时（当时他在帕斯卡尔的家 116
乡克莱蒙费朗（Clermont-Ferrand）任教），有一天当他刚刚向学生讲完芝诺（Zeno）* 以及伊利亚学派（Eleatic school）** 的哲学，如往常那样午间散步时，整个中心直觉突然涌现在他心中——他的哲学便是从这种直觉发展而来的。在其后的半个世纪中，柏格森都是在阐述这一瞬间之领悟的种种涵义。

柏格森的论辩之出发点乃是芝诺的有名的阿基里斯（Achilles）与乌龟间“吊诡”的赛跑问题：这位可敬的前苏格拉底时期（pre-Socratic）的哲学家把人与龟的路线都分成无数小段，就证明了阿基里斯永远无法赶上乌龟。从常识的角度来看，这问题是荒谬的，但是人们却无法找到一个令人满意的理由来反驳此一问题；柏格森发现：这或许是因为人们一向所采取的方法是错误的。从这个观点再进一步，就等于是怀疑到机械论以及知性的思考方法的整个基础了。柏格森认为，此一方向之错误，乃是因为把“运动”（motion）与“穿越之距离”（distance traversed）以及“时间”与“空间”混淆了。因此它也只能用后者来解释前者。柏格森主张

① “Introduction,” *Pensée et mouvant*, p. 2.

* 公元前 5 世纪之希腊哲学家。

** 希腊哲学中以色诺芬、巴门尼德（Parmenides）、芝诺为主的哲学派别。

说：“时间”与“空间”乃是绝对无法互相比较的东西。因此，一般而言，自然科学与逻辑都只能论及空间，或是它的“形而上的重相”（metaphysical double）——物质，但是它们却从来无法从“经验之连续”（experienced continuity）的意义上来讨论“时间”。

柏格森称这种“经验的时间”（time as experience）为“持续”（duration）。他在“论意识之直接资料”（*Essay on the Immediate Data of Consciousness*, 1889）以及“物质与记忆”（*Matter and Memory*, 1897）两本书中分析了这个名词的意义，并且解释了它与人类的意识之间的关系。柏格森认为：我们唯有经过“内省”（introspection）才能“感觉到”，并且“了解”这种“持续”——唯有专注于自己的“意识”（Consciousness），我们才能体验到“实际的”“完满的”（而不是像通常的情形一样，被分成一小部分、一
117 小部分的）人类经验。这种情形的理解，一般被称为“直觉”。柏格森在《形而上学导论》（*An Introduction to metaphysics*, 1903）中，扼要地描述了他那时候的思想：

> 我们只要透过内心（直觉），用不着分析，就至少可以捕捉到一个“实体”：此即我们的处在时间之流中的“人格”（personality）——亦即“持续着的‘我们自身’”。在理智上，我们或许不会同情别的什么东西，但是我们却必然会同情我们自身……
>
> 我们可以把我们的“理知”放在动态的“实相”中，同时追随着这个“实相”，不断地变更方向；简而言之，我们可以用那种我们称为直觉的“理知上的同情”（intellectual sym-

> pathy）来掌握住它。这是非常困难的事。我们的心灵因此必须戕害本身、必须把平常的思想的方式倒转过来……但是如此我们却可以获得“流动性的概念”（fluid concept）——能够跟随“实相”的各种曲折变相，并且掌握住事物内在的运动情况。

如此我们就能够如飞翔般灵活地把握住“实相”的变迁，而不必像平常一样把它冻结起来，归纳到固定的、既成的范畴中。更有进者，如此哲学家还能够完成康德以及其他的人认为不可能的事——即超越自然科学的符号世界（即只凭现象本身以外的事物来了解某一现象）而获得“绝对的知识”（absolute knowledge）[①]。

经过柏格森的处理，“时间”变成了一种“积极的概念”。它不再是诗人及思想家想要用“不朽之追寻”（the quest for immor- 118
tality）来挽救的“变迁与衰败”之源；也被确立为“自发性创造”（spontaneous creation）的工具。柏格森在他最后的两本巨著——《创造进化论》以及《道德与宗教的两个来源》（*Two Sources of Morality and Religion*）中所要完成的工作就是把这个新的“时间感”（time-sense）应用于日常生活与社会的价值领域。

前述两本著作中的第一本虽然是使柏格森成名的书；但是从

---

① “*Introduction à la métaphysique*” (*Pensée et mouvant*, pp. 177–227), authorized translation by T. E. Hulme as *An Introduction to Metaphysics*, new edition (New York, 1949), pp. 24, 50, 53.

知识的角度来看，它却不如其先驱者那么动人。不客气地说，这本书的内容乃是一种堂皇的生物学上之幻想。它很像柏格森更早期的作品中的形而上观点。把“直觉”当作动物界的本能，并且假定了一种普遍存在的生命冲力——一种“不断从生命的水库中涌出”的“原创力”（élan vital）之存在。该书还表示说：“直觉的哲学”将要把“肉体生活……从它真正的所在，引导向精神生活的境界”。柏格森宣称：“所有生命都凝聚在一起，都被一种巨大的力量驱使……所有的人类……聚成千军万马在我们的前后左右奔腾，倾全力欲摧毁任何阻力、扫清最坚固的障碍——甚至死亡本身。”[①]

《创造进化论》是一本繁冗又令人难以捉摸的著作。它的论证都是建立在一些最不稳固的生物学之“模拟”（analogy）上；柏格森的文学魔术只能勉强掩盖它的逻辑上的漏洞。但是其背后所隐藏的意义却是十分明显的。柏格森已经确立方向，准备要提倡那种温雅的“高层次的”精神与道德价值；并且要宣扬“个体之不
119 朽”（personal immortality）的观念——此一观念使他在晚年的时候全心倾向（即使没有真正的灵性上之交往）罗马天主教会。

柏格森这种演变的程度直到《道德与宗教的两个来源》出版以后，才清楚地表现出来。[②]但是同时年轻的一辈却已经意会到他的暗示了。柏格森最后一本巨著的迟迟未出现，证明了他的热心的听众们把他所传达给他们的讯息当作宗教性讯息，一窝蜂地从

① *L'Evolution créatrice* (Paris, 1907), authorized translation by Arthur Mitchell as *Creative Evolution*, Modern Library edition (New York, 1944), pp. 270, 293, 295.

② 见本书第十章。

讲堂涌入教堂去了。[1] 同时这也表示佩吉为了柏格森而反驳天主教的批评乃是正确的。佩吉主张：禁止研讨会上的学生研读柏格森的作品是没有用的——这种举动的结果确实于己不利；如果柏格森的作品被编入天主教的“禁书目录”，得到好处的人将是斯宾塞，而非圣托马斯（Saint Thomas）（佩吉看得很正确：柏格森那一套声称要独立对抗科学的理论，乃是使吸收了实证主义那一代人重新信仰宗教的最佳方法）；“柏格森思想之胜利之一：‘记忆’与‘习惯’的理论虽然在表面上与教会的思想有所不同，其实他们有相当的相似之处。”[2]

1941 年，柏格森去世，同时也为佩吉以上的观点作了最后的确认。他在遗嘱中表示：他之所以不正式加入天主教会，是因为
与在纳粹统治下受苦受难的犹太同胞的同气相求；他曾经要求一 120
位牧师在他的葬礼中把这篇遗嘱念出来。[3]

对于社会科学家或研究社会思想的学生而言，柏格森是一个相当不容易解开的谜（从比较具推论性的意义上（相对于直觉）来看）。他的著作是诗人的幻想以及特殊的“法国式的逻辑”与“清晰性”的结合——这两者的艺术性的融合说明了这些著作之具有说服力以及近乎魔术般的吸引力的原因。就基本上而言，柏格

① 见本书第九章。

② *Note conjointe* (Péguy's last work, comprising "*Note sur M. Bergson et la philosophie bergsonienne*" and "*Note conjointe sur M. Descartes et la philosophie cartésienne*," pp. 116, 300–301. 前者最初发表于《半月笔记》杂志（1914 年，4 月 26 日）；后者则到佩吉去世为止，仍然未完成。

③ Chevalier: *Bergson*, pp. xv–xvi.

森所做的工作乃是把有关人类经验的某些重要真理（这些真理是伟大的宗教神秘主义者已经知道的）用拟科学性的术语表示出来。

除了詹姆士以外，当时其他的哲学界领袖几乎都一致地反对他——桑塔耶纳（George Santayana）和罗素都抨击他，说他根本就不会做正确之推理。班达则认为柏格森是一个知识骗子、一个“感官主义”（sensualism）与“行动”的哲学家：他在“沙龙”里面之所以广受欢迎，正好证明了他的整个体系是恶毒的。要从逻辑的观点（不论亚里士多德式的逻辑或是数理逻辑）来摧毁柏格森的哲学并不是太难的事。柏格森为自己辩论说：“要批评直觉的哲学是那么容易的事，所以几乎每个初学者都会想要去批评它。”[①]

本书的目的并不是要探讨“系统化的逻辑”（systematic logic）。从我们的观点来看，更切题的问题是：柏格森的直觉哲学是否能够以它在“实际上”的成就来证明它有理由存在；以及，一种以建立“人类心智”与“外界实在”之实际“沟通”（communion）为鹄的的“流动”（fluid）哲学（加上它对“实相”与“观念”之范畴的划分）能否为我们增添一些在传统形而上学中所没有的知识。班达的理论在这一点上正好攻击了个正着。他主张：直觉什么也不能补充。如果柏格森哲学像任何神秘主义学说一样，要
121 “忠实于自己的原则”，那么它“在逻辑上来说，除了表示单纯的否定或热情的呐喊之外，什么都做不了。”[②] 它无法解释任何事物——的确，当柏格森在试图解释自己的时候，他就变成一个像他的敌人一样的“理知主义者”（intellectualist）了。

---

① “*Introduction*,” *Pensée et mouvant*, p. 33.

② Robert J. Niess: *Julien Benda* (Ann Arbor, Mich., 1956), p. 117.

但是，在同意班达的观点之前，我们应该公平地指出：柏格森是衷心地相信他发现了一些新的东西的；他并不只是用比较科学性的术语在重复那些神秘主义者（the mystics）已经说过的道理而已。他曾经告诉我们说，他犹豫了好久才决定用“直觉”这个名词——柏格森用这名词所指的意义与德国浪漫派哲学家所指的“与理性的智力极端相反”的意义相当不一样。柏格森解释说：直觉非但不是否定“智力”，而且（就他使用这名词所指的意义而言）还是和智力并行，并且能补充智力的东西。他非但不是在提倡浪漫主义传统下的“反科学”（anti-scientific）的哲学，反而是把科学提升到一个比实证主义本身更崇高的层次上①。柏格森的阐释者也同意这种自我辩解——在他们看来，柏格森之所以强调直觉的好处，是因为前一个时代把整个信心都寄托在理智上的缘故。因此，无可避免地，“他的著作中总是缺乏一种平衡”。我们把这种不平衡的现象纠正过来以后，柏格森的直觉就会以真面目出现，它将不再是“反理知主义的”，而是“超理知主义的”（supra-intellectual）——有了它并不代表着我们再也不必运用理智；它甚至会完成理智的工作，而在完成这个工作的同时，也就假定了它的先于理智之存在。②

这就是索雷尔和佩吉所了解的直觉哲学。在佩吉看来，柏格森的最高成在于他切中肯綮地攻击了理智主义哲学的“缺乏想象力”（literal-mindedness）。在一次“拿破仑式的攻击”中，柏格森

① “*Introduction*,” *Pensée et mouvant*, pp. 25, 71.

② Chevalier; *Bergson*, pp. 303, 305; see also Husson: *L'Intellectualisme de Bergson*, pp. 12, 214, 224–225.

122 已经决定要“直攻敌人的心脏，不论敌人在哪儿出现，都要把他彻底歼灭。”[①] 因此我们从柏格森的中心直觉观念中便可以引申出各种可适用他的哲学的情况。索雷尔的期望则更为明显。柏格森在《创造进化论》中的某一段里说：人类之所以有逻辑思想，正是因为人类“生来就是艺术家”；索雷尔从这一段话中得到暗示，从而指出在柏格森主义与历史唯物论中有“相当类似之处”——而当时《创造进化论》的作者还不十分熟悉马克思的著作，因此这种类似也就更值得注意。索雷尔评论说：“我们对柏格森的感激应该是无以复加的，因为他使我们这时代的人明白：为了适应革命性的生活情况，必须要修正我们的思想模式。”[②]

简而言之，索雷尔在柏格森的著作中找到一些论点用来支持他自己的理论——即新技术与新的劳工情况必然会造成一个新社会。但是，就像许多大师一样，柏格森最后却使他失望。[③]《创造进化论》出版没有多久，索雷尔就曾经表示：希望柏格森不要再把他自己的哲学应用于自然科学，而应把它应用在“伟大的社会运动”上。但是几年之后，他却不得不承认柏格森并没有听从他的劝告，反而很成功地把它应用在宗教上。[④] 最后，索雷尔出人意料地下结论说：使柏格森主义具有一种特殊之性质的最重要原因乃是“音乐的影响”——索雷尔说：“当我们指出音乐与柏格森哲

---

① *Note conjointe*, pp. 20, 93, 270.

② *Creative Evolution*, pp. 152–155; Georges Sorel: “*Critique de l’ ‘Evolution créatrice,’*” *De l’Utilité du pragmatisme* (Paris, 1921), pp. 393, 416.

③ 见本书第五章。

④ Pierre Andreu: “*Bergson et Sorel,*” *Les Etudes bergsoniennes*, III (Paris, 1952), pp. 48, 50.

学之间的关系时，我们不得不要对柏格森哲学的生命感到相当的
怀疑。它不会像毁谤它的人所说的那样，仅仅作为一种单纯的时 123
尚（fad）而消失。但是它的重要性却可能只是暂时性的。”①

因此，柏格森最杰出的门徒也终于不得不承认他的导师的著作对社会理论没有什么用处——对索雷尔而言，柏格森只是过渡到詹姆士之实用主义的一道桥梁而已。他的看法很正确：柏格森的重要性只是“暂时性的”。《创造进化论》出版了几年以后，索雷尔渐渐地认定柏格森的哲学是不具有任何建设性贡献的。1914年佩吉逝世，只留下一些片断的笔记和建议作为给他的哲学导师的献礼。其他一些比佩吉年轻而远比索雷尔年轻许多的柏格森主义者则开始把柏格森的学说应用于反动的政治（the politics of reaction）上；柏格森本人作为一个善良的民主党人当然彻底地反对这种作法。② 到第一次世界大战结束的时候，——除了在自由社会中提升精神境界（这是柏格森在其最后一本书中所提倡的）这条路之外，那些自称为柏格森主义者的人还走向了所有可能的方向。

此外，索雷尔最后与詹姆士采同一立场，而不与柏格森站在一起，这也纯粹是必然的结果——就其真正地应用于“社会之研究”上而言，我们可以把柏格森哲学（强调“实相”的流动性）看成是与实用主义相同的哲学。而在这个领域之中，脑子比较清楚的乃是詹姆士。他不像柏格森一样，声称可以获得“绝对”的知识。的确，上述这整个观念在詹姆士看来是非常奇怪的。社会科学家们最不感兴趣的也正是“绝对”的东西。

① “*Critique de l’ ‘Evolution créatrice’*,” *Pragmatisme*, pp. 449. 451.

② 见本书第九章。

124 柏格森的哲学至少在另外两方面还可以作为一种“过渡”。它的强调“持续”——强调自然科学方法与直觉同情（intuitive sympathy）或内在理解（inner understanding）的方法之间的根本不相容——直接导致了历史知识（historical knowledge）的问题。德国人所谓的“领悟法”（*Verstehen*）、克罗齐所谓的历史了解之“灵光一闪”——这些都隐含在柏格森的形而上学中。[①] 但是从事实际工作的史家或社会学的学生却绝少愿意通过柏格森去了解这些。在弗洛伊德的精神分析理论中却可以找到与这种哲学更相近的东西：柏格森曾提及所谓的“意识之深处”（无法应用空间与数字之逻辑的地方），弗洛伊德则更正确地称其为“无意识作用”（the unconscious）。如此一来，弗洛伊德便在柏格森浅尝即止的地方开拓了一个知识领域。于是这个对于“记忆”与“习惯”的新了解（佩吉曾经很高兴地说那是柏格森的“绝对胜利”之一）实际上只不过是柏格森“从远处所瞥见的一点点东西”而已：真正获胜的乃是弗洛伊德。

柏格森和弗洛伊德二人的理论虽然有相当类似之处，但是这两种理论却没有系统上的关联。如果我们认为柏格森在他的第二本著作《物质与记忆》中曾经提到某些关于“回忆之不可磨灭性”（the imperishability of recollection）（对于这个问题，两年以后，弗洛伊德曾经在《释梦》（*the Interpretation of Dreams*）中做过更有系统的讨论），则这种现象也只不过是一种戏剧性的巧合，并且表示说“在周遭之中”已经有某种观念存在而已。弗洛伊德没有

① 见本书第六章及第八章。

从柏格森那里得到任何东西，柏格森更是到了第一次世界大战之后才知道弗洛伊德的著作。但是他们却同时讨论了许多同样的问题：他们都是通过对“失语症”（aphasia，或称无语言能力）的科学性研究而获得“无意识之记忆”（unconscious memory）的理论；两个人都从生理学角度得出人类意识之非物质本质的认识。柏格森自己在晚年曾经写道：“我们的‘过去全部不可磨灭’（total 125
conservation of the past）的观念，在弗洛伊德的弟子们所做的大量实验中得到越来越多的实证。”[①] 当记载以上这一段话的书在1934年出版时，弗洛伊德之不朽已然确立，但是柏格森却已经被遗忘了——在精神分析理论史上，他甚至算不上伟大的先驱者。

弗洛伊德——认识论与形上学

“那么，弗洛伊德是不是一个形而上学家？是的，但是他却不知道这回事。”弗里德尔（Egon Friedell）说了这么一句妙语，这一次他总算知道自己在说什么。[②]

因为弗洛伊德的确有一套形而上学和知识论（theory of knowledge），正如他有一套前后一贯的社会哲学一样。但是这些都只是隐含的：弗洛伊德的形式哲学和社会理论在他的主要著作中只是停留在附带陈述（obiter dicta）或未加说明的假设的层面；弗洛伊德只做出暗示而不曾加以完全的说明——他只是把它们当作是理

① “*Introduction*,” *Pensée et mouvant*, p. 81.

② *Kulturgeschichte der Neuzeit* (Munich, 1931), translated by Charles Francis Atkinson as *A Cultural History of the Modern Age* (New York, 1932), III, 479.

所当然的道理，然后就开始做他的实验工作了。本书的目的乃是要从弗洛伊德的一大堆著作中挖掘出这些哲学观点，并且确立它们之间的逻辑关系，同时找出它们与同一时代之著作的关系，而不是要讨论精神分析学的临床方法。我要再度强调：我是在写思想史，而不是心理学史。在以下的讨论中，我将要把弗洛伊德的工作程序颠倒过来——亦即把弗洛伊德藉以确立“无意识作用”的一些临床上的革命性改革当作一种背景，而将一些弗洛伊德来
126 不及加以完全发挥的“假定”（assumptions）和“推理”（corollaries）置于前景。

弗洛伊德是个犹太人，出生于捷克的摩拉维亚（Moravia），家人说的则是德语——这情形使他自始就无法具有清楚的身份认同。4 岁的时候，他的双亲搬到维也纳；也是在那里，弗洛伊德学医和行医，度过整个成年时期。他的国籍是奥地利，但是他的精神故乡却是英国。或者，更确切地说：“他过着一种享有不受拘束之心智自由的生活……超越国度、阶级及时间；这样的一个人可以知道一切、看见一切、述说一切。”[①]

无论弗洛伊德的思想在多大程度上力求放之四海而皆准，但是它显然受到创造者本身的思想禀赋以及早年经验的限制——弗洛伊德自己所发明的方法使他的传记作者能够解释他的洞察力和他的局限性。幼年时候，他对母亲的依赖异常强烈。他的家庭的奇怪的组成（其中世代重叠，而且角色混乱）使他有机会观察到

① Richard L. Schoenwald: Freud: *The Man and His Mind 1856–1956* (New York, 1956), p. 80.

“性”的吸引力以及父子关系中的“侵略性”（aggression）。他在经过自我分析之后知道要了解自己成年后的兴趣，必须探讨自己幼年时期的情形；因此他就认识到他日后追求科学知识的欲望乃是来自幼年时期对“性”之启蒙的渴望。他把此一发现普遍化。在他最吸引人的一本书——即出版于 1910 年的《达芬奇传》（*The Study of Leonardo da Vinci*，弗洛伊德称这本书为“唯一可爱的东西”）中，弗洛伊德很大胆地把自省的结果应用于一个伟大的历史人物：在这首部精神分析传记中，他仅以微不足道的证据对达芬 127
奇的事业加以诠释：说那是明显的“同性恋”倾向升华为科学探讨及艺术创作的结果。[①]

要对弗洛伊德只有半意识到的一些“假定”做一个分析，《达芬奇传》是一个好的切入点。这本书清楚地表明弗洛伊德在中年时期对达芬奇形象的“自我认同”（self-identification），正如他晚年时在摩西（Moses）的形象中看到自己。他对这位佛罗伦萨画家之“两性性”（bisexuality）的同情理解反映了他在自己身上所发现的“两性同体”（androgynous）的倾向，而通过他的病人，他将在人类身上发现这种普遍倾向。更有甚者，他对达芬奇的互相冲突的愿望的强调也反映了他的二元的（dualistic）宇宙观。这又是个幼年时代所遗留下来的东西。此前十年他就曾经写道：“我与同时代人之间的热情友谊和敌意都可以追溯到幼年时期我与一位大我一岁的外甥之间的关系……在情感生活中，我始终需要一个亲

① Jones: *Freud*, II, 432–434; *Leonardo*, originally published as Heft 7 of the *Schriften zur angewandten Seelen Kunde*, has been translated by A. A. Brill as *Leonardo da Vinci: A Study in Psychosexuality*, Modern Library edition (New York, 1947).

密的友人以及一个可恨的敌人。我一向都能再找到这两种人。”[①]

在弗洛伊德的幼年时期，朋友与敌人是同一个人。早年的冲突自然而然地在他的思想中造成一种“双重性”（duality）与“极化作用”（polarization）。直到去世，他始终以“双重性”来表达他自己——朋友们常常笑他说：“他数到二以后就数不下去了。”这种“极化作用”对于了解他的创造力而言是最重要的。他和达芬奇一样都被“两种驱力——追求科学知识的热情以及从事艺术创造的热情——扯成两半了”。弗洛伊德终其一生都既是科学家，同
128 时也是艺术家——最终还是后者占了上风。在幼年时期这两种倾向已经结合在一起——他对普遍的事物都有一种了解的渴望。但是年轻的时候，他强迫自己把注意力集中在严格的科学上。弗洛伊德解释说：“年轻的时候，我自己有一种强烈的推测倾向，但我无情地抑制了这种倾向。”直到晚年时他能够把自己的医学生涯视为一种巨大的迂回，他才逐渐允许自己回到原来的兴趣——文化史以及“人类如何成为其所是”这个大问题上。“像弗洛伊德这样的人，可能太过倾向于推测性的抽象思想（speculative abstraction），以至生怕被这种倾向左右，并且觉得必须研究具体的科学性资料来对抗这种倾向。”[②]

从某个角度说，弗洛伊德认为他必须“不惜任何代价来抑制幻想”是正确的。因为在他的身上“有一股浪漫主义的暗流……

① *Die Traumdeutung* (Leipzig and Vienna, 1899), translated from the eighth edition (1930) by James Strachey as *The Interpretation of Dreams* (*The Standard Edition of the Complete Psychological Works of Sigmund Freud*, IV and V) (London, 1953), V, 483.

② Jones: *Freud*, I: *The Formative Years and the Great Discoveries 1856–1900* (New York, 1953), pp. 27–29; II, 320, 422, 432.

一种对冲动之作用，对人生之戏剧性，对象征的力量的认识；同时也知道如何去了解比较富有诗意而没有那么理性的精神，也具有诗人的文化疏离感（sense of cultural alienation）。”他对戏剧的感受促使他接触莎士比亚以及希腊人的作品——他的中心理论所使用的寓言便是取自索佛克勒斯（Sophocles）的《俄狄浦斯王》（*Oedipus*）。“人类之悲剧感、人类之不可避免的厄运——这些便是弗洛伊德所处理之‘个案故事’（case history）的特点。”的确，他的精神分析理论本身便是以戏剧性冲突来表述的：

> 个性都来自生活：盲目……追求享乐的“本我”（id）*、自
> 命不凡及惩罚性的“超我”（super ego），利用别人之能力来
> 为自己争生存的“自我”（ego）。这出戏剧简洁而明快。“自
> 我”发展出精明的机制（mechanism），如：否认（denial）、 129
> 投射（projection）等来对付“本我”的冲动。演员之间会取
> 得平衡，这一平衡即“个性”（character）及“神经症”（neu-
> rosis，一译“心理症”）。①

因此即使是最能谅解的诠释者也认为弗洛伊德具有一点“易受欺骗的性格”：“他愿意去相信不可能以及没有预料到的事——如好几世纪以前赫拉克利特（Heraclitus）所指出的，此乃发现新真理的方法。”其后弗洛伊德还迷恋于许多事物，我们轻易就可

* 精神分析学名词，系 libido 之贮藏所及本能、创力之源泉。

① Jerome S. Bruner: “Freud and the Image of Man,” *Partisan Review*, XXIII (Summer 1956), 343, 346.

以列出一份长清单。他在早期的医药研究生涯中曾经力倡古柯碱（cocaine）的治疗效用——这个错误几乎断送了他日后的发展。后来他又与弗里斯（Wilhelm Fliess）建立了友谊——今天在我们看来：弗洛伊德会去相信这么一个知识骗子（上自“数目的意义”下至“鼻子的发炎”都是这个骗子幻想中的事）并且依赖其道德上的支持，真是不可思议的事。同时，我们还发现他竟然把他的病人的幻想——幼年时期被近亲诱奸的事当真；而甚至到他纠正了这个错误——亦即了解到这些“诱奸”的事只是与“心理实体”（psychical reality）对应的东西——以后，他的想象力也仍奔放不已。[①] 接着他便在《释梦》中对“俄狄浦斯情结”作了明确的说明。这无疑是人类心灵研究史上的一项最杰出的发现。但是弗洛伊德一旦发现了他在寻找的东西，他就不会只把它当作进一步研究的线索；他会把它确立起来，使它成为解决所有“心理之谜”的万灵丹。

因此，社会学家、人类学家以及心理学家就选择“俄狄浦斯情结”作为他们与弗洛伊德的理论对抗的对象：

130 弗洛伊德最初建构这个理论的时候，并没提及任何社会或文化的背景。这是很自然的事，因为精神分析本来就是建立在临床诊断上的医疗技术。但是它后来却扩大成为解释所有“精神神经症”的理论；然后又成为一种一般性的“心理作用过程”（psychological process）的理论；最后遂变成一种解释肉体、心灵、社会与文化中大多数现象的理论。

① Jones: *Freud*, I, 265–267, 287; II, 430.

因此也就难怪即使是相当佩服弗洛伊德之研究成果的社会学家也会发现弗洛伊德的主张“野心太大”，因而主张把他的“某些公式”化为“更具有弹性”的事物。[1]但是弗洛伊德偏偏就不喜欢这一套“冲淡”（watering down）的方法。他是既倔强又容易轻信。因此他非但没有修正他的“俄狄浦斯情结”理论使其更易为人所接受，反而把它弄得更糟，在它上面加上一个人类学上的大幻想——亦即“原始部落”以及儿子们联合弑父并且食其肉的故事（出版于 1912 年及 1913 年的《图腾与禁忌》（*Totem and Taboo*）最先阐述了这个故事）。在这个过度推测的基础上，弗洛伊德建立了他后来社会理论的整个分支结构。

“原始部落”和“原始的罪行”到底只是语言上的隐喻，或者是历史上的真实事件？这问题使我们接触到弗洛伊德未明示的中心哲学观点。今天大多数自称为弗洛伊德学派的人都认为他们的祖师的“人类学理论”只具有“象征性价值”（symbolic value）。[2]但是弗洛伊德对这种半吊子的忠诚并不满意。一直到写作最后一本书的时候，他仍然坚持且多次重复他所叙述的乃是一个历史事
件；且推定的证据确凿。这种说法的成立必须假定人类具有一种 131
与荣格所谓的“集体无意识”（collective unconscious）[3]十分相近的

① Bronislaw Malinowski: *Sex and Repression in Savage Society*, Meridian edition (New York, 1955), pp. 77, 123.

② See, for example, Herbert Marcuse: *Eros and Civilization: A Philosophical Inquiry into Freud* (Boston, 1955), p. 60.

③ *Moses and Monotheism*, 1939 年首次完整出版于伦敦；其时，前两部分已经以德文出版：*Imago*, XXIII [Heft 1 and 3, 1937], translated by Katherine Jones, Vintage edition (New York, 1955), pp. 71, 127; Ernest Jones: *The Life and Work of Sigmund Freud*, III: *The Last Phase 1919–1939* (New York, 1957), p. 313.

“记忆之传承”（the inheritance of memory）——这一点也没有使弗洛伊德感到困扰。弗洛伊德阐述了他的理论并坚执不放。他已经摆脱了对临床与经验性资料的依赖，再也不会受它们束缚了。更糟糕的是：这种广泛推测使他不只与荣格，而且与斯宾格勒以及其他一些“包罗万象的历史隐喻”之建构者混为一谈[①]。

弗洛伊德揭橥的终极目的是要在“混乱的实相”中建立一种秩序。本来他的目标没有这么高的——他只是要了解人类的“意识”而已。如今弗洛伊德的理论在一个较狭小的范围内已广为人所接受；令后来的研究者感到困惑的，反倒是他更具包容性的思想抱负，这些野心自相矛盾地将他置于从柏拉图到黑格尔以及伟大的体系建立者的后裔之列。他在表面上虽然是个经验论者——他对自然科学的精确方法持有一种信心，骨子里仍然渴望找到一以贯之的理论来为人类之存在这个最终之谜提供答案。年岁愈大，弗洛伊德就愈坚持他对“俄狄浦斯情结”以及“原始罪行”这两个互相牵连的大隐喻的论点。他在最后一本著作中终于揭开了他30年来一直想要表达出来的“自我影像”（self-image）——即立法者摩西的影像。

从弗洛伊德的形而上学转而谈到他的知识论的时候，我们必须
132 重新探讨他作为一个谦逊的、努力的科学工作者的角色。弗洛伊德从来就没有完全抛弃这个形象。就“明确的”（explicit）形式而言，他的认识论之假定乃是19世纪的科学研究者所持有的那种假定。

① 见本书第九章。

弗洛伊德理论出现的方式应该会让索雷尔感到很满意——其是因为应用科学的需要而产生的。弗洛伊德的理论之发现乃是他的临床工作（1892—1895 年逐渐形成的“自由联想”（free-association）的医疗技术，以及始于 1897 年而在《释梦》出版时（两年后）达于高潮的“自我分析”）之副产品。《释梦》一书仍然是弗洛伊德理论架构的基石。这本书的基本论点——“《释梦》乃是了解心灵之无意识活动的最佳途径”——构成了他的基本防御线；任何怀疑和攻击都不会使他抛弃这一道防线。一如弗洛伊德在《释梦》第二版的序言中所说的：“我在长年对‘神经症’之研究过程中，经常会感到迷惑，有时甚至会丧失我的信念。每当这种情形出现，都是《释梦》使我重获确定感。”20 年后，他又补充说：“一个人在一生当中只有一次获得这种洞察力的机会。”[①]

弗洛伊德是不是一个实证主义者呢？他当然不曾怀疑外在世界的实相，也没有兴趣去探讨“实相”的本质。“他早年的训练就使他深深信仰自然法则的普遍性……他好像不曾对一般的‘因果论’（theory of causality）的观点表示过意见，而只是抱持着 19 世纪单纯的‘不变之前因’（invariable antecedents）的观点……就所
有这些情形来说，弗洛伊德乃是他那个时代的产物，我们没有理 133
由认为他在这些方面具有超越环境的想法。”[②] 所以，在本研究的总体框架内，弗洛伊德以其本来的样子属于实证主义者。

他是不是唯物论者？答案绝对是否定的。他虽然否认了“不朽”（immoratality）的说法（他说心灵不能脱离脑子而存在），却

① *Interpretation of Dreams*, pp. xxvi, xxxii, 608.

② Jones: *Freud*, I, 365–367.

主张:“心灵与物质的本质都是十分不清楚的”。的确,“它们在本质上是如此不同,所以假若把从其中一个观点去描述的过程,换成从另一个观点去描述,就会陷于逻辑的谬误。”物质或许是心灵发生作用所不可缺少的东西,但是我们“找不到一个线索,能够说明这二者之间的直接关系”。[①]

他是不是一个决定论者(determinist)?这个问题就有点难以回答了。我们很容易从弗洛伊德的著作中找到尤其与决定论有关的内容。我们在他谈梦的那一本书当中就可以发现他指责前人“低估了‘心理事件’(psychical event)被先行决定的程度。这样子被决定并不是什么独断的事。”[②]但是在坚持精神活动遵循着某种规则的时候,弗洛伊德实际上也就是假定了一种和前此所谓“决定论”(determinism)的意义颇为不同的“决定论”。他把“决定的力量”从意识层面推回到无意识层面。他发现当这个主要的推动者被隐藏在一个意识不到的地方的时候,人类很自然就会“好像”是在依照自由意志而行动一样。的确,弗洛伊德也和多数的哲学决定论者一样,对自己的行为极具信心,也很有责任感。再者,弗洛伊德也很明白:“选择之决定”(determination of choice)在无意识的层面上绝不是一桩简单的事——这通常是一个具有多重原因的问题;大多数的心理事件都被“过度决定”(over-deter-
134 mined)。因此我们通常也无法以机械式的一对一之因果关系来解释它们。其他还有许多假说可以用来解释它们。

然而,“很奇怪地,弗洛伊德虽然强调他的临床资料的‘过度

① Jones: *Freud*, I, pp. 368–369.

② *Interpretation of Dreams*, p. 514.

决定’这个因素，而不强调它们的‘单一决定因子’（unitary determinants），但是他却要为这些资料找寻单一的来源”。[①] 我们已经说过：弗洛伊德非常着迷于他那解释范围广阔的“俄狄浦斯情结”以及“原始罪行”的隐喻。同样地，关于心灵的作用，他也用一些解释范围广阔的比喻来解释。他在所谓的“超心理学”（metapsychology）中便用一大堆引自经济学、局部解剖学（topography）、动力学的隐喻来解释“心灵”。但是他只成功地运用这最后一个学科的隐喻，建立了一个能够使外行人信服的理论大纲。这个用物理学的隐喻来解释心灵的例子让我们接触到弗洛伊德的“残留的实证主义”（residual positivism）的最后的也是最主要的一个层面。

弗洛伊德终其一生都在使用一种机械论者的用语。这些用语是他从他的老师——布吕克（Ernst von Brücke）那儿学来的——经由布吕克的努力，“物理学的语言已经被‘移植’到生理学上”[②]。弗洛伊德的隐喻有时取自水力学，大多数却是从电学上取来的。其中包括：电流、抑制、充电、放电、激发、贯注等用语。弗洛伊德本人以及其后的阐释者都坚认为我们不能过于重视这些隐喻的字面意义——心理现象并不是“真的”这样发生的。但是这个辩解却不能完全使人信服。假如心灵不是真的如此发生作用的话，如何才能描述它是在“产生作用”？难道还有另一套隐喻适

① E. Pumpian-Mindlin: “The Position of Psychoanalysis in Relation to the Biological and Social Sciences,” *Psychoanalysis as Science*, edited by E. Pumpian-Mindlin (Stanford, Calif., 1952), p. 154.

② Jones: *Freud*, I, 369.

用吗？弗洛伊德不曾提出其他任何一种隐喻。我们对一位思想家
135 的批评所持的理由，有一部分毕竟是根据他所使用的比喻而来的；就弗洛伊德的情况而言，他的思想并没有挣脱19世纪物理学的一些单纯用语所具有的意义。

因此，弗洛伊德的理论仍然是隐藏在实证主义的用语之下的——而且是一些相当简陋的用语。他活得越久，这些用语就越显得不恰当。为19世纪90年代沉浸于自然科学崇拜之中的群众提供的一条便捷理解之途径到1930年代充其量不过是过时的陈腐观念。在他后期有关社会思想的著作中，弗洛伊德的想象力不断摆脱其曾依附的平凡形象。创造性的想象力，即无意识本身的成果，拒绝被词汇所束缚，而这些词语最初是为了完全不同的目的设计的。

如我们所说过的，晚年的弗洛伊德才让自己早年“被无情抑制”的想象力自由奔驰。同时，他也开始关注更多此前仅存在于其成就边缘的一些特质——例如对“不确定性”与“怀疑”的容忍（这使他对庞加莱的研究成果加以赞许），他自己的文风之流畅与优雅（其实就是对人生之文学性与神秘性方面的爱好）。如托马斯·曼所说：弗洛伊德本来是可以从一些文学、哲学界的先驱者——如尼采、叔本华、诺伐利（Novalis）[*]、克尔凯郭尔等人那里获得帮助，但他不靠他们的帮助而创建了自己的理论。[①]然而他对文学世界始终有一种亲近感。到去世前为止，他在哲学上

---

* 德国抒情诗人哈登伯（Friedrich von Hardenberg）的笔名。

① *Freud und die Zukunft* (Vienna, 1936), translated by H. T. Lowe-Porter as “Freud and the Future,” *Essays of Three Decades* (New York, 1947), p. 412.

与文学上的知名度至少也与他在科学与医药上的知名度一样高了。他仍然在使用实证主义者的语汇，但是实证主义的心态却已经褪去了。

然而他却和柏格森不一样——柏格森只是用文学上对“经验的时间”（time-as-experience）之感受来说明无意识作用的再生，136
他却不满足于此。他觉得必须对无意识作用的活动做有系统的解释。他不只认定无意识作用不按照一般逻辑规则运作，同时还试图要去说明这种“不合逻辑之逻辑”（illogical logic）的奇怪的活动规则。他这一伟大的努力虽然在语汇上和“概念化”（conceptualization）方面存在种种局限，但现代对人类心灵的看法却都是源于此。

弗洛伊德——社会哲学

弗洛伊德到去世前 15 年才明显地把注意力转到“人类在社会中的地位”这个问题上。他为何会产生这种转变——这一点我们无法作简单的回答。可能有许多原因：或许是第一次世界大战所造成的情绪上以及道德上的震撼（大战已经使当时的经济破产、政治制度崩溃）；或者是他自己的恶劣的健康情况（这使他越来越难从事临床工作）；最重要的或许是从 1922 年以来就一直缠绕着他的“死亡之神”吧。除非为了解释他的理论，否则弗洛伊德是从不提及自己的个人情绪的；对于他为什么有这种心智倾向上的转变，我们也只好揣测。

在他第一本代表晚期作品的简短的、理论性的作品——《一种幻想的未来》(*The Future of an Illusion*，1927年)中，弗洛伊德就已经完全表露出他对社会所怀有的矛盾情感了。我们可以看到他对文明的潜力予以悲观的评估。弗洛伊德写道：“我们会觉得：文化乃是一些知道如何掌握权力与压迫之工具的少数人所强加于多
137 数的抗拒者的东西。”这种情形能否改变？我们能不能“实现人类关系的重组，通过放弃强制和对本能的压抑，使人们可以致力于获取自然资源且享受自然资源？”弗洛伊德认为我们无法如此做。“那将是一个黄金时代，但我们是否能做到这一点却值得怀疑。更可能的是：每一种文化都必须建立在强制力(coercion)以及对本能的抑制上。”我们所能期望的最佳的情况乃是在某种程度上减少“强加于人类身上本能牺牲的负担”，并通过寻找某种补偿，使人类能够接受“必须保留的”牺牲。[①]

弗洛伊德自称是保守主义者。从他对“实现一个公正社会之可能性”所持的怀疑态度，可以发现与帕累托、莫斯卡以及20世纪早期的一些保守理论家类似的态度。的确，我们甚至还可以察觉一种马克思主义的回声，——亦即被重新定义为直觉性的“群众之抗议的社会学”(sociology of mass protest)。但是弗洛伊德却不像帕累托一样，只把这种抗议当作一种错误就算了。他同情这种抗议，并且还要找理由去肯定这种抗议是对的。他猜测说，我们至少可以找到一条改善人类境遇的道路。人类毕竟“具备最多样的本能倾向”。“孩童时代的早期经验”通常会使这些本能倾向于屈从一种强制与放弃的道德标准。但是事实上却不一定要如此。

① *Future of an Illusion*, pp. 4–6.

人类或许终能把本能加以训练，使它适应于“非压抑性的”（non-repressive）的生活。因此人类或许能够制造一批“能够担任起教育未来子孙之工作的卓越、可靠、超然的领导人物”。弗洛伊德认为这一点并不十分可能。但是他却下结论说：“我们却不能否认此一计划的伟大，以及它对人类文化之未来所具有的重要性。”[①]

弗洛伊德的诠释者对于他的讨论社会的著作通常都强调其消 138
极的一面。他们从人类在生物与本能上有局限性这事实推得一个结论，认为人类改善其命运的机会并不大——根据弗洛伊德的发现，最后获得控制权的乃是人类的无意识作用，而不是理性。他们主张：人类的情况已经永远被无意识的驱力限制了。不过，最近有些美国评论家已经从弗洛伊德晚期著作中收集了一些散见于各处的乐观的线索，并且试图把它们编织成有系统的理论。特里林（Lionel Trilling）要求我们“考虑考虑他（弗洛伊德）对于生物学的强调是否‘非但不是反动的’，反而是开明的观念。它告诉我们：文化的力量不是绝对的；人类的本质中有一些剩余物是在文化的控制之外的，这些剩余物……虽然是很基本的东西，但是它们却能使文化受到批判，使文化不致变成‘绝对’的东西。”[②]同样地，赫伯特·马尔库塞（Herbert Marcuse）[*]也在弗洛伊德的理论中找到一些“隐秘”的东西——一些“突破‘非压制性（non-repressive）文明乃是不可能’之理论的因素”。马尔库塞主张：弗

① *Future of an Illusion*, p. 9.

② *Freud and the Crisis of Our Culture* (Boston, 1955), p.48.

* 美国加州大学圣地亚哥分校哲学系教授，著有《爱欲与文明》（*Eros and Civilization*），《单向度的人》（*One-Dimensional Man*）等书。

洛伊德的社会理论“不断尝试发掘、探讨‘文明与野蛮、进步与苦难，以及自由与不幸之间的可怕的必要关联’”。[①]

这些作家做如此的重估否正确？20年前托马斯·曼曾经赞扬弗洛伊德，说他是“为未来之人文主义开辟道路的人”，这些作家们和托马斯·曼采取同样的观点是否有理？[②]这是我们的问题——要回答这个问题，最好的方法是先去探讨弗洛伊德个人的道德观
139 念，然后再去研究他的较明显的社会哲学是如何一步一步地发展而成的。

我已经说过，弗洛伊德不喜欢谈及他个人的态度和价值观。他把这些东西藏得如此隐秘，去追究它们反而显得没有必要且不适当。他认为仁慈与廉洁乃是单纯而绝对的价值。在弗洛伊德的身上，“诚实……不仅是一种单纯的自然习惯。它变成了对真理与正义的积极的爱好……这种道德观念如此根深蒂固，仿佛就是他的本性的一部分。他从不对‘什么样的行为才是正当的’有过任何怀疑；同时他还很称许地引述说：‘道德是不证自明的’。他虽然（套一句他自己的话）赞成性生活应该享有更大的自由，但是他却很少使用这种自由。”[③]的确，以今天的道德标准来看，他几乎可以算是一个过分拘礼的人。弗洛伊德本身最矛盾的一个现象是：他在理论中，对道德所持有的是一种相对性的看法，但是他个人却从来不照这样去做。

---

① *Eros and Civilization*, pp. 16–17.

② “Freud and the Future,” p. 427.

③ Jones: *Freud*, II, 416, 418, 426.

“弗洛伊德目光锐利而充满关怀，他不只具有孩童（一个什么东西都看得到，什么事在他看来都是不平凡、圣洁的孩童）般的无邪与敏锐，同时也具有一种成熟的耐心与谨慎，以及超然的探索的神情。”[①] 因为这个以孩童般的目光看世界的弗洛伊德同时也是一位科学家。我们已经提到过：他对知识抱有一种热切的渴望，同时对科学的美德也持有一种属于19世纪的相当单纯的信仰。事实上，这种信仰便是他的一些比较乐观的社会思想之主要来源。他在晚年的时候曾经写道：“不，科学不是幻觉。但是我们如果认为它在可能的范围以外，还能给我们任何东西，那就是一种幻 140
觉了。”[②]

这“其他任何东西”当然是指宗教而言。弗洛伊德绝对反对科学能给我们宗教信仰。涂尔干对宗教持有一种兴奋甚至是同情的好奇心；韦伯对知识的兴趣，至少有一部分是由于他个人残存的信仰所引起的——而弗洛伊德的态度则比他们都强硬，思想也更不受拘束。他在《一个幻觉的未来》一书中（在此书中，他对启蒙运动的原则表示了最明显的赞同），把宗教解释为一种梦境——正如别的“愿望受挫后之间接实现”（wish-fulfilment）一样。他还补充说：某些宗教教义是“如此不可能，与我们辛辛苦苦所发现的‘世界之实相’（the reality of the world）如此不相容”，以致只能算是幻想而已。“就宗教而言，人们可能会对它产生种种不忠的行为或者犯知识上的过失……我们拿一个健康孩童的新

① Joan Riviere: “An Intimate Impression” (*The Lancet*, Sept. 20, 1939), quoted in Jones: *Freud*, II, 405.

② *Future of an Illusion*, p. 102.

鲜有力的智慧与一个普通成人的脆弱心灵比较——其结果多么令人丧气。我们说宗教教育要为这比较上的退化现象负大部分责任——这难道全然不对吗？”弗洛伊德接着又说：假如宗教“已经使大多数人获得快乐，并且也使他们得到安慰，让他们知足地过日子……那么就不会有人想要去改变现状了。但是我们所看到的是什么？……千百年来宗教统治了人类社会——它如果能有所成就的话，早就应该表现出来了。”[①] 但是，它的成就的确不大。

我们这个时代的思想家，很少有人说话如此坦率。弗洛伊德虽然如此敌视宗教制度，但是他与一些具有虔诚信仰的人还能保持良好的关系。在精神分析史上，再也找不到像瑞士的牧师——
141 普菲斯特（Oskar Pfister）对弗洛伊德所表现的知识上及个人上的忠诚那样的例子。普菲斯特是个业余的精神医学家，他一直拥护弗洛伊德、荣格以及他们的瑞士同行（这些人代表了在弗洛伊德直接接触到的维也纳工作同仁圈外，第一批加入且人数众多的精神分析工作者）。第一次世界大战前不久，荣格以及其他的瑞士同行纷纷抛弃弗洛伊德的学说，普菲斯特是唯一仍旧支持弗洛伊德的人——他的牧师地位也由此受到严重威胁。在战前那几年，当精神分析运动内部引起骚动的时候，普菲斯特的确是唯一坚守其创始者之立场的四位非犹太籍人士之一，还有一人是后来为弗洛伊德写传记的琼斯。

在与这位瑞士牧师的通信中，弗洛伊德对宗教也不曾表示特别的宽容。但是他却承认：“精神分析本身不是宗教性的，但也不

① *Future of an Illusion*, pp. 54, 56, 66, 84.

是和它相反的东西——就拯人于苦难而言，它乃是一种中立的工具，教外人士可以使用它，教士同样也可以使用它。”但是弗洛伊德在主要论点上却一点也不妥协，其中之一便是他的“性理论”（sexual theory），他斥责普菲斯特违背了他的这个理论。他甚至用一句妙语戏弄普菲斯特：“为什么信教的人不曾发现精神分析，偏要等到一个不信神的犹太人去发现它呢？”[①]

普菲斯特很合逻辑地回答说：弗洛伊德不是犹太人。从宗教的意义上讲起来，这倒是对的——弗洛伊德根本不信什么教。但是从非宗教性的意义上来说，弗洛伊德却毫不犹豫地认为自己是个犹太人，并且以此为傲。他早年在专业工作上曾经因为身份的关系而遭受迫害，晚年也随时都愿意起而为受歧视或迫害的犹太人辩护。他永远忘不了他的父亲毫无抗议地接受反犹太者的侮辱那种羞辱。弗洛伊德在成名以前就是“伯奈布瑞斯组织”（B’nai 142
B’rith）[*]的会员；更具知名度以后，他还担任耶路撒冷的希伯来大学（the Hebrew University）的理事。但是他效忠犹太民族的态度之转趋强硬乃是从1930年代的大迫害行动时开始。在这位超然的科学工作者背后，一个愤怒的《旧约》上之先知形象已经渐渐形成。摩西的人格一向使弗洛伊德非常神往——早在1913年的时候，他就曾经对米开朗基罗（Buonarroti Michelangelo）所塑的立法者“摩西”的雕像做了一个敏锐的分析。但却直到他的最后一本著作，才将他这种自我认同毫无保留地表现出来。

① Letters of February 9, 1909, and October 9, 1918, included in the Appendix to Jones: *Freud*, II, 439–440, 457–458.

* 1843年创立于纽约的犹太国际组织，以促进犹太人及一般民众之福利为宗旨。

《摩西与一神教》（*Moses and Monotheism*）是弗洛伊德最奇特的一本著作。这本书的写作过程本身就非常特殊。起初弗洛伊德只出版了其中的一个片段，因为他不愿意触怒天主教会（当时天主教会似乎是使自由奥地利免于纳粹之蹂躏的一个盾牌）。但是当这个盾牌崩溃，宗教组织再度沦为“破芦苇”（broken reed）[*]，当他的国家被纳粹侵占，他自己被迫流亡伦敦的时候，他就不再犹豫了。[①]就在他去世的几个月之前，他对世人发表了他对“宗教”以及“犹太民族之历史地位”的最后看法。

这本书可能会同时得罪基督徒与犹太人。它从一个绝对自然主义的观点来解释一神教的起源，因此对所有的“天启的宗教”（revealed religion）都是一种挑战。犹太人更可能会反对弗洛伊德的矛盾的主张，认为：摩西正是以色列子民在侍奉“外族的先知”（adopted prophet）以后动手杀掉的一个埃及人。但是，谨慎的读者们都会发现：其书对于犹太人承受历史悲剧的态度，抱有一种胜利与骄傲的感觉。犹太民族的不屈、倔强与强韧感动了永远为他心目中之科学与真理而奋斗的弗洛伊德。

143 弗洛伊德死于 1939 年 9 月 23 日——第二次世界大战爆发后的第三个星期。上天没有赐给他时间，让他对这个已经明知其将来临的冲突加以评判。但是他对第一次世界大战却曾经给予热诚的批判——这说明这场战争是如何试炼他的灵魂。在第一次世界大战之前，弗洛伊德对于公众事务并不具有积极的兴趣。他以半冷不热的态度对奥地利社会党（the Austrian Socialist party）的目

* 指过于脆弱，不足以依赖之物。

① “Prefatory Notes” to Part III, *Moses and Monotheism*, pp. 66–71.

标表示支持；同时他当然也反对盛行于维也纳政治圈内的反犹太运动。但是他却在战争发生以后，才把注意力转移到“人类在社会中的行为”这个问题上。

战争的残暴进一步肯定了几年来弗洛伊德在个人谈话中以及在精神分析的理论中一直在谈论的道理。战争快结束的时候，他写信给普菲斯特说：“我在一般人身上并没有找到太多的‘善’。在我的经验中，他们大多是一些流氓。”前此四年，他在一封写给一位荷兰同仁的信中更明确地说：

> 精神分析学研究一般人的梦境、心智之缺陷以及神经质症的症状，因而得到一个结论，此即：人类的原始、野蛮、罪恶的冲动并不曾消失，而是在被压抑的情况下继续存在……它们在待机而动。
>
> 它更使我们明白：理智是脆弱、有依赖性的东西——它是我们的冲动和情绪的玩物与工具……
>
> 请看看战时所发生的一些残暴与不公正的事（多数文明的国家要为此负责），以及各国是如何来评判他们以及敌人的谎言和过错；也请看看众人是如何失去清明的理智的——然后，你就不得不承认精神分析的两种说法都是正确的。① 144

弗洛伊德在他讨论“战争之心理影响”的最长的一篇文章里表示：战争至少有一个好处——它摧毁了许多幻觉。我们或许可

① Letters of December 28, 1914, and October 9, 1918, included in Jones: *Freud*, II, 368–369, 457–458.

以用阿Q式的话自我安慰："事实上我们的同胞并没有堕落到那种程度，因为他们从来就不如我们想象中那么高超。"但是如果战争一结束就再抱持过去那种幻觉，那就太愚昧了。对于未来，我们不能期望过高。弗洛伊德下结论说："我们无法消除战争；只要各国的生活情况仍然是如此不同，民族间的互斥力仍是如此高，则战争就将会，也必然会发生。"[①]

对弗洛伊德的个人态度进行讨论之后，我们就可以得到一个基本上是消极性的结论：弗洛伊德本人的道德标准是很高的，但是他对人类却没有太多要求，也没有给他们太多的希望。

在他所写的关于社会哲学方面的更明显的著作中所表现出来的态度又是怎样的呢？首先我们要指出：弗洛伊德从开始就是一种特殊的社会理论家。他虽然到了后期才把他从个人研究所得到的见解应用于对人类社会团体的研究，但是从某一个意义上来说，他却是一直在写作关于社会的著作。因为他曾经写作关于"家庭中的个人"的作品——孩童与双亲之间、兄弟姐妹之间的关系乃是他的"人格形成之理论"（theory of personality formation）的基础。他从家庭开始，然后扩大到文明所制造出来的大团体上去——这种转变是极其自然的事。

145 因此，很合理地，他的第一本关于社会理论的著作——《图腾与禁忌》便是一种对原始家庭的探讨。我已经把这部著作称为

① "Thoughts for the Times on War and Death" (first published in *Imago*, V [1915]), authorized translation under the supervision of Joan Riviere, *Collected Papers*, IV (London, 1925), pp. 300, 316.

人类学上的幻想——就作为一种有关于“社会之基础”（the foundation of society）的抽象寓言来讲，它与可验证的实在情况之距离，至少是和卢梭的《社会契约论》（*Social Contract*）与实际情况的距离一样远。再者，这本书也暴露了作者的社会知识之盲点。从人类学的意义上来说，它证明了弗洛伊德是“受文化制约的”（culture-bound）。他是通过一个19世纪末期的医生的观点来看世界——西欧与中欧社会的主要特征的存在是再自然不过的事。因此他就在他的“原始部落”身上添上“各种属于欧洲中产阶级的偏见、失调以及坏脾气……放任其在原始丛林中，在一种最吸引人、最疯狂的假说中狂奔”。[①]

但是，我们已经谈过，弗洛伊德根本就不放弃这个假说——甚至不愿意去修正它。他在其后有关社会思想的著作中几乎是一字不变地重复着“原始人类的父亲被弑”的故事。因为这个父亲的死亡，对弗洛伊德来说，乃是人类史上最富戏剧性的一幕。一如他从自我分析中所发现的：他自己父亲的死亡乃是他整个生命中“最重要的事件，最痛切的损失”。[②] 同时弗洛伊德也把这一项个人的发现扩大（如他一向所喜欢做的）为人类的一种通则。

儿子在杀死（或者，无意识地想要去杀死——如文明人的情形一样）生身之父以后，为什么同时会对父亲的死亡感到无以复加的悲伤？这个矛盾把我们带到弗洛伊德的社会理论的核心——这也意味着为什么这个理论一定含有矛盾情感。当然，在表面上，答案很简单：儿子们怕父亲，也恨父亲，因为他们霸占了部

① Malinowski: *Sex and Repression*, p. 146.

② 见第二版序言 , *Interpretation of Dreams*, p. xxvi.

146 落的女人；但是父亲一死，悔恨即随之而来——他们同时也体会到他们是如何地爱他们的父亲。同时，儿子们也发现他们必须用一种新的道德权威来代替他们的父亲所丧失的权威。因此社会制度便是建立在这样的认识上的：亦即，人类如果不想在兄弟相残的血腥斗争中灭亡，就必须要具有一种绝对的“自我牺牲”（self-denial）的能力①。

结果便是“血族相奸的禁忌”（the taboo on incest）——弗洛伊德把这一点确立为文明社会的基本律令。弗洛伊德猜想：对原始人来说，情形也和他自己所研究的小孩一样——文明所赖以生存的第一个自我训练便是抑制乱伦的幻想。但是这种抑制却始终不彻底，对母亲以及姐妹的非分之想仍然以被压抑的形式存在。人类模模糊糊地体会到更深一层的实在，因此从那时候开始他们就忍受着几乎不可忍的罪恶感。

这是对弗洛伊德的社会理论中之矛盾情感的一个更基本的解释。弗洛伊德辩说：在原始的乱伦禁令之后，又有其他的道德诫命的产生——这些诫令后来也一样地具有拘束力。这些伦理的训示不可缺少——没有了它们，文明就无以建立；然而它们却同时也深深地遏抑了人类最深刻的欲念。也就是基于这个原因，弗洛伊德才那么强调文明社会与“强制性社会秩序”（coercive social order）之间的关联。

在弗洛伊德出版于战后的社会理论著作如《一种幻想的未

① *Totem und Tabu* (Leipzig and Vienna, 1913), translated from the fifth edition (1934) by James Strachey as *Totem and Taboo* (Standard Edition, XIII, 1–162) (London, 1955), p. 143.

来》《文明及其不满》(*Civilization and Its Discontents*)、《摩西与一神教》中，他把罪恶感之本质的概念加以扩充，使它变成社会团结的主要动机。谋杀一个父亲的形象（原始罪行的仪式性的 147
再重申）会成为犹太教以及今天我们在西方所了解的一神教的渊源，这可不是偶然的事。弗洛伊德说："儿子的罪恶感以及叛逆性，这两种驱力在宗教的发展过程中始终存在。这两种对立的心灵力量，不论经过怎样的妥协，早晚要崩溃……儿子想要以自己来代替'父神'(father-God)的企图乃愈见明显。"① 因此，基督教在其他一些近东宗教崇拜之后也发现了"子神"(god-as-son)的形象——唯有这个"子神"的自我牺牲才能抵偿弑父之原罪。如此，弗洛伊德又回到反犹太主义以及犹太人之历史命运的问题上：

> 可怜的犹太民族以他们惯有的倔强无悔的态度，仍然否认他们的"父亲"之被谋杀，因此在好几世纪中都要为抵偿这个罪过而付出极高的代价。他们一再听到人们指责他们说："你们杀死了我们的神"。如果加以正确的解释的话，这个责难乃是正确的。这句责难的话是说（就宗教史而言）："你们不承认你们谋杀了上帝"（上帝的原型、原始时代的"父亲"以及他的再化身）。我们还应该补充一点，亦即："我们也做了同样的事，但是我们却'承认'了这事实，从此我们的罪恶就被涤除了。"②

① *Totem und Tabu* (Leipzig and Vienna, 1913), p. 152.

② *Moses and Monotheism*, pp. 114–115.

弗洛伊德在《文明及其不满》（出版于1930年）中才对这个“罪恶感的大负担”做了最明显的认真处理。他推论说：“文化既然”，

> 接受一个内在冲动的驱使，把人类集合成一个紧密关联
> 148 着的群体，它就得随时注意，要不断地煽起一种罪恶感，才
> 能达到这个目的。开始时本来是和“父亲”之间的关系，结果变成了和团体之间的关系。文明如果是一个家庭群体发展为人类整体的必然过程，则罪恶感便会越趋强烈，直到它变得非常沉重，以致个人无法承受为止。[1]

弗洛伊德早些时候曾经假定人类的心理中有一个“现实原则”（reality-principle）以及一个“享乐原则”（pleasure-principle）；他把这二者之间的竞争约略比喻为“自我”与“本我”之间的斗争。其中“自我”代表有意识地培养出来的人格，“本我”则代表未经分化、非道德的（amoral）原始欲望。很显然，“自我”在建造文明的工作当中必须对“本我”加以约束——“现实原则”必须控制“享乐原则”。此外，在这双向的斗争中也出现了“超我”——即罪恶感以及“压抑的”（internalized）“‘父亲’的价值”之所在。[2]从某个角度来看，“超我”似乎是建造文明的主要动力——它不断

① *Das Unbehagen in der Kultur* (Vienna, 1930), translated by Joan Riviere as *Civilization and Its Discontents* (London, 1930), pp. 121–122.

② *Das Ich find das Es* (Vienna, 1923), authorized translation by Joan Riviere as *The Ego and the Id* (London, 1927), pp. 30, 44–45.

地惩罚“自我”使“自我”能达成更进一步的“自我剥夺”（self-deprivation）的工作。但是很讽刺的是，另外一个极端不同的力量也在产生作用：即“爱欲”（Eros）——“本我”所持有的对情爱之渴望。爱与自我责罚把人类推到社会生活中。因为“爱欲不只是一种盲目地追求本能之满足的力量；它还要把“个人、家庭、部落、种族、国家都结合起来，成为‘人类’这个大团体”。[①]爱与自我责罚在文明的大矛盾中结合在一起了。 149

这就是现代人所面临的问题。人类要如何才能够使“爱欲”（爱以及人类之团结所造成的文明之一面）发挥其潜力，而不致威胁到由“自我责罚”以及“抑制”所造成的文明的另一面？我们已经看到过，弗洛伊德对于人类在这一点上究竟能够做到什么样的程度是很怀疑的。他不断地指出：某种程度内的“本能的抑制”（instinctual renunciation）乃是文明的要素。如果不加以抑制的话，“本我”和“享乐原则”就会被动地飘来飘去——和小孩子一样，一会儿感到高兴，一会儿感到不舒服。最后，我们即使把“生存竞争”（struggle for existence）这个急迫的需要消除了，人类仍然需要一个最小限度的痛苦的努力。

但是，“自我责罚”在某一个领域内却发展到一个完全非理性的极端情况。西方社会的性行为准则把情欲的满足范围缩得那么狭小，以致性生活本身都变成“严重残废”了。[②]弗洛伊德认为我们在这个范围内有许多可以做的事。唯有对这个题目，他所采

① *Civilization and Its Discontents*, p. 102.

② Ibid., p. 76.

取的态度最为强硬；而对情感感到饥渴的大众也把他们的注意力放在弗洛伊德对“性”的研究上——这也不是太不对的事。除了“无意识作用的发现”以外，这方面的研究乃是他最重要的一个成就。的确，弗洛伊德视自己的《性学三论》(*Three Essays on the Theory of Sexuality*，出版于 1905 年）为《释梦》以外的第二种重要作品——这个事实就表现了他对其中所描述的“婴儿期之性欲”(infantile sexuality）的揭露工作是多么重视。[①]

150 年轻人的性生活虽然是护士间的常识，任何和 19 世纪科学工作者一样与小孩有直接接触的人对此也有所知，但是这个问题却被人们刻意掩盖了。孩子们年岁稍大以后，对自己的性的构造仍然一无所知。弗洛伊德认为这个现象也助长了宗教教育的气焰，使宗教教育日后能更进一步“愚化”成人的心智生活。他暗示说：“性的启蒙”(sexual enlightenment）只会带来好处。同样地，他也建议人们对同性恋者以及其他一些社会习俗惯于加以责难的人采取更温和的态度。

属于后者的是一大堆未及适婚年龄的年轻人们。弗洛伊德年轻的时候，曾经经历了四年之久的订婚期。为了这个长久的等待，他受了很大的折磨——有证据证明他日后的感情生活也因此而受到了伤害；因此他在写作时对订过婚之情侣的被责难表示了最深切的同情。在他第一篇有关社会理论的重要论文——“文明的性道德与现代人之神经质”(“Civilized” Sexual Morality and Modern

① *Drei Abhandlungen zur Sexualtheorie* (Leipzig and Vienna, 1905), translated from the sixth edition (1925) by James Strachey as *Three Essays on the Theory of Sexuality* (Standard Edition, VII, 123–245) (London, 1953).

Nervousness，比《性学三论》晚出版三年，比《图腾与禁忌》早四年）中可以清楚地看到他对自己的经验的叙述。那是一篇对性道德以及婚姻之实在情形（他从父母口中得知的）所做的不假辞色之批判。他下结论说：在西方社会所造成的婚姻体制中，要享受到真正的情感之满足乃是不可能的。对女人尤其如此。成熟的已婚妇女在早先对父母的奉献以及其后对丈夫的奉献以后，所换得的报酬“只是无法遏抑的欲望、不忠实以及神经质症之间的选择”。①

弗洛伊德在这第一篇短文以及其后有关于社会理论的文章中 151
所描述的“开明”的性习俗，今天在我们看来，有许多方面都已经几乎认不出来了。在半个世纪中，情况有这么大的改变——男女之间至少获得了更多的自由，并且能从彼此身上获得更多的乐趣这个事实，很显然有一部分应该归功于弗洛伊德本人所给予人类的教训。② 我们从这个改变中很容易可以找到他对“人类的命运是否能够变得更可以忍受”这个问题的直接答案。作为一个道德的解放者以及教育者，弗洛伊德所做的努力改变了社会的本质——他对这个社会的准则曾经加以批评，但是在多数的作品中却认为它们是一些根本无法改变的东西——这结论是远超他自己的期望的。

我们又应当做怎样的结论呢？我们在怀疑主义与希望之间如

① “‘Civilized’ Sexual Morality and Modern Nervousness” (first published in *Sexualprobleme*, IV [1908]), authorized translation under the supervision of Joan Riviere, *Collected Papers*, II (London. 1924), p. 93.

② Jones: *Freud*, II, 293.

何取得平衡？很显然，弗洛伊德没有太多的幻觉。他对自己和病人的无意识作用曾经做过太深入的探讨，以致无法保留太多传统对人类为善之潜力的信心。他毫不退避地承认说：

> 人类并不是温和、友善的动物……他们在受到攻击的时候只会保护自己……我们应该认为他们的本能之中有一种相当强烈的侵略欲。结果他们的邻居就不只是一个可能帮助他们的人或是性欲的目标而已——这些邻居变成了一种诱惑，使人把他们当作满足侵略欲、剥削劳力（不予报酬）、强奸、谋夺财产、羞辱、折磨、给予痛苦以及谋杀的对象。[①]

152 这些写于希特勒上台之前四年的话，表明就弗洛伊德的观点来看，未来发生的事并不会令人惊异。

因此从某一个角度来看，弗洛伊德的发现似乎等于是扬弃了承自启蒙运动的乐观的期望；而从另一个观点来看，它们也正是那些期望的胜利的辩白。此一矛盾现象也就是说：“弗洛伊德——这个我们认为对于摧毁启蒙运动之理性主义出力比谁都多的人同时也是本世纪所知的最伟大的启蒙运动的继承者。”因为“他的基本信念乃是：我们不能中止对真理的追寻——唯有知识能使理性发挥功能，也唯有理性才能使我们获得自由。”[②]

弗洛伊德本身的事业就是个最好的证明——证明了他对人类

① *Civilization and Its Discontents*, p. 85.

② Peter Gay; “The Enlightenment in the History of Political Theory.” *Political Science Quarterly*, LXIX (September 1954), p.379.

理性的信仰不只是幻觉而已。因为他运用他的观察及分析能力所给予我们的“关于人类的知识”比其他的任何思想家都还多。此外，他的信仰使他更能够以泰然的心情去面对未来，也使他能从一个适切的观点来评估他自己的发现：

> 我们尽可以坚持：人类的理智与其本能比较起来是脆弱的——而且如此坚持也没有错。但是这种脆弱却含有一种特别的成分在里面。理智的声音虽然微弱，但是除非人类已经听从，否则其不会停止。最后，在经过无数次被拒以后，理智成功了。这是我们可以对人类的未来感到乐观的一点，但是它本身的意义却不只限于那么一点点。我们可以以它作为一个起点，对更多的事情抱持希望。理智的胜利虽然遥远，毕竟不可能无限远。[①]

弗洛伊德并没有透过什么幻觉来看这世界，但他是以一种 153
“温暖的人道感”看待它的。[②] 他认为：“表现得最好的人类和表现得最不好的人类都可以用一套共通的道理来解释——善与恶是从一个共通的过程中演变出来的。”因此，弗洛伊德提供了一个可以理解却不致令人唾弃的“人类的形象”。[③] 他很明智地，同时运用理智、现实、人道的态度来面对人类生存的问题。他有勇气拒绝宗教的安慰，更有勇气为他纯粹的信仰作证。晚年的时候，他经

① *Future of an Illusion*, pp. 96–97.

② Jones: *Freud*, II, 293.

③ Bruner: “Freud and the Image of Man,” pp. 342, 347.

常为病痛所困扰，但是他却以坚定的态度度过。他建议世人说：“如果你愿意忍受生命的话，你就得准备随时面对死亡。”①

荣格与“集体之无意识”

荣格处于柏格森与弗洛伊德之间的交会点上。荣格把弗洛伊德的“原欲”（libido）的观念重新定义为一种生命力旺盛满溢的普遍化观点（亦即把弗洛伊德加在本能冲动上面的性关联去掉），特别把它当作是与柏格森的“原创力”相同的东西。这就是我们之所以必须斟酌荣格之理论的原因。但是除了这个原因以外，弗洛伊德的传记作者把荣格列为继弗洛伊德之后脱离正统精神分析的“异端分子”当中最重要的一个人，这一点也可以作为研究荣格之必要性的一个佐证。弗洛伊德对于另外一个通常被列在同一范畴里的背离者——阿德勒（Alfred Adler）并不怎么重视。“阿德勒所给予人们的都是一些肤浅平凡的东西，所以严谨的研究者很少会对他产生兴趣”。阿德勒要等到第二次世界大战后，弗洛姆（Erich Fromm）、霍尼（Karen Horney）等人所代表的新弗洛伊德（neo-
154 Freuelian）学派风行的时候才产生真正的影响。“另一方面，荣格所具有的心理分析知识基础也比阿德勒更为广泛……他的智能以及文化背景之深广均远超阿德勒……他所贡献给世人的乃是弗洛伊德之发现（至少是其中一部分）的另一种解释。”②

此外，弗洛伊德与荣格的决裂也深深地伤害了他们自己。包

① “Thoughts for the Times,” p. 317.

② Jones: *Freud*, II, 137–138, 283.

括荣格在内的瑞士集团之加入精神分析的阵营（始于1904年），乃是弗洛伊德的学说在他的直接接触范围*之外的第一次全胜。而在瑞士人当中，荣格是最有前途的一位。荣格年轻、有干劲、仪态威武，对精神分析及有关的著作都具有初生之犊般的热忱——这对于已经自觉年迈的弗洛伊德来说，自然很具有吸引力。没有多久，弗洛伊德就把荣格当作养子与指定继承人般看待了。这个年轻的瑞士人比弗洛伊德小20岁，看起来似乎是一个非常适合于弗洛伊德之后，继承其学说的人选（这也是弗洛伊德坚信不疑的一点）。同时荣格不是犹太人，从每一个角度来看都更“可敬”，这事实也是弗洛伊德想要让荣格出人头地的一个重要的原因。但是，相反的，荣格的活动不论是在他们决裂之前或之后都有反犹太人的倾向。

在1910年的“国际精神分析学会议”（the International Psychoanalytic Congress）上（这是拥护弗洛伊德者所举行的第二次重要会议），弗洛伊德还刻意安排荣格当选为主席。但是他们二人之间的紧张关系却在前此一年就已经存在了。这种紧张的关系似乎是从弗洛伊德访美的时候开始——在那次访问中荣格陪着他去，并且在克拉克的一场划时代的演讲中分享了他的光荣。其后三年间，误会与紧张情绪有增无减，直到荣格发表第一篇论文《无意
识作用之心理》（*Psychology of the Unconscious*），表示公开决裂之 155
期已经不远。到1914年的时候，他们二人已经不再有任何往来了。弗洛伊德曾经两度因过度紧张而昏厥，以此不难看出他对这个损

* 指前文所提及之维也纳学界。

失是多么痛心了。

他们分离的原因究竟何在？首先——也是最明显的：荣格已经渐渐地“冲淡”精神分析理论中的“性”的基础，终至使它不复存在。弗洛伊德以及他的忠实门徒怀疑荣格如此做并非完全出于科学上的原因——他们指控荣格畏怯，不敢承担后果；他们说瑞士人出身贵族、保守的社会，对精神分析的层面所引起的非难特别敏感。然而，对神经质症状的不同解释只明显表现出另一更深刻、更普遍的心理上的对立和不相容的境况。弗洛伊德和荣格除了在想象的人类学玄思基础上还算是一致（虽然他们互相都否认）以外，他们的心态是颇为不同的。在其他的地方——知识训练背景、方法学、哲学（间接表示出来的），他们都极端不同。分析这些不同之处便是了解荣格所提出的中心问题的最好方法——他是否像他的辩护者所说的一样曾经使弗洛伊德的理论更为“深刻化”；或者，如正统的弗洛伊德学派所说的——只不过是“歪曲”了弗洛伊德的理论，使其面目全非的知识“郎中”而已？

一个最具说服力的荣格理论之诠释者曾经把他们的不同叙述如下：“弗洛伊德欠缺一种重要的东西：他不了解历史，也不了解宗教。”[①] 我想，大家对后面一点是不会有什么严重争论的——就算
156 是放在他那时代的怀疑主义者当中来看，弗洛伊德也缺少韦伯和索雷尔的著作中具备的“对宗教情操的同情的了解”。前一点则较值得怀疑；不过它至少也指出了自始就存在于弗洛伊德与荣格之间的区别。

① Ira Progoff: *Jung's Psychology and Its Social Meaning*, Evergreen edition (New York, 1955), p. 9.

弗洛伊德所接受的几乎全然是科学与医学方面的训练，而荣格却是在哲学、文学、历史中浸润过一段时间以后才接触到精神分析的。荣格来自一个最以贵族化为傲、最自我意识到文化气息的瑞士城市巴塞尔（Basel），同时也吸收了尼采、布克哈特（Jacob Burckhardt）以及巴霍芬（J. J. Bachofen，理论人种学家及神话学的研究者）等著名学者的传统。他的家人当中有牧师也有医生——荣格本人则兼具这一种人的特色。我们会怀疑他从来就不具有真正科学的心态——弗洛伊德在临床精神病学上的事业是背离了他的真正知识兴趣的结果，荣格更是如此。

使荣格真正感兴趣的是较富想象色彩的知识——荣格在他漫长的一生当中越到后来越倾向于神秘主义（远比柏格森为甚）。同时我们说这种知识倾向使他对历史之“意义不清”有了一种领悟（在这一点领悟上他更像真正的历史家，而不像弗洛伊德）——这也不能说不适切。弗洛伊德所做的有关于历史以及人类学上的研究总还带有那么一点机械论与单向性的味道。就荣格的情形来说，历史则自然而然地带领他到神话中去，而神话又带领他到宗教中。等到荣格的理论完全地发展了的时候（虽然它到现在仍在分歧、变更），他已经坦承是个直觉主义者以及非理性主义者（irrationalist）了。他曾经写道：“我们应该特别感激柏格森，因为他曾经为了保卫人非理性的层面而与人激辩。”[①] 但是荣格本人的所作所
为却远超过柏格森。如我们所提过的：在本书的戏剧性人物当中， 157

① “*La Structure de l’inconscient,*” *Archives de Psychologie*, XVI (1916), translated by R. F. C. Hull as “The Structure of the Unconscious,” *The Collected Works of C. G. Jung* (Bollingen Series XX), VII (New York, 1953), p. 283.

唯有他和佩吉可以适当地被称为浪漫主义者与非理性主义者。

他在临床的治疗上愈来愈偏离了正统的精神分析法。因为否定了“性”的结果，很自然地，他的注意力也就从儿童与年轻人转移到中年以后的人的身上了。他主张说：对于这些人而言，只是性方面的调适是不够的——当一个人衰老以后，唯有精神的力量才能使他有活下去的勇气。因此，荣格自己虽然没有正式宣称信教，他却对他的病人力荐宗教信仰的好处。对于那些保留了一点父辈之信仰的人，他就建议他们皈依信仰——其余的人则可以学荣格自己，去研究亚洲宗教的神秘的象征主义。

于是，宗教的伟大象征，以及普世灵界力量的神秘参与感——这些乃成为荣格的教训中最有名的特色。他和他的病患们想要去寻找所谓“原型”（archetypes）——亦即超越文化与时间而无所改变的人类之主要象征。他们希望透过这个原型而同化于“集体的无意识”（collective unconscious）——贮藏于最深奥的智慧的“种族的记忆”（the memory of the race）之中。* 荣格说：

> 除了理智的作用以外，人类还有一种以“原始的形象”（primordial images，即比历史上之人类还更古老的象征）来思考的方式。这些形象从最早的时期，一开始就已经深植于人类思想中了——它永存不朽，超越所有的世代——它仍然是人类心理的一个基本的因素。我们唯有与这些象征取得和谐的时候才能完全地发现生命力——返归于这些象征之中就是

* 荣格用“集体无意识”这个名词，指称在个人经验之外，为全人类所共有的一种无意识。亦即荣格所谓的来自远古的“神秘的集体性观念”。

智慧。[①]

“集体无意识”是荣格之学说的中心特色，同时也是我们转而讨论他的批评者之论辩的一个很好的起点。然而，在此之前，我们必须坦白承认：弗洛伊德本人曾经提出一种与荣格相近的“种族无意识”（racial unconscious）这个心理学因素，这就使正统心理学难以为自己辩白了。早先弗洛伊德曾经鼓励荣格去研究神话理论，但是，《图腾与禁忌》一书的原意却是要驳斥、纠正这种神话理论；然而后来它的内容却离此很远：它的出版时间正好就是弗洛伊德与荣格二人最后决裂的时候。然而《图腾与禁忌》本身（描写“原始民族的‘父亲’”被杀的故事）却也差不多与荣格的理论一样奇特——它假定了一种普遍的罪恶感的存在，这就等于是暗示集体记忆迹象的传承了。的确，弗洛伊德乃是相当刻意地在描写一种“集体的心灵”（collective mind）[②]，未入门的读者们或许会问：“它与荣格的‘集体无意识’有何区别？” 158

正统派站在他们的立场上很难提出一个令人满意的答复——亦即如何摧毁荣格，但又不使弗洛伊德也遭到屠杀的方法。我个人认为他们有关这问题的辩论大多是牵强、难以令人信服的。他们所做的最明智的事乃是把“记忆传承”（inheritance of memory traces）这一观念的重要性打了个折扣，认为那是所有伟大的心灵

① *Modern Man in Search of a Soul* (including most of the essays published in *Seelenprobleme der Gegenwart* [Zürich, 1931]), translated by W. S. Dell and Gary F. Baynes (New York and London, 1947), pp. 129–130.

② *Totem and Taboo*, p. 157.

不免会踏入的一个陷阱，并且说那并不是弗洛伊德的理论大要中的重要的东西。[①] 一旦跨越这一层障碍以后，他们就比较容易处理这情况了。如此一来，他们就可以大肆攻击荣格的“集体无意识”了。因为他们已经相当彻底地说明了：所谓在“个人的”(personal)无意识底下还有一层“集体的”无意识，非但没有使弗洛伊德的理论“深刻化”，或者为它增添些什么东西；相反，它还使弗洛
159 伊德的理论倒下去了。既然“集体无意识”领域乃是一个在实际上可能产生作用，也可能不产生作用的领域——既然它对临床上的目的以及科学的了解都不具任何明确的意义——则建构此一理论的唯一可见的结果乃是把“个人的无意识”逼到一个极为狭小的领域中。荣格理论中的“个人之无意识”因为被夹在“原始象征”以及一般意识过程的领域之间，所以其存在范围也就很有限，并且也不稳定。

这是正统派对荣格的理论所做的最有力的批评。经过如此严格的检视以后，荣格的学说变成只是那些学院派的、“无意识”心理学的一种——弗洛伊德曾经投注了毕生的精力去揭发这种心理学的缺点。基本上，它只是一种使道德与精神昂扬的学说——如此而已。实际上它并没有在神秘主义者所知的范围内添加一些什么；而我们先前已经说过，这些添加进去的东西也并不是真的“可传达的”(communicable)。的确，它甚至还比神秘主义的学说更为模糊。因为荣格并不适合被称为宗教的领袖；他虽然喜欢在他自己周遭制造一种自我奉献的气氛，但是他没有提出明确的宗

① See Edward Glover: *Freud or Jung?* Meridian edition (New York, 1956), pp. 39–43.

教学说。他只是从“心理卫生的观点”向他的病人推介宗教——任何宗教。[1]这种对宗教所持的“工具性的”（instrumental）态度几乎是必定会使真正虔诚的信徒感到愤怒的。

我们只要把荣格的神秘主义的虚伪性质揭露出来，那么要处理他的其他理论就几乎太简单了。他对心理类型的刻意的描绘以及如“意旨”（animus）、“灵魂”（anima）、“角色”（persona）等“心理个体”（psychic individualities）的创造等都显示出一种基本上的直觉性的心灵的恍惚状态——这个心灵觉得有一种强迫力量，教他把事物都整整齐齐地归入其类别中。他对冶金术历史的涉猎，对“象征工具”（symbolic artifacts）的实验以及对梦的图形之绘 160
制，在在都暴露了一种在找寻新刺激的不安的想象力。很显然的，除了一个智慧能力极高的人之外，其他的人是无法设计出所有这些使荣格及其门徒在过去半世纪中为之疯迷的东西来的。

因此只把他当作是个“郎中”乃是错误的。荣格对弗洛伊德受过严格训练的心灵所没有注意到的一些东西如历史、宗教、神话等，都有所了解。他对我们这一世纪的创作家几乎具有和弗洛伊德一样大的吸引力（就乔哀斯、黑塞而言，甚至更大），或许就是这个原因。但是他的渊博却不曾对他产生好处——他无法把他的所学以明确的形式表现出来。他的心灵极度混乱；而对于任何一个想要把他的观念用逻辑贯串起来的人而言，他的作品总是一种考验。

因此想要把他的观念一一整理出来是不可能的，也是没有用

① *Modern Man in Search of a Soul*, p. 129.

的。尽我们的能力所及，只能下结论说：荣格只是第一个以科学工作者及弗洛伊德之门徒这两种不调和角色出现在知识界的“宗教奥秘之启蒙者”（mystagogue）而已。他想要使弗洛伊德的学说更“深刻化”，但是所得到的结果却正相反。他从所有精神分析理论所辟出的优越地位上退却下来了。他放弃了或完全淡化了“无意识作用、幼儿期性欲、压抑、冲突、移情”等概念，而这些概念是精神分析理论最基本的原则。[①] 他的批评者称他为“反动派”是有其坚实的理由的。

① Glover: *Freud or Jung?* p. 88.

第五章　索雷尔对“实相”之追寻

约在1930年代早期，苏联与意大利的驻法大使在一个类似的 161
“新行动方针”（démarches）的指令下，几乎同时建议为索雷尔树
立一个新的纪念碑——原有的那个纪念碑在他去世以后的十年之
间已经破旧不堪了。[①] 如是，共产主义与法西斯主义的官方代表都
想要以同样的方式来纪念这位思想家——亦即他们心目中的意识
形态之先驱（他们如此看待索雷尔是有几分道理的）。

此一事件代表了人们对索雷尔的记忆中所含有的矛盾性。索
雷尔的心灵像是多风的十字路口——20世纪早期的新社会理论
几乎都吹过此地。我们曾经把他当作马克思主义之最具想象力的
批评家加以讨论。但是马克思式的社会主义却只是他所曾采取过
的政治立场之一而已——光是马克思主义，他就有过三种不同的
拥护方式。在他的思想事业之早期，他以一个地方性的保守主义 162
者提出抗议——对巴黎知识界自以为是的作风产生激烈的反动。
1890年代，他发现了马克思，从此也开始进入修正主义时期——
在这段时期，他经历了早期以及较富理想主义色彩的德雷福斯事
件。在其后十年内（他一生当中最重要以及最辉煌的十年），他采

① 见哈勒维为下书所写的前言，Pierre Andreu: *Notre Maître, M. Sorel* (Paris, 1953), pp. 19–20。这个故事的真实性值得怀疑。

取了第三种立场——这一立场终于为他带来实在而有点特殊的声誉。从 1898 年他发表第一篇关于工团主义（syndicalism）的文章开始，到 1908 年，当他最具影响力的两部作品《论暴力》（*Reflections on Violence*）以及《进步的幻象》（*The Illusion of Progress*）出版时为止，索雷尔正全心在经营他的“无产阶级自发性的、非理性的活动”之学说——人们对他的记忆主要是和这一点牵扯在一起的。同时也是在这时候，他体验到两个对他的思想影响最大的当代哲学家——柏格森与詹姆士的思想。

索雷尔本来是可以就此停止的，他已经年逾 60，也至少扮演过两种角色了。但他还是继续他最后一个阶段的知识上之追求；他在这时期里的表现曾使他的传记作者深受困扰——诸如他在 1910—1913 年对君主民族主义（monarchist nationalism）的刻意嘲讽，在战争年代所感到的极度不安，1919 年对列宁的致敬欢呼[①]，以及对墨索里尼（Benito Mussolini）（他在索雷尔死后的两个月就夺得政权）所表现的暧昧、半敬佩的态度等。我们可能会产生一种印象，认为唯有肉体上的衰弱以及死亡才会导致这些令人困惑的奇怪与矛盾的现象。

他的兴趣也不只限于革命的理论与实践。古典学术、基督教
163 历史、认识论以及科学的理论等都使他浮动的好奇心不断获得满足。专业经济学以及关于欧洲中产阶级的文化社会学（Cultural Sociology）更不时左右着他的兴趣。我们无法把索雷尔完全归纳到学术界那一类。他既是哲学家和史家，也是社会学家和宣传家。

① “*Pour Lénine*,” 见 *Reflections on Violence* 法文版第四版的附录。

最重要的，他还是法国人所谓的“道德家”。

从某一个观点来看，索雷尔比他的任何同时代人都更倾向于当时知识界的重心。他的一些朋友可谓集一时之选。我们已经注意到他与克罗齐和帕累托因相互推崇而联系在一起的情形。他和克罗齐的兴趣虽然渐趋不同，却一直有书信往来，直到去世。帕累托虽然不喜欢感情用事，也曾经用罕见的温暖的语调描述这位过世的友人。由于他和帕累托1897年才认识，所以帕累托就在一篇追悼文上宣称他们的友谊“未曾受到任何干扰”——他们的个性极端不同；他们之所以能互相了解，一部分原因也是因为他们如此不同。帕累托还补充说：“索雷尔在追寻真理的时候，总是表现了绝对正直的态度”。[1]

在围绕着佩吉和《半月笔记》（*Cahiers de la Quinzaine*）杂志周围的年轻人当中，索雷尔扮演了一个年高德劭的教师的角色。[2] 同时他也和佩吉一样，都对柏格森的形而上学具有强烈的兴趣，二人都是柏格森在法兰西学院演讲时的经常听众。柏格森拒绝把索雷尔当作他的门徒——这是很正确的。他很明智地说：《论暴力》的作者是一个具有高度创造性与独立性的人，他绝对不会臣服于任何人的旗帜下。”但是他补充说，索雷尔曾经接受了他的某些观点，而且也很了解他。索雷尔自己在1910年表示：柏格森曾经对他说（当 164
然是带有礼貌性的夸张），到目前为止，只有他（索雷尔）对柏格森所要探讨的道理研究得最透彻。索雷尔把一篇评论柏格森哲学的文章列在他的最后一本著作当中，这篇文章很得柏格森的赏识——

---

① Vilfredo Pareto, “*Georges Sorel*,” *La Ronda*, IV (September and October 1922), 541–542, 547—548.

② 见本书第九章。

这是扫除他生命里最后几个月中的阴霾的几件快事之一。[1]

尊重索雷尔著作，并以他为友的人虽然对他相当支持，索雷尔却仍然是个孤独的角色。他和克罗齐与帕累托只能从远地互相联络；最后则与佩吉闹得不欢而散，与柏格森的关系也仅止于有所保留的敬重。此外，正当与他同时代的伟大的、富有创造力的人物都全力推崇他的时候（很特别地，列宁除外；列宁说他“糊涂透顶”[2]），一般大众却觉得很难了解他。索雷尔也明白这一点。他承认说：“我写作的缺点，使我无法接近社会大众。”但他并不为此所困；他说：

> 我把一个心灵努力的结果呈现在读者面前——这个心灵不断想要突破旧有习俗的束缚，从而去发现真正属于个人的东西。我觉得唯一值得记在笔记本里的事物乃是那些我在别处没有见到过的事物；我总会略过这些事物之间的变迁，因为它们大都是很平常的现象。[3]

165 索雷尔知道自己的弱点。同时他也知道这些弱点终必成为他

① Letter of Bergson to Gilbert Maire, cited by Gaétan Pirou: Georges Sorel (1847–1922) (Paris, 1927), pp. 56–57n.; Letter of Sorel to Edouard Berth (November 1910), cited by Andreu: *Sorel*, p. 241; Ibid., p. 262.

② *Materialism and Empirio-Criticism* (Collected Works, XIII) (New York, 1927), p. 249.

③ Introduction in the form of a letter to Daniel Halévy, *Réflexions sur la violence* (Paris, 1908) (earlier published as a series of articles in *Mouvement socialiste*, 1906), translated by T. E. Hulme and J. Roth as *Reflections on Violence*, new edition with an introduction by Edward A. Shils (Glencoe, III., 1950), pp. 33–34.

的力量之所在。这些弱点反映了他古怪的工作方式——人们形容他那些浩繁的著作（至少有 13 本书以及无数以各式各样的题材为内容的文章）为他个人博览群书后所做的笔记与答辩。但是他在他的著作中却有计划地、从头到尾地避开了陈腐庸俗的言论。索雷尔或许令人激愤、厌烦，而且非常顽固；但是他却几乎从不明白表现自己，也不自鸣得意。

因此，类似本书这类著作，最好还是特辟一章来讨论他。如此把他分开来讨论并不表示他就是当代最伟大的人物——他还差得远。但是这却表示我们必须承认他是“自成一格的”（sui generis）——一个无法加以精确分类的对象。

对于讲英语的大众来说，他的知名度几乎完全是由于《论暴力》一书——他的著作中唯一被译成英文的书。就这本书所具有的真实价值而言，这是很可以了解的。这本书是索雷尔在他最具创造力的时期所写的最动人的作品；在这本书里，他用最典雅的形式表现一些通常与他的名字联系在一起的观念，譬如：把暴力看成是“没有恨，也没有报复之意图”的洗涤人心的力量；以及对历史神话（the historical myth）的描述——尤其是把一般性的罢工描述为“战争情景”（pictures of battles），认为它是唯一能使懒散的大众起而一致行动的工团主义的“神话”；以及（更令人困惑的）把此一“神话”之思想融入现代科学方法论中的观念等。[①] 这
些都是后来的社会学家们最常引用，并且做了更有系统之阐述的 166

① Ibid., pp. 48–49, 132, 170.

观念。但是它们却只代表了索雷尔所广播于各处的许多令人迷惑的观念之一小部分。

因此,《论暴力》一书并不能提供一个完整的概念来解释索雷尔的自我矛盾中所产生的力量。这本书是他的最有系统的著作,它的编辑完成,得力于索雷尔的一位年轻的朋友——才华颇高的作家哈勒维。为了要对索雷尔浩繁的著作有个全盘的了解,我们还得去研究他的其他著作——特别是有关于社会科学之主题与方法的著作。

1951 年里有三位美国学者很凑巧地同时发表文章,对索雷尔的观念与影响做全盘性的分析。这些文章的副标题显示出其作者所得到的结论非常不一致。韩福瑞(Richard Humphrey)认为索雷尔是一个“没有荣耀加身的先知”(prophet without honor)——一个提倡没有充分被了解的科学之“相对性”(relativity)以及社会思想之“工具主义”(instrumentalism)的先知;[①] 利特尔(Scott H. Lytle)则认为他是一个“狂热主义的传道者”(apostle of fanaticism)——一个破坏性大于建设性的思想家;[②] 而在梅色尔(James H. Meisel,研究索雷尔的学者中思想最精微的一位)看来,要了解索雷尔,就必须对索雷尔的“形成期”(formative period)做详细的研究。[③] 在把这几位学者的旁征博引的著作做比较的时候,我再度

① *Georges Sorel*: *Prophet without Honor: A Study in anti-Intellectualism* (Cambridge, Mass., 1951).

② “Georges Sorel: Apostle of Fanaticism,” *Modern France: Problems of the Third and Fourth Republics*, edited by Edward Mead Earle (Princeton, N.J., 1951), pp. 264–290.

③ *The Genesis of Georges Sorel: An Account of His Formative Period Followed by a Study of His Influence* (Ann Arbor, Mich., 1951).

被詹姆士的“强韧的心灵”（tough-mindedness）与“易感的心灵”（tender-mindedness）的比照所震惊[*]（见该书，第136页）。有的诠释者喜欢强调索雷尔之作品的“开放的”以及人道的一面；有的人则对他的“闭锁的”以及不容忍的特质印象深刻。就索雷尔的情况而言，要处理一个像他这样态度不明的作家，除非把不成比例的重点放在他的思想之某一层面上，否则根本就不可能。 167

但是这项困难却也正是索雷尔给我们的挑战。在他的著作中，“强韧的”成分与“易感的”成分不可解地混在一起；这两种性质是不可分的——的确，索雷尔的著作具有暴露现实的性质，并且它的致命弱点也正是这两种心态之间的紧张情势。我们要探讨的中心问题乃是索雷尔对“实相之定义”（the definition of reality）的关切。我将要把通常学者们所注意到的索雷尔的一连串的政治立场放在背景中，而把注意力集中在他对当代社会思想之“假设”（presupposition）与实际应用方面的贡献。我们把索雷尔在对“实相”的追求中所提到的各种互相对应的观念有系统地排列起来以后，或许就能超越他的意识形态之变迁和矛盾，而察觉到其中的统一性。同时我也要尝试指出：使索雷尔能够看到一些早期的作家所看不到的现象，正是这种狂热主义与极端主义（extremism）的性质所致——他对社会实况只能做如此的定义，也正是因为他具有这种性质的缘故。

* 据怀特（Morton White）在《分析的时代》（*The Age of Analysis*）一书中所做的解释，“强韧的心灵”所描述的是倾向经验主义、感性、唯物、悲观、非宗教、命定、多元、怀疑的人，而“易感心灵”则描述倾向于理性、知性、乐观、宗教、自由意志、单元、教条式之思想的人——然而此一划分并非是绝对的。

我们从索雷尔的传记中的一些明显的记载可以找到许多线索来解释他那种极端古怪的立场。索雷尔与法国大多数居领导地位的知识分子不一样，他不是中产阶级人士的子女，所以不能和他们一样不愁衣食且具有稳固的社会地位。但是他也不像佩吉这种罕见的法国知识分子，是个真正的“人民之子”（son of the people）。索雷尔是中产阶级，毕生都没有改变——但他是一种很特殊的中产阶级。他的父母亲是诺曼底人，收入中等，对孩子的教育前途抱有甚大的期望；索雷尔出身于这种家庭，无疑会对他父亲早年的穷困潦倒感到震惊——这些灾难使索雷尔必须过一种非常
168 清苦的生活，同时也使索雷尔的家庭脱离了他们的社会阶层。[①]

此外，索雷尔所受的教育也和一般教养法国知识分子的教育不一样；他所受的是专业性的教育，而非通才性的人文教育。1865年，当他差不多18岁的时候，他进入法国工业技术学院（Ecole Polytechnique）——这个学校在科学与军事方面是法国的最高学府，与法国教育系统中另一个名人辈出的最高学府——高等师范学院地位相当。1870年他开始建立他的专门事业，担任政府的桥梁道路部的工程师。其后的20年间他从一个省的都会迁移到另一个省的都会，默默地、成功地在追寻他的荣耀的召唤，闲时阅读大量的书籍。

索雷尔在省境内所完成的自我教育，无疑与他日后的独立性与创造性有所关联。因此，他乃能独立于巴黎的文学社团之外，从而养成了知识上的自立自信。索雷尔在晚年的时候曾经说他花

① Andreu: *Sorel,* pp. 25–26.

了 20 年的时间去摆脱他在正式教育中所学来的东西。[1] 经过 15 年这样的准备工作以后，他已经能够表达自己的观念—— 1889 年，还在政府中任职的时候，他的前两本书就出版了。三年之后，他获得“巴黎荣誉社团”（the Legion of Honor）[*] 的赠奖。他认为获得这种表扬是一个适当的机会，于是辞去政府中的职务，在巴黎市郊塞纳河畔的布隆定居下来，靠一笔小遗产过活。在其后 30 年中（他生命中的第二个 30 年），他的默默隐居的生活方式并没有什么改变。但是在这一段时期中，他那种不可遏抑的好争论的个性却使他备受困扰。

另外，还有一个因素使索雷尔与他的知识界同侪不一样。他 169
有一个未经正式结婚的妻子（他这么做纯粹是尊重家人的意见），一个没有受过教育的农家女子。索雷尔曾经很细心地去启发她的心智，她则使索雷尔更接近一般大众，因此激发他从事社会主义的研究工作。索雷尔在述及天主教会的历史时对教会都采取不变的敬重的态度，原因之一也是因为她笃信宗教。1897 年她去世时，索雷尔曾发誓后半生将永远记得她。

造成索雷尔这种奇怪的混合心灵的两个最早、最固定的因素早已表现出对立的情况了。他的训练背景与职业是工程师；但是在个性上却是个道德家。

工程师的经验一直存留在索雷尔的心中。他虽然完全抛弃了

① Letter to Daniel Halévy, *Reflections*, p. 32.

* 1802 年拿破仑一世所创立社团，对法国有殊勋者得列入为会员。

他的专门事业，并且以最后的30年生命致力于文学的研究，却依然保持了工程师的思想模式。他所尊敬的人乃是世界的“创造者与推动者”（makers and doers）——“他最信任的感觉是透过双手而得来的感觉；他最信任的人是那些用手来接触世界的人——工人与艺术家。”[①] 同样地，他也尊敬机器。但是另一方面，对于自然界他却既害怕又不信任。或者，更精确地说，他是不喜欢他所谓的“自然的自然”（natural nature）——相对于科学家与技术人员在混乱的“实相”中所造成的“人工的自然”（artificial nature）。自然本身的神秘以及科学的人工建构（这是唯一能使人类去“驯服”自然，从而去了解它的工具）之间的区别是索雷尔思想中的一个绝对重要的概念。他认为，实证主义者从来就不具有那种可
170 以看到这种区别的智慧，他因此讥讽实证主义者的科学为“低级科学”（pétite science）。[②]

索雷尔的基本的、不变的目标是要创造一个“有秩序的人为世界”（artificial world of order）。[③] 而即便是他的“政治意拟概念”（political myth）的观念（这是他后来赖以成名的观念）和技术人员的思想结构之间的对比，也没有乍看之下那么强烈。因为这个“意拟概念”本身也是一种“人工的建构”——一个了解“社会实相”的工具。同样地，我们也是透过这种观点才能发现索雷尔的工程师心态与他的心理中的其他创造性因素（即不变的道德主义

① Humphrey: *Sorel*, p. 64.

② “*L'Expérience dans la physique moderne*,” *De l'Utilité du pragmatisme* (Paris, 1921), pp. 336–337; *Reflections*, p. 162.

③ Humphrey: *Sorel*, p. 13.

（Moralism））之间的关系。

作为一个道德家，索雷尔是守旧的，甚至是过分拘泥礼教的。整体来说，他对“性”的严格态度是很特殊的——我们在与他同一时代的人当中再也找不到另外一个人会像他一样严肃地表示：“世人变得怎么贞洁，世界就会变得怎么好。”[①] 索雷尔自己也明白他对道德问题极为关切；为了答谢克罗齐对《论暴力》一书的好评，索雷尔说克罗齐已察觉到他的毕生之最重要工作——道德的历史源起。[②] 这种道德上的严格的态度正是了解索雷尔保守一面的思想的线索——这保守的一面与他那种较为人所知的革命性暴力之坚持似乎是永远无法相容的。他在他的第一本书中论及苏格拉底受审时，曾和雅典城邦站在同一条阵线上来反对这位哲学家——其原因是他觉得：冷静想起来，苏格拉底在一个仍然尊崇着古朴的英雄式理想的社会当中乃是一个“败德者”（corrupt-er）——一个使社会毁灭的因素。同样地，学者们认为他对 18 世纪思想所持的不变的敌对态度也是因为他对那个时代的“放荡之道 171
德”（loose morality）感到惊骇的缘故。[③]

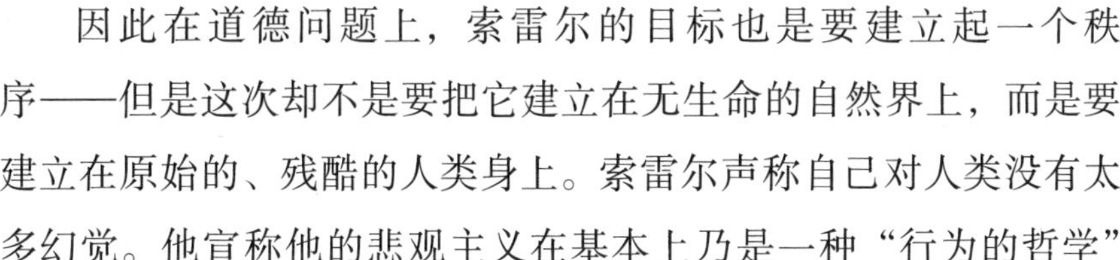

因此在道德问题上，索雷尔的目标也是要建立起一个秩序——但是这次却不是要把它建立在无生命的自然界上，而是要建立在原始的、残酷的人类身上。索雷尔声称自己对人类没有太多幻觉。他宣称他的悲观主义在基本上乃是一种“行为的哲学”

① “*Préface pour Colajanni*” (1899), *Matériaux d’une théorie du prolétariat* (Paris, 1919), p. 199.

② Letter of May 6, 1907, *La Critica*, XXVI (1928), 100.

③ Pirou: *Sorel*, p. 14.

（philosophy of conduct）。[1]他向克罗齐解释说："追求伟大总是一桩艰难的事，堕落却是再容易不过的事。"他又说："我们的本性总是倾向历史哲学家所认为的坏的一面——不论那是野蛮也好，堕落也好——这是难以克服的。"[2]因此，他毕生所追求的便是一种"返璞归真"（ricorso）——即重拾古老的、英雄式的价值，因而带来人类历史的更新的行为。索雷尔这种"返璞归真"（字面意思是"重跑"（rerunning））的观念是从维柯（Giambattista Vico）那里得来的——他在发现克罗齐以前就发现维柯了，而且还在他的最早期的一篇文章中特别讨论到他。[3]

索雷尔也和维柯一样，他在他的"道德悲观主义"（moral pessimism）中所要警告人们的，主要是劝人防止"衰败"（decadence），其次才是劝人避免"野蛮行为"（barbarian）。他也和尼采一样，在英雄式的时代的"主导"的道德（master morality）上找到了赋予生机的力量。

尼采对索雷尔的影响是一个争论颇多的问题。人们有时把他们与弗洛伊德并称为"现代的伟大先知"（the great prophet of Modern Age）[4]。无疑，索雷尔的许多观念都反映了尼采的看法——他们都痛恨中产阶级的庸碌，而且都提倡不感情用事的道德上之廉洁。但是尼采却似乎不曾对他产生直接的影响。索雷尔在他最早
172 的著作中对希腊文明所做的解释与尼采的十分相近，但他那时候

① Letter to Daniel Halévy, *Reflections*, p. 38.

② Letter of January 25, 1911, La Critica, XXVI (1928), 343.

③ 见本书第六章。

④ Humphrey; *Sorel*, p. 218.

还不曾听过这个德国哲学家的名字。在他的成熟的著作中（特别是《论暴力》一书），他才对尼采的道德理论做了整个的讨论。在这里我们又看到思想史上二位思想家独立地，而且几乎是同时地获得同样的观念的例子。[①]

此外，和尼采相反，索雷尔还希望他的道德理想能够在实际政治中获得实现。这种对“返璞归真”（*ricorso*）的追求点破了他那令人迷惑的政治态度上的变迁——他不断地在追求，同时也不断地遭受失望的打击。索雷尔虽然明说自己相信悲观的哲学，但是他却非常达观。这种达观的精神使他一再地战胜失望，一再地找到一个能够寄以希望的新的政治运动。

于是，工程师的心态似乎再度背离了道德家的道德之追求。但是它们却能够再度调和在一起——这次是通过维柯的居中“调解”。维柯的中心格言：“人类能够了解‘文明世界’（civil world），因为人类创造了这世界。”这也是索雷尔的中心格言。从维柯那里，他学会把“行”与“知”结合起来。对于索雷尔而言，科学的建构、政治的参与与了解都是同一追求目标的不同层面。在他的心目中，跟匠人与技术人员之职业有关的实际的“了解”的概念是和“道德之投注”（moral commitment）的观念不可分的——此若没有别的原因，便是因为匠人与技术人员（机器时代的英雄）为当代树立了最高的道德楷模的缘故。试看其后索雷尔为掌握易变的实相之本质所使用的知识方法，这二者之间的结合情形就更为明显了。

① 请注意以下两本书之间的不同说法：Meisel: *Sorel*, p. 13, and in Geneviève Bianquis: *Nietzsche en France* (Paris, 1929), pp. 83–84. 我认为前者的解释比较正确。

173 他首先发展出一种“分离模式”的概念。我们在讨论索雷尔对马克思主义的修正的时候，已经谈过这种方法了。我们现在应该把它放在更广泛的“一般社会理论”的背景中来讨论。

索雷尔为它所下的最清楚的定义如下：“分离法”是指“把某一情势、事件系列等的某些部分从全部当中分离出来，加以检视——亦即把它们孤立起来，然后用某种方法来决定它们的活动之性质。”索雷尔后来又解释说：对于历史所创造出来的象征知识，这种方法提供了一种了解的途径。① 简而言之，“分离模式”乃是从“实相”中任意取出来的“抽象概念”（abstraction）——大致相当于韦伯所称的“理想类型”（the ideal type），或者是后来社会学家所说的“模式”（models）。

但是“类似”也只是“近似”而已。实际上，索雷尔所提出的社会科学之“抽象概念”还没有韦伯及其继承者所提出的概念那么精确。或许也正是为了这个原因，索雷尔对这种概念并不很重视。与那些不太懂自然科学，因而高估了自然科学的人不同；透过个人的经验，索雷尔深知大多数的科学“命题”（propositions）都是“试探性的”（tentative）。他知道这些命题在表面上所显示出来的“精确”，往往掩盖了具有独创力的研究者心中的怀疑与犹豫。

因此他警告人们不要把他的“分离模式”的字面意义看得太认真。就像其他种类的符号一样，我们不能把它们应用在与原来产生这些符号的“理路”（context）太不相同的地方；否则“它们

① “Appendix 1: “Unity and Multiplicity,” added to second (1910) edition of *Reflections*, p, 287; “*Avant-propos*” (1914), *Matériaux*, p. 7.

的意义就会变得模糊，用法也会失去准则……而且它们的‘清晰度’（clarity）也会变得不真实”。同样地，我们也要注意，不能把语言的意义看得太严格，因为这样便违背了“实相”的流动性质。索雷尔建议说：“我们应当摸索着前进；应当先用可能的、局 174
部性的假说试试看，只要能获得一个暂时性的近似就好了——如此，我们才能够一步一步地再进行修正工作。”此外，我们把许多自夸为社会理论之“抽象概念”加以详细地研究过后，就会发现它们是“从常识范围内得来的……在这个范围内什么东西都混在一起；其中的公式有真有假，有真实的，也有象征性的；有的从某一个意义上来说是很好的，但是从另一个意义上来说却又是荒谬的——端看你怎么运用了。”①

因此，索雷尔之所以不信任所谓“精确度”（precision），有一部分原因乃是因为他从个人的经验中曾经实际认识到理论之界限的缘故。但是这却也反映了他的更积极的目的——亦即囊括“‘实相’之流动性”。这对于一个20世纪的社会理论家来说，的确是特出的，几乎是“别树一格”的野心。较早的一些作家们便曾经以为他们就是在做这样的工作——但是他们对经验世界的结构成分的看法却远比现代人的看法简单扼要。一般而言，我们这个时代的社会理论家大多主张说，我们无法追踪我们所观察到的经验之正确变化——他们强调我们必须建立一些抽象概念，以便澄清事实。索雷尔自己对物理世界所采取的便是这种态度，所以他才

① “*Avant-propos*” (1914), *Matériaux*, p. 15; “*Avenir socialiste des syndicats*” (1898), *Matériaux*, p. 58; “*La necessità e il fatalismo nel marxismo*,” *Saggi di critica del marxismo* (Milan, 1903), pp. 68–69.

会去区分“自然的”与“人工的”自然界。我们或许要问：为什么当他接触到社会关系的世界时，他反而会想要去完成这种困难得多的工作？

在此，我们就发现了他的第二种社会科学方法——此方法与“分离模式”有重叠之处，并且很微妙地改变了“分离模式”的概念。这是一种受到柏格森之直接影响的表现——我们已经谈到过：
175 柏格森对他的影响，在他写作《论暴力》与《进步的幻象》的那些重要的年代里（1906—1908）显得特别强烈。

索雷尔在这第二种方法（他根本把它拿来和第一种方法一起使用）中除了照旧强调所有社会现象之变动性以外，还对于“非逻辑”的动机有了完整的新认识。他对宗教与性道德所表现的兴趣当中，就暗示着这种认识——此刻它则左右了他的思想。它以“意拟概念”这概念明白地表现了出来。

在很肤浅的观察下，这个“意拟概念”似乎就是一种特别的“分离模式”。两者各自代表一种象征性的思考方式。但是从索雷尔使用“意拟概念”这名词的情形来看，它却不只是一种“分离模式”，但同时却也还不能算是“分离模式”。因为它不只是一个方法学上的抽象概念，所以它不只是个“分离模式”——它是一种孤立的“印象丛”（complex of pictures），而不是一种孤立的单一元素。因此它所反映出来的“实相”就不止限于某一点。此外，“意拟概念”也是一种非逻辑、非理性的东西；因此它也就比那些通常由社会学家所设计出来的合乎逻辑关系的抽象概念更接近“实相之流动性质”。最后，“意拟概念”也是人类所“据以行事”的观念；“只是合乎逻辑的抽象概念”使人类变得毫无感情——从

这个意义上来说，“意拟概念”显得较为实在。

从另一方面来说，“意拟概念”还不能相当于一个正常的“分离模式”，因为它比较不受经验所控制。就索雷尔为社会理论之抽象概念的用途所下的定义而言，这些抽象概念经常会随环境以及观察者的知识之改变而改变，同时也会产生必须加以修正的地方。索雷尔很明白地表示，这些“修正”同样也适用于“分离模式”。但是它们却不适用于“意拟概念”。“意拟概念”是自主的，它们本身就是完美的——不容任加干预。索雷尔警告说：“我们不应该试图去分析这种‘印象丛’，因为分析它们会使它们分离成一个一个的元素……我们必须把它们当作一个整体、一种历史力量来看待……最重要的是不能把以人们在行动之前通常对它们所持有的看法，与它们实际上所造成的结果互相比较。”[①] 176

这样便造成一种“社会学之神秘主义”（sociological mysticism）。索雷尔已经明白地、完全地承认非理性世界的存在，现在他反而不知如何来处理这个非理性的世界了。他已经发现了赫拉克利特（Heraclitus）的所谓宇宙过程的“回旋”（whirl）——柏格森称之为“流动”（flux）；但是他却不愿和柏格森一样“融入”这个变迁之中。[②] 他仍然太过于像一个科学家，所以不愿意如此做。他仍然抱着他那些难以理解的象征，高傲地、不受影响地站在一旁。因此他只能绝望地下结论说：历史具有一种“不可解的复杂性”；而“实相”也仍然“隐藏在暗处”。[③]

① Letter to Daniel Halévy, *Reflections*, p. 49. 我稍稍更改了译文。

② Humphrey: *Sorel*, p. 136.

③ *Les Illusions du progrès* (Paris, 1908), p. 2.

从一个可以理解的“解释”的观点来看，索雷尔想要透过“意拟概念”的概念来接触“实相”，但是结果却反而使他离“实相”更远。“分离模式”法暗示着这个模式与“实相”有若干吻合。但是“社会意拟”（social myth）的概念却认为这个问题是不重要的。不过，詹姆士终于把索雷尔从这个方法论上的“困境”（impasse）中解救出来了——至少是暂时地救出来了。

索雷尔的第三种，也就是最后一种方法是实用主义哲学。他在认识詹姆士这位美国哲学家以前就已经获得和詹姆士类似的结论——他坚持认为健全的社会理论乃是来自“实际的行动”（practical action）的，这就已经暗示出一种实用主义的取向了。索雷尔和詹姆士一样都不信任纯粹的抽象理论——因此他就时常与 18 世纪的进步理论以及 19 世纪的实证主义发生争论。但是他也同意詹姆士的看法，认为必须为自己的“反理知主义”定下严
177 格的界限。的确，他根本就认为他和詹姆士的行为并不能以“反理知主义”来形容——他们根本不是反理知主义者，他们只不过是想要“驱除‘科学主义’所带来的混乱”，从而“使人们对理智所为之事具有充分的信心”而已。[①] 詹姆士和索雷尔都不反对欧洲文学典雅的、理性的、人文的传统——他们的心灵根本就是这个传统所训练出来的，同时他们的丰富的“意象”（imagery）也是得之于此一传统的。他们所反对的只是这种传统的滥用——亦即纯粹说说而已的哲学答案。

因此索雷尔自然想要在他的最后一本论文集中把詹姆士的观

① “*Avant-propos*” (1917), *Pragmatisme*, pp. 2–3n.

念在法国加以推广，并且使詹姆士的观念和他自己的观念都深植人心。除了对詹姆士所表现的这种温暖的情谊外，他对柏格森也同样地表示友善——这也是再自然不过的事，因为这位法国哲学家也十分热衷于詹姆士的哲学。但是就像他之不愿意完全附随柏格森一样，他也不客气地对詹姆士哲学的细节有所批评。詹姆士把庞加莱当作哲学上的盟友，索雷尔特别认为这是不智之举——他认为庞加莱“假装把物理学家的‘人工的自然’所经历的革命轻易地解释过去”，但是实际上却“表示了对‘科学之实在性’（the reality of science）的怀疑。”[①]

“科学之实在性”——在这里，与“性道德”一样，是索雷尔最敏感的神经中枢之一。索雷尔对这个问题的敏感态度使他无法充分沉浸于享用他新发现的实用主义哲学。詹姆士对科学以及常识范畴所持的爽朗的“不可知论”（agnosticism）的态度使他十分不安。索雷尔目前虽然已经有意思对常识给予比过去更多的信心，但是他在性情上却无法与詹姆士一样爽朗、有自信地接受那种合乎实际但不精确的知识方法。他仍然保持着大部分他做工程师时所持有的那种严正不苟的心态。

因此，我们这个关于索雷尔思想之最终说明仍然是有其可议 178
之处，这实际上根本算不得是一种最终之说明。他曾经写信给克罗齐说：“我从来就没有问过我自己：我的种种著作的总结是什么？我只是为了适应当时的需要，天天写作而已。”[②]从这个观点

① “*De Kant à William James*,” ibid., pp. 84–85.

② Letter of April 28, 1903, *La Critica*, XXV (1927), 372.

来看，索雷尔的方法就是一种实用的方法。透过对詹姆士的认识，他也明白地承认他自己所持的“哲学的多元主义”（philosophic pluralism）。但是他却不愿意接受这种立场通常所隐含着的怀疑的与相对主义者（relativist）的态度。他仍然坚持“人工的”自然的确定性。因此他对“实相”的追寻从来就没有达到目的。他从来就没有认识到“实相”这个名词对他来讲，真正意义何在。“实相”的观念是不是就像詹姆士所说的只是一个方法学上的方便工具而已？抑或是与“感官经验世界”（the world of sense experience）必然有相符合之处——就像是自然科学家们通常所假定的那样？索雷尔没有办法为这些问题找到明确的答案。因为凭他的心智，他虽然能够洞悉他那个时代里的社会与知识的问题，但也是这一心智结构同时使他无法进一步把他的调查结果发展成一种一贯的“社会行动理论”（theory of social action）。

无疑，从西方民主价值的观点来看，索雷尔的基本态度正如一位美国社会学领袖所说的：是“有害于道德与政治的”。[①]我们如果不能察觉索雷尔之著作中的非理性的、堂吉诃德式的（幻想的）（quixotic）以及怨恨的成分，那么我们就是犯了“易感心灵”的最大错误。同样地，如果我们从基本的性质上来看索雷尔——只把他当作一个形而上的思想家，而不是一个在特殊的历史情境中充满激情而“执着”（committed）的人也同样是不对的。在讨
179 论索雷尔的时候，和讨论尼采的时候一样，我们必须记住：索雷

① Introduction by Edward A. Shils to *Reflections*, p. 29.

尔认为他自己那个时代乃是一个文化与道德皆废弛的时代，同时他也认为提倡一种更严厉、更奋发的道德来对抗“中产阶级之庸碌”乃是自己的责任。因此我们今天在索雷尔的著作中所发现的许多令人不敢恭维之处——特别是他对社会主义的议会政治以及中产阶级的民主政治之恶感——应该归诸他写作时的环境（或者说——是他心目中的环境）的影响。只要明白这是一种明显的偏见以后，我们就可以继续讨论更抽象的题目了。

同时我们也很有必要再强调一次（如韩福瑞与梅色尔所强调的——他们的看法都很正确）：只有在最不直接的意义上，索雷尔才能算是共产主义与法西斯主义的先驱。他对列宁可以说毫无影响——我们已经谈到过，这个现代共产主义的创立者对索雷尔所持的态度与那个要求在索雷尔墓上立碑的苏联大使所表现的尊敬态度相去甚远。他与墨索里尼的关系则更为复杂。当然索雷尔在墨索里尼早期作为一个革命的社会主义者的时候，以及他在新法西斯运动中将夺得大权的时候，都曾经对这位未来的元首（Duce）表示赞扬。事实上，索雷尔几乎是与众不同地，早在1912年的时候就已经猜测出墨索里尼所要采取的“非常的路线”。但是我们很怀疑墨索里尼是否曾经从索雷尔那里学到什么特殊的东西。墨索里尼在战前对索雷尔的著作就已经很熟悉：他曾经对它们大加赞赏；但是索雷尔的政治立场一改变，他却又咒骂这些著作。然而人们传言他与索雷尔本人互相认识，却是无稽之谈。基本上，墨索里尼的政治行动观念似乎是他自己所发现的。这些观念与索雷尔的观念相似，却没有索雷尔的观念的细密微妙。墨索里尼并不需要索雷尔去教他如何夺得权力——他比这位一般人所认定的导

师更懂得政治的战略。但是当他安稳地坐上宝座以后，他就发现
利用索雷尔的著作很方便，可以使他的所作所为合理化，并在思
180 想上得到尊重——正如日后他之引述尼采、詹姆士以及其他一些
人的作品一样。①

这些都清楚以后，我们就可以绕回来再把索雷尔当作一个社会思想家（广义的）来加以讨论。一如我在本章开头所说的，我们很难把他加以分类，也无法把他与同时代其他人比较。在企图纠正古老的法国的“普遍观念”（general ideas）之传统以及笛卡儿之范畴的那些组织松散的一群人当中，索雷尔算是比佩吉优秀的思想家，但是却比柏格森缺乏影响力。作为一个社会学家，他则远不如韦伯、涂尔干，甚至帕累托——他的方法太零乱，无法构成有系统的社会理论。作为一个历史哲学家，他可以洞察许多克罗齐曾发现的问题，却没有克罗齐看得那么清楚。那么，我们到底为什么要对他大加讨论？

有些思想家之所以重要并非因为他们解决了什么问题，而是因为他们提出了某些问题——我相信索雷尔就是这样的一位思想家。他禀承了伟大的“质问者”（the questioner）——向既成的与普遍为人所接受的事物挑战的人如阿伯拉尔*、尼采、苏格拉底等——的传统。索雷尔在他的第一本书中曾经对苏格拉底颇有微词，因此拿他与苏格拉底来比较似乎很奇怪，然而这个比较却和

① Andreu: *Sorel*, pp. 106–109; Gaudens Megaro: *Mussolini in the Making* (London, 1938), pp. 228–245.

* 彼得·阿伯拉尔（Peter Abelard, 1079—1142），法国神学家与哲学家，曾被视为异端。

其他的比较一样的适合。的确，我们这些不认识索雷尔的人并没有资格评估他的影响力量；那些曾经认识他的人都证明说：索雷尔最佳状态并不是表现在他的著作上，而是在更苏格拉底式的个人思想交流中。[①] 满面红光、白胡子、闪烁的蓝眼睛——这些索雷尔的后辈经常提到的外在特征进一步加强了他那精力充沛的谈吐的形象，使其更加令人难忘。

因此，索雷尔最有力之处乃是作为一个具有批判性的思想家。
他那个人参与的热情、他的追寻、他的反复变化以及诸多不一致 181
的特色（亦即人们称之为“狂热主义”的整个情绪的错综）使他具有一种独特的批评态势，足以击垮那些知识骗徒。他那带散光的视力反而使他看得更透彻。同时，他的知识上的怪癖也使他变得混乱而难以理解。在这些矛盾之中，至少有两点值得我们做个最后的讨论。

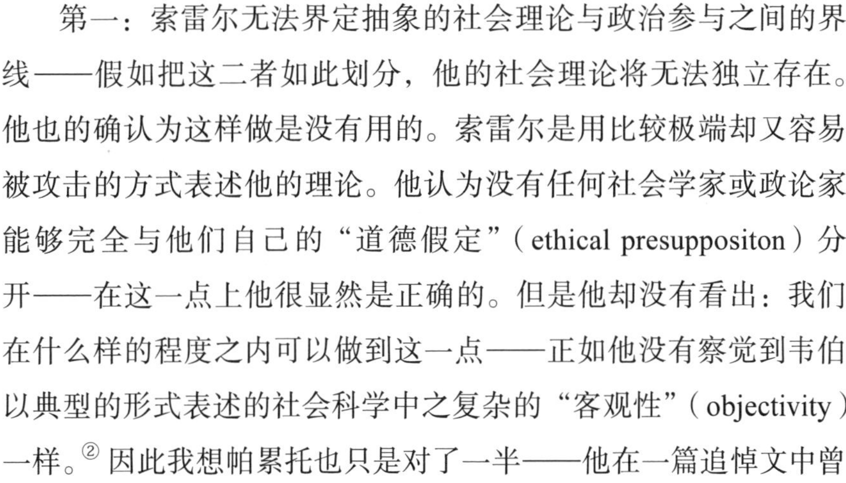

第一：索雷尔无法界定抽象的社会理论与政治参与之间的界线——假如把这二者如此划分，他的社会理论将无法独立存在。他也的确认为这样做是没有用的。索雷尔是用比较极端却又容易被攻击的方式表述他的理论。他认为没有任何社会学家或政论家能够完全与他们自己的“道德假定”（ethical presuppositon）分开——在这一点上他很显然是正确的。但是他却没有看出：我们在什么样的程度之内可以做到这一点——正如他没有察觉到韦伯以典型的形式表述的社会科学中之复杂的“客观性”（objectivity）一样。[②] 因此我想帕累托也只是对了一半——他在一篇追悼文中曾

① Andreu: *Sorel*, pp. 286–287.

② 见本书第八章。

经说我们可以一方面接受索雷尔在其著作中所做的分析，一方面又排斥他对未来所抱持的道德理想。[1] 其实这些理想根本是紧紧地与索雷尔的分析交织在一起的，分也分不开。

其次，索雷尔从来就没有找到一种恰当的语汇或合适的概念架构来容纳他藉批判力所发现的道理。他和弗洛伊德一样，都从早期的训练中承继了一种机械论的语汇——这些语汇无法把他后期的发现完全表达出来。他想要找一些别的东西来代替这种语汇，结果也只是找到一些生动但不精确的社会“意拟概念”之隐
182 喻。索雷尔知道实证主义者是错误的，但是他却找不到另一种新的科学概念来使人们对“确定性”具有和实证主义者一样的信心。索雷尔在抽象理论的研究上起步太晚；他发觉自己只是在一个观念不分明的地带徘徊——即 19 世纪对自然科学的信仰以及 20 世纪对建立抽象理论之信心相互交错的地带。他独具慧眼地看到了“自然的”以及“人工的”之间的区别。他的“分离模式”与“意拟概念”至少都可以作为一个统合理论的基本元素。但是他却没办法把它们拼凑起来。比索雷尔年轻半个世代的克罗齐和韦伯则首次尝试去解开这个使索雷尔茫然的困境。

① Pareto: “*Sorel*,” p. 545.

第六章　新历史唯心论

德国唯心论传统

实证主义在德国所产生的影响，从来就没有像它在法国或意 183
大利所产生的影响那么大。对于德国人来说，唯心论哲学乃是他们的第二天性，从18世纪中期到1848年的革命这个大时代中，德国的思想便是从这个模式里塑造出来的。我们已经谈到过，康德在这段时期中仍然是塑造德国人心灵的最大因素。而与康德同一时代的古典作家歌德、席勒（德国的小学生都受他们的熏陶）所教给人们的，也通常被认为是类似的道理。一个世纪以后，黑格尔用更教条化、更怪癖的形式强调了同样的道理；与他的先驱者一样，他以唯心论为前提建立了他的学说——即宇宙的“终极实相”（ultimate reality）是隐藏在“精神”（spirit）或“观念”（idea）之中，而不是在感官里面。

使德国哲学传统与“欧洲范型”（the European norm）分离的
最具决定性因素即是此一信念。在英法传统影响最大的地区，人 184
们以“感官知觉”（sense perception）为先，并且相信“经验”（empirical）的方法，这好像在德国人人都以“观念”为先的情形一样。从这些假定中就衍生出一些我们所熟悉的结果——在英国与法国功利主义（utilitarianism）、实证主义、民主政治、自然科学成了一套符合逻辑的相关概念。但是在德国情形却十分不一样。这就产生了德国与西欧的主要社会思想潮流分道扬镳的情形——这深深地困扰了特洛尔奇以及迈内克。[1]他们都曾经自问：为什么英国人和法国人从“肤浅”（shallow）的历史与社会哲学中发展出经得起考验、符合人道的政治制度；而德国人虽然有“更深奥”（deeper）的了解，却非但无法使社会获得平衡，而且当20世纪到来的时候，反而更明显地屈服在赤裸的武力这个“恶魔”的手下？

这就是以政治形式呈现在敏感的德国人心中的问题。对于本书而言，以政治形式表现出来的“德国之背离西欧主要发展路线”的问题并不是最重要的问题。但是它却把唯心论传统的主要矛盾呈现出来了。从1770年到1840年，德国哲学家与作家乃是欧洲的导师——法国人、英国人、意大利人都从他们那里学会了不以纯粹理性的解释为满足，而要从历史与社会本身当中找出有生命力、能繁荣滋长的事物。德国历史唯心论学派（German school of historcial idealism）的影响使社会研究的准则更形丰富。但是就实
185 用的智慧来讲，这个学派的学理反而几乎没有什么贡献。19世纪的政治大革新是建立在一些从前一个世纪得来的，或者是（就一个哲学的意义而言）一些过时的“假定”（presupposition）上的。

从1880年代到第一次世界大战，复苏的气息还是从德国来的——诸如尼采和狄尔泰那样彼此不同、互相独立且矛盾的人物

① Hajo Holborn: “*Der deutsche Idealismus in sozialgeschichtlicher Bdeuchtung*”, *Historische Zeitschrift*, CLXXIV (October 1952), 359–360.

都成了 1890 年代知识再生的报信者。但是这些新的讯息却再一次变成空无一物——或者，以 1930、1940 年代的经验来看，甚至比空无一物更糟糕。其中的矛盾现象依然存在（甚至是加强了）——同一个来源产生思想上的创造力，同时也产生了破坏力。我要再重复一遍：这些现象在本书当中都只算是个背景而已。但是它们却使我们明白：从实用主义的观点判断德国的唯心论传统，为什么必然会产生爱憎交杂的情感。

黑格尔对于历史与社会研究的影响是很富戏剧性的，但是却很短暂。过了 19 世纪中叶以后，他几乎只存在于人们的记忆里。唯有靠着他的马克思主义继承者，他的学说才恢复了生命力。造成更持久之影响的人乃是比黑格尔小 25 岁的历史学家兰克（Leopold von Ranke）——他很幸运地比黑格尔多活了半个世纪。在他那令人难以置信的长久的史家生涯中（从 1820 年代中期到 1886 年他去世时约 60 年时间），兰克赢得了无与伦比的声望与地位。德国的一流教授也成了他的学生，渴望从德国学到新的史学方法的外国人也来参加他的研讨会——甚至德国经济学研究也透过兰克的学生罗契尔（Wilhelm Roscher）的影响而特更有历史研究的倾向。

兰克比黑格尔更接近浪漫主义的精神世界。尽管兰克在研究方法上强调巨细靡遗式的工作，但是他的思想范畴却和浪漫主义者类似。与浪漫主义者一样，他所研究的是“由直觉得知的”（in- 186
tuited）以及用半神秘方式“冥想得来的”（contemplated）“精神实体”（spiritual entities），而不是那些由经验加以验证过的，或是用逻辑加以分析过的确定的概念。兰克在这些工作上所运用的乃是

典型的德国唯心论的方法。不论在历史学、经济学、社会学或在法律上，德国的社会思想都建立在一些相当简单的原则上——这些原则虽然是应用在各种不同的方法和领域上的，但却彼此一致。

我们可以把唯心论的社会思想之基本教条简要叙述如下[①]：唯心论认为现象界（the phenomenal world）与精神世界之间、自然科学与人类活动之间有相当大的区别。因此，德国人便认为自然科学（Naturwissenschaft）与“精神科学”（Geisteswissenschaften）——即“文化科学”（the cultural science）或“心灵科学”（sciences of mind）（包括我们所谓的人文科学，或历史，或社会科学）之间有极大的区别存在。因此，如实证主义者所说的，文化科学就不可能从自然科学那里得到什么启示。的确，在文化科学中根本就没有什么一般性的“法则”（laws）存在。“因此唯心论对人类行为的兴趣就分成了两个方向发展——一是细密的、具体的历史研究，另一方面则是历史哲学。”[②]孜孜矻矻地发掘细微末节的工作，很显然根本就是德国的传统。而另一方面，那些建立以形而上学为基础的广大的历史体系的人——如黑格尔，以及雄心万丈建立起历史思想（historical thinking）本身之批判的人，如狄尔泰或李凯尔特*也同样是（甚至更是）属于德国传统中的人物。但是社会研究的中层工作——细心地综合以及谦卑地从事“假说

187 之试验”的工作，在这个传统中却几乎完全找不到。这是兰克所

① I am following the schema presented by Talcott Parsons in his *The Structure of Social Action*, second edition (Glencoe, I11., 1949), pp. 473–487.

② Ibid., p. 475.

* 德国所谓“巴登派”（the Baden School）哲学——即“西南德哲学”——的领袖人物。

立下的典型中的一个令人困惑的现象——就比较明显的一面而言，他是一个极度谨慎的“事实”（facts）的追求者；但在气质上，他却是一个形而上学家（或许是一种特别暧昧、特别难令人满意的形而上学家）；他几乎不曾以意义明确、可了解的方式来“论说”（reason about）历史。[①]

如果界定“文化科学”的标准乃是它们的精神性质，那么很显然，一个社会或历史制度的“精神”就应该是最重要的了。在唯心论的传统中，“统摄了各个经验资料的统一概念（相对于实证主义理论中的一般性‘法则’）乃是一种独特的‘精神’（Geist）——一种与别的实体不一样，也不能互相比较的特殊的‘文化整体’（cultural totality）。”[②] 这些“精神”乃是构成历史和社会的最深奥（或最高的）成分——但是谁能够说他了解这些“精神”并且能把它们拿来互相比较呢？作为一个独特的个体，它们仍然是（套一个歌德的用语）“难以用言词来形容的”。只有斯宾格勒才把这种“精神”的独特性强调到一个绝对荒谬的程度：“某一文明的‘精神’必然是另一个文明中的人所不能了解的”——即使他自己也没有照他所说的这些话去做。但是对于整个德国唯心论的思想而言，人类究竟何以能够了解人类的（即精神的）行为仍然是一个令人困惑的问题。实证主义者用以决定某一行为之“原因”（causes）的方法显然是行不通的。我们所需要的乃是一种较具有弹性，较没有机械论、自然主义之色彩的方法。

① See, in this connection, Theodore H. Von Laue: *Leopold Ranke: The Formative Years* (Princeton, N.J., 1950).

② Parsons: *Structure of Social Action*, p. 478.

结果就产生了“内在了解法”（the method of inner understanding）或“领悟法”（Vestehen）。我个人认为这个方法是我在本书中所碰见的最困难的知识问题——这是德国的社会科学方法之迷
188 宫中许多黑暗角落中最黑暗的一处。狄尔泰似乎是第一个把这个方法用显明的形式表达出来的人。但是这个方法对社会研究所具有的意义却要在韦伯手中才获得完全阐明。因此我们可以暂且不讨论这个问题，等讨论到韦伯本身的著作时[①]（并且把克罗齐在一个很不同的背景下所发展出来的一种类似的方法也分析过了以后）再回头来讨论它。

同时，我们或许只要记得柏格森之求助于直觉的能力和同时代的德国人所倡导的学说有许多相通之处也就够了。我们或许还记得：柏格森曾经强调他所谓的“直觉”与浪漫主义者所说的直觉意义并不相同——他认为他并不像浪漫主义者一样在攻击理性与科学之主张，他的目的乃是要补充并且完成理智的工作。同样地，从 1880 年代起到第一次世界大战期间，德国新唯心论者对自然科学的角色，也持有一种比早期的唯心论哲学家与史家更深刻的认识。我们或者可以总结说：柏格森如果不是住在态度较冷淡的法国，而是住在德国的话，他或许就能够发现一些了解他想做什么的思想家。他或许能因此而认识一些态度严谨的社会理论家，他们或许能使他的幻想稍事收敛，从而照索雷尔所建议的：把学理应用到具体的社会事实上。但是很不幸，他在法国只受到宗教狂热主义者的包围，他们促使柏格森走向社会神秘主义，最后终

① 见本书第八章。

于使他的学说变得毫无成果可言。

到了1880年代时，德国知识界的情形大约有如下述：我们
已经知道，公开宣称信仰主义的人并不多。但是从一个比较普遍
的意义上来说，实证主义的心态却大大地影响了人心。德国哲 189
学的黄金时代已成过去——先前只有哲学家们享受到的“文化
象征”（cultural symbols）之声望渐渐地也被加在自然科学家的
身上了。同样的，历史写作的黄金时代也过去了——兰克在世的
时间远超过了属于他的那个时代，他的学生以及学生的学生都只
保存了他的一部分遗产；他的学说当中的精神的一面大多已经消
失，受人尊敬的只剩下他那种强调一丝不苟的态度及“坐定功夫”
（Sitzfleisch）的方法论了。的确，从一个比较平凡、比较不具哲学
意味的观点来说，后期兰克学派中的许多人都表现得像实证主义
者一样。

因此，新的时代较具想象力的思想家们所必须面对的问题乃是：如何恢复浪漫主义的“历史的”与“理想的”世界之感受而不再重蹈早期浪漫主义者的错误。更特别的是，当代的情况向实证主义者提出了一种挑战，使他们被拘束在本身的立场上——亦即不必求助于已经不再被人信任的浪漫主义的形而上学。[①]

到了20世纪前十年，实证主义者已成功地战胜这种挑战。大学生纷纷回头去从事历史与文化的研究。迈内克回忆说：“在世纪之交，各处学历史的学生都减少很多；但是其后又增加了许多，

① Pietro Rossi: *Lo storicismo tedesco contemporaneo* (Turin, 1956), pp. 17–18.

以至于我们可以说，第一次世界大战爆发的那前十年乃是历史与哲学研究的黄金时代。”①

我们还可以回想一下1894年文德尔班在某一个教区演讲上“对实证主义宣战”时，迈内克的那种于我心有戚戚焉的感
190 受，以及他和西南德国哲学派在精神上的亲近的感觉。日后回想，文德尔班的演讲很像是德国唯心论的反攻击的第一枪。但是其实狄尔泰早在11年前在他的《精神科学导论》（*Einleitung in die Geisteswissenschaften*）一书中就已经发射这第一枪了。只是狄尔泰下笔却下得太早了，德国受过教育的大众到1890年代才愿意接纳他的言论。

一般都把德国西南方人文德尔班、李凯尔特以及理论作品与他们二人有点关联的西美尔称为“新康德学派”。这就是说，一般人认为他们之所以会和实证主义学说争战，乃是源于康德所遗留下来的一些“假定”的关系。他们也和康德一样，都想要去界定“思想的范畴”（categories of thoughts）——特别是要区分文化科学和自然科学的不同范畴。一般而言，新康德学派认为这二者的区别在于它们使用的“方法”（methods）的不同，而不是“科学的研究对象”（scientific object）与“主题”（subject matter）的不同——这是他们与狄尔泰不相同的一点。他们认为：文化科学的目的是要了解“特殊的事件”（particular events），而不像自然科学那样——目的在于整理出“一般性的法则”（general laws）。

到此为止，我们听说的只是一些关于唯心论传统中的历史思

① *Strassburg/Freiburg/Berlin 1901–1919: Erinnerungen* (Stuttgart, 1949), p. 22.

想的陈腐之言。新康德学派（特别是李凯尔特）对此一传统的进一步贡献乃是在于：他们想要更明确地去解释“我们究竟如何可能去解释人类的历史”这问题。文化科学如果不是像自然科学那样寻求普遍规律，那么，在面对一大堆“特殊事件”时，其所进行的到底是什么样的智力活动呢？我们可以回想到：兰克对这一点只提供了一个“沉思冥想”（contemplation）的观念。李凯尔特补充说：文化科学家做了“选择”——也就是说，他们基于自己的决定，选择了要对社会实体的“某一层面”（而不是其他的层面）加以检讨及了解。这种选择必然有研究者自己的一套价值体 191
系作为基础。

这种选择与价值的理论非常能帮助我们澄清视界。它代表了一种对当今社会研究有恒久之价值的遗产——稍后我们就要讨论到韦伯如何利用李凯尔特的“范畴图示”（scheme of categories）而发展出属于他自己的一套更丰富的方法论。但是李凯尔特的理论有一个严重的缺憾。它太强调价值的观念，因此也就隐含了一种极端主观的“历史知识”（historical knowledge）的概念。社会与历史的世界中的价值是无法用任何方法来验证的——它们只能“用直觉去体会”。因此它们的正确性也就没有任何保证。最后历史学家们就不得不信任自己的价值观。

唯有透过形而上学才能脱离此一困境。李凯尔特最后便是走这一条路的。按照他自己的那一套逻辑，并且基于一种对人类之“正常意识”（normal consciousness）的假定，他不得不主张史家的价值体系是绝对正确的。但是这种“正常意识”的假定却必然是形而上的——它暗指着：“价值”是超乎史家个人的意识而独立、超然地存在的。

因此，新康德学派并没有用他们自己的一番道理来对抗实证主义者。他们也和浪漫主义者一样，最后逼不得已要求助于形而上学。他们想要去研究如何把文化科学与自然科学分别开来，这是有其勇气和想象力的。但是他们却没有找到一个令人满意的具有永久性的答案。这个问题仍然值得再加以研究。[①]

狄尔泰与“文化科学”之定义

192 和与他同时代的亚当斯（Henry Adams）一样，狄尔泰本来是非常守旧的，到了晚年却都变成了“现代人”。狄尔泰和亚当斯一样都是生活在 18 世纪以及 19 世纪早期的精神世界中；属于他自己的那一个世纪悄然掠过其身旁；届年迈之年的他，很奇怪地发觉自己竟然必须扮演一个为未来之世纪开辟新途径的角色。

狄尔泰诞生于 1833 年，比“美国的狄尔泰”——亚当斯早 5 年；死于 1911 年，比亚当斯早 7 年。当他的《精神科学导论》出版的时候，他已经 60 岁了。而他也要在另一个十年过去以后，才真正产生影响。成功突然在他晚年来到——退休前夕他已经站在柏林大学最大的讲堂里发表演讲。

那时候，他也已经相当远离他的知识渊源了。身为一个莱茵地区新教牧师的儿子，狄尔泰从小就受到音乐与开明的神学之熏陶。在知识上，他最早产生强烈兴趣的对象是浪漫主义神学家弗

① *Rossi: Storicismo tedesco*, pp. 178–179, 183, 187, 205–207.

里德里希·恩斯特·施莱尔马赫（Friedrich Ernst Schleiermacher），而且原先也曾经想当牧师。但是大学生活却使他越来越偏向哲学与历史——他在柏林曾经遇见已经受人尊崇的兰克以及比兰克小13岁、思想方式也比较倾向于黑格尔的德罗伊森（Gustav Droysen）；德罗伊森是一个即将在实证主义盛行时承担起维系历史唯心论（historical idealism）之传统的人物。

1867年，狄尔泰首次受聘担任巴塞尔大学教授——是哲学教授，而不是神学或历史教授；他在那里认识了布克哈特而且（很讽刺地）差一点就碰到尼采。其后他又在基尔（Kiel）与布雷斯劳（Breslaw）授课；1882年荣升，在柏林大学担任曾经属于黑格尔的讲席。这时候他的《精神科学导论》已将要完成，而他在知识上的关注对象也相当固定了。他所关注的这些对象乃是一种很奇怪而且不稳定的混合物——其中包含康德学说的残留物、严格的历史训练、对启蒙运动之精神世界的怀念，以及尊重实证主义之研究目标，背后还夹杂着浪漫主义神学的泛神论（pantheism）。狄尔泰性情温和而有度量，他日后的努力就是要把他自己的各种不同“取向”（orientation）融一炉而治之，然后给后人留下一个重要的哲学之整合的工作。[①]

① 关于狄尔泰的生平细节可以在以下诸书中看到 : *Dilthey: Eine Einführung in seine Philosophic* (Leipzig, 1936), passim; H. A. Hodges: *The Philosophy of Wilhelm Dilthey* (London, 1952). pp. xiii–xv; Hajo Holborn: “Wilhelm Dilthey and the Critique of Historical Reason,” *Journal of the History of Ideas*, XI (January 1950), 93; William Kluback: *Wilhelm Dilthey’s Philosophy of History* (New York, 1956), pp. 3–51; and the introduction by Georg Misch to Vol. 5 of Dilthey’s *Gesammelte Schriften* (Leipzig and Berlin, 1924), pp. vii–cxvii.

这个有待整合的工作就是《历史理性批判手稿》(*Critique of Historical Reason*)。康德是对“纯粹”(pure)以及“实际的”(practical)理性提出批判；而狄尔泰所要做的就是这位德国大哲学家所忽略了的“历史的批判”工作，但这个计划中的“历史思想范畴”(the categories of historical thinking)的批判却一直没有完成。不过狄尔泰所出版的著作中有一大部分却已经包含了这个工作的多数内容。基本上，在他的《精神科学引论》(如书名所说的——只是个“引论”而已)一书出版后的 30 年中，狄尔泰只是不断地推敲、改变他的观念——不断地把这些观念写进一些他无法完全写完的书稿或论文中。

在本书里，我们显然不可能把一个像狄尔泰这样多变、这样复杂的思想家的著作进行彻底分析。此外，他也不属于我们这个
194 “1890 年的一代”——他应当是一个先驱。我的目的是要把狄尔泰所面临的历史批判的主要问题勾勒出一个大概，并且把其中狄尔泰曾经提供了具有长远价值的答案的那一部分与狄尔泰感到惶惑不解的那一部分划分开来；对于后面这一部分问题，狄尔泰曾经提出一些试探性的答案，这些答案便酝酿了较年轻一辈的学者如克罗齐和韦伯的更具有信心的研究工作。

我们可以用一种最普通的方式来说明狄尔泰的重要性——是狄尔泰的著作首先使历史与实证主义、自然科学产生全盘、精微的接触。在这方面，他所面临的问题与康德所面临的问题相当不同；而对于他和文德尔班以及李凯尔特的共同导师——康德，他所表现出来的独立性则有甚于他们二人。《精神科学引论》一出版，狄尔泰也就投入“他的生命的召唤与折磨——即‘历史著作

的科学价值’的问题”当中了。

> 在这个新的研究范围里，他仍然一本过去的主要精神——反对各种教条主义。根据他的说法，历史与社会科学一直到18世纪末为止都还是形而上学的婢女而已；现在它们虽然透过德国历史学派的努力而被解放出来了，但面对实证主义的崛起，它们却又因为缺乏哲学根基而面临再度沦为奴隶的危险。狄尔泰为了解救它们，于是写了《精神科学引论》[①]。

狄尔泰这一番努力的新颖之处在于他想要用自己的武器来对抗实证主义。狄尔泰在唾弃形而上学的同时也明白地承认科学研究的方法是正确的。的确，对实证主义的最有力的一句责备的话 195
即“实证主义和它所取代的唯心论哲学一样都是形而上的”——实证主义的抽象性质并不是用来炫耀而在于应用。狄尔泰对科学与科学方法没有做什么争辩。他的目的在于廓清目前这种混淆“自然世界”（the world of nature）与“人文世界”（the world of human activity）的现象。狄尔泰认为我们对这两个领域内的事物都可以用科学的方法来加以研究。但是这却不是一般所谓的“科学”。《精神科学引论》一书就是为了要为这第二种科学下定义而写的。[②]

① Carlo Antoni: *Dallo storicismo alla sociologia* (Florence, 1940), p. 18.

② 在以下的讨论中，我们要记住：德文“科学”（Wissenschaft）一字所包含的意义比我们的“科学”（Science）一字所包含的意义更广泛——它除了指“系统化的科学”外，还包括我们所谓的“学问”（learning）在内。

狄尔泰认为自然科学与文化科学的区别“可分三个层面来看——亦即研究的范围、经验的形态、研究者的态度等”。[①] 第一种区别虽然没有被文德尔班和李凯尔特注意到，却是很明显的。后面二种区别可以摘要说明如下，亦即：文化科学领域内的知识是透过某种“内在的”（internal）过程——即经验和领悟力而得来的；而自然科学的知识却得自于“外在”的过程。因此，历史的意义并不是固定的；它会随史家所处的时代与文化情境之不同而有所改变，也会因为史家在个人世界中做了不同的积极的决定而有所改变。[②]

狄尔泰还更进一步在文化研究的领域内划分了三个种类，以便说明文化科学与自然科学之间的区别。第一类处理“实相”本身——这属于历史领域。第二类包含从“实相”当中取出的抽象
196 概念——这就是社会科学。最后一种则表示价值判断以及“法则”（rules）——亦即“文化科学的实际运作成分”。就我们目前的需要而言，狄尔泰所说的第二种陈述最为有趣。因为它们为历史研究提供了分析的工具：社会科学是了解历史世界所不可或缺的。但是这种分析的理论却只能断断续续地启发历史家的研究；大部分时间，历史学家仍然必须依赖类似于“艺术家之想象”（fantasy of the artist）的东西。[③]

从理论上看，在狄尔泰的架构中，这属于第二种类型的学术训练可以有无限多种。他主张，在创造一种新的文化或社会科学

---

① Rossi: *Storicismo tedesco*, p. 58.

② Dilthey: *Gesammelte Schriften*, I (Leipzig and Berlin, 1922), pp. 97, 109.

③ Ibid., pp. 26, 40.

的时候，不必“划定新疆界”。只要设计出一种可以剖析既有资料的新方法就可以了。狄尔泰发觉这些用来剖析历史生活的方法中，有些实在太过于抽象，而且带有形而上学的色彩——他认为社会学就是如此。狄尔泰比涂尔干、韦伯和其他一些现今我们所知道的此一学科之创始者都更早开始撰写关于社会学方面的著作，因此他也就只能从孔德和斯宾塞所定下的一个教条式的、先验性的（a priori）模式里去看社会学。但是狄尔泰所注意的，并且将其当作文化世界之抽象科学的例子的却是经济学和心理学。[①]

狄尔泰和心理学接触的结果所引起的争论比他的任何其他层面的思想所引起的争论都更多。在《精神科学引论》一书出版后，他的第二个理论性著述的目标便是要建立一种“叙述性与分析性的心理学”[②]，这个事实说明了心理学在他心目中所占地位之重要。有些批评家（特别是那些遵循克罗齐所立下之典范的人）认 197 *217*
为狄尔泰之结合历史与心理学无异是向实证主义投降。其他的批评家则认为他这么做乃是一种勇敢的行为，其目的是要摆脱他自己那个时代的过于形式化的心理学。与柏格森一样，狄尔泰想要把心理学理论的基础从抽象理论的建构转移到“意识之直接资料”（immediate data of consciousness）上来。同样地，人们也认为他对弗洛伊德曾经产生影响。但我找不到证据来证明狄尔泰和弗洛伊德的这一层关系。然而对詹姆士他却是抱着同情的态度的。1867

① Dilthey: *Gesammelte Schriften*, I (Leipzig and Berlin, 1922), pp. 85, 91–92.

② “*Ideen über eine beschreibende und zergliedernde Psychologic*,” *Gesammelte Schriften*, V, 139–240.

年詹姆士在柏林首次见到狄尔泰，对他非常倾服，同时也因为不能和他再多见几次面而深感失望。三年以后，《宗教经验之种种》（*The Varieties of Religious Experience*）出版，狄尔泰称赞它是美国对宗教心理学的一大贡献。[①] 他们二人是互相推崇的。有一位批评家甚至称狄尔泰是“德国的詹姆士”。[②]

狄尔泰有关心理学的著作是为了他的第二部《精神科学引论》铺路而写的。但是这第二部书却一直没有完成。同时，狄尔泰的观念也渐渐有了改变，他更关心他先前的著作所没有解决的认识论方面的问题了。他发现：单单主张文化科学是研究某种透过同情的经验而获得的内在之了解的科学乃是不够的。还得去解释那种经验所代表的意义是什么，以及研究者的心智是如何活动，才
198 能了解人类的文化。因此，狄尔泰在晚期的著作中便费尽了心思，想要对“经验”（experience）、“表意”（expression）以及“领悟”（understanding）等功能之间的关系加以说明——简而言之，就是要明了：人类是如何去“建构”（constructing）历史世界的。狄尔泰在最后一本重要的理论性著作当中，便是以这种有弹性的、建筑学上的隐喻来描述历史家或社会学家的工作。[③]

狄尔泰对于“历史知识”（historical knowledge）的问题，并

---

① Compare the statements in Antoni: *Dallo storicismo*, pp. 9, 18, and of R. G. Collingwood in *The Idea of History* (Oxford, 1946), pp. 173–175, those of Holborn in his “Dilthey and the Critique,” pp. 96, 109, 111.

② Albert Salomon: “German Sociology,” in Georges Gurvitch and Wilbert E. Moore, editors: *Twentieth Century Sociology* (New York, 1945), p. 591.

③ “*Der Atifbau der geschichtlichen Welt in den Geisteswissenschaften*,” *Gesammelte Schriften*, VII (Leipzig and Berlin, 1927), pp. 77–188.

没有提出任何具有结论性的答案。在这个重要的问题上，后来的作家们都愿意采取克罗齐的比较清楚（如果不说是太过于简化了的话）的解决方法，或者是韦伯的实用的以及相对性的方法。的确，从今天的观点来看，狄尔泰的学说中有许多观念似乎都酝酿了克罗齐的看法。譬如他主张（追究到底——此乃从维柯那里学来）：在文化学的研究中，主体与客体——亦即研究者与其资料并不是像自然科学中主体与客体的性质那么截然不同，而是同属于人类历史之范围以内的东西。此外还有他对史家工作的描述——主张史家的工作是过去的“再体会”（re-living）以及“再经验”（re-experiencing）。另外他还有一种主张，认为这个“再体验”的过程（特别是史家要表达其所领悟之内容时所需要的创造性活动）所包含的艺术成分，至少和科学成分一样多。最后还有一种看法，认为史家的兴趣焦点以及价值体系必然反映了他自己那个时代的情况。

但是，如果只把狄尔泰看作克罗齐的先驱，就有失公平了。狄尔泰在某些地方比克罗齐更具有远见——克罗齐曾经逃避或者否认了某些问题，狄尔泰却挺身面对这些问题。狄尔泰比克罗齐更明白历史与社会科学之间的密切关系——狄尔泰想要为未来的
心理学勾勒出一个大概，而克罗齐却索性把心理学当作自然主义 199
（naturalism）哲学的私生子。狄尔泰的搜罗范围是广泛的——他想要在五花八门的知识领域以及他所追循的多种互相冲突的文化研究传统之间，建立起一种秩序。克罗齐比较实际，他把他的探照灯固定在某些无懈可击的立场上，然后只对这些灯光所照射到的人类生存领域加以探讨。

因此没有一个人能够把狄尔泰所提出的计划一一完成——在19世纪末叶成熟的那些人当然更没有办法去完成这些计划。他和韦伯一样，都想要完成一种太超乎人类心智所能负担的综合工作，但他没有韦伯做得那么成功。据说，他晚年的时候竟为了未完成的书稿而失眠。更特别的是，他想要摆脱自己的思想中所隐含的怀疑主义与相对主义——却没有成功。他曾经说：“唯有当史家的方法不必再依赖‘动机’的决定时，我们才能克服怀疑主义。”[1]但是，他自己结合历史与心理学，其所暗示的道理却正是这种“动机决定”（determination of motives）的理论。一个历史家如果想要采用心理学的方法而对历史上的人物给予同情的了解，那么他就找不到固定不变的道德标准来支持他了。没有准则可以评断互相冲突的价值。而狄尔泰却不屑和新康德学派一样，求助于具有形而上性质的“超验的价值”（transcendental values）。

狄尔泰的著作虽然没有结论，但其影响巨大。他所立下的自然科学与文化科学之划分标准变成史家们的准则，同时在某种较低的程度上也成了社会科学家的准则。在狄尔泰以后，史家们不必再为历史的“非科学”性做任何辩解——他们已经明白为什么
200 历史学的方法永远不会和自然科学的方法完全一致。近代思想史的传统（迈内克是最杰出的提倡者）也是自然而然地从狄尔泰的学说中发展出来的。[2]本书在概念上以及取向上也的确是以狄尔泰首先建立起来的那些哲学性的社会研究之准则作为依据的。

---

① “*Plan der Fortsetzung zum Aufbau der geschichtlichen Welt in den Geisteswissenschaften,*” *Gesammelte Schriften*, VII, 260.

② Holborn: “Dilthey and the Critique,” pp. 116–117.

贝内德托·克罗齐——从“论文初集”到“历史学”

柏格森曾经说:“哲学的本质乃是‘单纯的精神’(spirit of simplicity);不论从任何角度来观照哲学,我们总会发现它(哲学)的复杂只是表面的,它的建构物只是装饰品,它的‘综合’(synthesis)的结果只不过是个幻觉罢了——从事哲学思考乃是一种单纯的活动。”[①] 柏格森是在 1911 年在克罗齐的家乡——波隆尼亚(Bologna)所举行的哲学会议上发表以上这些言论的。当时柏格森的声望已如日中天,而这位比他年轻一点的克罗齐也正要完成他的一系列有系统的研究——这些研究日后将使他在意大利哲学家中成为不容置疑的第一流的杰出人物。

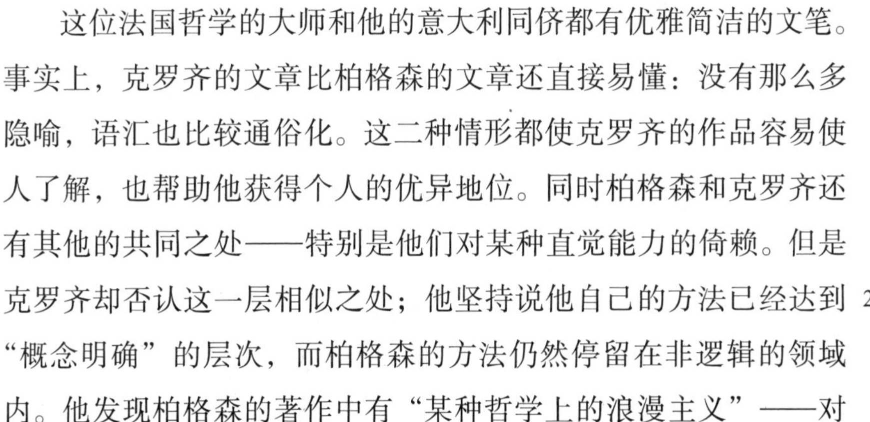

这位法国哲学的大师和他的意大利同侪都有优雅简洁的文笔。事实上,克罗齐的文章比柏格森的文章还直接易懂:没有那么多隐喻,语汇也比较通俗化。这二种情形都使克罗齐的作品容易使人了解,也帮助他获得个人的优异地位。同时柏格森和克罗齐还有其他的共同之处——特别是他们对某种直觉能力的倚赖。但是克罗齐却否认这一层相似之处;他坚持说他自己的方法已经达到 201
“概念明确”的层次,而柏格森的方法仍然停留在非逻辑的领域内。他发现柏格森的著作中有“某种哲学上的浪漫主义”——对

① “*L'Intuition philosophique*,” *La Pensee et le mouvant: Essais et conférences* (Paris, 1934), p. 139.

于他这种清晰的地中海型理智来说，这是非常可厌的。[①]

克罗齐很少对弗洛伊德的著作提出什么批评。韦伯也是一样，直到去世都没有对弗洛伊德产生太大的兴趣。克罗齐虽然博览群书、见闻广博，却认为不必要与当时的新知识潮流并肩而行——他只研究那些与他目前的兴趣有关系的东西。克罗齐的理智非常平衡稳固，独立而有自信——他只是坚定地走他自己那一条路，未曾遭受任何困扰。只有在第一次世界大战中的一段短暂的时期里，他才稍稍有所改变。这种自信在我们这个备受折磨的世纪里倒是一件令人感到快慰的“年代错误”（anarchronistic）的现象。

克罗齐的思想非常广博。他的著作达 60 余部之多——这还没有包括他所有在《批判》（*La Critica*）杂志（这份杂志是他从 1903 年开始主编的，代表了他的思想发展之过程）所发表的杂文。他在意大利的文学与哲学界扮演了一个开明专制的角色，为时达半世纪之久。自从歌德以后，再也没有其他任何一个人能够这么彻底地影响一个欧洲主要国家的文化。

在意大利以外的世界里，克罗齐的主要影响力却在于历史学与历史哲学的批判。而我们在本书中所要讨论的克罗齐也就是以史家以及历史哲学的批评者身份出现。因此，就他这种身份而言，我们在这一章中把他当作一个主要的人物（其他的角色都是德国人）来处理，也是再适当不过的事。因为克罗齐虽然不曾在国外

---

① Manlio Ciardo: “*Croce e Bergson nel pensiero contemporaneo*,” in Francesco Flora, editor: *Benedetto Croce* (Milan, 1953), p. 384.

求学，但是他的历史与哲学教育却大半是德国式的，而且多半还 202
是自修得来的——他因为研读了德国的理论才创获了他的史学标准以及批判的诠释的准则。他的哲学导师除了意大利的维柯和桑克蒂斯以外，就是黑格尔了——当然还有马克思。

我们已经从马克思主义的观点分析了克罗齐的知识成长过程。同时我们也看到他在 1900 年的时候，是如何摆脱了这个暂时性的蛊惑。现在应该回过头来，重新探讨早期对他的思想之成熟较具长久性影响的因素。

克罗齐生于意大利南部地区最靠近北方的阿布鲁齐（Abruzzi）地区的阿奎拉（Aquila）省；双亲很富有，小时候就被带到那不勒斯去居住。他也终身以那不勒斯人自居——这只表示说他是住在南方的首府而已，也表示他热忱参与那不勒斯的一切活动。克罗齐真的热爱那不勒斯——他既爱它的传统中卑微的一面，也爱其中崇高的一面。那不勒斯的脏乱和嘈杂并没有把他吓跑——他甚至热切地在它的窄巷口找寻历史的陈迹；那不勒斯的民歌和故事使他着迷；直到去世他一直都喜欢在谈话当中夹杂那不勒斯的俚语。同样地，他对于能够继承那不勒斯的矛盾的传统也感到骄傲——虽然一般文化程度远低于意大利北方的城市，那不勒斯也是一座哲学家之城，尤其是近代史学方法传统的宗师维柯的家乡。

1883 年，克罗齐 17 岁的时候，他的双亲在伊斯契亚岛（the island of Ischia）上的一次地震中丧生。其后那一段生活，就是他回忆中描述为他一生不会再经历过的“噩梦……最黑暗、最痛苦

的日子”。由于他的伯父斯巴闻达（Silvio Spaventa）的善心照顾，203 失去了双亲的克罗齐被带到斯巴闻达在罗马的家中。斯巴闻达相当有社会地位；他是一个有名的哲学家，同时也是意大利政坛上的老右派的领导人物，但是他似乎不会对克罗齐产生任何影响。后来的人认为克罗齐之所以倾向于黑格尔乃是受了斯巴闻达的影响，这是不正确的；同时就政治而言，克罗齐对他的伯父及他的朋友们嘲讽、政击政府的行为也大不以为然。1876 年，这个六年前曾经完成意大利之统一工作的老右派失去了势力，此后没有再掌握过权力——失去了实际的影响力以后，他们所能做的只是对取代了他们的平庸的左派政客加以咒骂。年轻的克罗齐不能苟同这些判断。40 年以后，当他为他自己的时代写史的时候，他尝试采取一个比较平衡的看法——他承认德普雷蒂斯 * 及其后继者是对意大利具有建设性贡献的统治者。

在罗马无依无靠——“既无朋友，也无娱乐”——的克罗齐在大学里也不能专心致志读书。唯一使他感兴趣的是拉布里奥拉的道德哲学的课程——拉氏那时候还没有开始讨论马克思的著作。多半的时间，克罗齐只是研究一些他自己喜欢的东西（主要是文学），他说：“我通常只是研究我自己选定的题材，我发明自己的一套方法……我在犹疑、错误当中前进，对某些东西研究得太少，而对另外一些东西却又研究得过多。”渡过了三年这种日子以后，他终于很欣喜地逃回那不勒斯。在那不勒斯他终于安定下来，开始过一种往后 60 年间都是一样的生活——做一个孤独的学者，没

* Agostiono Depretis, 意大利政治家，曾任首相、内政部长（1813—1887）。

有学位，也没有和大学里的任何人物有所牵连，经济独立，精神也独立。

克罗齐在那不勒斯“加入了一个由图书馆员、档案收藏家、 204
学者、博古家以及诸如此类的善良的、有地位的、文雅的人所组成的一个社团；他们多半是老年人或中年人，不太喜好思想的工作。”1886—1892 年的六年之间，他狂热地埋首研究家乡的古史。[①]克罗齐和其他许多历史哲学学家不一样，他对于历史研究的知识都是苦心用功得来的——也就是研究一些表面上看起来很琐碎、难以处理的史料而得来的。查伯德（Federico Chabod）对这位年轻学者在这个时期中的生活有一段令人欣喜的描述：“从早上 9 点到下午 4 点，他在档案处研究，然后又换另一个图书馆，直到入夜时分。最后‘经过 11 个小时的禁食，他在一家小饭馆吃过晚饭，然后才骑着驴子回山边的住处去’。”[②]

克罗齐在思想成熟之后的年代里，曾经用很严厉的眼光批判他以前那一段迷古与缺乏哲学思考的年轻时代。但是我们如果把他的这种负面的评断太当真，而认为他只是个传统式的没有感情的学者，那就错了。事实上，克罗齐对那不勒斯古史的研究是充满生命力与人性光辉的。或许是不知不觉地，这些研究工作已经渐渐地把他引导到日后他所关心的问题上了——它们使他远离了当时盛行的哲学的抽象概念及尖酸刻薄的习气（这一点使他对罗

① “*Contributo alla critica di me stesso*” (1918) (reprinted as an appendix to *Etica e politica* [Bari, 1931]), translated by R. G. Collingwood as *An Autobiography* (Oxford, 1927), pp. 37–49.

② “*Croce storico,*” *Rivista Storica Italiana*, LXIV (1953), 478.

马生活感到很失望）。它们也使他渐渐地肯定“想象”（imagination）与“英雄式的奉献”（heroic devotion）之价值。从这个角度来看，过去的每一个片段都是重要的；每一个片段都刻镂了痛苦与牺牲的记号。我们发现：在这段时期，克罗齐最喜爱的历史人物乃是那些贞烈的女子——她们都把自己慷慨地奉献给爱情或者崇
205 高的政治目标[①]；这一点观察对我们必能有所启发。同时以下这一件事实或许不至于和本书完全没有关联：克罗齐本人直到中年以前，对于公开与未经结婚的情妇同居这种风尚还是抱着相当轻蔑的态度。

到了 1893 年，克罗齐已经厌倦这种博学强记的求学功夫。为了寻求对历史研究的一种哲学上的了解，他首次开始阅读维柯的《新科学》（*Scienza Nueva*）；他遍读如德罗伊森、狄尔泰等德国学者的作品，还重新温习伟大的文学批评家，以及他的那不勒斯同乡桑克蒂斯的作品：

> 因此经过长久犹豫，并且试过一连串暂时的解决方法以后，在 1893 年的 2 月或 3 月，我在经过整天的集中思考以后，终于在傍晚下笔完成一篇我称之为“一般艺术概念下的历史”（*History Subsumed Under the General Concept of Art*）的论文的大纲。这篇文章使我认识到“真正的我自己”。它不只给我一种喜悦，让我清楚地看到一些通常被混淆的概念，并且为许

---

① Mario Corsi: *Le origini del pensiero di Benedetto Croce* (Florence, 1951) pp. 26, 31, 35, 39.

> 多错误的倾向找到逻辑上的根源，也使我对当时写作时的流畅与热情感到惊讶——那些文章似乎就是贴近我心胸的东西，也好像是直接从我的心里倾吐出来的……

克罗齐在庞坦尼亚研究院（Accademia Pontaniana）的一个集会中把这篇文章念给他的一些博古家朋友听的时候，曾经引起了一阵小骚动。正如后来一位年长的学者所说的：克罗齐已经变成“批评家当中的加里波第*”了。[①]

克罗齐在这篇文章（亦是他的第一篇有关理论历史的文章）中用很明白的词句表达了一个简单的论点：历史写作的目的并非编织什么“概念”（concept），而是要把特殊的事件具体地表现出来；因此我们认为历史并不具有科学的性质。……因此我们也很容易得到这样的结论：历史既然不是一种科学，那么它必定是一 206
种艺术。[②] 克罗齐用这一句话表达了他在研究古代事物时就已经培养出来的一种信念——亦即，他最初的两种爱好：文学的艺术与渊博的历史知识并不是两种东西，而是同一种东西。它们和生命本身都有温暖、直接的接触。例如，克罗齐喜欢去探讨其渊源的那不勒斯的通俗诗歌就是一种同时能给人以欣赏艺术的喜悦，又能启发历史知识的东西。因此他在这第一篇文章中所提出来的论点便代表：“到那时候为止，人们对历史所提出的理论性与系统化

---

* 朱塞佩·加里波第（Giuseppe Garibaldi, 1801—1882），意大利的爱国者。

① *Autobiography*, pp. 52–56.

② “*La storia ridotta sotto il concetto generate dell’arte*,” *Primi Saggi* (Bari, 1919), p. 24.

的解答”，只不过是一种基于史家个人的“实际经验”而得来的“道德信念”（ethical conviction）而已。[①]

但是，在后来添附于这篇主要文章后的注释当中，克罗齐已经渐渐对历史家的工作发展出一种比较具有“概念性的”（conceptual）观点了。在他的第一本有系统的著作《美学》（*Aesthetics*, 1902）当中，克罗齐仍然坚持原来的看法。但是七年之后，当他完成《逻辑》（*Logic*）的最后一部时，他的理论观点就有了剧烈的改变。一直到去世，他仍然保持这第二种观点，其后虽然有所补充，但是变动不大。

在他的成熟的历史理论中，克罗齐很成功地融合了他对维柯、马克思、黑格尔等人的有系统的研究结果。这三个人依次对他发生影响。我们已经谈过，他在准备写他的第一篇理论文章时，就曾经对维柯加以研究。这一篇小文章所引起的骚动尚未平息，克罗齐就开始了为时五年的对马克思理论的研究。结束有关马克思的研究以后——当他把唯物辩证法（dialectical materialism）有关
207 的部分纳入他的历史思想准则当中以后，他才开始对马克思的哲学导师所做的、持续了一段时期的研究。

因此，克罗齐之从事于黑格尔的研究，其所经历过的程序正好与一般历史上的先后次序相反。他在第一篇论文中，只是附带地提到黑格尔；到了 1906 年，他才以“黑格尔哲学中的活思想与

① Corsi: *Origini del pensiero*, pp. 53–54.

死思想”（*What is Living and What is Dead in Hegel's Philosophy*）这样显著的题目发表他花了较长时间对黑格尔所做的研究之结果。克罗齐认识黑格尔是经由马克思引介的，这个事实使他能够保持某种超然的立场，不至于完全被黑格尔的思想笼罩。但是保持这样的观点也有危险之处。克罗齐完成他的《美学》一书，并且写好第一部《逻辑》的时候，就已经感到：“以前我只是列举了黑格尔的思想，并没有对他做整体的研究，现在应该是对他做一个更深入的了解的时候了。”而此刻他对这样的研究也已经有了准备，他发觉黑格尔哲学（Hegelianism）非常具有启发性。他很坦白地承认，黑格尔曾经帮助他，使他能把自己的概念体系建立得更严密、更有连贯性。克罗齐之决定重写《美学》以及《逻辑》二书，把它们纳入《精神哲学》（*Philosophy of the Spirit*）的前二册，并且计划添加关于经济学以及伦理学的分析著作，以及一册历史学的定论之作，[①] 这种决定与计划乃是得自黑格尔的影响。

克罗齐一向认为他对黑格尔的思想有所取舍，并且只引用了他绝对需要的东西。阐释克罗齐思想的一位学者曾经指出：黑格尔对克罗齐所产生的影响力是很均衡的；这是因为克罗齐也很推崇 17、18 世纪的英国哲学——这些哲学和他自己的哲学一样，都
不是教条式的理论；而且大多数是像他自己一样的“普通人，而 208

① *Autobiography*, pp. 95–101；关于经济学与伦理学的部分（即 *Filosofia della pratica*），于 1909 年添加，《逻辑》一书亦于同年修订后加入；关于史学方法那一册则首先在 1912—1913 年以论文的方式发表，然后辑成书，译成德文于 1915 年出版，1917 年再添加到这一部书中。这部书中的第一册《美学》实际上与原先出版时一模一样。

不是大学教授”写成的。[1] 如果我们说克罗齐是黑格尔学派的，那当然是个大错误。但是我们却可以说克罗齐思想中最值得怀疑的一些特点——即坚持必须建构系统化的理性主义以及坚持“半神格”(quasi deity)的“精神”(the spirit)之普遍存在等观念，都是受了黑格尔的影响。

但是在另一方面，克罗齐却从维柯那里学到了一些使他自己的理论变得生动而富有想象力的观念。维柯是克罗齐的第一个哲学导师——因为维柯是在历史上最早出现，并且是和他自己的家乡距离最近的一位哲学家。但是克罗齐却一直到《精神哲学》的写作只剩最后一部的时候，才开始系统研究维柯的思想。这个研究结果，使克罗齐写出了一部最具影响力的书——这本书其实也开启了第二个维柯研究潮。第一个关于维柯的研究狂潮发生于1820年(当时《新科学》一书已经被忽略一世纪之久)，由于这个研究狂潮，形成了研究神秘的、非理性事物的浪漫主义思潮。从克罗齐在1911年研究维柯以后，人们就对维柯开始做更严格的分析，一直到现在仍然如此。

克罗齐发现：在两个明显的意义上，维柯可以被称为历史哲学家。其一，维柯建立了“典型的人类社会历史”(a typical history of human society)——维柯在这方面的研究是历史上第一种广博的、非宗教性的形而上体系，日后再提出类似体系的人乃是黑格尔与斯宾格勒。维柯用这种形式创造了一种“既是人之哲学，同时又是世界各国之历史”的“新科学”。其二，维柯赋予历史研

① Giovanni Castellauo: *Benedetto Croce*: *il filosofo-il critico-lo storico*, second edition (Bari, 1936), p. 17.

究一种对本身之重要性的新的自觉（这一点较不为人注意）：

> 历史有时候会被人当作是幻想、虚荣、说教以及其他不
> 相干之事情的奴隶，维柯注定要把历史从这种卑微的地位中
> 拯救出来，并且要让它认清它本身乃是辅助构成永恒的真理 209
> 所不可或缺的东西。基于同样的道理，哲学也应当浸润于历
> 史当中；如此一来，哲学便可以更具包容力，也会生动地体
> 会到有待解释的具体事实。[1]

在第二种方式下——亦即历史与哲学方法的结合——维柯才深刻影响了克罗齐最成熟的历史写作的理论。

到了 1913 年，当克罗齐关于历史学之研究出版以后，他的事业当中的“系统化的”（systematic）阶段就过去了。他虽然只是接近知命之年，但是他的《精神哲学》以及与这本书居于同等重要地位的有关历史唯物论、黑格尔以及维柯的研究也都完成了。我们或许会认为他将就此关起哲学之门了，但是克罗齐却绝不做此想。因为他从来就不认为他的系统化的研究代表了他的最后的、不变的观点。意大利的知识分子一直到克罗齐的时代为止，仍然找不到一种引导他们去认识各种哲学研究的适当的指南，克罗齐的这一系列的著作本来是为了满足他们的这种特殊的以及暂时性

① *La filosofia di Giambattista Vico* (Bari, 1911), translated by R. G. Collingwood as *The Philosophy of Giambattista Vico* (New York, 1913), pp. 33–34. 我把译文改动了一下。

的需要而写的。况且，我们也无法否认克罗齐“还没有完全从旧式的（哲学）体系的观念中解放出来。”① 克罗齐完成了他那些系统化的著作以后，这种残余的体系观念也就消失了。从此以后，克
210 罗齐就不再致力于进一步的综合工作——其后他的思想只是贯注于一部一部的著作中，但这些著作都是用论文集、记要、杂文的形式辑成的。

克罗齐这种写作风格的改变表示 1909—1913 年（亦即《逻辑》一书的最后一部的出版，到关于史学方法之文章的刊出）乃是一段休息的时期，也是检视整个发展完整的历史理论的时期。克罗齐在这第二次整理出来的（而且是具决定性的）观点中，表示：历史并不比单纯的艺术更概念化——它实际上相当于一种“人的知识”（human knowledge）的总和。概念化的因素透过哲学而进入历史，我们则可以把哲学看作人所加诸其本身之历史的一套判断。因此克罗齐并没有像黑格尔那样把哲学强加在历史身上——他是把哲学当作历史的“方法论”（methodology）而“纳入”历史。

如此，哲学家的任务与历史学家的任务就顺理成章地合而为一了。克罗齐在此暗示了：将来的学者都应当像他一样——是“哲学家-历史学家”（philosopher-historian）。此外，这个新的定义也像狄尔泰所提出的观念一样，使历史从自然科学的实证主义之束缚中解放了出来，但是它比狄尔泰解放得更彻底。因为它不只是使历史有了“自主性”（autonomy），还使历史成为“科学之后”

① Castellano: *Croce*, pp. 29–30.

（the queen of sciences）。基于同样的理由，克罗齐也贬抑了自然科学的地位。克罗齐认为：相对于历史知识，自然科学只能提供无系统的历史资料（就“描述性的科学”（descriptive science）而言）；以及“任意的知识丛集”（arbitrary complexes of knowledge）和基于实际需要所建构起来的“虚拟的理论”（theoretical fictions，就“分析性的科学”（analytical science）而言）[①]。而就克罗齐肯纡尊降贵地来谈社会科学而言，它们的情形也和以上所说的一
样。在社会科学当中，他唯一还肯表示一丁点儿兴趣的乃是经济 211
学——而对于此，他也认为它主要是为了实际的需要而存在的。

克罗齐认为：自然科学和社会科学所研究的都是一些可以从外界察觉到的资料。而相反的，历史则希望能获致一种“内在”的了解。克罗齐的这种主张完全承袭了德国唯心论的传统。他还把唯心论的看法推展到极致，认为“任何一种真实的历史都是当代史”。利用这个矛盾的说法（这句话成为他的最有名的格言），克罗齐是要表示说：历史的本质在于以想象力去理解过去主要的问题——首先是透过历史人物本身的看法去了解它们，然后再透过历史家对自己的时代之体验而去了解。实际上，这两种方法在史家的思想中是合而为一的——史家唯有根据自我意识而把这二者整合在一起，并且使它们融汇在自己的思想中，使它们在他的

① 关于克罗齐的科学观，见 *Logica come scienza del concetto puro* (Bari, 1909), translated from the third edition (1917) by Douglas Ainslec as *Logic as the Science of the Pure Concept* (London, 1917), Part II, Chapter 5; Cecil Sprigge: *Benedetto Croce: Man and Thinker* (New Haven, Conn., 1952), Chapter 3; and the discussion by Croce's English disciple R. G. Collingwood in his *Idea of History,* pp. 197–200.

"灵魂"内"震颤"，这时候他才可以说是对他的主题有了真正的了解。

因此真正的历史都必须经过史家的"再体会"或"再经验"——确立事实以及对事实的解释、判断，都是想象力之再创造的过程。克罗齐认为，如果没有经过这样的再创造的过程，历史就只成了编年史而已——也就是记录下来，但是没有经过史家思考的死历史。克罗齐对于编年史家或"语言学派史家"（philological historian）的作品，都以相当严格的眼光来评断——他认为19世纪大多数的专业历史学家都是属于这两类。其实他所责难的也正是他年轻时代那一段博闻强记的时期，所以他很清楚自己是在谈些什么。但是他却认为这种历史也有一点有限的价值——它有如一座仓库，其中堆满了一些材料，等着有朝一日有位真正的史家能把这些材料再思考一遍，便它"复活"。

212 从这个观点来看，合理性、积极的事物才能成为历史的题材。因为唯有这些事物才是可理解的。其余的只是一些苦难、暴力与散乱无章的事情。"外表上看来似乎全然是邪恶的事，以及一个看来完全是衰败的时代，都只是一种'非历史的'（non-historical）事实——此即是说，这种事实还没有经过历史的处理，还没有经过思想的体察，它们只是感情和想象力之下的牺牲品而已。"①

从许多方面看来，克罗齐的历史理论真正超越了德国的前辈

① *Teoria e storia della storiografia* (Bari, 1917), authorized translation by Douglas Ainslee as *History: Its Theory and Practice* (New York, 1921), pp. 12, 19, 24–26, 87–88, 91.

以及当代的历史学家。至少它是用比较合逻辑、比较不具神秘主义色彩的形式写出来的。克罗齐把哲学与历史融于一炉而治，用前后一致的主观的方式来为历史下定义，并且把非理性的“情感”（sentiments）排除于历史研究的范围之外，如此一来，他就把某些非常困扰狄尔泰以及新康德学派的问题消灭于无形。但是，这些收获却是用极大的“简化”（simplification）的代价换来的。我们把克罗齐的成熟的理论审视一遍，就不得不下结论说：克罗齐做得最成功的地方乃是为“什么不是历史”下了定义，而不是精确地去说明“什么才是历史”。

克罗齐虽然别树一格，但是仍然是个理性主义者。他比前代的较传统的理性主义者更重视原始的、野蛮的事物，这是从维柯那里学来的。但是，他对这方面事物的了解却只是一时的，年岁愈大，他就愈来愈少提到那些他年轻时代所着迷的“充满冒险、信仰与激情的生活”。因此非逻辑的情感只是他的“领悟法”边缘上的东西而已。但，这些东西却正是与他同时代的社会学家、心理学家以及人类学家最关心的。克罗齐敌视社会科学——他不愿
意对历史与这个相关学科之间的关系多加说明，如此一来他只是 213
更加强化他思想中原本已经很强烈的理性主义之抽象思考方式。

但是，其中很矛盾的现象乃是：克罗齐自己的历史知识理论也不是前后一贯、合理性的。克罗齐想要对史家在融合史料时所使用的方法做精确描述，但结果也只是得到一个灵光一闪之领悟的譬喻而已。这个结果其实也不比兰克的“沉思冥想”的观念进步多少。克罗齐极力想要去除的唯心论传统下的神秘主义，结果又化成语言之隐喻的形式偷偷溜回来了。

为了阐明这些困难的问题，克罗齐在晚期的著作里便提出了许多精心构筑而成的理论和一个对历史之“内容”（content）（相对于史学的方法论）的补充性说明以及一些重要的具体历史著作的例子。

克罗齐——“伦理政治史”的概念

1910年，克罗齐开始了我们可以称之为“公众性”的事业。那年他被选为参议员——他一生都任此职；四年之后，他结了婚，生了许多女儿，抚养了一个大家庭。几乎是同时，第一次世界大战爆发了。克罗齐的学者生活与个性本都不容许他涉足太多公众事务，但是战争的爆发却使他不得不采取更积极的态度。因为倡导意大利加入英法一方的干涉活动正好与他最密切的文化联系相违背——德国比其他任何国家都更像是他的精神故乡。此外，他也很正确地看到：意大利并没有充分的理由介入这一场冲突。他
214 还记得，意大利在过去经常“鲁莽地介入某些事件，却只得到相反的结果，弄得身败名裂。”[①] 因此他在意大利中立的时期，就力主不要干涉。但是政府一旦做出与他的意见相反的决定，他也就即时在参议院中投票支持战争；在战争期间他所表现出来的态度虽然不热心，至少是“正确的”。最重要的是：他极力要维持一个“国际学人社会”（international community of scholars）的观念，不使它受到战争的影响；同时还要力阻参战各国的知识分子变成

① Castellano: *Croce*, p. 88.

群众激情下的牺牲品。有一位批评家很敏锐地指出："克罗齐在战争期间的态度只有教皇可以相提并论——教皇是主教之首，他既为德国与奥地利的军队祈祷，同时也为意大利与法国的军队祈祷，其中并没有什么矛盾存在。"[1]

但是，克罗齐的创造动力却随着战争的来到而衰竭了。他曾经腾出一些时间来整理、修订他的早期作品，还写了一篇很适当地题为"自我评论"（Contribution to Criticism of Myself）的文章。自从进入 20 世纪以来，这是他首次感到沮丧、前途茫茫。[2] 战争的结束带来新的困扰——意大利首次试行民主政治，却因此而引起社会上的大骚动。在这种内战的情况下，克罗齐应吉奥里提（Giovanni Giolitti）[*] 的邀请，出任吉氏的最后一任内阁成员。在整整一年当中，这位那不勒斯的哲学家辛苦地扛起没有前途的领导教育部的工作。1921 年 6 月，吉奥里提的内阁瓦解，16 个月以后，墨索里尼就掌握了大权。

法西斯主义的来临震撼了克罗齐，促使他再开始从事新的活 215
动。起初他对墨索里尼的政权予以有限度的认可，认为它是使意大利振衰起弊的力量。到 1925 年他就站在一个毫不妥协的反对立场了。在其后 20 年间，他的言论几乎是唯一越过意大利国界而传播于世界各处的抗议之声。

在这个克罗齐自称为"第二青年时期"的思想改变与成长期

① Antonio Gramsci: *Il materialismo storico e la filosofia di Benedetto Croce* (Opere, vol. 2) (Turin, 1952), p. 174.

② *Autobiography*, pp. 114–116.

* 吉氏曾任财政部长、首相等职，反对意大利参战。

间，实际的活动、理论、历史写作与哲学构思的工作不可解地纠缠在一起。克罗齐在参与公众活动时所不可避免的“道德抉择”（moral decision）使他的抽象的政治观念更形尖锐化，同时也有了改变，而这种改变又影响了他的历史理论的观点。基于同一个理由，他的史学著作也展现了新的外貌与观点[①]。这些变迁是互相影响、互相激荡的。在1920年代，当克罗齐的思想逐渐改变的时候，我们往往很难看出到底是行动造成了理论，或者这个隐秘的哲学修正过程已经为强烈的实际参与铺好了路。

克罗齐原来的政治观是怀疑的、超然的、精英主义者（elitist）式的——很明显地是反民主的。他对德国哲学传统，尤其对黑格尔的敬重更表示出他的态度与德国的理论家相同——他们都讥讽在政治中“感情用事”，同时也接受“人际关系应该建立在强制力上”这种观点。克罗齐早期的看法和他的国人莫斯卡以及帕累托的看法相近；我们已经谈到过，他和帕累托在批判马克思主义的时期曾经维持一种相互尊重的关系。但是，莫斯卡开始超越帕累托，而采取一种比较强硬的维护自由制度的态度，甚至对民主也
216 表示勉为同意；这个时候，克罗齐也就跟着改变了。[②]1923年克罗齐在《批判》杂志上发表了一篇同情莫斯卡的“政治学要素”（第二版，*Elementi di scienza politica*）的文章——这篇文章或许可算是他的思想之实质改变的一个最早的迹象。

两年以后，克罗齐在他的《反法西斯知识分子宣言》（*Mani-*

① *Vittorio de Caprariis, “La Storia d’Italia’ nello svolgimento del pensiero politico di B. Croce,”* in Flora, *Croce*, p. 291.

② 见本书第七章。

festo of the Anti-Facist Intellectuals）当中就毅然决然地与意大利极权政权决裂。从 1925 年到 1929 年的四年当中，他一再表示反对独裁政治。众议院的议员早就被整肃、驯服了；唯有参议院当中还有一小撮年高的“棘手人物”才能发表某种程度的抗议。如果说在这一群人当中有团结的现象以及领导者的话，那么克罗齐应该算是他们的领导者。

1929 年墨索里尼与梵蒂冈签协定以后——尤其是当他真正战胜国内政敌的时候，参议院里的这一小群人也开始感到畏怯了。克罗齐本人也不再参加参议院的会议；他只是偶尔在《批判》杂志的专栏中发表维护学术自由的文字，并且数次帮助比他处在更不安全之环境的反法西斯主义知识分子。到 1920 年代末期，克罗齐的政治立场已经十分明显，他不再需要通过参议院发声。在法西斯统治的最后 15 年当中，意大利一些不敢发声批评的自由制度的信仰者已经把他当作团结的中心，而他也成了他们的主要象征。

但是，值得注意的是：克罗齐在参议院以反对派的代言人的身份活动的时候，也正是他完成主要为他确立了史家地位的那四本书的时候。随着法西斯主义的到来，学者们又开始讨论“意大利历史以及一般近代欧洲史的特征是什么”的问题。与其他以强硬的意识形态为基础的政权一样，法西斯主义也想要为自己在历
史上找正统的依据——其结果不免产生一些新强调的重点以及局 217
部性的偏差。因此自由主义史家（不论哪一派）有责任重建那些历史阐述，并且为墨索里尼所摧毁的自由社会的价值找寻坚固的历史基础。

在早期的历史著作中，克罗齐曾经对传统的“语言学”类型的历史著作做详尽的研究。其后他又发展出一种历史理论，这种历史理论破坏了年轻时代的研究成果。但是他却还不曾大规模地应用他的学说。1920 年的意大利历史学的危机给了他一个机会——让他能够去写作具有哲学意味与崇高风格的重要历史著作，并且利用这个写作过程去发展出一种已经渐渐臻于成熟的新的历史思想。

克罗齐在他出版于 1925—1932 年的历史之“四部曲”（tetralogy）当中，完成了两件事：第一，他又把年轻时代所研究的题目重新拿来研究，把它们扩大并且改写成解释巴洛克时代那不勒斯王国以及意大利王国历史的著作；第二，他把注意力移转到近代，略述 19 世纪的欧洲史，并且更详尽地叙述从统一到第一次世界大战为止的意大利历史。[1] 这四本书一部接一部地出版时，我们就能清楚地看到它们是由一个共同的主题贯串起来的，而这个主题又绝对地影响了克罗齐晚期的理论著作。其中心思想乃是认为人类精神在迈向自我实现，同时人类为了要建立一个自由社会，也一直在与自然的以及人为的障碍作不断的奋斗。套一句他最后一本重要的理论性著作中的一个章名来说，克罗齐现在乃是把历史“当作自由之故事”（as the story of liberty）来叙述。

218 这就是克罗齐最后为历史主题所下的“伦理-政治”的定义。

① *Storia del Regno di Napoli* (Bari, 1925); *Storia d'Italia dal 1871 al 1915* (Bari, 1928); *Storia dell'età barocca in Italia* (Bari, 1929); *Storia d'Europa nel secolo decimonono* (Bari, 1932). 以上除第三本书以外都有英译本。关于这整个问题，请见 Chabod：*Croce storico*，pp. 500—514。

但是克罗齐从提出试探性的看法到做成完全的阐释，已经经历了十年。我们最先是看到他在一篇 1924 年刊出的文章中发表这种看法；其次，我们在他的一本出版于 1927 年的历史学著作中的“旁注”（marginalia）里，发现他对此一观念的进一步阐释；[①] 到 1938 年，此一观念就变成了一本意大利语题为《作为思想与行动的历史》（*History as Thought and Action*）的著作的中心思想；但是这本书的英译本却误把书名缩小为《历史为自由之故事》。[②] 这一点很容易令人产生误解，因为那本书的主题并不只包含“自由之故事”——它还包括了“史家之思想与行动之交互影响”这个恼人的问题。

在这个后期的理论中，克罗齐想要建立一种史学著述的概念——这些史学著述所包含的范围将是普遍性的，但是它却不能只是知识之大杂烩；也就是说它不能像过去的一般性的历史著作一样，只排比叙述一些互不相关的政治、经济、文化事件。克罗齐认为贯穿其中的概念应该是人类的所谓“道德生命”（vita morale）。这“道德生命”所指是表现在艺术、宗教、伦理以及政治原则上的人类之至高无上之理想的全部。但是，他强调他所指的并不是当时流行的说教式的历史。基于这个缘故，他选择了“伦理—政治的”，而不是“道德的”这个字眼来描述他心中的看法。

结果是融合了传统的政治历史与新型的“文明史”（history of

① 见该书第三版及以后诸版第 321—323 页；英译本中没有包括这些旁注。

② *La storia come pensiero e come azione* (Bari, 1938), translated by Sylvia Sprigge as *History as the Story of Liberty* (New York, 1941).

civilization）——这种“文明史”是由伏尔泰发明，并且由19世纪晚期的实证主义史家有系统地加以阐明的历史著作。克罗齐认
219 为政治仍然是历史著述中的主题，但是必须在政治的叙述中加上由人类生活的其他层面所引介进来的“道德”的因素，使它臻于更高一层的境界。当这种融合的工作完成以后，很显然地，它所产生的新的“综合体”（synthesis）就会以自由为中心主题——过去的历史证实了：人类唯有在拥有精神自由的时候才能把更高一层的政治与伦理能力完全发挥出来。因此，即使在有些时代中（如克罗齐自己所经历的时代），当自由的灯光只是在一片黑暗中微微闪烁的时候，它也仍然是人类历史的本质[①]。

从这样的观点来看，史家的工作就突然变得简单而清楚，而克罗齐在更早的理论著作中所提到的“历史即是当代史”的观念，也得到更明白的阐释。克罗齐认为历史写作的动力乃是来自实际生活中所感到的了解过去的需要。但历史研究和行动之所以发生关系，却只因为它是行为的“准备”（preparation）而已——它并不能为实际的问题提供什么解答，它只能澄清现代困境的历史渊源，并且说明我们实际上所能做的选择之范围，从而使我们的行动更趋合理化而已。同样地，“激情”也是历史写作不可或缺的因素——它可以刺激创造的力量。但是它在最后的成品当中却只能以有节制的、崇高的形式出现。借着这种教人把激情“转变”（transfigure）为更合理性的东西的方法，历史的写作使人类从激情的肆虐当中得到解放，同时也因此从“过去”中解放出来了。

① *La storia come pensiero e come azione* (Bari, 1938), translated by Sylvia Sprigge as *History as the Story of Liberty* (New York, 1941). pp. 50–51, 58–62.

至于由于战争的刺激而写成的历史，克罗齐则小心地把它划分开来；因为，他认为这是一种建立在情感与实际目的上而未经理性之熏陶的文学。另一方面他也反对因为不愿意卷入派系之争 220
而根本不对历史下判断的传统著史的态度。他认为这种态度乃是19世纪“语言学”派史家的错误——这一派史家想出了一种自欺欺人的逃避的方法，企图在不能相容的观点之间采取乡愿的立场。面对着这种“苍白而无血色”的作品，难怪大众宁可干脆阅读一些带有党派色彩的作品。30年来，克罗齐一直在强调同样的一个道理，亦即：“评断的行为”（the act of judgement）乃是整个了解过程所不可缺少的一部分。当他逐渐改进他的理论时，他终于发现这个问题的症结在于：史家们所做的到底是哪一种“类型”（type）的判断？亦即，这些判断到底只是反映了气量狭窄的意气之争呢？或者是已经提升到一个“普遍性的伦理原则”（universal ethical principle）的境地上了呢？如果是后者，则历史写作的本质就必然是“自由”的。在他的最后一本主要的理论著作当中，克罗齐终于能够直截了当地说：“就广义来说，真正的历史必然是‘自由的历史’”。①

克罗齐获得最后的结论时，已经完成了他的历史著作之四部曲。值得我们注意的是：这四部著作中的最后一部——《十九世纪欧洲史》（*History of Europe in the Nineteenth Century*），不论在平易近人方面，在抽象以及拟宗教性质（quasi-religious）上都远超以前的同一类著作。这本书的写成，主要是因为克罗齐关切

① *La storia come pensiero e come azione* (Bari, 1938), translated by Sylvia Sprigge as *History as the Story of Liberty* (New York, 1941). pp. 17–19, 43–45, 179–187.

“自由”在20世纪中之命运——借着这本著作，他为这个曾经是自由原则全盛的时代（指19世纪）赋予一个新的面貌，并希望使这些价值获得新生命，而鼓舞那些正在奋力维护这些价值的人们。因此，他的最后这一部历史被人称为“信仰的履践”（act of faith）[1]——它对欧洲青年发出呼吁，期望他们能够及早重振欧洲的文化与道德传统。

221 于是，克罗齐在第二次世界大战前夕，就不畏不惧地面对起价值的问题了。他在大半生中都躲过了这个曾经折磨了古人与现代人的问题。到了70多岁的时候，他才真正看清楚了他的新唯心派理论的真正涵义。先前，他曾经想要把价值判断纳入较低层次的实用范围，从而把做“历史”（historical）判断的能力限制在抽象的范畴内——首先是把它当作美学范畴内的东西，继而认为它是逻辑范畴内的东西。但是这种划分法却终于崩溃。面对着法西斯主义，同时眼看着曾经保护他、使他的心智臻于成熟的自由的、议会式的政权横遭破坏，克罗齐不得不采取某种政治立场，并从事实际的活动，以保护为创造活动提供了先决条件的制度与生活方式。在这个过程中，逻辑的与实用的判断之界限变得模糊了——渐渐地，不只是在参议院里，同时也在历史与理论著作中，克罗齐终于变成了一个提倡一种“明显的价值体系”的人。

克罗齐从没有意识到他的态度有了怎样程度的改变。如果他发现自己已经深深地卷入党派政治，这对他来讲，无疑是一件可憎的事。同样地，他也不承认自己已经怎样与那些曾经被他温和

① Chabod: “*Croce storico*,” p. 513.

地加以嘲讽的人为伍。他很自傲地称自己为“自由主义者”（a liberal）或“人文主义者”（humanist），但是“民主人士”（democrat）这个名词却梗在喉中，难以出口。然而，“在行动上”他已经是一个提倡民主政治的人了。[①] 他或许还会怀念 19 世纪——那个时候自由主义原则还没有和民主政治发生任何关联，只是一种纯粹的原则而已。但是这种意识形态的划分到了 1920 年代已经不切实际 222
了：这时候自由主义与民主的传统已经完全混合在一起，所以维护其中任何一种传统，也就等于维护另一个传统。同时，克罗齐因为在“事实上”（de facto）已经接受了民主主义，所以他也就等于是接受了 20 世纪的启蒙运动的形式。他最后终于认清自己的意识形态的先驱，以及他对理性的崇拜、他的容忍、他对人道地解决问题之方式的偏好等，乃是指示着什么样的方向。

1943 年，法西斯主义崩溃，克罗齐也就成为意大利的领导人物。吊诡的是，法西斯的政权本身也是促使他获得这种地位的一种力量。墨索里尼为了向世人证明意大利的言论自由并没有完全消失，曾经特别容许克罗齐恣意发言。因此，曾经在暴政底下力争自由这一事实使克罗齐获得了极高的声望与地位，这种声望与地位在一个自由的政权之下是无法获得的——因为在一个自由的政权之下，必有后起之秀起而代之；但是在法西斯主义的政权下，年轻人却无法接棒——因为他们不像克罗齐那么“不好惹”。

墨索里尼一下台，众人的眼光便投向这位那不勒斯的哲学家。

① 墨索里尼刚下台，克罗齐出版了从法西斯时代开始所发表的政治言论 *Propositi e speranze (1925–1942): scritti vaeî* (Bari, 1943)。

但是这位“意大利最受人崇敬的，也是政治廉洁和思想一致之象征的人，只能和蔼地为受挫、绝望的国人提供一些权宜之计以及对未来的模糊的期望，并且雄辩滔滔地呼吁有心重建国家之道德与经济的人，必须求诸自己的良心，如此而已。”[①] 克罗齐在意大利解放后的第一个反法西斯政府当中担任政务委员，他是重建自由党的主要推动者，同时也是鼓舞身负谋国重任的年轻一辈的一
223 股力量。但他无法指导他们进行任何实际的计划。战后自由党力量的式微使他自己的影响也随之衰落，不久他就完全退出政坛了。他仍然继续从事他的文学工作，直到去世—— 1952 年他 86 岁的时候，死神终于夺去他的生命。

克罗齐无法在法西斯政权刚崩溃的决定性的几个月内给意大利提供明确的领导，这一点显示了他的事业与影响的主要问题之所在。这种令人捉摸不定的现象不只存在于实际生活方面，在他的理论范畴内也是如此。克罗齐的散文风格清晰流畅，犹如常识之对谈一般，具有罕见的魅力；正如葛兰西所说，克罗齐乃是意大利几百年来所培养出来的第一位散文大家——这不只是因为他承袭了文学的传统，也因为他的文章风格承继了像伽利略那样的科学作家。就那个时代而言，他特殊的才华在于“能简洁有力地表达那些通常被处理得混乱、意义含混、牵强附会、沉闷冗长的材料”。他的文风有一种“像歌德一样的”姿态——“宁静、持重、泰然自若。”[②]

但是，明晰的外表下却藏有暗礁与旋涡。克罗齐的散文很容

① Leonardo Olschki: *The Genius of Italy* (New York, 1949), p. 459.

② *Lettere dal carcere* (*Opere*, vol. 1) (Turin, 1949), p. 183.

易赢得人们的信心，但这只是假象——他的语句衔接得太轻易；而且，典雅优美流利的文字往往遮掩了知识上的难题。克罗齐的文字散发出难以抗拒的力量而支配着读者，只要读完一个章节，我们就深深地被吸引，同时也被说服了。可是当我们把读过的那几页再仔细分析一下，对它就不那么有信心：其中有许多问题只是谈了一半，也有许多的问题没有解答。最后我们不得不失望地问自己：克罗齐到底说了些什么？

从克罗齐描述自己的一段话中，可以约略了解这些令人困惑 224
的现象。“你可知道，”有一次他这么问他的一个朋友：“当我堕入梦想中的时候，我在灵魂深处发现了什么吗？我的灵魂是浸润、安歇在什么样的意象底下呢——那是一座17世纪那不勒斯的寺院，里面有白色的密室与回廊，中间是一丛橘子和柠檬树，外边生活的虚矫浮夸所造成的骚乱徒然对墙空敲，丝毫不能扰乱到里面的一切！”[1]

克罗齐知道生活是“骚乱”，是不合逻辑的。但是他想要立起一座理性与逻辑的“高墙”来抵挡（或至少是疏浚）激情的挣扎。不过，他也是一个太过于实际的思想家，所以也不能一直保持这样的理想——他并没有像他的导师黑格尔一样，把整个人类的历史都装进一个牢牢的框架。生活本身的不连贯性就经常突破克罗齐所筑成的“概念之堤”（conceptual dikes）。

因此，克罗齐的历史著作无法与他自己的理论相吻合，而理论本身也永远无法前后一致。有人曾经敏锐地指出：在应用他的

① Castellano: *Croce*, p, 86.

“伦理-政治”的概念来写作历史时（例如在1920年代及1930年代早期的历史著作中），克罗齐都只选择意见趋于一致、思想有所导向的时期——例如，他选择1871年统一运动的骚乱趋于平静的时期作为《意大利史》的开端；而《欧洲史》则选在革命以及拿破仑所造成的骚乱平息而安静下来的1815年。他撇开“暴力与斗争的时刻”，把注意力集中在“纯属于‘伦理-政治’的时刻，好像这些纯‘伦理-政治’的时刻是从天而降似的。”① 此外，克罗齐的态度也过于清高，所以在他的著作中，对于较粗鄙的一面（尤其是经济方面的细节）都表现得不够尖锐。他本身虽然是南方人，
225 但对于意大利南方的主要问题即农业的贫困，他也只是大略地提到。他在《那不勒斯王国史》中，也把这个南方王国的地理与经济限制认为只是影响政治进步的具体障碍而已。他主张我们无法把那不勒斯王国的失败归诸任何类似于此的“自然”现象——它失败的真正原因乃是道德上的原因。

如此，克罗齐只把他的焦点局限在“意见一致之时刻”（moment of consent）的伦理特点以及追求自由的理想上，因此也就不能遵照他原先的历史学的计划去做。唯心论历史学派的一个中心教条是：要从对我们探寻之事件的当时人有意义的途径去了解过去。但是在处理巴洛克时代的历史时，克罗齐却采取了一个极为不同的观点：他把巴洛克时代当作一个衰败的时代——这个时代之所以具有长远的意义，在于它埋下日后文化复兴的种子。同样的，他从抽象的伦理观点来解释“过去”的意义，这也违反了唯

① Gramsci: *Materialismo storico*, p. 192; *Lettere*, p. 187.

心论的准则——例如，他就认为19世纪意大利的历史已经升华为纯粹的自由理想的典范。[①]

克罗齐完成了《欧洲史》（1932）以及1938年所出版的那些理论著作时，这种“抽象的过程”达到了顶端，而他也越来越远离了他的德国历史思想的根基——也就是说，他越来越忽略了“我们应该从过去本身的观点来看过去”这个中心原则了。代之而起的是抽象的“理性”以及“自由”的观念。而克罗齐接受这些抽象原则的指导时，他也弄不清楚到底他的想法以及观念是否像黑格尔所说的那样“永远地正确”，或者是和历史上的别的“意义”一样，都要受到历史本身的限制。狄尔泰的哲学以及德国历史学 226
派百年来所走的路线都是采取后一种看法的。但是克罗齐自己没有选择这一条推理的路线。

克罗齐无法对“他的抽象观念是绝对有效，或者只是相对有效”这问题提出一个明确的答案，这是他的历史思想中的第一个悬而不决的大问题。他本身非常反对相对主义（relativism）。他想要诉诸“精神的绝对本质”（absolute nature of spirit）来消除相对主义的危险。但是这么做不能解决“如何区分多多少少是正确的历史判断”这个“具体的问题”。不论他怎么说，到头来，他的思想也都脱离不了其中所隐含的相对主义者的立场。[②]

---

① 关于这整个问题，除可参考 Chabod’s “*Croce storico*,” 外，尚可参考 A. Robert Caponigri: *History and Liberty: The Historical Writings of Benedetto Croce*, London, 1955；我的看法比较严格，与这几位作者的看法都不一样。

② Maurice Mandelbaum: *The Problem of Historical Knowledge* (New York, 1938), pp. 54–57.

同样地，克罗齐之依靠直觉，以直觉作为了解历史的途径，这也引入了一种和他公开宣称的目标完全相反的“非理性主义”（irrationalism）——这就是克罗齐的第二个悬而未决的大问题。我们已经讨论过他是多么想区分他自己的与柏格森的直觉观念。在1938年的理论著作中，他把这种区分加以扩大，声称：除非我们把“想象”当作可以激发历史思想的原始材料来看待，否则真正的历史是不包含“想象”在内的；他还补充说：“唯有当我们把直觉加以推理和思考的时候，它才是正确的。”[①] 但是这并不能真正地解决问题。克罗齐从来就不曾用精确的语句来说明“在把直觉和想象的发现转变成理性的东西的时候，历史到底产生了什么样的作用”这个问题。

从一个把历史当作“再创造”（re-creation）“再体会”，或“再经验”的唯心论的观点来看，直觉与想象很显然是历史知识的终极来源。然后，由这些显然是“非逻辑”的过程所得到的观念，
227 在经过某种“瞬间”的领悟之后，就被重组为合逻辑的、前后一贯的概念了。但是克罗齐却没有特别说明以上这种重组是如何完成的——就这方面而言，他的晚期的作品并不曾超越他在1909—1913年所完成的成熟的理论。他曾经很清楚地表示：他认为历史思想的过程和自然科学以及社会科学的思想过程泾渭分明。同时，他也暗指这种区别是存在于史家某种包含较广的心智活动之内。克罗齐如此维持传统的唯心论对于历史与社会科学的划分（狄尔泰已经把这种划分修正得与原来的面貌完全不一样了），暴露了他

① *History as Story of Liberty*, pp. 132, 239.

未能看清唯心论教义之缺陷——这显示了他不明白史家如何像一位科学家一样，从他的资料中做一个独断的选择；也不明白历史是如何使用了一些其他的社会科学所使用的推理方法以及某些类似科学方法的方法。[①] 韦伯是第一个用严格的、有系统的方式来处理这个问题的人。

对于一个持怀疑态度的批评家来说，克罗齐的哲学并不曾为历史真理提供任何令人满意的基础。最后，这一切又都化约为“信仰的履践”了。这是克罗齐的思想的一个绝大的讽刺——以理性主义之理论作为起点的东西，到后来竟然变成一种神秘主义。但是克罗齐在此也和先前一样——不够严格，也不够一致。他在“绝对主义”（absolutism）和“相对主义”之间举棋不定，因此也就不能确定他对直觉以及科学方法的看法——至少在这方面来讲，柏格森仍算是思想比较一致的思想家。但是克罗齐却既不赞同柏格森的坦率的神秘主义，也不赞成韦伯想要为历史与社会科学找寻一个共通的“方法论”（methodology）的做法。他想要脚踏两条船，获取最大的利益。

为什么会如此呢？我想这是因为克罗齐对历史所抱持的野心 228
太大了。他以对实证主义的反动作为出发点，进行理论建构，因此，他也看到了史学研究在摆脱实证主义的束缚之后所隐含的危险。他知道：把科学方法对历史研究的束缚截断以后，他就把历史放在一片怀疑主义与相对主义的大海中漂流了。因此他的目标

① Cf. the analysis in Patrick Gardiner: *The Nature of Historical Explanation* (Oxford, 1952), pp. 40–46, 70–80, 114–139, and W. H. Walsh: *An Introduction to Philosophy of History* (London, 1951), pp. 53–54.

就变成：既要为历史研究争取独立自主权，同时也要确保历史知识的确定性。为达到这些目的，他不得不坚持一些极端的、矛盾的观点——即贬抑科学，而把历史确立在“最高的（而不是最低的），同时也是最具排他性的知识层次上”。[①]

我们再度面对克罗齐那个退隐在寺院高墙内的橘子树和柠檬树后面的自我影像了。克罗齐对历史研究之好处所持有的极端性的看法，必须先行假定生活中最迫切的需求（亦即“对非理性事物的需求”）是被排除了的。克罗齐并不需要“生活的哲学”（philosophy of life），也不需要“实用主义的含混义理”。[②]我们已经讨论过，他最后终于在历史理论中，替价值范畴找到了一席之地。但是他却仍然从理性的观点来为价值下定义——他没有察觉到：他自己对自由的奉献最先也是一种情绪化的作用。在情绪还没有升华为理智之前，他是不愿意视其为历史解释的素材的。

因此非逻辑的原始的作用所引起的问题，以及非理性作用的挣扎和宗教奉献的问题，虽然曾经使弗洛伊德、帕累托、涂尔干、韦伯深深着迷，但是它们对克罗齐却只有很轻微的影响。我们只有从他的年轻时代的著作中，以及从他在为时四分之一世纪的时间内与索雷尔之间的往来书信当中，才能看到他对以上这些问题的讨论。对于克罗齐而言，20 世纪社会思想的试金石——宗教，
229 并没有构成太多思想上的难题。他本人虽然不信教，却也不是反教权的。他对自己国家的宗教——天主教始终保持敬重；1932 年，当他的全部著作被列入禁书目录的时候，他一定感到很伤心。十

① *History as Story of Liberty*, pp. 131–132.

② *Autobiography*, p. 98.

年之后，他甚至在一篇很调皮地题为“为什么我们不能称自己为基督徒？”（Why We Cannot but Call Ourselves Christians）的文章中对天主教表示妥协。但是克罗齐为自己选择“基督徒”这名字，目的并不是博取教徒的好感。因为唯有重新解释基督教的传统，让整个欧洲文化的主要潮流（包含“无神”的启蒙运动本身）都附属于这个传统，克罗齐才能为他自己的哲学找到一个栖身之地。“基督徒的上帝，”他这么说，“也仍然是我们的上帝——我们的精致的哲学称它为‘精神’（the spirit）。”① 对于一个虔诚的教徒来说，这种极为抽象的认可不过是一个小小的安慰。

但是诸如此类的看法却几乎不曾使克罗齐感到困扰。克罗齐对于宗教情感的深奥处——怀疑的痛苦以及信仰的得胜都不能了解。简而言之，他缺乏一种悲剧感。就这方面而言，他是比不上特洛尔奇和迈内克的，而这两人在哲学的其他方面却都不如克罗齐。

特洛尔奇、迈内克以及德国价值观的危机

特洛尔奇是在1896年爱森那赫（Eisenach）所举行的一个神学家会议上突然出现在知识界的。当时有一位最受人景仰的德国神学家刚刚结束一段“博学的，有点儿太学究的演讲”。有一位年轻的教授，“充满年轻人的冲劲儿”冲上讲台，用挑战的语气说 230
道：“各位先生，一切都摇摇欲坠了。”年岁较长的学者们都“吃了

① *Perchè non possiamo non dirci “cristiani”* (reprint from La Critica of November 20, 1942) (Bari, 1944), pp. 18–19, 24.

一惊”。当这位老一辈学者的代言人再度上台，指特洛尔奇的理论为“鄙陋的神学”的时候，特洛尔奇拔身而起“重重地摔上门”。那些德国神学的旧守卫者无疑地是满意了；但是年轻的学者们却都竖耳倾听。[1]

从这一件小事当中，就可以看到特洛尔奇的人格以及他毕生所从事的目标——可以看到他好争论的个性、他充沛的活力，以及在神学与历史都已经无法提出“绝对”之观念的情况下，还坚持不懈地想要找寻一个稳固的立足点。一如迈内克所描述的，他乃是赫拉克利图以及阿基米德观念的具体化身：“一切都在变动，请给我一个立足之地。”或者，用比较具有神学性的语言，这句话的意思乃是：“上帝，我信仰您，请您帮助我，消除我的怀疑。”特洛尔奇有如“山洪暴发时的洪流，其力量之巨，可以轻举重物同时冲毁任何坚实的堤防，而将一切事物带上流动的途径。”特洛尔奇不愿意去澄清他的思想，同时也在他的论文中堆砌起“互相压迫、互相追逐”的抽象概念——这些都显示了他在知识上的不耐烦的性格。[2]简而言之，特洛尔奇是一股自然的力量。“每一个曾经看见他在内卡河（the Neckar）里像年轻人般嬉戏的海德堡（Heitdelberg）大学的学生”，都知道他那响亮的、“绝妙的笑声”。

身为一个巴伐利亚（Bavaria）地区的医生之子，特洛尔奇一直都保留了巴伐利亚人举止的粗鲁与轻率。他的父亲本要他学自然科学，而他早年的训练使他敏锐意识到“科学的实相”（scientif-

① Walther Köhler: *Ernst Troeltsch* (Tübingen, 1941), p. 1.

② “*Ernst Troeltsch und das Problem des Historismus*” (1923), *Schaffender Spiegel* (Stuttgart, 1948), pp. 211, 214–215.

ic reality）——这种敏锐的意识又添加上一种对马克思主义的了解； 231
这个了解多少包含同情的成分在里面。但是他却立刻又对“历史的世界”（historical world）——特别是神学，感兴趣；在这个领域内，当时的文化界所提出的问题似乎最具有批判性。因此他就成为一个神学家了——1894年，当他还不到30岁的时候，他就获得海德堡大学的正教授的职位了。特洛尔奇在这里表现了最特出、最不受正统约束的思想态度——直到去世时，他仍然只是一个名义上的神学家。[①]

特洛尔奇把注意力集中在人类过去历史的精神层面上，如此一来，狄尔泰所播下的种子就可以由他来收获了。而这种收获的意义又可分两层——其中一点令人感到振奋，另外一点又令人感到深深的困扰。一方面，当时的大学生们都有一种新的渴望，想要再回头讨论一些具有重要精神意义的问题，这时特洛尔奇站在他的立场上正可以从这种饥渴中得到利益——并且去满足它。同时，特洛尔奇哲学当中所隐含着的相对主义也正使他自己蒙受不利的影响：如果现在我们要使历史世界恢复其丰富的、多样的内涵，那么在这变动不居的人类世界当中，在何处可以找到真理与价值的坚固的根基呢——这是狄尔泰所留下来的遗产中令人惊惶不知所措的一面。我们如何防御怀疑主义与相对主义所带来的强烈攻击呢？特洛尔奇穷毕生之力，希望从历史本身当中找出一个答案，结果也是徒劳无功。他和狄尔泰一样，都希望在历史世界“之内”（而不是在它之上，或超越它）找到“确定性”——他摒

① Köhler: *Troeltsch*, pp. 4–6, 331.

弃了形而上学以及“天启”（revelation）的帮助，从而接受了两个世纪以来的圣经研究的所有遗产，同时也接受这种研究所揭发出来的教条，与教会传统中可疑的性质。[①]

一直到迈内克和特洛尔奇的年龄都超过50岁的时候，迈内克的路线才与特洛尔奇的路线趋于一致。但是从某一个意义上来
232 说，他们自始就沿着同一路线在处理他们的知识上的难题了。迈内克生于1862年——比特洛尔奇早了3年，比克罗齐早4年——在充满着普鲁士正统主义保守气氛的柏林长大。他的祖父和外祖父都经历了腓特烈大帝的统治；他的父亲则曾经历反抗拿破仑的解放战争——迈内克后来自然地把他对历史的狂热以及对19世纪精神世界所感到的妥适感归诸这一长系列的祖先们的影响。他在柏林大学时的导师是德罗伊森和特勒齐克。年轻的迈内克之所以会把历史当作一种“思想”和“问题”来研究，是受德罗伊森而非受狄尔泰的影响——他在研究工作的后期，才接触到狄尔泰的思想。同时，他之所以把普鲁士当作近代德国史中的一个“上天命定”的角色看待，也是受德罗伊森的影响。但是德罗伊森在普鲁士学派（the Prussian School）的史家当中却是个温和派的人物。而特勒齐克的不平之气与不容忍的个性则使他成为史学家转变为宣传家之典型——在这个角度，特勒齐克既是他的模范，也是警惕。[②]

在这些影响之下，迈内克很奇怪地居然还能够保持知识上的

① Rossi: *Storicismo tedesco*, pp. 442–445.

② Friedrich Meinecke: *Erlebtes 1862–1901* (Leipzig, 1941), pp. 12–14, 86–88, 90–91, 119, 122–123, 132, 197.

独立。这位年轻的史家大器晚成——他缺乏自信，也有点口吃。不过，他很早就已发展出均衡的知识心态了——他对历史中的细微差异以及意义不明的性质已能心领神会，因此他的主要历史著作乃能够具有那种泰然的风格，并且对文化产生绝对的影响。这些特质都显示出迈内克的真正导师既不是德罗伊森，也不是特勒齐克，而是兰克——迈内克虽然不曾受教于兰克门下，他却希望以兰克原有的“强调精神”的风貌重塑兰克的典范。迈内克不像特洛尔奇或韦伯那么好争论，也不像克罗齐那样看不起他的敌人——他是明理而容易妥协的人。但是他却确实拥有一种沉潜的 233
倔强性格，以及恒定、多方面的知识勇气——这种勇气终于使他成为欧洲唯一能与克罗齐并驾齐驱，并且一样受人景仰的史家。同时他也和克罗齐一样（克罗齐在世的期间差不多和他在世的期间重叠），在年迈的时候，能够以尊严来面对暴政——所幸他还能够活着见到这个暴政的灭亡。

迈内克极善于协调与综合。他起初之所以能够超越与特勒齐克类似的困境，也是得力于这种协调与综合的才华。他和特勒齐克一样，都深深地困惑于狄尔泰所谓的当代世界之“信念之混乱”（anarchy of convictions）的情景。特勒齐克用宗教的信念来对付这种危机，迈内克则把它当作一个国家权力之道德问题来处理。他觉得奇怪：我们怎么能够同时接受兰克以及他的德国学派门徒的看法，认为“强权国家”（power state）是历史过程本身的“精神”的产物；另一方面却又能够衷心信仰康德所教导我们的，同样属于德国传统的“道德无上律令”（moral imperative）呢？我们是否可以在伦理与权力之间取得某种和谐呢——抑或是这两种力量永

远必须为了争取对德国文化的主导权而互相搏斗呢？[①]

迈内克提出的第一个答案，是一种模糊而牵强的综合说法，他认为："我们通常都认为19世纪的德国史乃是魏玛（Weimar）[*]与波茨坦（Potsdam）[**]之间以及赫德尔（Johann Gotlfried von Herder）、歌德、席勒所代表的文学和人文传统，与大选帝侯（the Great Elector）和腓特烈二世所代表的军事传统之间的象征性的冲突。"迈内克的特别之处乃是：在拿破仑时代，"他对于这两个极端中的任何一者都不赞同，他所赞同的乃是代表康德以及普鲁士之复兴的堡垒——柯尼斯堡（Königsberg）。"[②]或者，我们应该说迈内克同时赞同魏玛与波兹坦所代表的文化——他在他的伟大的历史三
234 部曲中的第一部里曾经想证明：人文主义的传统并没有因为普鲁士的统治而毁灭，相反的，俾斯麦领导下的德国统一运动其实就是这个人文传统的自然高潮与形变。

迈内克埋首普鲁士文献14年之久，同时又在德国西南方的大学当了7年的教授之后，于1908年出版了*Weltbürgertum und Nationalstaat*——即《世界主义与民族国家》一书。迈内克在此书中追溯从歌德那一个世代过渡到俾斯麦的世代之间——亦即从世界主义到拥护民族国家之价值的过渡时期，并且认为这种转变是不错的。但是他却不像他的普鲁士学派的先驱一样，对于这种过渡毫无保留地给予极高的评价。由于他的本性，他了解而且同情世

① Rossi: *Storicismo tedesco*, pp. 473–477.

* 民主德国城市，为歌德与席勒的居处，德国最重要的文化中心。

** 腓特烈大帝行宫之所在，位于民主德国。

② Antoni: *Dallo storicismo*, p. 91.

界主义的挫败——他甚至在早期的时候就已经对德国统一抱持怀疑的态度，也还怀念过去的文雅的时代。

《世界主义与民族国家》的出版，几乎为当代欧洲史学方法开创了一个新的纪元。作为迈内克所谓的“精神历史”（Geistesgeschichte，即政治生活中的精神力量之历史）中的第一篇主要文章，它为历史写作开创了一个极有成果的路子。年迈的狄尔泰读过这篇文章，还“从其中引述了很长的句子”。克罗齐把它当作是一位“纯史学家”的作品；他说他在那篇文章中“读到一些好像出于我心的文句”。的确，迈内克所写的历史也和克罗齐后来称之为“政治伦理”型的历史一样。韦伯还特地来拜访迈内克，向他道贺。迈内克写作的时候，心中已有韦伯论及资本主义与卡尔文主义（Calvinism）的观点。同时韦伯在海德堡的同事特洛尔奇也寄给他一张明信片，“特洛尔奇在那张明信片当中表示了他衷心的快乐与赞同”。[①]

据我所知，这是迈内克和特洛尔奇之间的第一次接触。特洛尔
奇也和迈内克一样，在德国西南方发现了一种对立的知识力量之间 235
的不确定的、暂时的平衡，这种知识力量的对立几乎使他的思想分裂。经由他的朋友韦伯的帮助，他在他的宗教信仰与批判性能力之间——亦即对传统的尊敬与对现代社会之问题的实际了解之间，取得了一个初步的折衷。有一天他发现了一本讨论“新教教会的社会任务”（the social task of protestant church）的书。这本书本身并没有什么价值。但是在这种情形下，这些作品往往能够刺激它们的读

① Meinecke: *Strassburg/Freiburg/Berlin*, p. 102; Croce: *History: Its Theory and Practice*, p. 313.

者，促使他们对类似的问题作更具体的研究。特洛尔奇感到自己对这个问题实在是一无所知，于是他就一本往日充满干劲的精神开始研究基督教义与“社会中的人”这个永恒的问题。[①]

结果便产生了《基督教的社会意义》（*Social Teaching of the Christian Churches*）这本书，所讨论的正是韦伯同时也在研究的“经济力量与宗教力量之交互影响”的问题，但是它和韦伯的书相比显得较为简陋、不连贯，也冗长得多。这本书虽然思想丰富、引经据典，却写得不清晰。它的思想范畴多半借自韦伯，但特洛尔奇很生硬地应用了这些思想范畴——使人几乎觉得好像无法把它们完全弄懂似的。韦伯很仔细地分析了同时存在于宗教与社会结构之间的“自主性”与“相互关联性”，特洛尔奇在他的著作中却把这两种性质当作交替出现的东西——特洛尔奇经常提到这两种性质的相互关系，却没有提出一个令人满意的解释。同时，韦伯所留给后起之研究者的最特殊的遗产——社会现象之“类型学”（typology），到了特洛尔奇的手里却变成了牵强而造作的东西。[②]

236 除了心智上明显较韦伯略逊一筹，特洛尔奇还面临另外一个困扰——即他所处理的东西深深地牵涉他本身的宗教信仰以及价值体系。他不像韦伯一样得以充分运用相对主义的方法，而且，把基督教当作是中国的宗教那样，以超然的态度来处理它。因此特洛尔奇的崇高的伦理风格就被一种恼人的“不确定感”削弱了。

① Antoni: *Dallo storicismo*, pp. 64–65.

② 见本书第八章；*Die Soziallehren der Christlichen Kirchen und Gruppen*（Tübingen, 1912）收于 *Gssammelte Schriften*, I（Tübingen, 1923）中，此书大部分的文章原先都是在 1903—1910 年以分篇论文的形式发表于 *Archiv für Sozialwissenschaft und Soziapolitik* 上。Olive Wyon 的英译本分两册，1931 年在伦敦出版。

特洛尔奇的综合结果太不稳固。它是经不起考验的。

我们已经谈到过，迈内克在1914年的时候，因为早已听到“来自阿尔萨斯（Alsace）的隆隆炮声”，所以搬到柏林去住，一年之后，特洛尔奇也往柏林去了。就迈内克的情况而言，他之所以移居柏林完全是因为职业上的缘故。但是特洛尔奇迁居柏林牵涉其他的原因。海德堡对他来讲已经“太狭窄了”——他的地位完全是一种神学上的地位，但是他的思想却早已突破传统神学的范畴。此外，他和韦伯之间的关系，也似乎“变得有点冷淡”。[①]

特洛尔奇和迈内克在柏林变成莫逆之交。事实上，迈内克是代替韦伯变成了特洛尔奇的知识上的指导者——此乃特洛尔奇所需要的。他们几乎天天都一起在格鲁奈瓦特（Grünewald）[*]散步——迈内克在他的友人去世后的20年，仍然保持这个习惯，直到1943年他81岁的时候，盟军的轰炸终于迫使他停止这一活动。有时那位有远见的商人以及未来的政治家拉腾瑙（Walther Rathenau）也和他们一起散步。拉腾瑙参加散步说明移居柏林使
他们更加关心公众事务了。迈内克和特洛尔奇也都和克罗齐一样， 237
因为战争而被卷入国家事务的主流中去。较早之前，他们也不是完全不问政事：我们已经提到过，迈内克曾经对威廉（Wilhelm）的政权渐渐表示不满，并且至少曾一度支持瑙曼（Friedrich Naumann），对现实政治展开突击。[②] 特洛尔奇则表现得比较像是个附从

① Köhler: *Troeltsch*, p. 331.

* 位于柏林西南近郊之地。

② Meinecke: *Strassburg/Freiburg/Berlin*, pp. 123–131, 133, 159–160.

者。担任海德堡大学在巴登（Baden）* 上议院的代表使他对邦一级政治活动有了实际的了解。

战时的柏林，德国知识分子圈中，大多数的保守分子和较少数的改革分子之间形成了对立，迈内克和特洛尔奇都被卷入这场争论中。时势既有此改变，特洛尔奇也就跟随着他的朋友韦伯和迈内克加入了改革派的阵营。他和迈内克一样都反对吞并主义者（annexationists）的战争目标，并且都认为必须及时进行民主的改革。这两个好朋友都加入了以自由派的巴登王子麦克思（Prince Max of Baden）为首的温和派；战后，他们还一起协助建立德国民主党（the German Democratic Party）。[①] 但是当时德国已经战败了。一切的奉献，以及期望国家生命更高洁的殷切之情也似乎都落空了。

晚年的特洛尔奇遂深受良心的困扰、折磨，而迈内克的思想生涯也因此被截成两个部分。当战事尚未结束时，他们二人都曾经主张德国独特的唯心论传统，以及历史的价值观，这些都成为德国参战的根本——相对于英、法所代表的“机械论式”（mechanistic）的哲学，德国乃是在为一种更深刻、更富精神性的传统而战。在德国这是保守派与改革派的知识分子都惯于持有的一种论
238 调——托马斯·曼是这种主张的最具说服力的倡导者。这一点说明了为什么改革派虽然竭力反对并吞主义，并且主张施行某种形式的民主政治，但是他们却一直是顽强的民族主义者；同时，它也说明了为什么当国内（德国）与前线都显现出赤裸裸的暴力决

* 旧日耳曼之一邦。

① 见本书第九章。

定一切的情景时，他们却依然能够主张：德国是为道德的因素而从事战争的。

战争结束后，保守分子仍然走过去的老路子，丝毫不赞许新的民主共和政权。特洛尔奇和迈内克的行动正好与此相反。他们虽然希望建立一个比魏玛宪法所建立的政治更温和、更根本的民主政治形式，但是他们却仍然支持共和的制度。他们虽然认为议会形式的民主政治是从信仰理性主义的西方所输入的一种陌生物体，但是本着政治现实主义与自我牺牲的爱国精神，他们也接受了这种民主政治。事实上，当时几乎所有和迈内克一样杰出的史家都反对魏玛政权，而迈内克却成了这些史家当中效忠共和政体者的象征。但是他这种效忠共和的态度如何才能与他过去主张自然发展以及以历史为根据的思想态度取得协调呢？他和特洛尔奇都接受了“机械式”的议会民主政治，他们又如何才能使这个事实与他们那种注重历史的哲学取得协调呢？

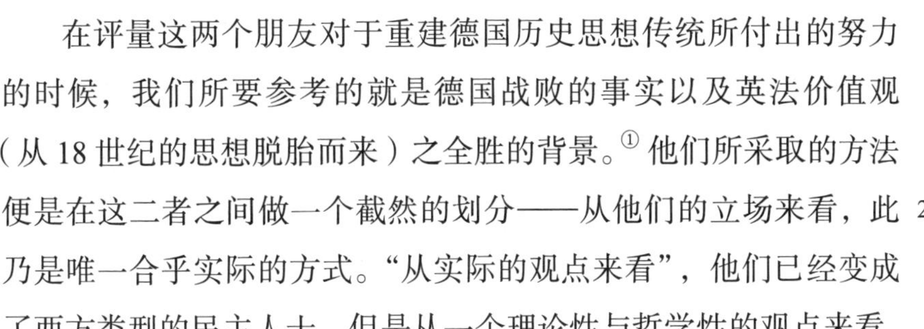

在评量这两个朋友对于重建德国历史思想传统所付出的努力的时候，我们所要参考的就是德国战败的事实以及英法价值观（从 18 世纪的思想脱胎而来）之全胜的背景。[①] 他们所采取的方法便是在这二者之间做一个截然的划分——从他们的立场来看，此 239
乃是唯一合乎实际的方式。“从实际的观点来看”，他们已经变成了西方类型的民主人士。但是从一个理论性与哲学性的观点来看，

① Walther Hofer: *Geschichtschreibung und Weltanschauung: Betrachtungen zum Werk Friedrich Meineckes* (Munich, 1950), pp. 25–26, 341–343; Eric C. Kollman: “*Eine Diagnose der Weimarer Republik: Ernst Troeltschs politische Anschauungen*,” *Historische Zeitschrift*, CLXXXII (October 1956), 306–312.

他们仍然是忠于德国历史思想、忠于“历史主义”(Historismus)的传统的。他们曾经对这个传统做了一番详尽的检视，希望能藉此洗刷它因为战败而蒙受的羞辱。同时，斯宾格勒的《西方的没落》正使战后的读者痴迷于他的“超历史的”(metahistorical)的预言，而更进一步地责难上述传统。因此，特洛尔奇和迈内克也希望能使这个传统免受责难。[①]

战事还在进行的时候，特洛尔奇就已经着手从事理论著述——他只完成了其中第一部，题为《历史主义及其问题》(*Der Historismus und seine Probleme*)。正如他的第一部主要著作是在颂扬韦伯的影响一样，这第二本重要著作也反映了他对迈内克的依赖。就它 1922 年出版时的形式而言，这本书的包罗范围至少与他的“基督教之社会意义”一样广。特洛尔奇网罗康德以降到克罗齐的历史思想的重要文献，试图要去解释为什么一度曾经是“解放与提升”(liberation and uplift)之力量的历史主义在现代世界会变成“包袱”与“困惑”之源。他从尼采、狄尔泰、李凯尔特、韦伯、柏格森以及克罗齐(他对这些人都曾经给予相当的注意与同情)的著作中所隐含的相对主义中找到了答案。他形容狄尔泰为“最有天分、最优秀、最生动的纯粹历史主义的代表人物”。他对“历史思想过程中价值判断所扮演之角色”的分析是从李凯尔特那里学来的。他比照柏格森和克罗齐的思想，说他们分别是法国和意大利首屈一指的理论思想家。在这两个人当中，他发现柏格森对历史过程的本质看得比较透彻。因为唯有柏格森才起而接

① 见本书第九章。

受现代思想的大“挑战”，从而提出一种“对于历史运动做不带理 240
性主义偏见的分析”。[①] 在此我们又再度发现“流变”（flow）的观念乃是了解特洛尔奇之思想的重点。

同时从他这种对“历史现象之流变”（the flow of historical phenomena）的着迷情况来看，我们再度发现他无法找到一个稳固的立足点。特洛尔奇在《历史主义及其问题》一书的导论中表示他要对“构成欧洲传统”的主要因素做动态性的综合研究，以便摆脱相对主义的困境。但是他自己却无法完成这一项综合的工作。他在那本没有完成的关于“历史主义”的第二部书中所要做的，或许就是这种综合的工作吧！而他在已出版的那一部中所讲的则只是一些类似于神巫所讲的话，如：“有限的精神与无限的精神的基本的、个别的雷同……它们在后者所形成的具体的内容以及动态的生活之一统性当中的直觉参与——那就是解决我们的问题的关键。”[②]

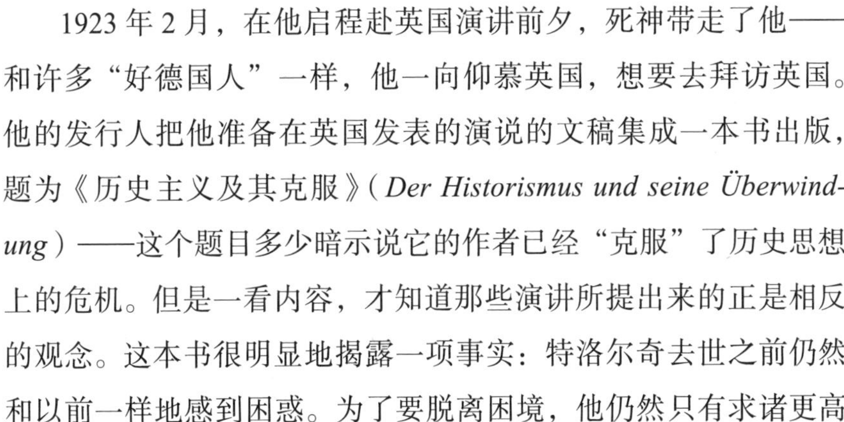

1923 年 2 月，在他启程赴英国演讲前夕，死神带走了他——和许多“好德国人”一样，他一向仰慕英国，想要去拜访英国。他的发行人把他准备在英国发表的演说的文稿集成一本书出版，题为《历史主义及其克服》（*Der Historismus und seine Überwindung*）——这个题目多少暗示说它的作者已经“克服”了历史思想上的危机。但是一看内容，才知道那些演讲所提出来的正是相反的观念。这本书很明显地揭露一项事实：特洛尔奇去世之前仍然和以前一样地感到困惑。为了要脱离困境，他仍然只有求诸更高

① *Gesammelte Schriften*, III (Tübingen, 1922), pp. 10, 528, 559–565, 630–632.

② Ibid., pp. vii-viii, 677.

的（终极变为形而上的）价值。他写道："怀疑主义与相对主义很
明显地，只不过是现代知识环境与历史决定论（Historicism）的
241 必然结果而已。我们可以用'伦理'，以及从历史本身当中所产
生出来的理想的力量（这些力量只能反映、集中在伦理上）来克
服它们。"① 可是，特洛尔奇一定也知道历史研究无法提供明确的伦
理指标——他很早以前就看破了他无法从历史资料本身当中找到
一种道德律。他的最后一本著作应当说是一个失败的剖白——它
承认了我们无法在历史过程的变动"之内"找到不变的价值。如
是，特洛尔奇事实上又回到他的起点——亦即对"天启的宗教"
（revealed religion）以及"不可见之物"（things unseen）的信仰。②

因此特洛尔奇是在"充满危机"（en pleine crise）的情况下去世。甚至就作为一个神学家来说，他也已经被年轻一辈所取代了—— 1918 年巴特（Karl Barth）* 发起了"新正统主义运动"（neo-orthodox movement），摒斥了以特洛尔奇为最后之伟大代表人物的容忍的，以及奠基于历史的宗教。"历史主义"仍然有待迈内克来把他和他的朋友过去所努力的成果集合起来，去进行它的"报复行动"。

迈内克和特洛尔奇一样面临了一个以两种形貌出现的问题——亦即以"抽象的史学方法论"以及"应用的价值观"两种

① *Der Historismus und seine Überwindung* (Berlin, 1924), translated under the direction of Baron F. von Hügel as *Christian Thought: Its History and Application* (London. 1923), pp. 106–107.

② Rossi: *Storicismo tedesco*, pp. 502–521.

* 瑞士新教改革派神学家、教育家，"辩证神学"（dialectic theology）的倡导者。

形态出现的问题。起初，他的解决方法仍然是把价值观念从历史哲学的抽象概念中抽离出来——一如他接受魏玛共和时所间接表现出来的。在评论特洛尔奇的最后一本著作时，他极力推崇特洛尔奇的博学，以及他的研究工作之完整。但是他却认为特洛尔奇犯了一个基本的错误——特洛尔奇想在历史当中找到绝对不变的价值。为达到这个目的，特洛尔奇冒险进入了形而上学的领域，但是“历史主义”却不应当属于形而上学的领域。至于形而上学的问题，迈内克主张“历史思想”应当满足于“一般的预感与暗 242
示作用。从科学观点来看是历史主义之力量的事物，从伦理与实用的观点来看，却是它的弱点……历史主义对于生活的最高价值不能提供任何明确的……普遍有效的……可以吸引众人的指示”。

因此迈内克下结论说：特洛尔奇曾经责备他（迈内克）只把思想局限于“纯粹的冥想”（pure contemplation），这是错误的。事实上史家唯一真正该使用的乃是这种“纯粹的冥想”的方法。如果我们像特洛尔奇一样，想要“策划一个文化项目”，我们就会使历史思想背上“实用倾向”的“包袱”，从而“破坏了它纯粹追求真理的努力”。[①] 斯宾格勒也曾经犯了这个错误（他是用比较简陋的形式表现出来的），实证主义者也犯了这个错误——简而言之，特洛尔奇想要护卫历史主义，结果却犯了与他的敌人一样的错误。而其后迈内克为了使历史思想不受实际问题的困扰，他所提出的办法也就是克罗齐在战前所提出的办法。

但是，迈内克跟克罗齐不一样，他很快地就为环境所迫，不

① “*Troeltsch und Historismus*,” pp. 226–227.

得不把他的历史思想应用于政治之价值判断。迈内克在他的主要的三部曲著作中的第二部《新历史中的国家理由的观念》(*Die Idee der Staatsräson in der neueren Geschichte*，出版于1924年，比迈内克论特洛尔奇的文章晚一年)当中，再度讨论了“权力之伦理”(the ethics of power)以及“国家理性”(reason of state)的问题。[①]在这本书中他把以前在《世界主义与民族国家》中专以德国为背景所讨论的问题放在整个欧洲历史背景中来讨论。在早期的著作
243 中，他曾经想要在伦理与权力之间做一种微妙的综合；但是他现在却很失望地得到结论，认为这二者终究是不相容的。德国的战争经验以及俾斯麦一手导演出来的政权之崩溃，更使迈内克相信他以前所做的折中工作都是勉强所为。

在不到十年的时间内，德国的政治历史进一步证明了他的消极的结论是正确的。希特勒的上台并没有使迈内克个人遭受危险——他已经从柏林的大学退休，也已经过于年迈，无法积极地参加任何争论了。纳粹只是不准他再主编《历史杂志》(*Historische Zeitschrift*，他主持这本杂志已经有42年之久)，然后就把他弃置于一旁了。同时，迈内克也再度致力于他的历史工作。他的三部曲中的最后一部《历史主义的兴起》(*Die Entstehung des Historismus*)于1936年，亦即他开始进行“伦理-政治”层面之综合工作的30年以后出版。

这最后一本书追溯了18世纪以降的历史思想之兴起，它是迈

① 这本书英译本为D. Scott trans. *Machiavellism: The Doctrine of Raison d'etat and Its Place in Modern History*，1957年才在伦敦出版；这是迈内克的重要著作中唯一译成英文的一本。

内克的所有著作当中态度最冷静、范围最广阔的一本书。早年学术生涯中困扰他的问题现在被他推到了极致。他的思想集中在同一个圈子里面——原来是以德国的伦理政治史的架构为讨论背景的问题，后来被拿来在以整个欧洲为背景的情形下讨论，而现在迈内克则把这些问题放在历史思想本身当中来讨论。但是这个题目也太分歧、太困难了，所以已经七十多岁的迈内克也不得不放弃完成这个工作的期望。他讨论到歌德的作品以后就没办法继续下去了——最后他只好在后面附上一篇预备在兰克逝世五周年纪念会上发表的论兰克的文章，来作为他的结论。

这本书虽然没有完成，但已经可以很清楚地看到迈内克的论点。一如他在论特洛尔奇的文章中所表现出来的，他是采取了 244
“纯粹”德国历史思想传统的立场——从这个传统的立场来看，我们可以把相对主义看作一种“肤浅”的偏差。迈内克已经跑到特洛尔奇、狄尔泰的后面去，回到他生来所属的那个精神世界——即属于18世纪晚期及19世纪早期的唯心论的世界中了。他又回到他所敬爱的导师哥德尔、歌德、兰克那里去了。当他面对国家社会主义者（the National Socialists）破坏文明价值的行为时，他就和一些比较敏感的德国人一样，躲到一个理想的精神世界里去。最后，他终于窒息在他自己的形而上学幻想中。以前他称之为“预感与暗示作用”的观念，现在变成了他的中心思想。他个人受到相对主义的挑战时，就学着歌德说他信仰“终极的绝对价值”（final absolute values）；然而他除了以自己的“灵魂”之心声来作证以外，却无法为这种价值找到其他的证明。

迈内克如此做就等于没有改变他在先前所发表的著作当中

所表示出来的观念。他把他的第二本著作命名为《德国的运动》(*The German Movement*),同时认为:历史思想的发展和宗教改革运动一样(the Reformation),乃是德国为文明所做的第二种“伟大的贡献”。[①] 但是他却不认为这种知识上的贡献与德国的政治成就有任何关联。他在战后的作品中曾经从一个实际的观点把“观念领域”(the sphere of ideas)和“政治领域”(the sphere of politics)划分开来,现在他则把这种区分描述得更清楚了。迈内克在他的最后一本伟大的著作中曾经对纳粹做了许多冷静、正确的评断。他至少间接反对促成希特勒上台的整个德国民族主义政策路线。同时,因为这本书没有谈到19世纪早期以后的事,所以迈内克也
245 不必去评估历史主义本身对他那个时代所发生的事究竟要负多少责任。

迈内克现在只要进一步再完成下面这个工作就可以了。第二次世界大战使德国变成一片废墟,同时遭受列强的瓜分;面对着这一场比25年前曾经震撼他的灾祸更为巨大的浩劫,已年逾80的迈内克不得不再做一次理智上的调适工作。1946年他出版了一本回忆录,他在这本小书中修正了他的观点——以往没有一位历史家像他一样,在年岁、声望那么高的时期修正自己的思想。他把过去的偶像一一抛弃了。他不只谴责希特勒,就连俾斯麦也被他当作“边缘个案”(a borderline case)来处理。从1946年的观点来看,整个德国的统一过程的伦理价值的确令人怀疑。在迈内克心目中,魏玛所代表的精神最后终于绝对超过波兹坦所代表的

① *Die Entstehung des Historismus* (Munich and Berlin, 1936), I, 2, 4–5, II, 626–627.

精神，歌德也超过了俾斯麦。甚至连温文的兰克也受到重新评估。德国有一些史学大师们都很委婉地用“时代的精神”（the spirit）来形容现实的权力，迈内克现在则被认为“比他同时代的任何思想家都更具真知灼见”，曾经对即将来临的专制政治提出警告的瑞士历史家布克哈特也是属于这些大师当中的人物。[①]

迈内克于 1954 年去世时，已年逾 90，比兰克还年高，这时候他已经远离年轻时代所崇拜的偶像；但是最后他却还担任新设的柏林自由大学（Free University of Berlin）的荣誉校长，为学术做了最后的贡献。他并不曾长篇大论地去说明英、法的经验主义者之不信任德国的唯心论与历史思想是正确的。因为这样势必要牺
牲 19 世纪的德国所产生的丰富的理解。但是迈内克在超越兰克，246
直接诉诸歌德的传统的时候，却曾想要进一步求诸过去那个当唯心论传统尚未受到神秘的抽象概念之牵累，同时也还没有与强权国家发生任何关联的时代。他确曾回头探索到 18 世纪的晚期，当时德国还没从西欧的范型中脱离出来，而像歌德、康德等人也仍然以英法思想的假定为前提，试图把此一共同的知识传统提高到更高一层的直觉境界。简而言之，他曾经回头求诸启蒙运动的最伟大以及最后的知识产品。

特洛尔奇和迈内克都不是前后一贯的历史思想家。特洛尔奇

① *Die deutsche Katastrophe: Betrachtungen und Erinnerungen* (Wiesbaden and Zürich, 1946), translated by Sidney B. Fay as *The German Catastrophe: Reflections and Recollections* (Cambridge, Mass., 1950), pp. 1–2, 13–14. 关于迈内克 1918—1946 年思想的转变，可参考 Hofer's *Geschichtschreibung und Weltanschauung*, Rossi: *Storicismo tedesco*, pp. 492–501, 521–542.

很坦率地表示他自己的思想被搅乱了，也不曾掌握自己所用的资料；但迈内克却无疑是一个具有较高天分的人。他可以“很灵敏地挑选出”重要的事物，并且能够以“金匠般的审慎态度”，把史料适当地安排在他的叙述中。但是，当从史家转变成哲学家时，当“严格的论辩”取代“敏锐的诠释”时，“这种观点的多样丰饶……这种‘心领神会’（psychological empathy）的能力就变成一种‘弱点’”。[①] 迈内克对于历史的“直觉”具有极高的天分。但是和他的导师兰克一样，他也无法用明确的方式来做历史的推论。

克罗齐在评论《历史主义的兴起》时，抱怨的便是这一点。他虽然一开始就承认我们可以从一本“在内容上、在敏锐与透彻的程度上，完全符合作者之身份”的著作的“深奥的论辩”中学到很多东西，但是，他的观点却和迈内克的中心论点十分不同。
247 在迈内克看来，构成历史思想的因素乃是因为历史能容纳“人类生活中的非理性成分”。但是，克罗齐却认为，这一点实际上根本不是历史主义所产生的作用。正确的理解是，德国历史思想之所以会对启蒙运动的“抽象的理性主义”（abstract rationalism）提出批判，并且克服了它，是因为德国历史思想远比启蒙运动本身“更深具理性主义的成分”。[②] 因此这二位史家的观点就针锋相对了。正如迈内克在他的辩驳当中所说的，克罗齐采取了和黑格尔相同的立场，而他本人则仍然忠于兰克之典范。[③]

① Antoni: *Dallo storicismo*, p. 97.

② *History as Story of Liberty*, p. 66.

③ “*Zur Entstehungsgeschichte des Historismus und des Schleiermacherschen Individualitätsgedankens,*” *Vom geschichtlichen Sinn und vom Sinn der Geschichte*, fourth edition (Leipzig, 1939), pp. 96–97.

然而，问题并不是这么简单。一如我们所谈到的，克罗齐绝对不是彻底的黑格尔主义者，而迈内克最后也渐渐对他所敬爱的兰克提出了更多的批评。事实上，从迈内克与克罗齐对整个历史研究所持的观点来看，他们倒是大同而小异。他们都受过德国唯心论之传统的熏陶——他们同样都受德罗伊森和狄尔泰的影响。他们在年轻时代都是启蒙运动的批评者，但是到了老年，在经过相当不同的变化以后，却都对他们曾经嘲讽过的哲学抱持一种奇怪的、审慎的认可的态度。

划分他们的关键在于他们对狄尔泰之思想遗产的不同解释。克罗齐要把狄尔泰的思想冶炼成更合逻辑、更精确的思想。而迈内克却逐渐地把狄尔泰的思想归化成 18 世纪末之唯心论的原有形态。从一个政治的观点来看，他们两人最后都更为投入（committed），都和实际的行动世界有了更多的牵连——这种投入的程度比狄尔泰所教给他们的，以及他们二人的初衷，都高了许多。此外，他们也都把共同继承下来的东西“狭窄化”了——他们都没有完全了解狄尔泰所分析的“有关人类之研究的各种不同学科”之间的关系；他们也都没有继承狄尔泰的努力，在历史与社会科学之 248
间造成一种动态的和谐关系。最后，他们也都没有了解到：存在于狄尔泰思想中的相对主义并不一定会威胁到整个“历史主义的观念”之存在——他们没有想到他们也可以站在一个坦率的相对主义的立场上，对唯心论的价值理论提出修正。如果要把 1890 年代的思想革命推展到极致，这些艰巨工作有待后人去完成。

第七章　马基雅维里的继承人——帕累托、莫斯卡、米歇尔

249 1917年9月在向大众推介他的一册有关历史唯物论的新论文集的时候，克罗齐曾经宣称："研究马克思的结果，使他'回到意大利'政治科学的最优秀的传统上；感谢马克思对力量、斗争、权力原则的坚定主张，也感谢他嘲讽与尖锐反对自然法则学说（所谓的1789年的理想）那种反历史的、反民主的无聊东西。"[①]

对克罗齐来说，这样的声明并不是他的主要兴趣。这个声明使人想起他早已经放弃了的"拟马克思主义"（quasi-Marxist）的立场，同时也令人想起一种对政治所持的怀疑主义者的态度——但是他后来反对法西斯政权的行动绝对地超越了这种怀疑的态度。然而，这些话同时却也指向一群意大利当代思想家的关怀重点——克罗齐对这一群思想家曾经表示极度的崇敬，不只是在意识形态上稍
250 微同情他们而已。他在1917年那篇序言当中虽然没有费辞提起此事，它却使人回想起前一年帕累托所出版的《普通社会学纲要》（*Trattato di sociologia generale*）——这本书细密阐释了所谓的"马

---

① *Materialismo storico ed economia marxistica*, ninth edition revised (Bari, 1951), p. xiii.

基雅维里式”的思想路线。[①]

马基雅维里学派的意大利与“似是意大利”（semi-Italian）的代表人物——帕累托、莫斯卡、米歇尔等人并不是20世纪早期最富创造力的思想家。就想象力之广阔与对社会思想的精微了解而言，他们是无法与弗洛伊德、韦伯，或他们的国人克罗齐相提并论的。但是这个思想上的限制却正好使他们的作品的外貌，显得比同时代更伟大的作家的作品来得清楚，同时也比较容易引起大众的直接反应。帕累托和莫斯卡的反形而上学的以及极端现实的倾向代表着真正的意大利传统。他们藉着平易易懂的、明示的科学形式表达出政治学的新义理，对于这些新发现，索雷尔和斯宾格勒曾经刻意以煽动的只字片语加以表露，只有性情较文雅的克罗齐用暗示的手法烘托出它们。

我们已经谈到过，帕累托曾和索雷尔保持了一段长时期的文学友谊。同时，他也认为他自己的理论大部分都和索雷尔的理论相似。索雷尔去世的时候，他表示他在《普通社会学纲要》中，曾经“想要用完全从经验中得来的一般理论来完成索雷尔在别的领域中所想要完成的工作”。他还说：索雷尔的“有名的‘意拟概念’理论”只不过是他自己的“剩余理论”（theory of residues）的一个“特殊个案”而已。[②]

同样的，米歇尔在《论暴力》出版前不久，也在巴黎认识了 251

① See, for example, James Burnham: *The Machiavellians: Defenders of Freedom* (New York, 1943).

② Vilfredo Pareto: “*Georges Sorel*,” *La Ronda*, IV (September and October 1922), 542.

索雷尔；他虽然不同意他对工团领袖的看法，却很赞同他严谨批评唱意识形态高调的人物。同时他也是韦伯的朋友以及韦伯的“被保护者”（protégé）——的确，在20世纪的前十年当中，他乃是稀有的、法国与德国社会思想接触点上的人物[①]。米歇尔较具综合能力，但不是特别有创造力的思想家，他几乎把所有前辈的主要社会理论家的研究成果都综合于系统化的“政治领导权”（political leadership）理论。

无疑地，在20世纪早期的知识精英群中，米歇尔最具四海一家的性格——父亲是德国人，母亲是法国人（和帕累托一样），他自己一方面基于事实的需要，另一方面由于自己的选择，而成了意大利人。早年因为信仰社会主义，他无法在自己出生地德国取得学院的擢升机会，因此受聘到国外教书——首先是在意大利，然后又到瑞士，最后终于久留在他心爱的意大利。他那本有关于政党的经典之作（这是人们之所以记得他的主要原因）之所有具有真实感，乃是因为他和西欧三大国的社会党与工会运动都有过直接的接触的关系。他在那本书当中描述到许多出身中产阶级的社会主义知识分子牺牲家庭的温暖和事业良机的情形时，无疑地是以自己为例子。[②]

① “Georges Sorel: Apostle of Fanaticism,” *Modern France: Problems of the Third and Fourth Republics*, edited by Edward Mead Earle (Princeton, N.J., 1951), pp. 267, 285; Marianne Weber: *Max Weber: Ein Lebenshild*, new edition (Heidelberg, 1950), pp. 395–396, 402, 408, 526–527.

② See, e.g., p. 326 of *Political Parties* (New York, 1915), translated by Eden and Cedar Paul from the Italian edition of *Zur Soziologie des Parteiwesens in der modernen Demokratie* (Leipzig, 1911).

如此，帕累托和米歇尔就构成了那个以索雷尔为中心的法意 252
知识分子集团的一部分——这些知识分子彼此间很少接触，有的根本就不曾见过面，只靠通信以及知识的交换来维系友情。同时米歇尔也和帕累托一样是先接触到社会主义，然后才从事社会研究的。在这“新马基雅维里主义者”（neo-Machiavellians）的三巨头中，唯有莫斯卡超然不受马克思主义的影响——甚至对马克思表现了一种毫不留情的敌视态度，但这至少部分系起因于他的听闻错误的缘故。同样地，他也没有受到索雷尔那种如魔术般的吸引力所影响。和那一些心智相似的同时代人比较起来，莫斯卡算是比较能够坚持操守的。帕累托和米歇尔都曾透过不同的方式，一度或数度反抗中上阶层社会的习俗。莫斯卡虽然用了一些令人震惊的矛盾的方式来表达他的学说，但生活上仍然严守礼仪规范。他在八十多岁的一生当中曾经担任教授、众议员、参议员、部长之职，始终保持着一种冷静且胜任一切的态度，并且克制自己的情感——甚至连反对法西斯主义的情感，也加以克制。在这三个人当中，唯有他活到第二次世界大战期间，也唯有他目睹自己曾强加抑制反对的政权的崩溃。

此外，也唯有莫斯卡在一个纯意大利的背景中完成其理论著作。他出生于西西里，年轻时代都在意大利南部度过，这决定了他的政治思想。莫斯卡虽然在年近 30 的时候移居罗马，并且其后就一直待在那里或都灵（在都灵，他和米歇尔于 1900 年代早期成了好朋友）。他不曾摆脱早年对代议制度所持有的怀疑态度——这是因为他曾目睹西西里赤裸裸的暴力与贪污的政治活

动。[1] 帕累托和米歇尔则晚一点才对这种政治产生幻灭感。帕累托
253 是在为自由经济政策奋斗失败后，米歇尔则是在发现社会党跟它们的敌人——保守党——同样实行寡头独裁（oligarchy）的时候，才获得了发人深省的结论——今天，我们一提到这些结论式的概念，便想起他们。唯有对原来极具前途的法国启蒙运动之学说感到失望之后，他们才愿意承认意大利的马基雅维里是他们的导师。

的确，莫斯卡一向保持怀疑态度——也就是说，他从来没有认识到幻灭的震撼，这可能是他后来对代议民主政治采取较友善的态度的主要原因。对照之下，帕累托和米歇尔对代议民主政治则渐渐采取较具批判的，甚至有点像法西斯主义的态度。这些区别，今天看起来，不论多么无关宏旨，在评断这三位理论家的思想时却极为重要。莫斯卡和帕累托的思想之主要特点，大抵类似——都具有贵族式的“鸡蛋里挑骨头”的特质，而且不信任群众的民主政治；同时也都明显地反映了 1880 年代和 1890 年代的政治情势——这一段期间或许是意大利的议会民主政治最不受欢迎的时候。但是，帕累托和莫斯卡的作品在形式上及其背后的方法论的假定上却有着极端的差异；这些差异尽管奇怪地相重叠，而且在内涵上相互矛盾，却有助于我们了解他们两人在重要的政治论争上采取不同立场的原因。

以理论社会学家的立场论之，帕累托、莫斯卡和米歇尔的看法都是马基雅维里式的——他们都坚定认为我们应该把统治者与

① Mario Delle Piane: *Gaetano Mosca. Classe politico, e liberalismo* (Naples, 1952), pp. 374–375.

被治者清楚地划分开来，政府也必然要采取强制与欺骗的方法，
同时任何政治群体（political groups）与制度也都必然会腐化。他
们虽然揭橥这种悲观的学说，但也同时一致（仅于外表上显得不 254
那么一致）渴望马基雅维里所追求的自由。

当今政治学与社会学的“政治与社会精英分子”的观念（现已成为一种典范式的观念）主要得自他们的学说。他们对政治意识形态的批判就是以这个观念为中心——这种批判就是用马克思自己的一套方法来分析社会主义者的理想以及社会主义者的历史观（这位唯物辩证法的创始人认为这才是唯一值得继续存在下去的意识形态），从而补充了马克思的著作中的观念。

我们已经讨论过，帕累托在《社会主义者之体系》一书中，对马克思主义的批判，自然而然导致他明确定义了“历史精英分子所扮演之角色”的意义。[①] 相比较我们现在对“领导群”（leading groups）的形成的了解，帕累托对精英分子的起源及其构成内容的了解是相当浅陋的。因为帕累托也和莫斯卡、米歇尔一样，都只认为个人的“优越性质”（superiority）是与生俱来的、没有差异的。他没有注意到系统化的专业训练在培养优越技术过程当中占有重要的地位，也忽略了这些技术间的差异在某一个人的情况中可能会导致成功，而在另一个人的情况中却会失败。此外，他还认为能力优越的人渴望获得权力乃是自然的事——他却没有考虑到其他的动机（这些动机在过去常常使权力欲化归无效）。但是帕累托的基本假定却是屹立不摇的，当代的政治学者以及社会学家

① 见本书第三章。

都一再重申帕累托的主要原则——即政治运动总是一小撮积极分子的杰作；同时不论政府的形式如何“大众化”，群众在权力斗争下仍旧只是被动的工具。

在《普通社会学纲要》一书里，这个重要假定是帕累托讨论
255 政治学的起点。莫斯卡虽然比帕累托年轻 10 岁，但实际上首先阐述“少数统治阶层”（ruling minority）之概念的却是他。莫斯卡在《政府理论》（*Teorica dei governi*）[①] 中就已经建立了一种“政治阶级”的理论，帕累托却差不多在 20 年以后才发现了大约和这个理论相似的观念。然而莫斯卡在他的《政治学要素》（*Elementi di scienza politica*）的首版书[②] 中，已经详细阐述这个观念，这比帕累托对它的粗略讨论，在时间上早了五年。因此，莫斯卡坚持他比帕累托更早发现这些观念，无疑有其道理。[③] 米歇尔想要把这些发现同时归功于他们两人的时候，立场就很尴尬了。因此米歇尔遂把这两个人都尊为学问上的良师。

他们三个人对于“少数统治者”的概念虽然趋于一致，但是每个人强调的重点却不一样。莫斯卡的理论最先出现，也是最普遍的。但是莫斯卡主要是把这个概念放在政治范畴里来讨论；至于这个观念能不能应用到整个社会上，他只是暗示了一下而已。因为这位西西里的理论家所关心的主要是议会团体的功能，以及

① 1884 年在都灵首次出版，第二版于 1925 年在米兰出版。

② 1896 年首次出版于都灵。This book, plus the second volume that Mosca appended to it in 1923, has been translated by Hannah D. Kahn, under the editorship of Arthur Livingston, as *The Ruling Class* (New York, 1939).

③ Alfonso de Pietri-Tonelli: "*Mosca e Pareto*," *Rivista internazionale di scienze socali*, VI (July 1935), 468–493.

非正式的政治集团的行为。他个人的经验所能提供给他研究的乃是这些东西，而他超人一等的地方也是在于他对“议会寡头政治”（parliamentary oligarchies）所下的定义。他的“政府理论”与“政治学要素”极具说服力地揭橥一种有关政治过程的观点，这种观点认为：政治过程是被心胸狭窄、护持自身的政党派系所控制、引导——在这种情况下，所谓“人民”的代表，事实上根本不是由选民选出来的，而是“代表”向选民提出他的“候选人”的身份，然后“自己选出来的”。

但是在这些政治论辩之下，莫斯卡也暗示了把这些理论适用
于社会的可能性。他认为在一个能适当发挥功能的代议制度里面， 256
每一种“社会力量”（social forces）都能扮演属于自己的角色，以这种观点为主的理论，相当接近于藉经济阶级为立论基础的政治理论。因为，他所说的“社会力量”乃是指由商人、农人、知识分子以及军人所构成的主要群众利益。而他则是他自己这种“力量”——即中等收入的知识分子的“无意识的代言人”（unconscious spokesman）。当他描述使政治功能能够运作并且能持续下去的第二层政治阶级——亦即“无所偏袒”（disinterested）的公仆——时，他心目中所想到的也就是像自己这样的人。他暗示说，这个阶层的新的成员是来自具有惰性的群众本身的。因此在莫斯卡的学说中就存在着一种“隐秘的马克思主义”（crypto-Marxism）——正如那里面也存在着一种“隐秘的民主主义”（crypto-democracy）（这种民主主义最后终于使他很奇怪地接受了群众政府）一样。[①]

① James H. Meisel: *The Myth of the Ruling Class: Gaetano Mosca and the “Elite”* (Ann Arbor, Mich., 1958), pp. 60–61, 218, 303.

把莫斯卡的理论推广到现在所特有的“群众组织”（mass organization）上的工作，就有待米歇尔加以完成了——莫斯卡开始构思政治阶级的概念时，这种组织是不存在的。在一本题为《政党》（*Political Parties*）的书（比莫斯卡的《政府理论》晚出版了四分之一个多世纪）中，米歇尔把精英分子的概念应用于社会主义政党，以及当时正在壮大（同时他自己也认识得很清楚）的工会上。他所谓的“寡头政治之铁律”（iron law of oligarchy）乃是通过个人经验所得来的“实用的真理”，同时也是用许多宝贵经验所换来的信念，即：为了维持一种内部的纪律以及行动上的一贯起见，政治组织无可避免地会变成封闭的、自我护持的寡头政治。[1]

257 至于帕累托呢？他则把精英理论贬抑为普遍假设中的附属与辅助观念。在他们三个人之中，只有帕累托超越了其他两人对“政治操纵”这个事实一致的看法，希望寻找那些被群众领导者所利用的人的基本冲动。他所揭橥的有名的“剩余物”以及“衍生物”理论把这些共同的政治知识基础应用到社会的其他层面——特别是战争以及宗教上。这个理论架构中，“剩余物”代表人类行为中不变的，或至少是改变得很慢的因素；“衍生物”则代表对于这些行为的（不断在改变的）解释以及“合理化作用”（rationalization）。一向在历史中占有主要地位的乃是“衍生物”；但是在将来，如果我们遵照帕累托的理论去做的话，那么研究社会的学生就会把他们的注意力放在“剩余物”上了。

事实上，莫斯卡已经提出过类似的说法，在他的第一本著作中，他就已经主张：每一个政治阶级都会用一些方便的“政治公

① *Political Parties*, pp. 11, 401.

式”（political formula）来为它的统治找借口，诸如自由主义、民主、社会主义是当代一些比较常见的政治公式。但是，莫斯卡却没有进一步探索此一见识。他没有像帕累托一样，继续建议，谓任何一种政治公式只不过是包罗范围更广的“合理化”范畴里的一个例子而已——他并没有指出人类找来作为各式各样之活动的借口的，道德的或“伪理性”（pseudo-rational）的“衍生物”，从而把自己的假说阐述得更详尽。从这一个意义上来说，帕累托补充了莫斯卡的创见。

从同样的意义来说，学术界把帕累托视为比较重要的人物，乃是正确的。但是，我却只能持极保留的态度接受这种看法。就作为一个经验工作者而言，帕累托比莫斯卡略逊一筹——莫斯卡曾经有 8 年的国会议事的经验，其后又当了众议员，因此对意大利的政治具有熟稔的、直接的知识：这是在日内瓦湖离群索居的帕

累托所无法得到的。在他们三个人当中，把证据列得最周全，写 258
作方式最接近现代科学研究标准的乃是米歇尔。况且，莫斯卡的计划虽然没有帕累托的那么庞大，他却把实际上的工作做得更好。他那本《政治学要素》经过最后的修订以后，变成了一种最清楚、最优雅、最具权威的政治理论，这种理论已广为人所接受。该书所具有的幽默、不偏不倚的态度，使民主阵营里的人士也变成了它的附随者——有些民主理论家认为：莫斯卡的所谓“少数政治人物之间的自由竞争乃是自由的最佳保障”可成为传统的“多数人统治理论”（majority rule）的一个较实际的替代品。[①] 帕累托与

① See, for example, Robert A. Dahl: *A Preface to Democratic Theory* (Chicago, 1956), pp. 54–55, 132.

莫斯卡之间的关系，有一大讽刺：帕累托的作品中有关这方面最优秀的部分，竟然极相似于他的年轻同胞（指莫斯卡）。

我们还可以做另外一个比较：莫斯卡和米歇尔都没有特别的兴趣去分析、批判他们的理论所赖以建立的哲学假定。的确，就莫斯卡的情形而论，他在近 60 年的知识生涯当中，一直没有改变过他的实证主义者的研究观点。或者我们也可以说：虽然莫斯卡对历史之“模棱两可”的性质逐渐了解，可能在实际上会使他改变这种立场，但是他表面上的言论却一直都没有改变。[①] 帕累托也是从实证主义的假定出发的。但是，作为一个比莫斯卡更严格的思想家，帕累托却不敢以大胆阐扬某些相当明显的社会科学方法的原则而自满。他的《普通社会学纲要》中将近四分之一的内容是阐述他所遇到的主观上以及认识论上的问题。帕累托分析到后

259 来终于不免要跳出实证主义的架构——至少他曾经做过这种暗示。同样地，这种分析终于使他陷入无法脱离的困境。帕累托这种高度的“哲学意识”（philosophical awareness）表示：我们在检讨帕累托的方法与结论时，应该比在检讨莫斯卡与米歇尔的方法与结论时更加仔细。如此，我们或许就能够解释，为什么帕累托的作品在 1920 与 1930 年代极度盛行过一阵子以后，现在不那么为人所注意了——亦即为什么这些作品没有像他的最权威的阐述者那么有信心地期望着的一样，变成“最有成果之研究的起点”。[②]

① 关于这个问题详尽讨论，请参考拙文“Gaetano Mosca and the Political Lessons of History,” in *Teachers of History: Essays in Honor of Laurence Bradford Packard*, edited by H. Stuart Hughes (Ithaca, N.Y., 1954), pp. 146–167.

② G. H. Bousquet: *Vilfredo Pareto: sa vie et son œuvre* (Paris, 1928), p. 212.

首先，我们必须追溯帕累托的知识渊源。在他的早期的教育过程中，最具有决定影响力者，乃是自然科学与古典学术。在他一生最主要的40年当中，他把古典学术藏而不用；直到晚年才从历史以及希腊、罗马的古代神话中引述一些奇特的例子，使他的《普通社会学纲要》生色不少。但他从没有远离过科学的领域。他最初的职业与训练背景就是工程师，他在从工程师转到数理经济学、社会主义之批判以及最后的“系统社会学”（systematic sociology）的渐进过程中，一直保持着这种科技人的心态。

我已经说过：帕累托是一个实证主义者。现在我必须把话修正一下，说明他的实证主义并不是一种浅陋、没有反省能力的实证主义。他曾经力图摆脱年轻时代一度迷惑他的“社会达尔文主义”，却没有彻底摆脱。他敌视詹姆士的思想——他不像他的许多同时代人一样，被实用主义的似是而非的科学观念所蛊惑。但是他自己对科学的看法则与马赫以及庞加莱的看法相近——从这个意义上来说，他的看法比大多数的实证主义者的看法都更精微 260
细密。[1]

不论发挥哪一种能力时，帕累托都不能算是一个经验工作者。他是一个“书迷”（book-bound）学者——他把自己关在藏书丰富

① G. H. Bousquet: *Vilfredo Pareto: sa vie et son œuvre* (Paris, 1928), p. 205; Vilfredo Pareto: *Trattato di sociologia generale*, 2 vols. (Florence, 1916), translated by Andrew Bongiomo and Arthur Livingston under the editorship of the latter as *The Mind and Society*, 4 vols. (New York, 1935), Paragraphs 69, 828, 915 (the paragraph numbering is the same in all editions); Talcott Parsons: *The Structure of Social Action*, second edition (Glencoe, Ill., 1949), p. 181.

的图书馆中，然后从这个安全的避风港中，以超然威严的态度俯视这个世界。他没有兴趣进行标新立异的“现场”（on-the-spot）研究工作。他只满足于从事以博览群书为基础的理论建构工作。因此，不论帕累托本人如何反对这个名词，我想我们都应当把他的作品归入“理论社会学”（speculation sociology）。他宣称他自己所使用的乃是一种“逻辑-实验的”（logico-experimental）方法，但是，我们对这个说法必须存疑。他的方法或许是合乎逻辑的，却绝对不是实验性的。

从他的作品所表露出来的个人偏见上，可以获得第二个了解帕累托的思想之“假定”（presupposition）的方法。他的父亲是一个马志尼（Mazzini）派的自由主义者，因为政治信仰的缘故而流亡国外——因此，定居法国以及母亲的影响，遂使年轻的帕累托能懂二国的语言。对父亲所留给他的影响，他的心思是二分的，他毫不犹豫地接受其中一部分，而对另外一部分则不留情地予以抛弃。帕累托毕生都是自由主义者，特别是在经济学方面，他的主张更是如此，同时也坚持言论与教学的自由。但是他对马志尼传统中的人道主义与民主精神都嗤之以鼻，这种态度不禁使人对他产生一种极端怀疑的看法：在半意识的状态下，他到底还保留有多少像这样的思想。他对人道主义者一直抱着极端嘲讽的态度，
261 形容他们是“会导致毁灭的动物疫病”（baneful animal pest），应该彻底地消除。他喜欢攻击的另一个目标是专爱假惺惺故作君子状的人。此外他所痛恨的人还有政治煽动家，以及“财阀式民主政治”（plutocratic democracy）体制下的暴发户。此外，我们又看到帕累托心理上的另一个矛盾——他对公共道德的态度相当严谨，

但是他对个人道德的看法却是游戏人间式的。[1]

了解帕累托的最后一个线索是他的失败感。帕累托在 1880 年代里虽然曾经大力呼吁自由贸易政策，但是在他的祖国，“保护主义”（protectionism）却占了上风。在这个政策之下，意大利，乃至于其他采取同一政策的国家都不只是生存下来，还都繁荣起来。因此帕累托推想，他在推理过程当中必然是出了差错。作为一个经济学家，他还是相信自己是正确的。如果按照合理方式进行的话，经济学——最合乎逻辑的科学——是永远不会出差错的。但是数理经济学家在计算的过程当中却可能漏掉了某些东西。显然，帕累托就是漏算了某些东西。[2]他在开始写作《普通社会学纲要》的时候便是要寻找这“某些东西”。

因此，非逻辑物变成了帕累托的社会研究的对象。正如他为它所下的定义一样，非逻辑物属于“残余的范畴”。[3]也就是说：它是我们在界定、了解逻辑领域内的事物以后，所剩下来的不可理解的那一部分。帕累托把它称为“剩余物”（residue）就显示出它只不过是一种剩余的东西而已。这个对于“非逻辑物”的暧昧的说法是了解帕累托的理论社会学的一个重点。它意味着帕
累托在处理这个与他的思想相去甚远的新资料时所表现出来的犹 262
豫——或者根本就是困惑。帕累托在一个大多数人都已无法接受

① Franz Borkenau: *Pareto* (New York, 1936), pp. 11, 17, 156; *Mind and Society*, Paragraphs 301–304, 2191.

② 见帕累托 1917 年所发表的演讲，其内容摘要载于 P. M. Arcari: *Pareto* (Florence, 1948), pp. 43–48; 另见 *Mind and Society*, Paragraph 2079。

③ Parsons: *Structure of Social Action*, p. 192.

新观念的年纪，开始进行他一生当中最令人感到困惑的探讨工作。

他意识到人的行为当中必然存在着一些基本的、永不变的因素。但是他却不知道如何去解释它们。如果他是心甘情愿、直接地进入非逻辑因素的领域中——如果他一开始就去探讨它，而不是到后来才把它当作令人困惑而且恼人的剩余物来处理，情况就很不一样了。事实上，当时他的同时代人有两个有利的途径可循，但是他却无法采取其中任何一种方法。他已经成为本身思想范畴内的囚徒，再也不能采用对其他的人极具启发性的研究方法了。

第一个可能的途径，是通过实验的或临床的心理学来探讨。弗洛伊德便是采取这个途径，才发现了整个改革了20世纪有关人类之研究的知识。但是帕累托却明白地表示绝不采取任何心理学的研究方法；他宣称说，他要把他的研究限制在“情感与本能”（sentiments and instinct）的“表现”（manifestation）上。他希望不必经过“内在”的了解，而从外界来探讨非逻辑的行为。况且，即使他曾经去做过任何“内在”的了解，他做得如何也很值得怀疑。他对精神分析的理论与实际都无所了解。虽然弗洛伊德只比他小8岁，而且他在《普通社会学纲要》的某些章节中也曾表示对“弗洛伊德式”的性关系有敏锐了解，他对这位同时代的伟人的作品仍一无所知——部分是因为他不懂德文。帕累托如果熟悉弗洛伊德的著作（这些著作绝大部分比《普通社会学纲要》更早出版），他或许就会以一种完全不同的形式完成他的《普通社会学
263 纲要》了。如此一来，他或许就会把他的前五种剩余物中的某些因素归纳为“第六种剩余物”，简称为“性”（Sex）——但是在《普通社会学纲要》的实际内容中，这些因素却只是松散地附属在

帕累托的主要的分类名下。[①]

帕累托同样也无法采取第二个途径——“直觉”的方法。他不能像柏格森一样把“直觉”作为一种研究的范畴；当时任何一位自尊心强的社会科学家（甚至包括反实证主义者在内）都不愿意采取这个途径。帕累托甚至排斥韦伯及其学派惯用的更“科学”的方法——即以同情之心去了解非逻辑现象间的“内在逻辑”（immanent logic）。他认为这些现象基本上乃是“任意合理化”（arbitrary rationalization）的结果或“衍生物”。就这一点而言，帕累托很不理解德国的思想——对韦伯的社会学著作的不了解也是个明显的原因。但是，同样地，即使他对韦伯有所了解，结果大概也不会相去太远。自德国唯心论传统得来的内在了解法或领悟法，绝对无法与帕累托建立在实证主义上的思想范畴相容。因为这种方法暗示了一种对价值的关怀，这却正是帕累托明白表示不愿意加以讨论的问题——除非是为了“社会利益”（social utility）这个可疑的、看似逻辑领域内的问题。[②]

一位深知帕累托思想的学者，正确地指出：帕累托如果把他的“剩余物”分成（一）本能（这至少是部分属于生物学的范畴），以及（二）价值（或理想目标）两个类别，问题就可能比较清楚了。[③] 事实上，帕累托的“剩余物”观念缺陷在于定义未明。它们徘徊在实证主义者的推理无法助其从中解脱的迷雾中。这些

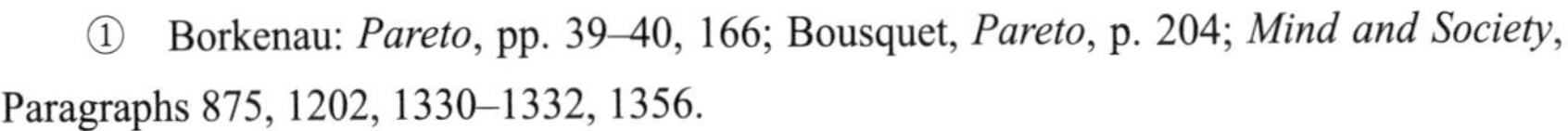

① Borkenau: *Pareto*, pp. 39–40, 166; Bousquet, *Pareto*, p. 204; *Mind and Society*, Paragraphs 875, 1202, 1330–1332, 1356.

② *Mind and Society*, Paragraphs 2111–2155.

③ Parsons: *Structure of Social Action*, p. 225.

“残留物”有时显得好像只是生物的本能（帕累托对这个词的使用
264 有时含糊不严谨[①]）；有时它们却又像是价值领域当中可藉以澄清观念的抽象概念——这或许就是韦伯所说的“理想类型”。

这种没有定义清楚的结果，使人觉得其中含有某种程度的专断观念。帕累托曾经很不客气地批评孔德与斯宾塞的著作，但他自己所写出来的社会学却也和他们差不了多少。他和他们一样都是用一种从上到下的“化约”（reduction）法——他把人类行为所含有的生命力都榨取光了，直到它们变成一列空洞的“范畴”的名单而已。我们禁不住又要问：帕累托为什么把它们特别归到这几个“范畴”底下，而不把他们归到其他的范畴下？为什么帕累托任意根据他自己的特殊的喜好和字汇，刚好定下六种“剩余物”的类别？帕累托自己曾经说过，而且他的最具权威的评论者也曾经证实这些“剩余物”并不是永久的分类——它们只是一些暂时的定义而已。[②]但是在这一点上，帕累托所使用的语句又再度暴露了他的真面目——他的教条式的语气暗示说这些“剩余物”乃是“真正”（real）存在的事物，而不只是一些抽象的概念。我们从做证据用的资料和“通则”之间的关系上也可以确定，帕累托在做这些归类的工作时，是含有一些专断的性质在内。这些通则并不是透过经验方法，把资料加以处理后所产生的；帕累托只是把这些资料当作“范例”一样地添附到通则上去——有些时候，许多（有时只有一二个）例子都是用18世纪的呆板的方式添附上去的。

① See, e.g., *Mind and Society*, Paragraph 1218.

② Ibid., Paragraph 1690; Bousquet: *Pareto*, p. 136.

因此也难怪克罗齐和曼海姆这二位思想背景如此不同的社会思想家会一致谴责帕累托的方法过度机械化。[1]这位《普通社会学纲要》的作者在此处又为自己辩护说那些机械化的语汇只不过是 265
“类比”而已。[2]但是这个辩解不能使人完全心服。一位作者所选择的类比与隐喻的“种类”（the kind），当然不是一件平常的事，也并不是无关紧要的事。它可以显示出一个作者的心灵的工作情形——亦即作者处理问题的方法是来自何种思想与活动领域的。身为工程师的帕累托当然不能不从他所熟悉的力学领域中引用一些“潜在的预设的形而上学”（latent presupposed metaphysic，克罗齐语）。

或者，换个方式来说，帕累托纯粹从外在来探讨非逻辑行为的结果，产生了一种陈腐的“行为主义”（behaviorism）。我们已经说过，帕累托不愿意去对他的“剩余物”的内容加以探讨。他认定它们只是人类行为中的“已知事物”（givens）——它们在历史过程中“轻微地、逐渐地”改变，但基本上是无法加以解释的。[3]因此我们下结论说帕累托没有解决他的主要问题，这是不公平的。但他对非逻辑的行为的解释的确失败——他只是希望能界定它们而已。

因此，很明显地，我们可以用简洁的话表达他揭橥的所有有

① 见克罗齐写给帕累托的两封信（从 1900 年开始），收在 second (1906) and later editions of *Materialismo storico*, pp. 227, 233, 238, 240; Karl Mannheim: *Ideology and Utopia* (expansion and translation of *Ideologie und Utopie* [Bonn, 1929]) (London and New York, 1936), p. 123。

② *Mind and Society*, Paragraph 128.

③ Ibid., Paragraph 2410; Borkenau, *Pareto*, pp. 43, 48.

关非逻辑的行为的知识。而我们在他那本 2000 页的《普通社会学纲要》当中也的确可以找到许多可以用来说明的例子。在那里面我们尤其可以看到复杂的方法论只是含混地与有趣的“多样的事实”（faits divers）牵连在一起而已。而《普通社会学纲要》之神韵与恒久的吸引力也在于这些“多样的事实”。这些事实取自许多不同的材料——多半是古典文学和报纸，而它们是否切题并不那么明显。我们怀疑其中有些是帕累托偷偷添加进去的——因为它们说明了帕累托的某种癖好或敌意。的确，我们会发现：大体上讲起来，这些例子倒不是在说明他的所谓“剩余物”，而是在揭露人类的愚蠢、无知与错误。它们继承了拜尔（Pierre Bayle）与伏
266 尔泰典型的 18 世纪的“撮要”（compendium）风格。当我们知道拜尔的《历史与批判字典》（*Dictionaire historique et critique*）乃是他最喜爱的床边读物的时候，我们更能确定他是“迟来的”法国“哲士”（philosophe）。[①]

帕累托自称并未偏爱逻辑思想。他在《普通社会学纲要》的开头就主张我们不必管某一“衍生物”的“实验的真值”（experimental truth），我们只要从它们对社会有没有用这个基础上来评断它们就可以。他认为即使最荒谬的习俗与信仰，也仍然可能产生有利的影响。[②] 此外，通过对“仪式”（ritual）的认识，他至少可大略见到价值因素在社会中所扮演的角色——这等于间接表示了他的实证主义范畴内的思想是不够的。[③] 但是他也只是在警觉性最

① Giuseppe La Ferla: *Vilfredo Pareto filosofo volteriano* (Florence, 1954), pp. 32–33, 68–69, 73, 140; Bousquet: *Pareto*, p. 205; Borkenau: *Pareto*, p. 69.

② *Mind and Society*, Paragraphs 72–73.

③ Parsons: *Structure of Social Action*, pp. 209–210.

高的时候，才有这种认识。多半的时间，他的思想活动并没有这么精微。一般而言，帕累托在处理非逻辑事物的时候主要还是采取一种嘲讽的态度。

因此他发现自己处在一个特别矛盾的地位上。他对政治与宗教问题表面上虽然采取一种彻底的不可知论的态度，事实上却表现出一种最强烈的偏见。他虽然表示采取一种科学的超然态度，事实上却深深地介入他的时代的问题。因此我们不能把他的作品很恰当地纳入社会科学中。同时作为第一流的理论，其想象力也还不够丰富。由于坚持一种过时了的哲学立场的结果，帕累托遂无法成为伟大的科学家和理论思想家。

他至少是有一点意识到这种不幸情况的。《普通社会学纲要》自始至终都表现出一种方法论上的失败主义（methodological defeatism）。帕累托所扮演的角色中包括了“最后的体系之建立者”——孔德与斯宾塞的“遗产受赠人”（residuary legatee）。帕
累托在试图建立一些用孔德与斯宾塞的方法（我称之为“化约 267
法”）就足以解决问题的理论时，的确表现得非常渺小。他虽然有足够的洞察力，能够指出孔德与斯宾塞错误之处，却无法认识到或许他们的整个方法都是错误的。

帕累托是一个过渡型的人物；他因为过于年迈而无法接受新的方法，所以他也和索雷尔一样无法脱离他的困境。他无法了解到：不必一下子就建立一种一般性的社会学的架构；可以像他的同时代人涂尔干和韦伯一样，从个别的、有限度的经验性研究入手，逐渐建立理论。他也无法明白：了解非逻辑事物的方法在于坦然承认价值观（包括自己的价值观）的存在；同时有了这种认

识之后，我们也就绝对不会使个人的偏见改头换面偷偷潜入我们的论辩中。简而言之，他无法体会到“衍生物”非但不只是纯粹的“合理化”而已，它们还是解决整个问题的关键之所在。

把这些都说过以后，我们或许可以问：为什么要讨论帕累托呢？为什么他虽然有这些缺点，但是我们在读完他的作品之后，仍然会感觉到他至少已经证实了部分他所想要证实的道理？

首先，我们得回想起《社会主义者之体系》曾经赢过一场论战。帕累托的超人一等的批判能力表现得最彻底的地方，乃是在这一本书上，而不是在《普通社会学纲要》上。在他讨论社会主义的书上，才完美结合他最先在经济学上所表现出来的严密的分析能力，以及其后在社会学著作上所表现出来的文学风格。《社会主义者之体系》的主题比《普通社会学纲要》狭窄，同时也更明

268 显地表现出作者个人的癖好。或许也正是因为这缘故，所以它也更能达到它的目的——其中的理论从论战中发展出来，我们可以直接看到它和经验事实之间的关系。

此一理论构成了帕累托的精英分子学说的最初声明。他在《普通社会学纲要》的最后一部分中，再度讨论这个学说，同时还在它上面添加了一些“剩余物”“衍生物”等复杂的附属品。世人公认这最后一部分是他的社会学中最令人满意的一部分——其实这也就是唯一产生了永久影响力的一部分。存在于年迈的帕累托以及早期的帕累托之间的一个讽刺乃是：他的社会学理论最成功的部分乃是与他的较具争论的与较缺乏系统的著作较相似的那一部分——或者说是响应了莫斯卡的理论的一部分。帕累托的“残

留物”唯有应用于特殊的政治情况中以后，才变得真实而切题。

但是，我们这样的结论却是“极度简化”的。《普通社会学纲要》的最后一部分并没有很明白地提到“衍生物”。原来有六种的“剩余物”，实际上也被简化成二种了。[①] 该书在近尾声的时候，帕累托原先所搭建起来的整个棚架渐渐被拆卸成一种交替的理论——这个理论主张，在历史上，人们对较广泛的政治生活层面采取两种相互对立与互补的态度，它们是交替出现的。

这种看法也是马基雅维里所遗留下来的。传统“狮子”与“狐狸”之间的对比，显示出帕累托的原始概念可能只是一种极度简化的“直觉”。就像在社会思想史上经常看到的情形一样，帕累托花了十年的时间，以及 2000 页的篇幅，用一种虚假的经验理论来证明早期所产生的一个顿悟。第一种“剩余物”——“结合的本能”（instinct for combination）只不过是把狐狸的隐喻做了详细 269
的说明而已。这至少也是当“剩余物”的定义（此定义极为抽象，而且大多以历史上的例子为定义之基础）应用到当代的情况中去的时候，我们所了解到的一点。同样地，第二种“剩余物”——“集合体的持续性质”（persistence of aggregates）为狮子的象征做了解释。帕累托的艺术能力在这里表现得最令人折服。第一种“剩余物”并不难成立——至少对意大利人来说，“结合”（combinazioni）一字本身就足以表达一种明确而广泛的意义了。“集合体的持续性质”则是意义比较微妙的观念丛——此一名称包含了诸如

① 帕累托抛弃了第三种“剩余物”（用外在行为来表现情感的需求）以及第六种“剩余物”（性）；第四种（社会性）以及第五种（个人的廉正及其从属性质）则似乎归到第二种了；见 Borkenau: *Pareto*，第 72 页。

保守的理想、革命的热情、宗教的热情等不同的表现。把它界定为恒存于人类社会中的一种事物，或许就是帕累托对当代政治思想唯一伟大的贡献。

有些性急的读者认为这两种关键性的“剩余物”分别代表了保守主义（conservatism）与异议（dissent），这是最不正确的看法。的确，帕累托的架构的一个绝大的优点乃是它跨越了传统的左右派的划分法。因此（我们举一个与帕累托自己的经验相近的例子来说明），它就能够对墨索里尼式的人物的令人不解的意识形态之转变程度，给予一种最富想象力的解释。不论是作为一个革命派的社会主义者，或是意大利有产阶级的宠儿，“元首”（墨索里尼）在某个意义上来说都忠实于自己——他一直就是一只狮子，不是别的。

帕累托的最后一个成就是描述了这两种态度在二千多年的西方历史过程中的变迁与消长。在评估每一种“剩余物”对历史上成功的精英分子的影响——不论是指渐进式的加入统治阶级，或是指暴力式的相互倾轧——对此种“社会均衡”（social equilib-
270 rium）的评估，帕累托的评论均号称最中肯、最有力。无疑，帕累托在讨论这些问题的时候已经把个人的情感深深地投注到里面去了。至少对他那个时代来讲，他已经肯定地认为有一种反动在形成之中。他主张说：西方世界已经接近一个“煽动性的财阀政治”（demagogie plutocracy）循环的末端——狐狸已经大行其道；除非统治阶级能够把他们自己的狮子放出来，以恢复平静状态，否则在下层社会中已经可见的狮子就会把现有的精英分子推入历史的

灰烬里。[1]

帕累托和索雷尔一样都认为当代必须恢复英雄式的价值观。但是他所持的并不是一种单纯的强硬的政治黩武精神；相反地，他也是一个地道的意大利式的怀疑主义者，他发现他本身也有许多狐狸的性格。他具有史家天生的容忍暧昧事物的能力。他的互相矛盾的偏见之下藏有一种可资弥补的爱憎交杂的情感；同时我们从他为他所谓的“历史上的两种持续力量”所下的定义中，也可以看出他的同情心所涵盖的范围。对于承自马基雅维里的思想，他曾经很明白地表示感激；对维柯则比较吝啬。[2]但是他的循环的历史观很明显是同时承自维柯与马基雅维里的。帕累托比莫斯卡更有系统地从意大利的一项古老的传统当中汲取了他所需要的事物，从而为“发了霉”的社会理论带来了清新的怀疑主义的气息。

剩下一个最终极的问题没有解决，亦即：从实证的意义来看，“新马基雅维里主义者”（neo-Machiavellians）是否可以被视为促使意大利法西斯主义形成（即使是一部分）的人？我们可不可以把他们视为20世纪早期的民主政治的掘坟者？这种问题显然没有一个完整的答复。我们只能够提出一些重要的差异之所在，使它变成一个比较易于着手去处理的问题。

首先，我们可以重申一个传统的、但是仍然是正确的看 271
法——亦即意大利的新马基雅维里的思潮助长了反议会政治的气

① *Mind and Society*, Paragraphs 2025–2059, 2178–2179, 2340–2341, 2386–2387, 2392, 2480, 2553; Arcari: Pareto, p. 271.

② *Mind and Society*, Paragraphs 1975, 2166, 2330, 2532.

氛，这一点终于使墨索里尼获得好处。特别是帕累托——他曾经猛烈攻击议会民主政治里的人事与功能，这种评论无疑地令法西斯政权得势前的意大利政府地位颇为丢脸。而在墨索里尼终于取得权力以后，帕累托也认为墨索里尼的新措施是他稍早所做的预测的履现。他曾经接受“元首”所分派给他的参议员的职位（虽然他不曾正式任职），同时在“进军罗马”（the March on Rome）到他去世时的10个月当中，他至少也算是一个有所保留的法西斯政权的支持者。

他这种有保留的效忠态度相当重要。因为这个表现使我们回想起当初帕累托对马志尼传统所采取的矛盾的态度。基于反人道主义的思想，他赞成了墨索里尼的强硬态度与现实主义（realism）。自由人士悲叹法西斯政策束缚了人民的“表达自由”（freedom of expression）。因此，帕累托在他公开发表的最后声明中，所呼吁的便是保存新闻与教学自由；从心理的观点来看，这是很自然的事。[①]

墨索里尼本人仍然乐于把帕累托当作他的导师。在这里，这位未来的“元首”与帕累托之间的关系并不像一般的“某人自发推崇某人”的情形那样疏远。1904年墨索里尼为逃避兵役而避居瑞士时，曾经选了帕累托在洛桑大学所开的两门课；但是，我们却不清楚他是否真的去听了课。同年，墨索里尼称许《社会主义者之体系》的“精确”“明朗”“坦率”；其后又形容该书所阐述
272 的精英分子理论为“可能是现代最杰出的社会学之概念”。由此看

① La Ferla: *Pareto*, pp. 169–70; Bousquet: *Pareto*, pp. 189–194.

来，显然，他至少读过帕累托这部分的著作。但是我们找不到一点证据证明他对《普通社会学纲要》是熟悉的。[①]

据我所知，墨索里尼对莫斯卡或米歇尔的作品就不曾如此地加以颂扬。他对米歇尔的疏忽是很自然的事——因为米歇尔比较年轻，而且在意大利也不像这二位互争短长的精英理论创始人那么有名；“元首”或许根本就不曾听说过他的名字。然而事实上米歇尔却很轻易地就适应了法西斯的政权，而他在晚期的著作中，提到墨索里尼的统治时，也无疑是一种尊敬的语气。[②] 实际上，在这两个新马基雅维里主义者当中，最缺乏创见的米歇尔最能适应法西斯政权，这也是令人感到有趣而相当自然的事。

但是，墨索里尼对莫斯卡却保持着缄默的态度——别人建议他这么做。莫斯卡在《政治学要素》第二版出版的时候（就在“进军罗马”之前）就已经对“议会政治主义”（parliamentarism）与民主政治采取比他在第一版中所表现的更肯定的态度了。墨索里尼夺得权力以后，莫斯卡和他的议员同僚克罗齐站在同一阵线上，以维护尊严的态度，反对逐渐增长的“元首”独断的权威。莫斯卡从不是反法西斯的强硬派——这种强硬的政治态度对他来说是很可怕的。但是在 1920 年代末期，意大利只留有一小撮的人公开表示反对墨索里尼的统治，莫斯卡也可以算是这一群人中的

① Gaudens Megaro: *Mussolini in the Making* (London, 1938). pp. 112–117.

② See, for example, the *Corso di sociologia politica* (Rome, 1927), translated and edited by Alfred de Grazia as *First Lectures in Political Sociology* (Minneapolis, 1949), pp. 113–115, 119, 126, 128, 131, 137, 153.

一分子。[①]

273 帕累托和莫斯卡都把自由主义与民主的传统划分得很清楚。他们都拥护自由主义的学说，而对民主表示怀疑。他们也都抱持19世纪的观点，认为自由的制度和寡头政治比较能够相容，而比较不能跟民众政府（popular government）相容。但是当面临自由主义与民主政治遭受破坏的时候，他们却采取了不同的路线。帕累托和大多数意大利的自由主义者一样，默许在"秩序"的代价下牺牲自由。莫斯卡与其他一些人则勉强接受了民主政治。同时他也和克罗齐一样认识到：在20世纪，民众政府与自由主义的命运是不可分的，它们必须共存亡。

为什么他们两人会产生这么重大的差异？其中一种解释是：莫斯卡死得较晚，能够看到法西斯主义后来的真正形态；而帕累托却在新政权尚未出现凶险的特征之前就去世了。但是这个解释很显然是不充分的。它没有说明墨索里尼上台以前，莫斯卡思想的重新取向。这个重新取向所代表的乃是存在于莫斯卡与帕累托之间的思想路线上的根深蒂固之差别。不论在外表上看起来多么类似，莫斯卡和帕累托的心智活动却相当不同。帕累托想要找寻生硬的"公式"（formulas）。而莫斯卡虽然也用实证主义者的语气说话，却能很灵活地考虑各种可能性与假说。帕累托的知识态度是冷静严酷且嘲讽的，莫斯卡的态度则是温暖而幽默的。二人都是怀疑主义者，但是帕累托的怀疑态度是反映了他政治失败所感受到的苦楚的幻灭感，而莫斯卡的怀疑心态则来自意大利南方

① See the introductory essay by Gaetano Salvemini to A. William Salomone: *Italian Democracy in the Making* (Philadelphia, 1945), pp. xv–xvi.

所固有的、对人性的洗练的了解。他们都承继启蒙运动的思想遗产。帕累托所继承的主要是18世纪传统中消极的、嘲讽的一面，
而莫斯卡所继承的乃是一种用冷静的态度来考察所有人类的制度， 274
希望从人类过去所犯的错误当中学得教训，使后代人不要像他们的祖先那样不幸。在此处我们又发现了：如果要了解一个人的洞察力及其盲目之处，以及他在知识上的成与败，我们就要从了解他的思想风格与性质以及他所未曾明白地表示出来的假定与理想入手。

附记：阿兰以及激进主义新声明

乍看之下，那位朴实的法国公立中学的教师以及散文家沙提耶（Emile-Auguste Chartier）（通常以笔名阿兰见称）的著作与帕累托、莫斯卡以及米歇尔的思想再疏远不过。阿兰的声音，听起来好像来自遥远的过去。他不只是个老式人物，表面上看来也像是个乡巴佬。

> 他的一切毫无掩饰，并且显得相当特异。身为一个哲学家，他却每天在地方报纸上写“专栏”；同时也不知不觉地成为法国思想界和文学界的一股力量；他也是一个政治理论家；他坚持立场，一面反对莫拉派的右派反动势力（Maurrasian reaction），一面又反对马克思主义的左派势力；他同时也是个极具宗教情操的人（可以说是一个完美的天主教徒），但是他却声称是自由的思想家，而且也是坚决的反教权者——阿兰

是最奇怪的怪物。[①]

他自命为法国激进党的良心，因此也难免成为一个纯理论派的民主主义者。他维护选民的权利，与官僚的权力相抗衡。同时也不
275 信任巴黎的腐败风气——总而言之，作为一个纯真的“守正不阿者”（incorruptible），他代表了所有帕累托所嘲讽而莫斯卡所赞同的事情。然则，我们到底为什么把他拿来和帕累托以及莫斯卡一起讨论（即使只是把他作为一个附带的人物）？

实际上，阿兰并不真像外表看起来那么单纯。他的政治记忆力是惊人的，而他每天藉以发表意见的短短的专栏也仍然可以看作是对第一次大战即将发生前，以及第一次世界大战后的五年中对法国所做的中肯的评论。他比莫斯卡小 10 岁，但是他在撰写文章前却早已经历了许多历史事件；同时他也培养出一种对“什么才是政治上重要之事”的近乎绝对正确的看法。德雷福斯事件为他上了政治的第一课。此一事件促使他加入新闻界，并且协助组织“平民大学”（Popular Universities）以便教育穷人——这一点特别成了索雷尔的攻击对象。15 年后，第一次世界大战完成了他的政治教育。在大多数同龄人躲藏于桌子后的时候，阿兰加入军队服务，在前线待了四年。战争的经验使他更为坚强，同时也使他更具慈悲的胸怀。退伍后，再度从事专栏写作的工作，可以很清楚地看到他除了先前所憎恨的事以外，还对战争显示出一种嫌恶——因此也对“人类之境遇”（la condition humaine）产生了一

① Albert Guérard: “The Enigma of Alain,” *Fossils and Presences* (Stanford, Calif., 1957), p. 171.

种更深切的新的同情态度。[①]

阿兰根本不是他的外表看起来的那个样子——一个没有见过世面的小教授。他只有在某一面看来才是纯理论家——亦即他承自卢梭而且深信“全民选举权”（universal suffrage）的那一面。现在我们所感兴趣的则是他的另一面——亦即像帕累托和莫斯卡那样“强韧”（tough）的以及现实的一面。

阿兰非常了解法国政府与政治的运作情形。他对民主政治并 276
没有抱什么幻想。他根本就和莫斯卡与帕累托一样，深信一个国家的真正主人翁乃是精英分子与寡头执政者。他也曾精确地描述寡头执政者运用“礼貌与热诚”（politeness and cordiality）使敌人束手投降的方法。他曾经说明政党无可避免地必须受制于本身组织上的需要——这时他所使用的说明方式很容易令人想起米歇尔的著作。他甚至对“全民选举权”这个神圣的教条也要详细地加以检讨——“人民”（the people）无疑是会犯错的。“全民选举可能会选出一个暴君来，而这个暴君也不会因为是全民选出来的，就比较不会暴虐无道。”阿兰的整个学理当中确实含有一些很奇怪的消极意味。他说过：“许多人认为重要的事是前进，但是我却认为重要的事应该是不退却。”[②] 市民（或者是议员）充其量只能控制受长期雇用的政府官员。阿兰的政治信念之本质乃是：努力不懈地跟不公正与压迫搏斗。

阿兰是诺曼底人，和索雷尔一样出身卑微的家庭，因此他也

① Albert Guérard: “The Enigma of Alain,” *Fossils and Presences* (Stanford, Calif., 1957), p. 175.

② *Eléments d’une doctrine radicale* (Parks, 1925), pp. 111, 124, 152, 180.

具有索雷尔所具有的率直以及农人似的纯真。但是，他和索雷尔有点不一样：阿兰通过了传统的法国文学与哲学精英的选拔，进入高等师范学院。但是他却不像其他的“师院毕业生”（如涂尔干或柏格森）一样，曾经获致学术上的最高荣誉——也不曾明白地表示要追求这种荣誉。他终其一生都是个中学教员，而他也以此自傲——他以能对抗巴黎大学文理学院以及大学的当权人士而自傲，就像对抗所有既存的权威一样的骄傲。回顾近 80 年的生命，他曾
277 经描述自己说：“背叛者只穿‘廉正’（respectability）的外衣。”“即使到今天，我仍然用马匹挣脱缰索般的那一股劲儿在思考”。[1]

索雷尔对中产阶级的文化是采取绝不妥协的态度的，而阿兰的一些在大学里任教，同时也颇受大众恭维的同时代人（不论法国人或意大利人）在实质上却都接受“现状”（status quo）——阿兰的态度则居于这二者之间。因此他有资格（索雷尔就显然没有这种资格）把帕累托和莫斯卡以贵族式的保守主义为立场所阐扬的政治基本原则，带到民主政治的传统里。阿兰和索雷尔一样也都看到了一些帕累托和莫斯卡所看到的道理。但是他天生就反对索雷尔以及帕累托的嘲讽式的态度，同时也反对莫斯卡对愚蠢行为的容忍雅量。强烈的乐观性格使他不陷入怀疑主义，也使他远离那会带来浩劫的社会抗议运动。

新马基雅维里主义者和马基雅维里本人一样，都从统治者的观点来看政治，阿兰却绝对是站在被统治者这一边上的。这就是其间之区别的关键所在。

---

① “*Avant-propos à des morceaux choisis*” (hitherto unpublished manuscript dating from 1946), *La Nouvelle Revue Française: Hommage à Alain* (Paris, 1952), p. 305.

第八章　韦伯以及实证主义与唯心论的超越

导言：涂尔干与实证主义末流

到年纪较大的时候，思想家们往往会根据新的社会经验慢慢 278
地修正他们年轻时代所揭橥的“假定”——本书对这种缓慢的修正
过程曾经一再地加以探讨。这种现象在迈内克的身上表现得十分
明显，而在莫斯卡和弗洛伊德的身上则只是暗地里存在，没有直
接明示出来。在涂尔干身上更可以看到这种转变特富戏剧性的情
形——涂尔干本是本书所有主角当中最具实证主义心态的人，却
渐渐变成一个没有唯心论者之名而实际上却信仰唯心论的人。这
就是他的作品令人困惑的地方——它的终极含义是极端“精神化”
（spiritual）的，但是它在表面上所采用的方法却仍然是实证主义
式，甚至是机械论式的。涂尔干一直都不明白他自己到底走到了
什么样的境地——他还没来得及对最后的立场做一个完全的、一 279
贯的说明就去世了。

我们曾经论及涂尔干，知道他是和柏格森一起在高等师院求学的同一辈人，同时也知道他曾经发表文章，对社会主义做了试

探性的、不完全的批判。涂尔干在发表这些演讲（在他死后这些讲稿被辑成书出版）的时候，他才刚刚获得声望与地位，同时也才刚刚促使人们承认社会学是学术界的一个园地。在此之前，他的经历并不很顺遂。与柏格森相反，他在高等师院的成绩平平，而在 1882 年的“选任考试”中则是倒数第二名。但是这种不理想的表现，却可能只是反映了一个事实——亦即他是出于不得已才参加哲学科的考试的，因为当时社会学还没有正式成为一个学科。其后五年，他以在公立中学讲授哲学维持生活。

涂尔干之所以成为社会学家，主要原因是他的知识上之假定以及价值体系的性质。首先，他虽然多多少少尊敬高等师院的一位哲学老师，但是他对学生时代所接触到的哲学之神秘的抽象性质及其文学和肤浅的性质却感到十分不满。他想要建立一种更具体的，更能直接与社会实相发生直接关系的学术，因此也不赧于称呼自己为孔德的继承人，并且接受斯宾塞的启发。但是他在对德国知识界有系统认识以后，这种强调实证主义的态度很快有了转变—— 1886 年他到德国去旅行，目的是要涉猎德国的东西，结果写成了两篇完整的报告，这两份报告首次建立了他的社会思想家之声望。

法国政府为了奖励他，特聘他在波尔多大学（the University of Bordeaux）讲授社会科学——这代表了法国首度承认社会科学这
280 门新学问。九年之后——即 1896 年，波尔多大学又再度为他设了一个社会科学讲席；1902 年他接受聘请，到巴黎去。涂尔干终其一生都是法国政府的忠仆。其实他之所以致力于社会学研究，第二个原因乃是“想要为第三共和在道德上建立稳固的基础”。在我们目前所讨论的人当中，几乎只有涂尔干一人从不改变他维护民

主与人道价值的坚定态度，而民主政体与人道价值正是帕累托所嘲讽，以及克罗齐和莫斯卡待之以怀疑态度的对象。在涂尔干看来，科学可以加强民主，民主也可以加强科学——他真正继承了启蒙运动的思想遗产。[①]

和同时代人相较之下，涂尔干这种忠诚的态度使他的立场显得有点奇特。概略而言，柏格森和弗洛伊德同意他的看法，但是，他们对社会上的直接问题却采取比较超然的态度。弗洛伊德在倾向于人类学方面的著作中才特别提到涂尔干的作品。[②]稍早，我们也讨论过，索雷尔对他则保持着一种半嘲讽的尊重态度——他说涂尔干到目前为止，乃是法国教育界当中“最聪明”的社会学家，同时他还以赞许的态度引述涂尔干的《自杀论》（*On Suicide*）。[③]涂尔干和索雷尔对法国政治制度的见解虽然非常不同，却拥有一些很重要的相同之处——他们都具有科学心态，也都对科学发现中的“实用”层面感到有兴趣。在涂尔干的晚期著作中也的确可 281
以找到一种特别以实际问题为基础的索雷尔式的“知识论”（theory of knowledge）。[④]涂尔干后半生在法国的声望日隆——实际上，

① Harry Alpert: *Emile Durkheim and His Sociology* (New York, 1939), pp. 15, 17–21, 23–33, 38–42, 61; Talcott Parsons: *The Structure of Social Action*, second edition (Glencoe, Ill., 1949), p. 301.

② *Totem und Tabu* (Leipzig and Vienna, 1913), translated from the fifth edition (1934) by James Strachey as *Totem and Taboo* (Standard Edition, XIII, 1–162) (London, 1955), pp. 113, 116, 120, 124.

③ “*Avenir socialiste des syndicats*” (1898), *Matériaux d'une théorie du prolétariat* (Paris, 1919), pp. 83, 124–128.

④ *Les Formes élémentaires de la vie religieuse* (Paris, 1912), translated by Joseph Ward Swain as *The Elementary Forms of the Religious Life*, new edition (Glencoe, Ill., 1947), pp. 18–19.

他已经可以把法国的整个社会学研究引导到一个他所设计的路线上，这是任何一个德国或意大利的思想家在他们的国家所无法做到的。

但是，如此过于注重“法国”的社会科学之前途的结果，却使他与德、意二国的知识界产生了隔阂。克罗齐和韦伯都不曾注意到他。而涂尔干也不注意克罗齐和韦伯主要关心的问题——亦即“如何了解‘历史世界当中’的人类”。对本书来说，涂尔干只是一个边缘上的人物。

在涂尔干研究社会学所强调的重点之中，第一个，也是最明显的重点乃是他坚决反对各种形而上学的论证形式。他和克罗齐一样都认为自己是一个坚定的理性主义者。他和克罗齐不一样的地方乃是：他没有黑格尔式的或新唯心论者的倾向。他曾经说过：

> 社会学因为脱胎自伟大的哲学理论，所以习惯于依赖哲学体系，无法离开这种体系。因此社会学也就变成实证主义式的、演化论式的、唯心论式的理论——其实社会学就是社会学而已……
>
> 社会学家不必选择那使得形上学家趋于分裂的大“假设”。它不必肯定“自由意志”，也不必肯定“决定论”（determinism）。它只要把“因果律”（the principle of causality）应
> 282 用到社会现象上去就可以了。这个原则甚至也不是理性上所必须采取的原则。它只是一个经验的设定——正统的归纳法

的产物而已。[①]

如果想要用一条简短的公式表示涂尔干的根本立场，那就是“立论均衡且巧思刻画”（moderate and sophisticated）的实证主义。

第二：涂尔干能够使社会学和人类学结合起来——这是法国学界所特有，而在其他国家找不到的现象。研究这两门学问的人当中都有他的学生，而他的最后一本主要著作也可以看成是对这两门学问的一种贡献。他通过杰出的经验性工作方法把这两种学问联系起来。孔德、斯宾塞以及后来的帕累托都想用一本巨著涵盖整个社会学，唯独涂尔干把他的注意力放在可驾驭的、零碎的问题上。在使涂尔干成名的四本著作当中，只有一本是“计划性”（programmatic）的——此即《社会学方法的准则》（*Rules of Sociological Method*）；但是与帕累托讨论“原则”的皇皇巨著相比，这本书也只是小巫见大巫。另外三本书——关于社会分工、关于自杀以及关于宗教——都是一些经验性质的研究；这些研究可以充当跳板，以限制过分的理论化。

注重经验构成了涂尔干的方法中的第三个重点。最后我们还可以在这三点以外再加上他对所谓“社会之道德成分”的关怀。涂尔干以这种姿态出现的时候，显得最像是启蒙运动的继承人。事实上，从一开始（甚至当他很明显地是在处理一些如自杀、分工等狭窄的、技术的问题时），他就把注意力集中在“社会生活的

① *Les Règles de la méthode sociologique* (Paris, 1895), translated from the eighth edition by Sarah A. Solovay and John H. Mueller as *The Rules of Sociological Method* (Chicago, 1938), p. 141. 我把译文改了一下。

中心价值”上。例如，他就是在这些早期的著作中界定了“无规范状态”（anomie）的概念——亦即当价值体系崩溃、“秩序荡然
283 无存”时，社会不平衡的状态。[①] 涂尔干的“无规范状态”和帕累托的“精英分子”以及韦伯的“克里斯玛”一样，都变成了当代人讨论社会问题时所使用的标准语汇。作为一个描述社会当中的不可捉摸的，基本上是属于精神界的一面的名词，“无规范状态”这个名词暗示我们：涂尔干甚至在早期的著作当中就已经不被单纯的机械化的宇宙观所束缚了。

但是，这却也正是问题之所在。涂尔干一开始就明白界定社会的特征乃是主观的秩序（a subjective order）。他知道我们所必须考虑的一个决定因素，乃是“身为社会单元之一分子”的“感受”。但是他几乎找不到一个适当的词汇来表达这种了解。为了使第一本书的内容显得比较具有科学性，他曾经刻意地使用一种机械化的语汇；后来这就变成一种心智上的习惯了。因此涂尔干在这部早期著作里，很不合宜地把社会因素称为“事物”（things）——表示它们是可以捉摸得到，而且是有外在形貌的。同时他也试用一些如“集体意识”（collective consciousness）、“集体表征”（collective representation）等非机械化的名词。但是这些都无法表达他对“社会固结”（social solidarity）的象征以及道德层面的感受。他也和弗洛伊德、帕累托一样，毕生都是因为采用了一些最顺手的机械化语汇，因此无法尽达其意。

① *Le Suicide: étude de sociologie* (Paris, 1897), translated from the edition of 1930 by John A. Spaulding and George Simpson as *Suicide: A Study in Sociology* (Glencoe, Ill., 1951). pp. 252–253.

1894—1895 年，涂尔干首次受聘开设宗教方面的课程。研究宗教，对他产生了启示的作用。他写道：“1895 年是我思想上的一个分界点，它对我的思想影响之大，使我不得不重新修正我先前的研究成果，以便使它们和新观点互相吻合。”[1] 284

一如我们在柏格森以及索雷尔、帕累托身上所看到的（稍后我们会看到韦伯的情况也是一样），宗教经验一直是 20 世纪社会思想形成过程中的一股决定性的力量。就涂尔干而言，这种经验使他开始逐渐对他的题材产生一种更新的、更深刻的了解。但是这种转变来得太慢，因此他无法按照计划，把先前的研究成果作一彻底的修正。当代表这个时期的巅峰的著作——《宗教生活的基本形式》（*The Elementary Forms of the Religious Life*）出版的时候，离第一次世界大战爆发的时间也只有两年了；这场战争使涂尔干锥心苦痛，最后终于因此丧生。

涂尔干（一个变成非信徒的牧师之子）在探讨宗教问题的时候，也采取了一种与詹姆士（他的父亲也是牧师）相似的态度。同时就采取这种态度而言，他们二人都是改革者。截至 19 世纪结束，学术界对宗教问题的讨论大多反映了学者的信仰与不信仰的态度——信教的人充满热爱与虔敬地描述宗教现象；而自由的思想家则把宗教历史学与人种学当作“对抗宗教的武器”。涂尔干认为这两种态度都不对。他和帕累托不一样，他绝对不使自己的非信仰的态度牵涉于研究工作中。他认为哪一种学理是“真实的”，哪一种是“假的”，这都不是重要的问题。随着个人探讨之观点

① Alpert: *Durkheim*, p. 67.

的不同，宗教可以为真，也可以为假。宗教的特殊的“信仰与习俗……无疑令人不安”。但“即使最野蛮、最疯狂的仪式以及最奇
285 怪的神话，却也都符合某种深刻的社会需求”。

> 因此，实际上没有任何宗教是假的。每一种宗教都各有其真实性……信教者所找到的理由或许是错误的；但是真正的理由必然是存在的——把这些理由找出来乃是科学的责任。[①]

最后涂尔干发现，这些“真实”的理由，并不像以往信徒与非信徒所相信的，是存在于教会的教条中，而是存在于宗教习俗——即法国人所称的“崇拜”（the cult）当中。正如詹姆士所发现的：“宗教经验的科学实体”（the scientific reality of religious experience）乃是存在于宗教“习俗”当中。而这个实体乃是一种社会的实体。宗教信仰产生了一种团结的感受，以及团体带给个人力量的感受——简而言之，就是对社会本身的感受。因此涂尔干认为社会的起源来自于宗教。宗教“创造”（created）了社会——从实证科学的观点来看，这正是宗教的功能。[②]

同样地，涂尔干实际上也等于是主张说：“社会只存在于个体的心灵中。”他为了逃避实证主义的困难，结果却“越过了目标，直接转到唯心论上去”。如果宗教最后被证明是一种社会现象的话，那么，社会也就变成一种宗教现象了。[③] 这对于一个原先想要

---

① *Elementary Forms*, pp. 2–3.

② Ibid., pp. 416–419.

③ Parsons: *Structure of Social Action*, pp. 427, 442, 445.

把社会定义为某种“事物”的人来说，乃是一个很讽刺的结论。

战争爆发，涂尔干开始狂热地参与公众活动。作为一个犹太人和阿尔萨斯人，他比一般的法国人更爱国。他认为扮演一个科学家的角色和作为一个参战国的公民的职责之间，并没有不相容的情况存在。在战争期，他所写的主要是一些以德国为攻击对象 286
的宣传文章——他认为德国既是法国的敌人，同时也是他个人知识上的敌人。此外，在许多学术的集会上，涂尔干也不屈不挠地为加强法国的力量而努力。

渐渐地，这些活动使他心力交瘁。他儿子（也是他最有前途的学生之一）的死更给他以致命的打击。1917 年，涂尔干年未及 60 就去世了——这时他的新的“社会宇宙观”（view of social universe）才只具雏形。[①]

他为后人留下了个人的楷模，以及一系列的方法论上的名言，这些名言后来证实都是当代社会科学之发展所不可或缺的。但是从一个比较具有哲学意味的观点上来说，他的训示并不曾予人以明确的指导。直到最后，他的训示中的主要矛盾仍然存在。一方面，他的学说中保留着实证主义者的语汇，并且不断尝试建立一个“必要规则”（imperative rules）的体系——批评家认为其中即带有孔德式的形而上学的最后一点遗迹。[②] 同时他也渴望找到一个单纯的、单方面的解释观点。另一方面，则有对“社会实相”的

① Alpert: *Durkheim*, pp. 72–77.

② Roger Lacombe: *La Méthode sociologique de Durkheim: étude critique* (Paris, 1926), pp. 164–166.

一览无遗式的定义——此一定义隐含着唯心论者的、宽容的、多元式的（pluralistic）看法。涂尔干从来不曾把他的学说中的这两个层面做一个结论性的综合。

最后我们还要注意到涂尔干思想中的“非历史的”（unhistorical）的性质。他的学说是较倾向于静态的，而不是动态的；它们是从“结构”（structure）的观点，而不是“过程”（process）的观点所建立起来的。他很成功地用“拟实证主义”（quasi-positivist）的方法把社会学和人类学结合了起来。而德国的新唯心论者实际上也在用同样的方法把社会科学世界和历史经验世界结合起来。但
287 这两种研究成果融合铸造成的体系还没有真正紧密结合在一起。使它们交会在一起乃是韦伯的伟大成就。不论气质或训练背景，韦伯都比同时代的任何一个人更适合从事这种工作——亦即把德国对历史与哲学的感受跟英、法系统的实证论式的科学的严谨观念结合起来；这也是韦伯决心致力去做的工作。

思想渊源及早期作品

一般都认为涂尔干和韦伯乃是我们今天所谓的社会学的两个最重要的创始人，有时候，我们还可以在他们的主要概念上发现许多相同之处。然而这种调和却只是一种显示聪明和技巧的成就而已——它很富戏剧性地表示了：20 世纪早期社会思想的创始人的个人与思想上的差异虽然很大，但在某种程度上他们是在朝同一个方向迈进的。[①] 从一个思想史的一般性观点来看，他们二人的

① Parsons: *Structure of Social Action*, pp. 13–14.

差异仍然存在。

我们想起涂尔干是法国人，而韦伯是德国人；涂尔干是犹太人，而韦伯乃是普鲁士中上阶级的后裔，而且他们二人都极为爱国——这只不过是描述他们之区别的一个开端而已。显然，我们还可以补充说涂尔干是实证主义传统所培养出来的，而韦伯则以德国的唯心论为训练背景。这个唯心论的传统说明了存在于法国社会学和德国社会学之间（亦即涂尔干的传统与韦伯的传统之间）的知识上的整个不同的氛围。我曾经一再强调法国的主要知识特质乃是理性主义的、具有科学心态的、反教权的——总而言之，是受了对现代社会与人类成就之信心的启发。而德国则从 19 世纪
早期开始就徘徊在一种非教条式的宗教情感中——强调精神界的 288
事物，而不信任物质世界。德国社会思想家都出身于保守的、具有宗教倾向的家庭——往往是教士们的儿子。在这个传统之下，他们自然会以情感来对抗理性，以“社群的情感”（community sentiment）对抗科技的变迁，并且直接或间接地对资本主义以及合理化的社会表示抗议。[1]

从个人的观点上来说，涂尔干看起来并不像是一个深受困扰的人，而倾向于教条主义也确是他的思想上的弱点。韦伯虽然风格辛辣，少有节制，然而他却是游移的、内心矛盾的，而且深深地被困扰着。也正是因为这个缘故，所以他是本书的关键性人物。他所碰到的具有决定性的关键问题比任何其他思想家都要多。把

① Raymond Aron: *La Sociologie allemande contemporaine* (Paris, 1936), translated from the second edition (1950) by Mary and Thomas Bottomore as *German Sociology* (Glencoe, Ill., 1957), pp. 114–115.

这些冲突表列出来也就是暗示了他的学术范围，以及他那不明确的成就，如：唯心论与科学方法，经济与宗教，马克思主义与民族主义，政治的参与以及对社会科学之“客观”的坚持等。他个人既是民主主义者，但同时也对帕累托和莫斯卡所发动的对民主政体之批判有过贡献。他虽然怀疑启蒙运动思想在20世纪的情况之下是否能够存在，但是他对事件的反应却往往是一种“开明的”（enlightened）作风。甚至于连他对社会科学术语的贡献也反映了他的矛盾与爱憎交杂的情感。

一如把涂尔干和“无规范状态”的观念联想在一起一样，一想到韦伯，也就联想到“官僚体制”（bureaucracy）以及“克里斯
289 玛”的观念。这些概念互相矛盾又互相制衡，而韦伯对它们的态度，接纳与排斥兼而有之。另一方面，他又深信当代西方世界最深的潮流，乃是公众生活的所有层面的“官僚化”（bureaucratization）——这是西方世界共有的合理化过程（process of rationalization）中显而易见的表征，同时，更进一步了解后，我们得知合理化过程则是西方世界跟其他世界重大的区别所在。作为一个理性主义者以及“新教伦理”的继承者，韦伯本身对这个倾向是部分赞成的。同时他也充分地了解官僚体制对个人与知识自由（这也是他所极端珍视的另一种价值）的威胁。

他认为“克里斯玛”式的领导方式将可突破这种困境。韦伯的部分性格一向倾向于“首领”（chief）的观念——他本人如果朝这个方向努力，一定也会成为一个杰出的领导人物。但是这个观念也严重威胁了自由。韦伯在对“克里斯玛”这个新名词的定义中，就已经把它的原始性质以及它所具有的威胁性质全部作了

说明：

> “克里斯玛”意指某个人物的“超群”的特性——不论这种特性是他所真正具有的，或是人们所传闻的，或是推定的。因此，“克里斯玛式的权威”（charismatic authority）所指的乃是凌驾于人们之上的统治——被统治者因为相信这个特殊人物的超群的特性而服从他。巫师、先知、狩猎与劫掠行为的领导者、战士们的头目、“恺撒主义者”（Caesarist）统治者……都属于此类人物……因此，克里斯玛式的领导能力之来源乃是因为人们相信魔术般的权力、天启，以及英雄崇拜……克里斯玛式的领导不是根据一般的方式（传统的或合理性的）……从这个意义上来说……它乃是“非理性的”。从
> 这个不受现有制度之约束的观点来说，它也是“革命性的”。[①] 290

一部分也是因为他自己就是那么像“克里斯玛”的人物（因为他也深深被“恶灵”（the “demonic”）所震撼），所以韦伯也不信任“克里斯玛”，并且和它保持安全的距离。同样地，他也觉察到存在于他自己的思想中的危险——他明白他自己的思想所隐含的消溶力与破坏力，而他也拒绝扮演知识界之领导者的角色。在韦伯的思想中，这个世纪整体巨大的歧异纷乱短暂地被拼命综合

① “*Die Wirtschaftsethik der Weltreligionen: Einleitung*” (1915), *Gesammelte Aufsätze zur Religionssoziologie*, I (Tübingen, 1922), pp. 237–275; translated by H. H. Gerth and C. Wright Mills as “The Social Psychology of the World Religions,” From *Max Weber: Essays in Sociology* (New York, 1946), pp. 295–296.

在一起。如他的遗孀所说的：他咬紧牙根，承担起“生存的矛盾”（the antinomies of existence）——一方面不抱持幻觉，一方面又要依照自己的理想而活下去。有一次，人家问他学问对他具有什么意义，他很简单地回答说：“我想要看看我能忍受到什么样的程度。”[1]

韦伯所处之世界的矛盾直接地显现在他的家庭传统以及个性当中——当他在面对知识问题的时候，这是个暧昧的有利点。他母亲的家人是属于莱茵地区的自由主义者，对他们来说，关心知识与注重精神乃是第二天性。他的父亲来自一个商业贵族的家庭——有条理、有纪律、勤奋的人物；韦伯在分析“资本主义精神”（spirit of capitalism）的时候，就是以他的父亲为造型的。老韦伯后来变成了律师，韦伯年幼的时候，老韦伯就以国家自由党（National Liberal）众议员的身份参与德国议会——同时他（老韦伯）也是当俾斯麦呼吁转向的时候就附随的“现实主义者”（real-
291 ists）之一。他的父亲和母亲之间一直存在着一种不断扩张的精神鸿沟——他的母亲是虔诚的教徒，理想崇高，关心穷人，慷慨地赞助社会福利事业；他的父亲则是精明能干、性情温和的权威主义者，他的兴趣是传统式的、肤浅的，沉溺于个人的习惯中。韦伯逐渐清楚这种性情之间的互不了解以后，内心便感到十分痛苦。

他自己最后则站在他母亲一方，但是父亲的影响在他一生当中却一直都可以见到。他虽然渐渐对学生时代喝啤酒、决斗的生活感到羞惭；但是即使在成熟以后，当他觉得荣誉受损的时候，

① Marianne Weber: *Max Weber: Ein Lebensbild*, new edition (Heidelberg, 1950), p. 731.

他仍然会向他的敌手提出挑战，要求决斗；同时，他对于身为普鲁士预备军官这一件事，也深深感到骄傲。他不曾采取他父亲的政治态度——他一开始就走比他父亲更右的路线，成了更像保守主义者与民族主义者的人，最后则远远地偏离了左派，成了最以自我为中心的那种民主主义者。但是他在发表政治上的言论时，出语傲慢（甚至是刻薄的），同时坚持德国的伟大，至死不渝，这一点倒是暴露了他承自父亲的遗传。

同样地，他到临终也仍然不确知生命的目的何在。年轻的时候，他受到政治的引诱。他在从事学术工作的早期，一直关心政治事务——几乎和他的本业一般地注重；唯有在罹患心理疾病以后，他才放弃要从事政治活动的念头，从而把全部精力转投到学术上去。然而战事一发生，韦伯也和其他许多人一样，又都卷入政治斗争当中；在 1919 年的短暂时间里，韦伯看起来曾经大有要扮演新德意志共和国之领导人物的姿态。这个期望落空了，但是他却仍然抱着残存的一丝希望。韦伯从来就不认为他是一个一般所谓的“真正的学者”（true scholar）。[①] 或许就是因为这个缘故，他才那么强烈地要求在科学工作与政治工作间做那么严格的划 292
分——他害怕自己必须同时忠于这两种工作。[②]

① Marianne Weber: *Max Weber: Ein Lebensbild*, new edition (Heidelberg, 1950), pp. 192, 723.

② 见 1918 年在慕尼黑对学生所发表的一篇讲词：“*Wissenschaft als Beruf*,” *Gesammelte Aufsätze zur Wissenschaftslehre*, second edition (Tübingen, 1951), pp. 566–597 (“Science as a Vocation,” From Max Weber, pp. 129–156), 和 “*Politik ah Beruf*,” *Gesammelte Politische Schriften* (Munich, 1921), pp. 396–450 (“Politics as a Vocation,” From *Max Weber*, pp. 77–128)。

今天我们主要认为韦伯是个社会学家。但这只是与他的职业生涯相关的一系列学术工作的最后一种。他在学术生涯的早期是学法律的，而他在 1892 年第一次受聘担任教职时所教的也就是法律——那时他才刚刚将满 28 岁。但是他的兴趣已经转向经济以及社会史，而 1894 年受聘任教于自由堡大学时，他所担任的乃是经济学教授。三年以后，海德堡大学也邀请他以经济学教授的身份去讲学。直到晚年，当他在维也纳大学担任客座教授，其后又在慕尼黑大学担任讲座教授时，他才特别开始讲授社会学。

同样地，从知识进展的角度来看，我们也可以把韦伯的发展过程从法律、经济史、社会科学之一般方法论，以及一系列的对宗教社会学之准备工作，一直追溯到系统化的社会学本身。从某个角度，列举这一连串的改变可以进一步证明韦伯思想上的矛盾现象。同时（更深刻地），这也代表了他想要把他的多样兴趣综合起来的英雄式的努力。因为当我们把这些他所关心的问题细加审查，我们会发现，所有这些努力背后都存在着一个绝对重要的问题——亦即西方社会的“合理性”（rationality）的问题。[①]

293 韦伯在进行综合的工作时一直坚持一些特有的“假定”——这些“假定”正是形成他个人知识传统的东西。他虽然曾经对他的导师们给予最彻底的批评，但是在韦伯整个一生当中，我们却都可以看到他们给韦伯留下的有利的影响。我们已经很熟悉德国

---

① Introduction by Talcott Parsons to Weber's *The Theory of Social and Economic Organization* (translation of Part I of *Wirtschaft und Gesellschaft*, published originally as Volume 3 of the collaborative *Grundriss für Sozialökonomik* [Tübingen, 1921]), p. 12.

社会科学传统的弱点了——此即它的形而上猜测的偏好，以及对“精神”的迷恋。另外我们还可以补充说：德国人用历史的观点来解释经济，并且诋毁经济理论的方法，这曾触怒了帕累托；帕累托本人和韦伯一样也是从经济学转而研究社会学，但是他却来自一个十分不同的经济学派——作为一个严格的古典与数理的理论家，帕累托对于德国经济思想之不严谨的性质深感震怒。

但是，我们举出这些论点之后，却仍然认为德国社会思想的优点在于：它浸润于“历史世界里”。韦伯从来就不曾对历史有过特别的研究，也没有教过历史。但是他的整个知识生活却充满着历史思想。在德国，法律和经济学一样，都是被当作一门历史性的学问来讲授。社会学也被当作类似于此的学问。至于哲学，我们则已经讨论过了，它也是把界定历史思想的范畴当作主要工作。韦伯是从他在自由堡大学的同事及朋友——哲学家赫克特身上，才首度学会在社会科学方法论中讨论价值判断的问题。

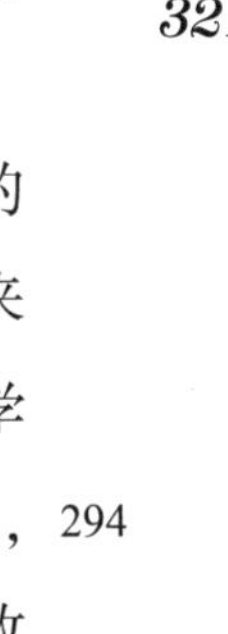

韦伯在大学时代亲身受教，且令他尊敬的教授，乃是柏林的经济史家罗契尔（Wilhelm Roscher，兰克的学生），以及他后来在海德堡继承了其职位的科尼斯（Karl Knies）。他从他们那里学到了一种实际上包含了整个社会科学，并且极为关切伦理判断， 294
以及实际应用的经济学。因为在德国，经济学的研究是与社会改革有密切关联的；而被戏谑地称为“学术宝座上的社会主义者”（socialists of academic chair）的教授们也倾其才华在研究这个刚刚工业化的国家里的劳资关系。1873 年他们组成“社会政治联盟”（Verein für Sozialpolitik），韦伯也是其中一个积极的、热心的会员。因此，他开始学术生涯的时候，就准备跟马克思面对面作思

想上的较量——“社会政治联盟”的主要目的就是要用比较保守的方法来达成马克思主义者所要求的社会正义。韦伯在想要与马克思的影响相抗衡的过程中，正好也暴露了他之受马克思影响的程度。

作为有自我意识的年轻一代之经济史家，韦伯和他的朋友们企图使他们自己脱离过时的与束缚人的思想传统。更特别的是，他们希望用比较明确的方法来说明长一辈学者所提出来的普遍存在的经济制度之“精神”。年轻的维尔纳·桑巴特（Werner Sombart）的风格是大胆的印象派；韦伯则比较小心，而且比较注重概念的精确性。他是德国历史学派当中唯一愿意承认“古典经济学的理论架构的正确性是有限的”的人。

但是韦伯的早期著作却很少显示出思想上的特别的独立性。那些著作相当详细、渊博，极为优秀——它们像德国的一般著作一样，很传统地结合了渊博的历史知识、民族主义，以及对劳工阶级的关怀。但是这些年轻时代的作品却已经开始指向韦伯在成熟的年代里所关注的事物。尤其是1891年当韦伯代表“社会政
295 治联盟”去调查德国东方的农业劳力状况时，更能显出这种关怀。在这个问题上，他首次面对面地遇到了国家价值与合理的经济活动之间的冲突。因为他很快发现，不能从经济上解决易北河（the Elbe）之东的德国工人被波兰人取代这个主要问题。从经济的观点来看，问题很简单——波兰的劳工比德国的劳工更廉价。但是从国家利益的观点来看，这却是一个危险的解决方法，因为如此便会使德国重要的东疆逐渐受到斯拉夫民族的渗透。当韦伯发现易北河之东的贵族们在扮演政治、军事上的角色时是绝对地效忠国家，但是在扮演经济角色时却彻底地在走反国家的路线时，他终

于知道问题的关键之所在了。

价值判断的歧异、效忠对象的不同，以及了解各层面之间的冲突等——所有这些使成熟后的韦伯感到痛苦的哑谜，都早已隐含在这第一部重要的研究当中了。更直接的是，他对于德国的统治阶层深深地感到失望。既然明白他们无法承担起国家赋予他们的任务，他便想寻找一个新的、具有更广泛基础的精英集团：他遂对瑙曼的基督教社会主义的目标感兴趣。但是韦伯之所以靠拢反对派阵营，其原因与一般引起这种“变节”（apostasies）的原因并不一样——韦伯的创见在于“不用传统的、基于原则上的方法，去攻击威廉的君权统治，而是要以威廉政权自己声称要去保卫与促进‘国家的利益与权力，及其政治的气势与权威’时所持的理由，来反对它。”
在韦伯看来，关于“国家形态”（state forms）——如君权、民主等 296
讨论只是一些“技术”（technique）与“机能”（mechanism）上的次要问题。[①] 唯有国家的富强才是真正重要的问题。

因此，韦伯早期的专业研究就已经使他改变原来的政治效忠对象了。但是，这些研究却开始瓦解他抽象思考的范畴。这个后来的“重新取向”过程乃是一场意外灾祸的间接结果——这场灾祸几乎使他结束了整个学术生涯。

方法论时朝

1898 年初，韦伯到海德堡才一年的时候，“某种来自隐秘的

---

① Carlo Antoni: *Dallo storicismo alla sociologia* (Florence, 1940), p. 135.

无意识之处的邪恶，用利爪箝住了他”，使他无法继续教书或做研究工作。[①] 其后四年，他陷入极度的沮丧。他觉得无法阅读，对生活也感到索然无味——他只是“存在着”而已。直到 1901—1902 年，当他和他的妻子在罗马逗留的时候，他才渐渐地恢复了他的知识力量。

为韦伯的这种病态寻找根源乃是精神科医生的事，而不是历史家的事。但是，即使对精神医学只是稍有所知的人也会猜到韦伯早年的生活背景可能是病发的原因之一。最明显的是从法律转而研究经济学——同时既要从事学术工作又要参与半政治性的活动，这对他都构成了极大的负荷。此外他母亲与父亲之间也存在精神裂痕：重要的是，韦伯的崩溃发生在与父亲激烈争吵（韦伯窒塞已久的怨恨此时第一次爆发出来）之后不久，随后几周，他
297 的父亲去世。据我们所知，韦伯的心理弱点在于：他怀疑自己是否有能力扮演丈夫和父亲的角色。和这一点有关联的是韦伯对母亲的依附；他母亲以韦伯——她的第一个孩子——为荣，而且对他怀有很大的希望，这都显示出一个意志极强的妇人对自己的婚姻失望以后，寻求精神补偿的常见的现象。

韦伯的太太玛丽安（Marianne Weber）也和她的婆婆一样，具有崇高的道德理想和坚强的意志力。阅读韦伯的妻子为他所写的资料丰富、感触深刻的传记时，或可以推测得到这两个女人之间早有一种默契，想要把她们所共同珍爱的对象，塑造成一个伟大的人物。韦伯在结婚之前曾和一位性情温柔，略带神经质的堂姊

---

① Marianne Weber: *Max Weber*, p. 269.

妹交往过五年——这一段受压抑、没有结果的悲伤恋情使他十分负疚，同时也使他觉得“似乎没有能力使一个女人幸福”。韦伯结婚的时候，心中就“满载着罪恶感、自我克制以及种种的压抑感”；韦伯婚后并未生子，但是他们夫妇二人之间似乎存在着某种精神上的交往——韦伯的双亲之间就很显然地缺乏这种关系。[1]

简而言之，“我们可以推想得到，其中存在着极强烈的恋母情结”。[2] 这位唯一与弗洛伊德争夺 20 世纪社会思想之领导者的地位的人，竟然成为弗洛伊德最有名的理论中的一个典型的例子；而且竟然会在《释梦》准备出版的时候罹患心理疾病，同时也曾经经过几位精神科医生之诊治而无效，但是却不晓得这一位或许能治好他的病的医生的作品——这真是一种冷酷的恰当。

1907 年，一位自称是这位维也纳医生（弗洛伊德）的门徒的 298 人来到海德堡，开始宣扬自由恋爱（据韦伯夫人所述）的时候，韦伯才接触到弗洛伊德的理论。因此，韦伯便是在极度偏狭与情绪化了的形式下首度接触到精神分析的理论。首先，他的反应是嫌恶的——他和他的太太都认为两性之间的关系应该是极为“纯洁的”。但是当他把现代社会的个人道德问题再做一番详细的研究以后，他就获得了一个比较宽容的结论。他论道：如果两性间的新的关系是建立在“责任”之上的话，那么即使突破了一夫一妻制的原则也是可以了解的。从这个公式里，可以看到韦伯所特有的思想方式。从他对弗洛伊德所做的最后的论断当中，也可以找到另一例子——韦伯认为弗洛伊德的作品“在科学上无疑具有它

① Marianne Weber: *Max Weber*, pp. 186, 208.

② Introduction by Gerth and Mills to *From Max Weber*, p. 29.

的重要性，但是却不能从它那里（也不能从其他任何科学理论中）获得一个‘世界观’（Weltanschauung）”——而弗洛伊德晚年在他的理论作品中所想要去寻找的便是这种“世界观”。

韦伯的遗孀告诉我们，她的丈夫“潜心研究弗洛伊德的理论”。[①] 她所指的或许是说韦伯曾经广泛地阅读弗洛伊德的作品。但是，我们却不太晓得他的研究成果如何。韦伯在他自己的社会学著作中不曾评论，也不曾分析精神分析的理论。他本人也不曾与弗洛伊德见过面。他们两人在基本论点上是各走各的路的——他们之间不曾发生一场可能会对我们这个世纪发生重要影响的知识上的冲突。我们心中只留下一种相互矛盾冲突的揣测——亦即当代最具深度的社会理论或许就是典型的弗洛伊德式的“未解决”（unresolved）的精神症状的间接产物。

若说韦伯曾经被治愈，那也是没有靠医生而自己治愈自己。1902 年初，经过近乎四年之久，他首度发现自己可以阅读一本
299 书——一本艺术史。之所以选择这本书反映了他思想重建的基本需要。他觉得使他崩溃的原因乃是心智上的负荷，以及专业工作的压力，因此他在痊愈初期拒绝阅读任何有关本行的著作。逐渐地，他才又回到本行上去。但是甚至到这时候，他也感到已达极限，再也无法接受任何需要心智工作的职位了。因此，1902 年他回到海德堡以后，虽然曾经数度企图重拾教鞭，但后来完全放弃了——其后 15 年之间，他只是一个不负实际教学任务的荣誉教授。

① Marianne Weber: *Max Weber*, pp. 413–421, 429–431.

从 1903 年到第一次世界大战爆发的 10 年之间（韦伯最多产的一个时期），韦伯小心翼翼地过着半个病人式的生活。他一直害怕自己旧病复发；而实际上也至少有两次他旧病复发，情况颇为严重。但是一般而言他发现经常旅行（特别是去享受意大利的阳光）就足以使他复原，然后再投入工作中。他在海德堡家中严守如下的生活规律：每天至多工作六小时，和朋友做有限度的交往，社交生活减到最低限度，不发表公开演讲——特别是不参与晚间活动，以免难得的好睡眠再受干扰。[①] 他的作品似乎完成得极为缓慢，他曾经为此而抱怨并感到痛苦；然而数年的光阴一过，它们毕竟辉煌地整个完成了。

在这些现象里面，可以看到这样的事实：亦即天才的神经病患者（我们想起了普鲁斯特）必须执着地、不断地努力去建构一种外在的环境，才能使他们富创造力的工作得以完成。韦伯和普鲁斯特一样都在建筑人工的围墙（显然是一些没有感觉能力的栅栏和禁忌），以便阻挡不相干事物的入侵。在一种无意识地把病源
转化为知识力量的过程中，韦伯无情地用这种方法把所有生活当 300
中无意义的事物都剥除掉，只留下最基本的必需品了。

同样地，在知识生活本身这个层面上，韦伯也能把他的不幸转为有利的条件——亦即在神经质症本身当中寻求刺激创造的力量。他那四年的知识瘫痪只是一种表面上的浪费——其实韦伯是在思考，多半时间是很费神地思考。的确，他之所以发觉自己无力阅读与写作，其中一个附带的原因，在于他正在深思一种新的

① Marianne Weber: *Max Weber*, pp. 287–294, 298–300, 514–516.

问题——这种新问题是根据他年轻时代所学到的传统方法所无法解决的。四年的脱离学术工作显然为韦伯提供了一个干净利落的暂时休止期；他所消耗掉的那几年，也正是由西欧世界对马克思主义进行伟大批判的时候——韦伯正好没有参与这个主要的批判，但是几年以后他却以更严谨的态度，再度从事帕累托、克罗齐与索雷尔以前曾经从事的批判工作。除此之外，韦伯对本行著作的不满，也使他转而去关心一些更广泛的问题。从这时候开始，只有社会科学中最困扰人、最困难的问题——即社会科学本身之哲学以及方法论，才能满足他的知识欲望；韦伯的精神上之崩溃的最后结果是：他决心要有系统地忧烦社会理论中真正令人心烦的事物。

这个新的阶段始于 1903 年，韦伯当时年近 40 ——他正以极缓慢的速度写作一篇内容甚长、甚为深奥的论文，准备对他的经
301 济学导师罗契尔以及科尼斯进行批判。[1] 这篇论文成了一系列有关方法论的论文中的第一篇；韦伯之所以对现代人能产生伟大的影响，这一系列的论文比他的其他著作贡献都大。这些论文很不容易看懂。韦伯坦承写作这些论文的时候，并没有注意到风格的问题——他只想要把他的思想严密而精确地表达出来。我们甚至怀

① “*Roscher und Knies und die logischen Probleme der historischen Nationalökonomie*,” 此篇文章原先是在 1903—1906 年分三次发表于 *Schmollers Jahrbuch*, XXVII, XXIX, XXX, 后收于 *Gesammelte Aufsätze zur Wissenschaftslehre*, pp. 1–145。这是两篇未译成英文的重要文章中的一篇。讨论韦伯在这整个时期当中之作品的权威著作是 Alexander von Sehelting: *Max Webers Wissenchaftslehre* (Tübingen, 1934).

疑他之所以终于能够完成这些论文，乃是因为他早就如此划地自限的缘故。韦伯乃是他那个时代的最有力的代言人之一，但是他却沉默 16 年后才成名，同时又要为拙劣的文风而感到困窘，这无疑是他的事业中的一个讽刺。

次年（1904 年），外界发生了两件事，促使他再做一番努力。第一件事是他的旅美之行，这次旅行使他感到十分称心，同时似乎也滋养了他的精神。第二件事是他参与《社会科学与社会政治学文录》（*Archiv für Sozialwissenschaft und Sozialpolitik*）的编辑工作——这个刊物在他以及他的同事桑巴特以及耶飞（Jaffé）的手里成了当代最杰出的社会科学评论。韦伯既然已经不再从事教学工作，这部《文录》正好为韦伯提供了他所需要的工具——提供给他一个确定又不太劳心的工作，同时也使他自己的学术作品有发表之处，并且有机会与当代社会学大师们建立关系。其后十年之间，韦伯的作品几乎都是以长篇论文的方式发表在这个刊物上。这种方式虽然使他的读者仅限于学术圈，但与出版一整部书比较起来，这样的方式显然比较具有弹性，也没有出版书带来的压力感。

韦伯对方法论的反省除了在那篇批评罗契尔与科尼斯的文章中可以看到以外，它们首先（也是最重要的）是表现在韦伯有计划地发表的关于“社会科学与社会政策中的客观性”（Objectivity
in Social Science and Social Policy）的论文中（他一开始编《文录》 302
就表示要探讨这方面的问题），以及稍微没那么重要的“文化科学之逻辑的批判性研究”（Critical Studies in the Logic of Cutural Science, 1906 年）和“社会学以及经济学中的道德中立之意义”（The

Meaning of Ethical Neutrality in Sociology and Economics，1917—1918年）两篇文章上[①]。此外我们也似乎还可以加上一篇发表于战前不久的文章——韦伯在这篇文章中大略地描述了在建构社会学概念时所应用的“领悟法”。[②]

在写作这些论文的时候，韦伯所持的立场几乎处处引人争论。他至少两面作战——一方面是在对肤浅的实证主义或“自然主义”（naturalism）作战（虽然他自己也往往被指为实证主义者）；另一方面则是在与唯心论思想的传统教条作战——特别是针对着它“否认科学方法可以应用在人文学方面的研究上”这个论点而战。就本书的内容而言，韦伯对唯心论的分析是二者当中比较有趣的一个题目。因为它记录了他挣脱过去之知识包袱的过程：由此也显示韦伯是一位强有力的批评者，他严格批判唯心论式的社会思想的两种形式：一是克罗齐所称的炫耀博学的历史语言学派；另一则是着重玄想的形上学派。从这种两面（或三面）批判中，显现了韦伯想要建立一个“从经验得来的概念化”的“中间”
303（middle）层次——他想要把概念精确度引入不曾受挑战的传统，在这个传统里，直觉或对“事实”待之以天真幼稚之心态居首要

① 这三篇文章英译 Edward A. Shils and Henry A. Finch: *Max Weber on the Methodology of the Social Sciences* (Glencoe, Ill., 1949). They can be found in their original form in the *Gesammelte Aufsätze zur Wissenschaftslehre* under the following titles: “*Die ‘Objektivität’ sozialwissenschaftlicher und sozialpolitischer Erkenntnis*,” pp. 146–214, “*Kritische Studien auf dem Gebiet der kulturwissenschaftlichen Logik*,” pp. 215–290, “*Der Sinn der ‘Wertfreiheit’ der soziologischen und ökonomischen Wissenschaften*,” pp. 475–526.

② “*Über einige Kategorien der verstehenden Soziologie*,” *Logos*, IV (1913) (*Gesammelte Aufsätze zur Wissenschaftslehre*, pp. 427–474). 这是另一篇未译成英文的重要文章。

之地位。[①]

很明显，韦伯从事的第一项任务，是使自己挣脱其前辈思想家的影响力，而不要像他们一样，成为“具有历史倾向的经济学者”。这个努力又使他陷入多重冲突。因为德国的经济史传统表现出“秘而不宣的马克思主义”与浪漫主义的“人类社会之‘精神’”的观念（部分是来自兰克的思想）的奇怪混合物。韦伯在有关宗教的研究中对此一传统中的马克思主义的一面特别加以讨论。而他对于它的浪漫主义的一面之批判则早在第一篇方法论文中就已经表现出来了——他抗议说，他的老导师科尼斯所提出的是一种“完全根据浪漫主义精神”的人格的理论；同时经过仔细批判的结果，科尼斯的“民族灵魂”（folk soul）的观念也只是“比罗契尔的虔诚的信仰（认为人类之“灵魂”是直接从上帝那儿得来的）更缺乏根据的形而上学”而已。[②]

因此，罗契尔和科尼斯实际上乃偷偷地把价值元素引入一种自称具有方法精确度的分析里[③]——他们默许个别的“精神的”实体之存在，如此也就把精确的历史研究的传统和其他研究价值与抽象概念的唯心论社会思想结合在一起了。他们用一种老生常谈为这种方法上的混乱找借口，主张说“人的世界”（the world of man）和“自然的世界”（the world of nature）是极端不同的——前者是一个自由的领域，通常从因果与法则的观点所做的解释并不适用于这个领域内的现象；在这个“非理性”的领域当中，社

① Parsons: *Structure of Social Action*, pp. 580–581.

② “*Roscher und Knies*,” *Gesammelte Aufsätze zur Wissenschaftslehre*, p. 143.

③ Pietro Rossi: *Lo storicismo tedesco contemporaneo* (Turin, 1956), pp. 283–287.

会科学家不得不用直觉的、不精确的方法（我们无法精确地描写这种方法）来处理问题。

304 在精神崩溃的那几个月里，韦伯曾经深思这些知识上的导师的教诲，发觉他们的思想中心有一种神秘而令人困惑的成分。他渐渐地发觉实证主义者坚持其科学心智的态度并非完全错误。他们只是选择一种两难的困境，而唯心论者选了另一种。两派人都没有清楚地了解他们所使用的（或拒绝使用的）语汇。他们对文化研究当中的“法则”“原因”“客观”“价值”等观念的性质都不曾提出令人满意的答案。他们不曾细心为这些语汇下定义，也不曾精确地说明它们所能应用的范围。韦伯自己的有关方法论的论文所要达到的目标便是这些。

就逻辑上的次序来说，首先出现的是“法则”的观念。韦伯认为人类的行为和自然界的事件一样都是依循法则的。如果可以用理性的方法解释（各派别的社会理论家都同意人类行为在某种程度以内是可以用理性的方法来解释的），那么它就必然会遵循某种法则。而这有规律的一面则见诸它的“可预测性”（predictability）。的确，当我们把某种行为称为“疯狂”的时候，所指即它是“无法揣测的”（incalculable）。从这个角度来看，人类世界的真相正好与唯心论的想象完全相反。人类自由的领域正好是非理性的领域的反面——人类唯有依理性而行事的时候，才觉得是最自由的：

> 认为“意志之自由”（freedom of the will）（不论作何解释）即是行动之“非理性”的一面，而且后者依随前者而变化，

> 这明显是错误的。维持和“自然的盲目力量”（blind forces of nature）一样程度（但是不会更大）的“不可预测性”（incal-
> culability）乃是疯狂者的特权。另一方面，我们也把具有高度 305
> 经验性的“自由感”（feeling of freedom）与那些我们有意识地认为是合理性的行动（亦即应用与我们所具有的知识——即经验“规则”最相称的“手段”去追求一个明确的目标的行动）联想在一起。①

就一个较狭窄的意义来说，我们也可以把这些“规则”称为“原因”。韦伯与唯心论传统发生最明显之冲突的地方是有关于因果解释的讨论。我们或许可以提一下：克罗齐已经把原因的观念从历史的解释中剔除掉了，因为他认为这是一种只适用于自然科学的机械化的概念。韦伯对此一理论观点并不完全同意。韦伯在谈方法论的文章中曾经不只一次地提到克罗齐，有时还很赞同他的看法——对于“想要在对立的观点之间达成一个‘政治家似的’协调”的企图，他和克罗齐一样都待之以嘲讽的态度；同时也都认为“价值”（values）（特别是具有理论性的）的来源是主观的，不能通过经验的方法而演绎出来。但是对于历史解释的“标准”（criteria）问题，韦伯的看法与克罗齐相当不同——韦伯认为克罗齐的唯美与逻辑的观点十分不充分；同时他也认为像“直觉”“再经验”等词汇也都难令人满意——他认为我们应当设计出某种解

① “Roscher und Knies,” *Gesammelte Aufsätze zur Wissenschaftslehre*, pp. 67, 136–137; “Logic of Cultural Sciences,” *Methodology*, pp. 124–125.

释因果的方式来取代克罗齐的方法。[1]

很不幸地，韦伯在有关方法论的文章中，只参考克罗齐在1909年以前——亦即在克罗齐把“历史研究”的定义从美学的观306 点转变为哲学的观点之前——所出版的作品。但是，即使他曾经论及克罗齐后来的著作，两人的心智也是南辕北辙的，无沟通交会处。韦伯倒是愿意和克罗齐以及唯心论者一样，对历史与社会世界的因果解释之范围做一个严格的定义，但是他不愿意把它们完全剔除掉。他认为：自然世界与人类世界的基本不同，乃是在于我们在后面这个领域中，无法找到“法则”（或因果解释）——即使对于最单纯的人类行动，我们也无法找到一个完整而又令人满意的解释之法则。

因此问题在于如何设计一种方法以便获致“局部的因果解释”——亦即表面上看起来是偏颇的，但实际上却要比传统的从“再经验”与“直觉”或“感觉”的观点所做的解释更严密的解释方法。

为了解答这个问题，韦伯设计了一种很巧妙的“假说分析”（hypothetical analysis）的架构。它建立在如下的信念上：在研究人类事务时，因果解释最多只能做到找出特定因素（the factor）；这因素被去除的时候，会在一个既定的事件系列当中，造成决定性的差异；而当我们不考虑这个因素的时候，我们也就无法相信我们所讨论的这个事件已经发生过了。从它在少数几个个案中的

① “Meaning of ‘Ethical Neutrality,’ ” *Methodology*, p. 10; “Logic of Cultural Sciences,” Ibid., pp. 148–149n.; “*Roscher und Knies*,” *Gesammeite Aufsätze zur Wissenschaftslehre*, pp. 108–110, 122–123.

应用情形来看，这个方法也只是差强人意而已。但是它为韦伯开创了一条路，使他去思考一些极具启发的“客观性”以及“价值”等问题。

韦伯在提出这种假说性的因果解释法的时候，还特别仔细地指出说这种“决定因素”唯有“从个别的研究者的观点来看”，才能被描述为是“具有决定性的”。这也就是说：终极来讲，这个因素的选择是建立在某种明示或暗示的价值体系上。[①]历史学与社会 307
科学面对资料时，不可避免地必须作选择，而这种选择正显映出研究者个人珍视的价值观——作为一个在实际的世界中行动的人，研究社会的人会发展出一种生活的态度，这种态度反过来也会影响到他的科学作品。

截至目前，韦伯的论点紧随李凯尔特的看法——韦伯也无所掩饰地承认他受李凯尔特的影响。但是韦伯与李凯尔特不一样的地方是韦伯不肯依赖形而上学来支持他自己的价值观；同时他也企图维持（尽管在心理上说来，这终究是不可能的）科学研究中的“客观性”以及“道德的中立”（ethical neutrality）。韦伯认为典型的德国教授乃是宣传家——不论公开或暗地里，他们都在课堂上宣扬某种社会道理。这种情况令人无法忍受。“身为教授，就无权在他们的背包中携带政治家或改革家的权杖；但是一般的教授在利用无懈可击的学术地位发表政治上的意见时，却是如此。”简而言之，德国教授不怕学生与同僚的反对，以权威的态度对公共事务发表倨傲的意见，就是滥用了他们的特权。韦伯如此强烈

① “‘Objectivity’ in Social Science,” *Methodology*, p. 78; “Logic of Cultural Sciences,” Ibid., pp. 166, 180–181.

地要求学术上的自制，很明显地是以伟大的历史宣传家特勒齐克（学生时代他曾经在柏林听过他的课）为楷模的[①]。

因此，一位教授如果要把他的研究科学的身分与参与公众事务的身分划分开来，他就得做一番英雄式的努力。韦伯是一个具有强烈的政治与社会信念的人。这种挣扎在他本身来讲显得特别敏锐，因为如我们所谈到过的，他并无意压抑这种信念。他并没有主张说，我们必须在心中战胜这些信念。相反地，他还暗示说
308 这些信念对社会科学的创造来说，乃是不可缺少的——唯有把这些信念加以升华（这使我们想起已故的克罗齐），我们才有可能在科学上做出有意义的选择。韦伯认为："道德上的漠然（moral indifference）态度与科学的'客观'并没有什么关系。"[②]

因此，在韦伯的手里，科学的客观以及价值判断之间的关系就演变成一种精思巧构的互动（mutual interaction）过程。从某一方面来说，科学研究的立场和价值领域内的立场有所背离。但是这种研究反过来却能开启价值选择的范围。它能够说明价值与价值之间是否互相一致；同时也能够确定某一行动计划的后果，或者它所牵连的事物；它也能够估量"从损失别的价值来看，达成理想的目标要'花多少代价'"。但是它本身却不能做选择——这种选择完全是"进行行动的、有意愿的人"（the acting, willing person）的责任。他必得"根据自己的良心与世界观，把牵涉的价值加

---

① "Meaning of 'Ethical Neutrality,' " Ibid., p. 5; Marianne Weber: *Max Weber*, p. 138.

② " 'Objectivity' in Social Science," *Methodology*, p. 60.

以衡量、选择”。简而言之，“经验的科学无法告诉一个人他‘应该’做什么——它只能告诉他‘能’做些什么，以及（在某些情况下）他希望做些什么。”[①]

终究而言，唯有人心中的价值观才能为置于社会中的人之存在赋予一种“意义”（就“可理解性”及“目的”这二层意义而言）。而这意义则是根据我们所谓的“文化”所建立的。韦伯认为我们可以把文化视为“世界进程之无意义的无限性中，被人类赋 309
予意义与重要性的那些有限的部分。”[②]

这段话听起来，好像是来自狄尔泰。在韦伯的著作中，常常有一些话语令我们想起狄尔泰——例如他坚持“用新方法探讨新问题之处，就会出现新的科学；如此就能发现新的真理，从而开启重要的新观点。”但是他们这种一致或许只是偶然的——在韦伯有关方法论的文章中的一个令人困惑的现象是：韦伯在字里行间显示出他对狄尔泰的理论是很熟悉的，但是他却不曾对他的理论做过持续性的分析。[③]然而在实际上，韦伯把狄尔泰学说中的可行部分和他得自哲学导师李凯尔特的训示结合在一起——同时也说明了：一些“不实在的”问题使他们感到困惑，乃至使他们趋于不同。

简言之，韦伯主张：在社会或文化科学中，方法与对象、研究的准则与知识理论根本就是同一事物的不同层面。使狄尔泰与

① “Meaning of ‘Ethical Neutrality,” Ibid., pp. 20–21; “ ‘Objectivity’ in Social Science,” Ibid., pp. 53–54.

② Ibid., p. 81.

③ Ibid., p. 68；韦伯只有在论罗契尔与科尼斯的文章中才特别提到过狄尔泰。

文德尔班（后来与李凯尔特）的意见趋于分裂的问题——亦即“文化科学和自然科学之所以不同，到底是因为所研究的对象不同，或者是所使用的方法不同”——韦伯发现这并无关紧要。他认为实际上，使用的方法根本就界定了研究的对象。应该强调对象（或研究领域）还是强调研究方法——这都是无关紧要的问题。我们可以从一个“实用的”（pragmatic）角度来解决这个问题——这问题也和其他所有类似的问题一样，答案在于我们决定从哪儿
310 入手，以及如何着手去划分它们。因此整个有关于“我们的历史或社会世界的知识是否正确”的问题就不能成立了。“哲学无法决定什么是历史事实（historicity）——**它只能告诉我们应该如何来研究历史和社会的现象**。”[1]

韦伯拒绝承认价值判断有绝对性，同时也否认伦理与习俗之规范是根据形而上学而来——在这些问题上他与李凯尔特分道扬镳，而接近狄尔泰所持的暧昧的相对主义。他研究的结果发现一个互相制约的宇宙（a universe of mutual conditioning）——一个极度复杂的人类行为的观点。此一观点在哲学上必然采取“多元主义”（pluralism），而在实际上则必须采取一系列单向的方法。总之，他所获致的乃是一个和凡因格一样的“拟制”的观点。[2]他发现：在社会与文化世界中，我们找不到“不变的实体”（fixed reality）。我们所能确定的是：人类执着于某些伦理与文化价值，这些价值的终极意义是很神秘的；唯有利用某些明显的专断的方法去研究这些价值，才能在“实际上”得到某些结果。

---

① Rossi: *Storicismo tedesco*, pp. 302, 334, 337.

② Parsons: *Structure of Social Action*, p. 593.

为了更充分地了解韦伯的哲学上的多元主义以及他的拟制的方法，我最后还得谈谈两种和他的名字有最密切关联的特殊的方法——亦即“领悟法”以及“理想类型”(ideal types)的建构工作。

前者是韦伯在超越唯心论传统时的剩余物。粗略而言，“领悟”(Verstehen)乃是德国人对知识来源的称呼(为了赋予它一种哲学的地位与尊严)——在拉丁文化世界则称之为“直觉”，或根本就被认为是一种无法解释的事物。所有研究社会现象的学者都 311
采用这个方法——史家与哲学家坦承他们是运用了这个方法，而社会科学家则比较羞耻地偷偷运用它。狄尔泰的“再经验”以及克罗齐的“再思考”都渊源于此。简而言之，这个方法就是要设法“设身处地”去“使自己亲身体验”(feel one-self into)某个历史或社会行动。这是个“心理移情”(psychological sympathy)的方法——这种方法把对于人类世界的“内在的”(inner)探讨和对外在世界的探讨截然地划分开来了。

韦伯接受了他的德国思想传统所留下的这个方法，丝毫未加修正。韦伯的看法与涂尔干以及实证主义者的看法相反，他认为：如果我们不把有关人类行为的研究局限于“观察”与“计算”上(事实上没有任何当代的社会科学家如此做)，我们就不得不采取某种类此的直觉的方法。但是他和他的唯心论导师们的不同之处在于——韦伯承认：如果完全依赖“领悟”则必生流弊。他尝试限定“领悟”的范围，并且要把它与某种拟实证主义式的因果解释结合起来。他主张：“领悟法在可能的范围内，必须用一般的因

果解释法来加以约束；即使最明显的诠释也要在经过这种约束以后，才能成为一种‘可理解的解释’”。[①] 为了达到科学上的正确性，用领悟法得到的知识必须由实验来加以验证。

> 我们对意义所产生的“直觉”可能是真实的；就此而言，它也是正确的。但是这些由直觉所了解到的事物却必须要用一种“合理的、前后一致的理论概念体系”来解释。唯有当直觉能够经得起这种解释的批判的时候，它才能构成一种知识。如果没有这种批判，则会有许多无法控制以及无法
> 312 验证的说法出现。对于这一点，韦伯具有一种很深刻的道德感——在他看来，直觉主义者的立场使人们获得一个不去做科学性判断的借口。[②]

因此站在这个立场上，他只保留了经得起严格的科学证明的事物。实际上他已经把“领悟法”化约成为能帮助我们建构假说的“预感的来源”（source of hunches）了。[③] 经过如此限制与约束以后，某种“领悟法”（不论它是否具有这个堂皇的名称）已经从写作历史的方法演变为能被人所接受的社会科学之方法。

---

① “*Kategorien der vestehenden Soziologie*”, *Cesammelte Aufsatze zur Wissenschaftslehre*, p. 428.

② Parsons: *Structure of Social Action*, p. 589.

③ Theodore Abel: “The Operation Called *Verstehen*” (*American Journal of Sociology*, LIV [1948]), reprinted in *Readings in the Philosophy of Science*, edited by Herbert Feigl and May Brodbeck (New York, 1953), p. 687.

我们已经讨论过：一般用来约束、纠正“领悟法”的解释形态是偏颇、不完全的。它是由一系列火力交叉、可供选择的因果序列构成，其总和不足以涵盖我们对于某一特定情况的所有“解释”，因此它必然含有某种独断性在里面。它乃是一种明明白白、毫无掩饰的人类心智的建构物（a construction of human mind）。

与这个“原因的观念”（notion of cause）有密切关联的，乃是韦伯对“理想类型”的定义。我们确实可以把“理想类型”看成是因果解释的一个单方面的复合体。如此它就接近索雷尔所谓的“分离模式”。韦伯主张：

> 理想类型是因为我们从单方面强调某一个或好几个观点而产生的——它是许多分散的、个别的、多少是存在的（但是偶尔不存在）“具体的个别现象”的复合体；这些具体的个别现象围绕着那个从单方面所强调的观点而形成了一个统合的“分析”（analytical）建构。它是一个纯粹的概念——我们 313
> 在可经验的实体界中找不到符合这种心理建构；它是个“乌托邦”（utopia）……。它具有一种与纯粹理想的“限定概念”（limiting concept）一样的意义——我们要解释它的某一重要的组成部分时，便把它拿来与真正的情况或行动加以“比较”（compared）和研究。我们透过“客观之可能性”（objective possibility）来建立各种“关系”的时候，所使用的便是这一类的概念。同时我们也藉着这种“客观的可能性”来“判断”我们的想象力（由实体界加以控制并且赋予导向的）是否正确。

因此，这些“理想类型”可能是各种不同种类与层次上的抽象概念。它们可能是“‘类别的概念’（Gattungsbegriffe）……是实际上存于人类心中的思想型态（thought pattern）……是控制人类的‘理想’……是史家藉以处理史实的‘理想’（ideals）……是用实验资料来说明的‘理论’概念……是运用理论概念作为‘理想的限定情况’（ideal limiting case）的‘历史研究’”——确实是可以无限繁衍的“许多可能结合方式”（various possible combination）的整个集合。[1] 但是一般而言，韦伯所举出的却只限于两类具体的例子。第一：它们是“类别的概念”——诸如“国家”或“教会”等社会现象的类别；第二：它们乃是个别的“理想化”（idealized）的现象之复合体——例如关于“资本主义”便只有一个纯粹的形态和它相对应。

在韦伯应用“理想类型”这个名词（实际上是他从法学家耶里内克（Georg Jellinek）的著作中学来的）的时候，“他并不是要介绍一种新的概念工具。他只是想要使社会科学家或历史学家
314 在使用‘经济人’‘封建制度’（feudalism）、‘歌德式与浪漫主义式的建筑’‘王国’等名词从事研究工作时，更意识到它们的意义。”[2] 他也不认为他自己的理论建构永远正确，相反地，他认为它们只是人为的了解工具——如果有人设计出更好的新概念时，我们就应用这些新概念来取代它们。他主张说：“社会科学的历史依旧是一个持续不间断的过程，社会科学运用概念来分析实相，然后又因为科学进展与观念的改变而使这种分析概念解体，最后又

① “‘Objectivity’ in Social Science,” *Methodology*, pp. 90, 93, 103.

② Introduction by Gerth and Mills to *From Max Weber*, p. 59.

在这种经过改变的基础上，重新找出新的概念。”①

韦伯对于“理想类型”的定义虽然只是试探性的，却仍然是韦伯在社会思想方法论方面最具影响力的一项贡献。像熊彼特（Joseph Schumpeter，继韦伯之后最伟大的经济社会学家）这样的学者，已经用“模式”（model）这个新名词把韦伯的观念做了更清楚的描述。而在此一新基础上，这种“模式”的观念也变成了社会科学家极常使用的专业工具。透过韦伯所未曾想到过的复杂的逻辑与数学形式，这种模式建立的过程已经达到一个极为精确的程度，并且也有了更广泛的用途。但是韦伯仍然拥有作为最早的模式建立者的荣耀——他仍然不失为第一个明白地阐述抽象概念（唯有凭借这种概念，我们才能对人的世界做理性式的了解）之建构过程的人物。

宗教研究

韦伯自己主要是把“理想类型”的方法应用在宗教的研究上——这也是他在精神崩溃以后的15年间以经验的方法所从事的
主要工作。他从1904年开始进行这一连串的研究工作，一直持 315
续到1920年他即将去世时。因此他研究宗教的时期和研究方法论的时期是重叠的——但是为这种新的经验研究提供必要之“假定”的却仍然是他的方法论的研究。

韦伯的宗教研究除了是他的“理想类型”法的第一次应用之

① “‘Objectivity’ in Social Science,” *Methodology*, p. 105.

外，这方面的研究对他的思想之发展，还具有两种重要的意义。第一：正如帕累托和涂尔干的情形一样，这些研究正好为他处理非逻辑世界的方法提供一个重要的考验；第二：它们记录了韦伯应付马克思的方法（在这一点上，韦伯所遇到的情形与同时代的伟大的意大利人与法国人一样）。但是韦伯的情况却和帕累托或涂尔干的情况不一样——韦伯并不是在和马克思"结清了账"以后，因为思想更趋成熟才去考虑宗教问题。就韦伯的情况而言，这两个过程同时进行——它们是互相影响的。结果对于这两个问题，韦伯当然比他的拉丁世界的同侪更能看得清楚。

韦伯的太太曾经提到，他对宗教社会学的持久兴趣乃是表现了"耳濡目染自母亲家的真正的宗教情操"。他本身并没有什么特别的宗教信仰。他在 1909 年曾经写道："我对于宗教可以说是完全没有感受力；同时我也觉得没有需要，也没有能力把我自己提升到一个宗教精神的境界上去。但是经过仔细研究之后，我却发现我自己既不是反宗教的，也不是'非宗教的'（irreligious）。"这种对精神界事物不作斩钉截铁式的判断，乃是韦伯的最大资产之一。韦伯对宗教的态度不同于弗洛伊德与帕累托的强硬的反宗教态度、涂尔干的怀疑与理性主义者的态度，以及自认为神秘的柏格森的态度。在主要的社会思想家当中，他是唯一能够接纳宗教之感受，
316 却不受制于教条的人。韦伯和索雷尔一样（但是韦伯比较有系统思考力，也比较具有分析能力）都对宗教表示绝对的尊敬，却不陷入宗教的网罗中。

此外，从韦伯在他的宗教研究中所刻意表露的枯燥的与"科学"的风格中，也可以瞥见他在这个主题上所投注的精神。宗教

研究揭露了一些人命运的哑谜与矛盾，从韦伯的著作中也可以察觉到他在面对这些哑谜与矛盾时，所兴起的一股深刻体认之情。同时也可以推测：在他对新教伦理的研究中所提出来的“具有英雄式之清教主义（puritanism）信仰的崇高人物”的身上，韦伯也表露出“他自己的某些特点”。在这一本最早有关宗教研究的著作当中，韦伯似乎把自己想象成一个有铁一般决心的加尔文教派（calvinist）的领袖——一个克服了自己内心恶灵，并且使自己臣服于“责任”（duty）的人。于是，像弗洛伊德一样，他也把自己看成是一个希伯来（Hebrew）先知。在战争期间，他还以耶利米（Jeremiah）* 般的语气警告德国人民对政治负起责任，同时也警告他们，德国正面临着什么危险。①

在韦伯看来，所有的社会理论和意识形态都可以归纳为某种“理想类型”。就此而论，马克思的理论和意识形态则特别具有暗示力与影响力。韦伯和克罗齐一样，认为唯物论的历史概念具有一种“相对性的合法理性”（relative legitimacy），也就是说，如果我们不把它当作一般的历史诠释，而把它当作一种“启发的原则”（heuristic principle）（亦即是一个“了解的途径”，在任何企图为本身界定研究范围的观点中，都显现这种“了解的途径”所具有的“单向性质”（unilateral character）），则它是具有这种合法理性质的。② 韦伯和克罗齐一样都认为马克思理论的偏颇性格也正好使

* 圣经中之希伯来先知。

① Marianne Weber: *Max Weber*, pp. 370, 382–383, 385, 639.

② Rossi: *Storicismo tedesco*, p. 345.

它变得更锐利——能够深入以前的理论所忽略的生活层面。但是
317 他和克罗齐有一点不同：韦伯并不只是把马克思主义当中他认为是正确的东西纳入自己的思想准则中；他还把历史唯物论的“单面性”（one-sidedness）拿来与所有社会理论的“单向性”一起讨论，并且提出他自己的另一个单向的理论系列；使马克思主义更具深度。

在1890年代所出现的有关马克思主义的批判当中，韦伯所提出的观点最为精微、涉及的范围最广泛。如我们所谈过的，这最后一种批判，一部分是因为凑巧比其他的批判要晚出现五年，同时也因为它是以宗教社会学为背景，所以它能具有一种特殊的观点，而且更为切题。另外，韦伯与帕累托或克罗齐（对他们来说，马克思的思想方式在基本上是可憎的）不一样，他和辩证唯物论（dialectical materialism）的创始者有许多相同之处。他这样运用直觉的了解去摸索马克思内心的活动，又使我们想起了索雷尔。

韦伯和马克思对社会所做的分析都具有“激进”（radical）性；“激进”一语所指的并不是一般政治意义的“左倾”，而是指它原来在语言学上的意义——亦即是关切“社会困境之根源”（the roots of social difficulties）。他们两人都是没有耐性的人——特别无法忍受用拘泥文义的词句与闪烁不定的托辞隐匿冷酷的实相。他们希望为现代人建立一种具哲学意义的社会学——马克思描述了工人与生产工具之间的“疏离”（alienation），韦伯则把它扩充为包含更广阔的现代生活之“合理化”行为。韦伯把马克思的理论（马克思曾经很成功地把此一理论“戏剧化”）当作一个更广泛的假说中的“特例”（special case）来处理，因此使马克思的理论变

成了一种相对性的理论。[①]

但是韦伯随着马克思处理（或者，说“同时在处理”更准确）这方面的问题时，却做了一个基本的改变。“资本主义”在韦伯的手里，变成一个相比在马克思心目中更为分歧的概念——的确，318
这个经济学名词是否能够涵盖韦伯所讨论的所有事物确实值得怀疑。从一个以生活的合理化与“官僚化”（bureaucratization）为背景的观点来看，资本主义与社会主义的区别变成了不太重要的事——事实上，韦伯所强调的乃是它们之间的“接续性”（continuity）。更重要的是：韦伯认为“要解释一个像资本主义这样的现象，其中所不可或缺的因素，乃是一个‘终极价值与价值态度’（ultimate values and value attitude）的体系”——这个观点与韦伯所继承的新唯心论的传统一致。[②] 因此他就把马克思的阶级观念加以修正，在这观念上加上一个新的因素，使“群体关系”（group relationship）的价值层面更加突出——他主张：一个阶级乃是一些依照物质利益而结合起来的经济团体；而“地位群体”（Status group；德文 Stand）则以声望与荣誉为一切考虑之重点。

韦伯在他早期有关农业的研究中，就已经得到一个结论，认为：易北河之东的德国农村劳力之大举迁出，其中所牵涉的理想与精神的动机，至少是与物质的考虑一样重要的。而韦伯日后对

① Karl Löwith: “Max Weber und Karl Marx,” *Archiv für Sozialwissenschaft und Sozialpolitik*, LXVII (1932), 54, 60–62, 80; Introduction by Gerth and Mills to *From Max Weber*, p. 50.

② Parsons: Introduction to *Theory of Social and Economic Organization*, p. 79; *Structure of Social Action*, pp. 509–510.

这问题的再思考也进一步加深了这个信念。在他完成农业研究的10年后——当他开始从事有关宗教的研究时，他就已经很明显地表示，他要找寻一些有系统的经验资料来说明：在历史上的伟大的社会变迁之过程中，经济因素与精神因素是交互影响的。

在有关于这方面之研究的著作中，《新教伦理与资本主义精神》（*The Protestant Ethic and the Spirit of Capitalism*）很早就成为
319 韦伯最广泛为人所阅读的作品。[①] 这本书之广受欢迎绝对有其理由。尽管受到许多批评，在细节方面也经过一些修正[②]，《新教伦理与资本主义精神》仍然是我们这个时代中伟大的社会思想著作之一——这部书在做重要的假设上所具有的想象力与胆识，以及资料之详尽，几乎都是绝无仅有的。它在仔细地平衡物质与精神因素的过程中，使用了一种微妙的推论，不用心的读者往往跟不上它的论证过程。

韦伯的批评者如果把韦伯所揭示的两个主要论点做一番更仔细的推敲的话，就不必白费许多功夫了。第一：韦伯曾经很小心地特别指出说，他所要争辩的并不是新教“导致”（caused）资本主义的兴起。他写道：

我们无意主张“资本主义之精神的兴起完全是宗教改革

① 帕森斯英译（New York and London, 1930）；本书最先以分篇论文的形式发表在 *Archiv für Sozialwissenschaft und Sozialpolitik*（Volume XX（1904）与 XXI（1905）），后来又发表在 *Gesammelte Aufsätze zur Riligionssoziologie*（I, 17–206）。

② Notably by R. H. Tawney in his *Religion and the Rise of Capitalism* (London, 1926).

> （the Reformation）的某种影响所造成的”，抑或“以经济制度而言，资本主义乃是宗教改革的产物”这一类愚蠢与空幻的理论……相反，我们只是要确定：宗教的力量在资本主义精神的“质的形成”（the qualitative formation）以及“量的扩张”（the quantitative expansion）（向世界各处）之过程中是否扮演了一个角色？若是，其程度为何？以及我们的资本主义文化中有那些具体的事实可以归诸宗教力量的影响。讨论宗教改革时期的物质生活层面、一般的社会和政治组织跟思潮相互影响力的混乱情况时，我们只能从“在宗教信仰的形式与实际的伦理道德之间”是否有相互关联的交点存在，若有的话，
> 这个交点存在于何处这样的问题上去着手研究。同时我们也 320
> 要尽可能地澄清：宗教运动透过这样的关系与方向，如何影响了物质文化的进展。[①]

或者，如韦伯在别的地方所说的：“‘观念’所造成的‘世界意象’（world image），像铁路换轨工人一样决定‘利益’的动力到底会把行动推到哪一条轨道去上”——在历史上的某些关键点，某种精神运动的方向和物质利益集团的压力汇流。显然，韦伯并不是要追溯某一种单纯的因果关系。他所想要完成的工作远比这件事复杂——他想要去描述资本主义与新教主义之间的“具选择性质的亲和力”（elective affinity）：亦即一种无意识的、相似的世界观，使得第二、第三代的加尔文教徒为实现上帝在尘世间所立

① *Protestant Ethic*, pp. 91–92. 我把译文改了一下。

下的目标而以严肃、自制、禁欲的态度努力奋斗；同时在这过程中，也赋予扩展资本主义的技术一种崭新的合理化与动力。[①] 他想要阐明：一种本来是为来世而设计的伦理，如何变成一种极为有效的刺激物质利益的因素。

第二（这不过是表达第一个声明的另一种方式）：韦伯否认他企图"驳斥"马克思主义或唯物论者之历史诠释。他的目的并不是要（他写道）"以同样是偏颇的文化与历史之'精神主义的'（spiritualistic）因果解释来代替偏颇的唯物论式的解释"。他只是想要说明：如果我们只处理"因果之链的一面"（only one side of the causal chain），会造成怎样的后果。马克思只有从单方

321 面（亦即从经济的一面到精神的一面）来解释因果关系。韦伯想要做一个相反方向的解释来补充马克思的解释。他认为，每一种方法"都同样可能"。这二种（以及其他的）解释法都绝对能够存在。但是任何一者都不充分——每一种解释都只能当作是研究之"起点"，而不能作为"结论"。[②] 实际上，根据韦伯自己的方法论，我们是无法获致这一类结论的。但是我们可以把许多像韦伯本人以及马克思所提出的"可互替的因果序列"（alternative causal sequence）结合起来，而更趋近于这样的一个结论。

韦伯在有关新教主义的研究中，也和他的许多同时代的人一样，援引了詹姆士的理论与实例。韦伯到美国去（这件事事实上

① "Social Psychology of World Religions," From *Max Weber*, p. 280; Introduction by Gerth and Mills, *Ibid.*, p. 62–63.

② *Protestant Ethic*, pp. 27, 183; Löwith: "*Weber und Marx*," pp. 210–211.

中断了他的写作工作）不但会见了詹姆士，同时也获得许多直接的印象——这些印象使他在讨论比较古怪的新教支派时，得到了启发。① 这些教派形成了一个珍品商店，里面展示了各种过度的以及显然是非理性的宗教行为。但是，韦伯很快就发现这些人虽然在宗教上赞同那些非理性的行为，但是作为美国商人，他们却正好是“理性”与“有秩序之生活”的缩影。此处就牵涉另一种存在于新教主义与资本主义之间的关系。然而，韦伯却发现：从大多数的观点来看，美国乃是代表了一个“生存之合理化现象”（rationalization of existence）的极端的例子。整个西方世界很明显地似乎在朝向某一个方向迈进，而以上这个现象也似乎代表了
它所达到的最远的一点。在美国，新教以及资本主义的伦理之融 322
合最完全，而社会也最接近一致趋于没有灵性但是讲求效率之形态——此一形态也渐渐形成了未来的模式。

从上述整个讨论中，可以很明显地看到：在韦伯的心目中，资本主义乃是一种理性的程序的复合体（a complex of rational procedures）。在这一点上，他和马克思截然不同，他不像马克思那样坚持资本主义的矛盾。对于韦伯来说，资本主义和官僚体制一样只是一个无所不包的合理化过程（这是他最深切关怀的西方世界历史中的问题）的另一种主要表征而已。他自问：这个过程为什么只有在西方发展得最完全？在印度、中国以及其他所有在宗教

① 见补充关于新教伦理之研究的一篇较短的文章："*Die protestantischen Sekten und der Geist des Kapitalismus*," *Gesamrnelte Aufsätze zur Religionssoziologie*, I, 207–236 ("The Protestant Sects and the Spirit of Capitalism," *From Max Weber*, pp. 302–322); also Marianne Weber: *Max Weber*, pp. 316–345。

与人文文化方面可以与西方媲美的地方，这个过程为什么会突然停止？在上述一些文明当中，也有某种资本主义存在，但是其发展路线却和西方不同。为什么中国以及印度的“资本主义制度”没有演变成为整个生活的合理化行为——“那里的科学、艺术、政治或经济的发展为什么没有走上西方所特有的那个路线？”[①] 这是启发韦伯去从事宗教研究的最深奥的谜。除了和马克思对垒，并且考虑到精神世界以外，韦伯最感兴趣的是要找出造成属于他自己的那个文明的“历史独特性”的原因。

在《新教伦理与资本主义精神》一书中，他已得到一个初步的解决办法。他得到一个结论，认为造成这种具有决定性的差异者，乃是新教主义（特别是加尔文主义）的力量。其后在有关亚洲之伟大宗教的研究中，他想要从一个相反的方向去找证明。他想要去找出佛教与印度教中所缺少的东西——亦即是容许并且鼓
323 励合理化的商业活动之生活方式的伦理观念。因此其后这些研究的范围就比最初有关新教主义之研究的范围更广泛。韦伯在试图确立亚洲人的经济心态的时候，曾经发现他所要追溯的因果关系不只一种——他不只追溯了宗教对经济生活的影响；同时也找出了把宗教思想本身导向特定的明确渠道的地理以及物质的条件。

在这些著作逐一出版的过程中，韦伯很明显地揭露了他个人对自己那个社会的理性价值的信念。他对理性的深切关怀，以及发现理性很矛盾地“既促成了西方的最高成就，同时却又成了现代生活的‘缺乏灵性’（soullessness）之源”时所感到的沮丧，这

① *Protestant Ethic*, p. 25.

都促使他对“理性之文化”（the culture of rationality）本身做更深入的探讨。这种对理性之地位的关怀，在韦伯最后一个阶段的生命和著作中表现得特别突出。

社会学与历史

最后甚至连韦伯也感到有一股冲动，想要完成一种概括讨论的著作。1909 年，他开始草拟一篇摘要式的论文，准备把它当作一篇与人合著之经济社会学大纲的主要内容。随着时间的过去，这篇文章的内容也越广博；另一方面却因为战争的关系而迟迟未能问世；在韦伯去世以后，它终于以《经济与社会》（*Wirtschaft und Gesellschaft*）的名称出现，但仍然不是完整的作品。不过专谈理论的第一部分已经写就，而其余部分的大纲也已经说明得相当清楚，足以让我们对存在于韦伯心目中的本书之结构与内容有一个充分的了解。

《经济与社会》这本书到底是韦伯的巅峰成就，抑或是一项绝大的错误——它是否偏离了“用比较谦逊的方式，从特殊的经验研究中建立理论”这样的计划（他自己的早期作品以及涂尔干的作品之所以与帕累托的作品不一样，其区别就是在这一点上）？ 324
无疑，这本书在方法上是和早先的著作截然不同的。甚至在风格上，它也与有关方法论或宗教的研究相当不同。那些早期著作的文风既笨拙又纷乱，但是《经济与社会》这本书里面的句子却都是一些简短的陈述句，没有形容词或修饰语，一句接一句，简洁、有力地连在一起。其中大部分，韦伯是在“有点疯狂”的情形下

写就，同时他也省去了脚注以及其他学术上惯用的繁琐的形式。[①]

在美国最杰出的研究韦伯之权威学者看来，《经济与社会》乃是“一个广大的知识体系之表现……它是唯心论传统之下的历史相对主义之最精美的产品”；它揭露了一种“可能是社会科学史上绝无仅有的有关比较制度的知识”。但是对于一个同样杰出的意大利学者来说，它只是应用在历史研究上的一些“术语”（terminology）——是“一系列（相对）缺乏内容的抽象概念”。把理想类型密集地排列在一起，确实是这本书最令人质疑的一个特色。甚至美国的韦伯诠释者也承认这本书暗示了一种“镶嵌式的”（mosaic）具体社会的理论——其中的片断是拼凑在一起了，但是它们之间的相互关联以及“试探性以及拟制性”都没得到充分建立。“于是历史就变成了一种把理想类型按照其‘单元’（units）排列起来的过程。”它变成了比韦伯在知觉最清晰的时候所构想的著作更为僵化的东西。[②]

我自己在研究韦伯的时候，引用他的其他主要著作中的论点更多，较少引用《经济与社会》一书中的观点。这一点就暗示出
325 它的主要困境——它展示了相当可观的社会与知识，却只提供少数直接而切题的见解。事实上，韦伯在其中所提出的理想类型只有极少数有具体的用途。而这些少数当中的大部分（如他的有关于阶级、地位群体、克里斯玛以及官僚等之定义），又都是来自他的早期的经验性研究。

① Marianne Weber: *Max Weber*, pp. 462–463, 728.

② Parsons: *Structure of Social Action*, pp. 626, 653, Introduction to *Theory of Social and Economic Organization*, p. 83; Antoni: *Dallo storicismo*, p. 181.

但是，我们如果说《经济与社会》这本书只不过是帕累托的论文（与此书几乎同时写成）的德文版而已，那就错误了。其实情形远非如此。韦伯已经绝对不像实证主义者那样寻找普遍化的社会“法则”。事实上，韦伯自己的系统化著作中的问题正好与此相反——《经济与社会》一书强调社会实体的独立性，也就暗示了它回归到唯心论的“制度之精神”（spirit of institution）的观念上这事实。但是这个唯心论的残留却正好代表了韦伯学说的力量之所在。韦伯的社会学是深深地固定在历史的架构中的。“系统化之社会学的建构工作”仍然“要遵循历史知识的途径”——它实际上等于是提供了一种“概念工具”（conceptual apparatus），其目的是要“使我们能够了解在（世界的历史中）具体的个别事件之形成过程中的人类行为”。[①]

对于韦伯来说，和对于同时代的许多人一样，战争的爆发使他的生活方式产生了剧烈的改变。但是就韦伯的情形而论，这个变化更富戏剧性。他本来就等于半个病人，因为有一套属于他自己的奇特的心理卫生观念，所以日常生活都遵照严格的时刻表，但是战争的爆发却使他在一夜之间就变成了一个积极的、“正常”的人。曾经有一年多的时间，他以预备军官的身份很有干劲、很有效率地主持了一家军医院。其后他又投身政治争论，苦心焦思 326
地为政府的作为以及德国的战争目标提供参考意见；同时一方面也继续进行他有关社会学的（宗教的以及系统化的）写作工作。

① Rossi: *Storicismo tedesco*, pp. 360–361.

他经常旅行各地，会见新的人物，甚至公开发表演讲。简而言之，他似乎是“痊愈”了。

1918 年，战事快结束的时候，他前往维也纳大学担任客座教授。他的演讲在最大的讲堂中举行，“参加演讲的人约有三分之一是成熟练达的人物——如政治家、官员以及教师们。”当时的报纸上载有一段文字，充分描述了他吸引人的台风：

> 这位学者身材高大，满脸胡髭，看起来就像是文艺复兴时代的德国石匠，只是眼神中缺少了艺术家的纯真和感官上的喜乐。他的凝视发自内心最深处，来自隐秘的地方，直射到极远的地方去。他的表达方式和他的外表一致——非常富有艺术味道。我们几乎可以看到一种希腊式的了解事情的方式。他所使用的语句很简洁——使我们想起了没有涂灰泥的大石块。但是添上个人的风格以后，它就变得硕大无比；每一个特征都似乎是用大理石凿刻而成，并且放在光线最充足的地方。有时他会一面讲话，一面轻轻挥动他的手……但是造成这种非凡的吸引力的原因却绝对不是花言巧语，也不是他那富有创意以及绝对符合事实的思想……而是一种能够从别人的灵魂中唤醒沉睡着的情感的力量。每一句话都很清楚
> 327 地显示出：他觉得自己乃是德国历史的继承者，同时也感受到自己对后代人的责任。[①]

① Marianne Weber: *Max Weber*, pp. 652–655. 这段的第一部分我选自 Gerth and Mills’s Introduction to *From Max Weber*, p. 26.

韦伯经过16年的自我沉潜的沉默，渐渐地，而且有点意外地变得有名了。此刻他突然变成一个众人瞩目的人物了。年轻人对他的印象是：半神秘的、谜一样的、有点“像恶魔似的”人物——好像不愿意为渴求知识与精神指导的人提供金玉良言似的。韦伯也很明白人们对他所寄予的期望。当德国即将战败之时，他毫不迟疑地就把自己贡献给国家。他当然希望能与国人共赴国难。为了这个缘故，当法国战场上的主动力量已完全转移到敌人手上，他却拒绝了维也纳大学的长期聘任。

就在休战后不久那段期间，韦伯似乎已有资格成为一个政治上的领导人物。他反对战时德国政权的言论，引起了广泛的注意；他参与了建立民主党的工作，同时也被地方上选为参加将在魏玛举行的宪法会议的候选人。但是这次直接的政治冒险却没有产生什么结果——党的高层决策机构直接用另一个组织委派的人代替了韦伯。韦伯对德意志共和国建国时期的贡献只限于参与由专家组成的咨询委员会，这个委员会草拟了宪法；韦伯主要负责有关总统制的条款，这个条款规定总统由普选产生——此一制度后来证明对德国的民主政治具有很大的危险。

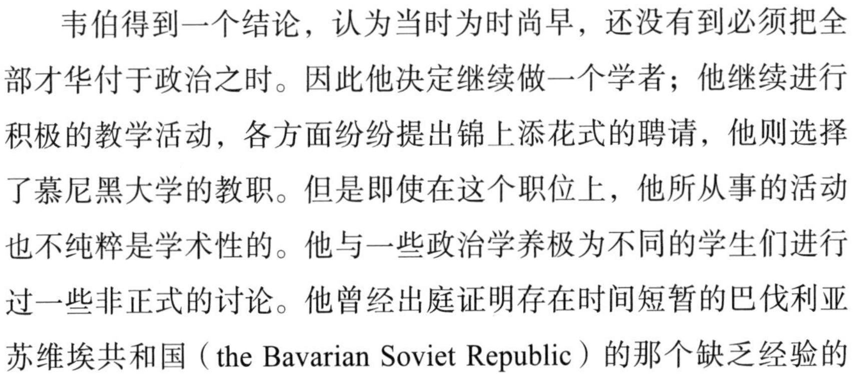

韦伯得到一个结论，认为当时为时尚早，还没有到必须把全 328
部才华付于政治之时。因此他决定继续做一个学者；他继续进行积极的教学活动，各方面纷纷提出锦上添花式的聘请，他则选择了慕尼黑大学的教职。但是即使在这个职位上，他所从事的活动也不纯粹是学术性的。他与一些政治学养极为不同的学生们进行过一些非正式的讨论。他曾经出庭证明存在时间短暂的巴伐利亚苏维埃共和国（the Bavarian Soviet Republic）的那个缺乏经验的

领导者在道德上是完全廉洁的。他曾经与史学界的新弥赛亚（messiah，救世主）——斯宾格勒——进行审慎的意见交换。最能表现他个人独特风格的是他在两次互相呼应的演讲：“以学术为业”（Science as a Vocation）以及“以政治为业”（Politics as a Vocation）中，再度大略描述了他所惯用的区分价值领域以及“负责任的选择”（responsible choice）的道德方法。

韦伯在慕尼黑所发表的演讲和他在维也纳所发表的演讲一样，都引起了一场骚动。在比较深入的演讲中，他还谈到逐渐形成《经济与社会》一书中的“观念的系统化”的社会学理论。同时他也倾全力把一些有关宗教社会学的著作与论文集作了最后的修饰。一方面，新的工作也向他迫近——他必须进行更进一步的学术计划，同时又必须发表各式各样的演说。除了这些智识上的工作以外，出人意料地，他不得不因为意外的家事分心。1919 年秋，韦伯的母亲去世了——这个损失对他的打击究竟有多大，我们只能揣摩。九个月以后，他的一个姊妹又去世了——她的丈夫在战争爆发的最初几周阵亡——留下了四个孤苦无依的孩子。慈悲为怀，韦伯夫妇决定收养他们。无可避免地，他们又产生了第二个想法：他们是否已经太习惯目前的生活方式，不适于收养孩子？他们在年届 50 才要扮演父母亲的角色，是否为时已晚？韦伯自己也为这个问题而感到痛苦——他是否能够成功地做一个父亲呢？

329 接着，他的精神又崩溃了。但到 4 月底，他就振作了起来，并且还开始谈到“他看到摆在眼前的科学任务可能需要他花百年的工夫去研究”。但是韦伯夫人仍然不让那些孩子们那么早到家里来。6 月初，韦伯得了小感冒——看起来显然是个小病。当医生诊

断出那是严重的肺炎时已经太迟了。韦伯强颜欢笑扮演父亲的角色——并不去与病魔搏斗。1920 年 6 月中旬，他终于去世。[1]

一般的看法都认为韦伯的逝世使他正达巅峰的事业突然中止。虽然有理由怀疑《经济与社会》一书所开辟的新途径是否能够代表他的最高成就，但是从专业上的成就来说，以上这种看法无疑是正确的。但是从一个个人的角度来看，这问题却更令人感到困惑。韦伯是否觉得他的新责任会使他崩溃——在临终前的几个月，他是否深恐旧病复发，如此则死亡岂不是更好的解脱？他在无意识当中是否希望摆脱突然而来的声望？在这时候，弗洛伊德正在出版有关“死亡本能”（death instinct）的论文。对于以上的疑问，只能存疑。

韦伯的早期著作中很显然出现过一些矛盾，这些矛盾在他最后一个阶段的著作与思想中，也仍然没得到解决。相反地，它们反而显得更强烈。“西方世界中的理性”这个具有争议性的问题使他深深地感到痛楚。我们在此或者会怀疑韦伯是否具有一种忧时忧世的心境——这种知识上的挣扎已经强烈到使他无法忍受。他所表述的各种价值领域终于变得不能互相协调。韦伯认
为：作为一个个人，他必须在学术生涯与政治生涯当中做一个选 330
择，因此他也不得不只选择某种伦理体系。假如他选“山上宝训”（the Sermon on the Mount）[*] 中的“终极价值之伦理观”（ethic

① Marianne Weber: *Max Weber*, pp. 642–647, 686–695, 711, 720–727, 740–754; J. P. Mayer: *Max Weber and German Politics* (London, 1943), Chapters 4, 5, 6.

* 圣经中耶稣登山对众人所做的训示；请参阅马太福音五、七章及路加福音 6: 20—49。

of ultimate values），他就不能参与俗世的生活。这种伦理观只适合于圣人——它是不计较行为的实际后果的。但是一个人如果选择积极投身公共事务，那么他就注定选择一种“责任的伦理观”（ethic of responsibility）不可——但是这种选择却很可能违背他个人的道德标准。为了要为众人谋福利，他不得不投身于某种违背灵魂的行动中——就像那些因为马基雅维里（他认为乡土家园的伟大比个人灵魂的得救更为重要）而得以不朽的佛罗伦萨公民一样。①

弗洛伊德对理性的信仰是不可动摇的，他认为伦理并不构成一个问题；克罗齐则泰然自若，不去顾虑“存在的终极之谜”（ultimate riddles of existence）——韦伯却和他们都不一样，他从不曾规避一个道德上或知识上的问题，他直接面对它们。事实上，他几乎以一种变态的自我折磨的心理，把所有的矛盾都逼到一个极明朗化的情况中——从一个较广泛的意义上来说，我们在这里也可以看到一种“理想类型法”的表现。基于这个缘故，韦伯比其他任何人物都更能把本书中的各种主题集合起来，做一个综合的表达。

无疑，韦伯在知识上的主要弱点是在心理学方面。他“把理性孤立起来，同时把‘感情’只当作逸出理性规范的一种因素，这很明显与现代心理学的发现不能相容——现代心理学绝对是在

① “Politics as a Vocation,” *From Max Weber*, pp. 120–127; Rossi: *Storicismo tedesco*, pp. 368–372.

追求‘同一行为中的感情与理性因素’的整合的”。[①]韦伯和克 331
罗齐或帕累托一样都只是“直接地”对可以用理性去了解的东西感兴趣。非逻辑的、感情层面的因素对他来说，仍然只是一种残留物。

第二个弱点是他拒绝承认他的思想中所隐含的相对主义（这或许是他在理论的建构过程中，唯一的一次发生心智上之动摇的时候）。我们已经谈到过，在韦伯的先驱或同时代人当中，没有一个人愿意称自己为相对主义者。韦伯也不例外。他认为“相对主义”这种称呼，乃是对他的观点的“最鄙陋的误解”。[②]当然，从韦伯是一个相信“极端之怀疑主义”的人，以及他采取了一种对“整个‘负责任的选择’提出质疑的哲学”这两个意义上来说，韦伯绝对不是一个相对主义者。[③]但是从他采取“否认任何形而上的确定性”的观点来看，说他是个相对主义者却是很适当的。他很坦白地承认他自己的信念中来自于个人的、情感上的因素——他发现这些信念并没有终极的基础。但是此一推理方向却开启了一个深渊——令他感到目眩神摇。我们这些韦伯之后的第三代人是在知识与道德的相对主义下长大的，因此我们对这种现象比较不会感到那么恐惧。

因此，韦伯自己的选择就含有一种绝望的意味在里面。他用一种激情执着于这些选择，但是却无法为这种激情找到哲学上的

② Parsons: Introduction to *Theory of Social and Economic Organization*, p. 27.

② “Meaning of ‘Ethical Neutrality,’ ” *Methodology*, p. 18.

③ Leo Strauss: *Natural Right and History* (Chicago, 1953) 第二章却提出一种很有力的相反看法。

借口。例如，他对人类自由的价值有一种深刻的信仰，却看到社会无情地在朝向“合理化”与“官僚化”的方向迈进，如此则“自由的命运”将如何就很可怀疑了。同时他也发现，我们不能轻易地就把合理化的过程弃置于一旁。作为一种严格的推理下的直接产物，这种合理化的过程必然曾经得到他知识上的认可。而韦伯一
332 向也强调：理性是从人类的自由中得来的。因此，他不得不尽可能地去肯定“自由在一个合理化了的社会中所具有的价值”。

出现在他眼前的未来之景象是极端荒凉的。韦伯称之为“对世界之失望”（disenchantment of the world，这是席勒的说法）的感觉，似乎是潜藏在这个未来中的一段最深刻的潮流。这大约与帕累托所描述的从“聚合之持续”的残余影响盛行的时代过渡到“结合之本能”控制一切的过程；以及涂尔干所说的从“社会整合”（social intergration）到“无规范状态”的过渡过程相似。韦伯宣称：“终极的以及最崇高的价值已经从公共生活当中消逝，而进入一种神秘生活的超越的领域中——抑或变成了直接的、个人化的人际关系中之友爱情感。我们的最伟大的艺术是细致详细的，而不是崇高伟大的；某种相当于‘预言的神灵’（the prophetic pneuma）的东西，过去曾经像火把一样扫荡过伟大的人类社会，把人们熔合在一起；现在这个东西却只以最缓慢的速度在最小、最亲密的社群中，在个人与个人之间悸动。”伟大的哲学与宗教上的创造的时代显然已经过去了。“出现在我们眼前的不是夏日的花朵，而是冰冷、黑暗与持续的夜晚。”①

① Parsons: *Structure of Social Action*, pp. 685–686; “Science as a Vocation,” *From Max Weber*, p. 155; “Politics as a Vocation,” Ibid., p. 128.

韦伯对未来的幻想与斯宾格勒的幻想之间有一种令人不安的相似之处；但是韦伯的看法没有那么极端，也不那么有其天启的意味。韦伯和这位《西方的没落》的作者一样都预测：德国人对共和政体以及民主都会产生反动。对于整个西方社会来讲，他认为只有一条路可以走，那就是：系统地培养一批从事政治工作的精英分子，授之以政府的重任。从这些精英分子当中，有时会有 333
一个克里斯玛式的政党领导者崛起，以独裁的方法来统治。韦伯认为在这个期望中并没有极端的矛盾存在——“民主与克里斯玛式的权威”并不是韦伯所谓的“不能妥协之物”中的东西。韦伯对个人式的领导方式之渴望，以及他那根深蒂固的民族主义这两点就足以使人对他的政治思想的整个基础产生怀疑了。

在政治上，韦伯的意见往往是危险的。但是作为一个现代社会的诊断者，他是独一无二的。他对他自己那个时代的描绘“冷静而实际，能够把极度复杂的问题做理智上的精微处理，同时能够从这一类的复杂资料中获得清晰而明确的结论，却不落入过度简化的教条。”[①] 韦伯从不关闭自己的心灵。他所提供给当代人的乃是一种“充满可能性的开放体系”（open system of possibilities）——在这个体系中，人们可以自由地为自己创造意义。[②]

因此，他便赢得了最不相同的知识与意识形态阵营里的人物的共同尊敬。他在社会科学家中的地位几乎是无可争论的。史学

① Parsons: Introduction to *Theory of Social and Economic Organization*, pp. 74, 84–85.

② Lowith, “*Weber und Marx*,” p. 212; Weber: “‘Objectivity’ in Social Science,” *Methodology*, p. 57.

家也同样地尊崇他。在民主人士当中，他算是一个友人，同时也是一个心智极为强韧的良师。新马克思主义者推崇他——因为他不憎恨他的革命敌人，也不把他们当作非法的恶徒，并且还愿意面对面、坦诚地与他们一起讨论歧见之所在。有一位当代的哲学家曾说：韦伯的年轻朋友卢卡奇（Georg Lukacs）就是从韦伯的教诲中推演出“严格而重要的”马克思主义。[①] 同样，韦伯的另一个
334 年轻的仰慕者——哲学家卡尔·雅斯贝尔斯（Karl Jaspers）也把视为“原始的存在主义者”（proto-existentialist）。雅斯贝尔斯主张：韦伯本身的生活方式就揭露了人类生存的各种可能性。“透过这个人”可以洞察到“人类之所以臻于某种境地的原因……同时也能约略见到人类实际上是什么东西。”[②]

韦伯本人则选择启蒙运动的价值观。他不怀抱幻觉，并且秉着做其他的选择时的不顾一切的精神选择了“18 世纪最好的心智正直廉洁与社会平等之原则”。他写道：“启蒙运动的辉煌时代似乎已是一去不复返”，但他却仍然坚持它的原则。韦伯不只是拥有“卓越的伦理感性”而已——他还是最后一位传统人文文化的伟大的倡导者。“他是一位冷静的正义之维护者——勇于与含混之思想、偏见以及不公正的行为作战。终极而言，构成他的信仰的是理智（不论它在历史上的命运如何）的道德尊严。”[③]

---

① Maurice Merlcau-Ponty, *Les Aventures de la dialectique* (Paris, 1955)., pp. 38, 42.

② Max Weber: *Politiker, Forscher, Philosoph* (Bremen, 1946), p. 56.

③ *Protestant Ethic*, p. 182; Arnold Bergstraesser: “Wilhelm Dilthey and Max Weber: An Empirical Approach to Historical Synthesis,” *Ethics*, LVII (January 1947), 109–110.

在这方面，和在其他许多方面一样，韦伯综合了当代人的研究成果。他和他们一样，仍然“不顾一切地”（malgré tout）宣称拥护启蒙运动。他虽然明白地承认人类的行为动机有非理性的成分在内。但是他也和弗洛伊德一样宣称理性是具有极高的价值的。他和索雷尔以及克罗齐一起（还超过他们）重新用严格的态度为历史与社会研究订定认识论上的基础——他为了解人类世界的方法建立了永久正确的准则。最后，他也和莫斯卡以及帕累托一样 335
对精英分子在历史上所扮演的角色，以及强制力和非道德行为在解决人类问题中所产生的重大影响，给予适当的认可。但是他却比帕累托更深入地研究了政治行为的本质。他认为政治不只牵涉强制力和诈骗的手段——他发现：政治不只是一场发生于各种互争权力的权力集团之间的丛林战；从根子上说，政治乃是伦理价值之间的竞争。[1]

在所有同时代的人当中，唯有韦伯能够弥补实证主义与唯心论之间的罅隙。他在方法论的严格的公式中把弗洛伊德、帕累托以及涂尔干的残留的实证主义，与他在狄尔泰以及克罗齐的传统中所发现的正确的理论结合了起来。如此，他也和以上这些人一样把一个范围广阔的东西（这些东西充其量只有一部分可以理解）归诸非理性（或无意识）的领域。但是他却因此而为社会思想在其运作的领域内赢得了完全的自主的地位。他认识到：“自我设限”（self-limitation）乃是知识解放的先决条件——比较起来，允许非理性事物的存在，以及坚持严格的科学方法，都只不过是浮面的

① Rossi: *Storicismo tedesco*, p. 380.

东西而已。相对于实证主义者的教条主义、马克思主义的传统，以及唯心论者没有骨气的“直觉主义”，韦伯把社会思想的基础建立在一种“拟制”（fictional theory）的理论上——此一理论之有效与否，只能从结果上去判断。

第九章　欧洲的创意与第一次世界大战

在本章以及下一章中，我们将要把讨论的内容转移到一个稍 336
不同的层面上。我们所要谈的，仍然是思想史中的“高层次”，而不是“低层次”的事物。但是，我们所要讨论的人物将是与一般知识界比较接近的人物，而不是1890年代的伟人们，他们是一些散文家与创作家（几乎每个人都比较年轻些）；和那些我们截至目前所讨论过的哲学家或社会科学家比较起来，他们的思想律动与一般知识阶层的气质比较接近。我们将要追溯前一辈人物的思想开始传播开来的方式。那些比伟大的知识改革者年轻了约半个世代的、较不严格的作家们（这些人仍然认为他们曾经直接参与了比他们长一辈的人物所经历过的重要事件），乃是站在把思想普遍传播给下一代的最前线。

同时，这些年轻的作家们本身就是那个在20世纪初期臻于成 337
熟的、新起一代的团体的长兄。居于这种地位，他们成为与另一个世代之间的联系——这个新一代人在许多方面与我们截至目前集中注意力讨论的那一代人有着强烈的对比。像佩吉、黑塞、普鲁斯特、托马斯·曼等诞生于1870年代的人物，正可以作为比他们年长的那一辈人（诞生于1850年代末期或1860年代）与作为诞生于1880年代、在20世纪前十年臻于成熟的那一代人之间的

桥梁。我们还无法讨论到这些新一代的人。他们并不在本书的讨论范围之内——事实上这些人的主要创作期是在第一次世界大战之后，有一些人则一直继续到现在。但是在第一次世界大战爆发的时候，许多1890年代那个世代的人，都觉得与后继者之间失去了精神上的联系——为了解这一点，必须把这些新一代人的明显的特征，做一个概括性的描述。

1905年的一代

回溯第一次世界大战本身的历史，1905年构成了一个明确的分水岭。它标志着25年以来，整个欧洲首次受到了骚扰。俄国革命似乎是自1871年巴黎公社成立以来的第一个主要的社会动乱——有一阵子，法国、德国、奥地利以及意大利的社会主义党派前景窘困：他们决意把马克思主义者的宣言变成事实——而那些宣言已经逐渐地形成了一种类似祈祷文的面貌。革命的危险很快过去了。但是那一年里的另一个具有决定性的事件——第一次摩洛哥危机（the First Moroccan Crisis）所造成的影响，却无法迅速消失。从1905年开始，外交危机接踵而至。如佩吉所说，坦吉
338 尔（Tangiers）[*]的震动“在两个小时以内”为其带来了一个新的时代——也为法国以及世界带来了新时代。[①]其后十年间，欧洲年轻人的生活一直笼罩在战争即将来临的阴影下。

---

* 摩洛哥西北部，接近直布罗陀海峡之港埠。

① *Notre Patrie* (originally published in the *Cahiers de la Quinzaine*, October 22, 1905) (Paris, 1915), p. 120.

这种将要入伍参与战事的预感，是使这新的一代与那些心智在 1890 年代臻于成熟的那一代人显得截然不同的最重要的因素。时至 1905 年，像弗洛伊德、韦伯、涂尔干、柏格森、莫斯卡和克罗齐等人都已经过于年迈，无法上前线了。他们之中，唯有韦伯曾经在战时穿上制服，而即使是他，也无法参与实际的战争。当这场战争来临时，那已经不是“他们的”战争，而是他们的后辈的战争了。对他们来说，最重要的经验乃是 1890 年代的知识再生运动——或者是（如法国的情形）维护德雷福斯上尉的事件。而对于他们后辈那一代人来说，所谓惊天动地的事乃是第一次世界大战本身。在此我们看到一种极具戏剧性的不同的经验，把思想史上的某一年龄群体和另外一个年龄群体分开来。

因为终日生活在战争准备的紧张之中，新的一代比他们的父执辈缺乏耐心。但是他们尊敬比他们年长的一辈人——这是他们与现在一般所谓“更年轻的一代”（the younger generation）的不同之处。但是他们所要寻找的，却比他们的长辈们所提供给他们的更为吸引人、更具教条意味。他们仰慕长辈们在知识上的发现，但是他们对这些发现却只是很粗浅的了解。1890 年代的作家们只对理性的潜在力量提出质疑，而 1905 年代的年轻人却毫不掩饰地成为非理性主义者或反理性主义者（anti-rationalists）。这种根本、重要的区分，乃是不同年龄群体之差别所带来的，此种区别也往往被现在的思想史所忽略。年轻的一代已经不能满足于他们的长辈所持有的那种温文的超然态度。他们无论在哪一方面都要追求 339
一种理想和信仰。

因此德国的年轻人便以直接行动，实践尼采的教诲；同时，他们自诩尼采的门徒，立意建立“年轻人之帝国”（Reich of Youth），而且宣称自己为“第一代斗士和屠龙勇士”。一位自称尼采门徒的人——斯特凡·乔治*变成了他们的诗人；乔治教他们自视为一种新的精神贵族——拥有一个崇高、但是不明确的使命。这些新形成的年轻人集团，使他们有了组织上的出路，同时，也使他们得到梦幻般的精神与肉体的解放。战争爆发前10个月（1913年10月），“德国自由青年同盟”（the Free German Youth）的代表们在德国中部的霍亨梅斯内（Hohen Meissner）山坡上签署了一篇闹剧式的宣言，表示他们“为了内在的自由，不论任何情况下都要团结一致”。四年之后，韦伯在图林根（Thuringia）劳恩斯坦堡（Burg Lauenstein）的一个聚会中所遇到的便是这一类的年轻人——他们期望韦伯能成为他们的先知，但是韦伯拒绝了。①

在意大利，从世纪之交到第一次世界大战之间的这几年使一些新作家、新评论家、新政治组织脱颖而出。克罗齐对实证主义的反动是出自一种理性、有自制的方式，但是这个反动在这些年轻一代的身上却变成了精神上的大突破。政治上的民族主义、文学上的“动态主义”（dynamism）与“未来主义”（Futurism），以及最重要者：夸张的文学魔术师邓南遮（Gabriele D'Annunzio）所树立的楷模（艺术上以及个人上的）彰显经历此精神突破的意大

* 斯特凡·乔治（Steban George, 1868—1933），倡导“为艺术而艺术”的德国诗人。

① Klemens von Klemperer: *Germany's New Conservatism: Its History and Dilemma in the Twentieth Century* (Princeton, N.J., 1957), pp. 43–46; Marianne Weber: *Max Weber: Ein Lebensbild*, new edition (Heidelberg, 1950), pp. 642–647.

利年轻人在气质上的改变。一直到 1908 年，当《声音》(*La Voce*) 评论杂志在佛罗伦萨创刊为止，部分新作家才能和他们的长辈合作，而结合了温和形态的民族主义与旧有的自由主义传统。 340

克罗齐以学者之尊，看着这一股高涨的兴奋情绪，一方面是同情，一方面又以父亲般的慈爱态度加以责备——这情形正好与歌德对于德国浪漫主义者所给他的推崇，一会儿受宠若惊，一会儿感到困窘一样。他暗示：这股兴奋的情绪若是加以适当的控制与压抑，就会造成好的结果。但是他对于邓南遮却只有责备之语。他坚持，把他的名字和邓南遮并列，无论如何是不对的；"邓南遮主义"(D'Annunzianism) 其实是属于"在 1890 年以后成长的"那一代人的——他本人与这位年轻的诗人"在精神上属于两个不同种族"。

> 我虽然偶尔敬佩邓南遮的艺术，但是，我对于他所暗示或直接宣扬的道德观丝毫不曾寄予同情……我记得我从来就不曾忽视"感官上的精美和精神上的雅致""色情的幻想与道德的提升"以及"虚伪的英雄主义和严肃的责任"之间的区别。[①]

但是把这种代际之间的鸿沟以最具自我意识的方式描述出来的却是法国人，我们主要也是要从他们的作品中引述一些文学上

① "*Contributo alia critica di me stesso*" (1918) (reprinted as an appendix to *Etica e politica* [Bari, 1931]), translated by R. G. Collingwood as *An Autobiography* (Oxford, 1927), pp. 86–87.

的证据来证明时代风尚的改变。在进入 20 世纪以后，法国的年轻人也和 10 年前的德国青年一样，开始宣称他们自己是尼采主义者。纪德在 1902 年出版的《背德者》（*The Immoralist*）是一个早期的例子。其后，像傅立叶这样的更年轻的作家们也开始感到他们自己的思想受到了尼采的影响（明显表现出来地或是无意识地）。[①]
341 但是法国的尼采主义者只是少数。成为新的一代的守护神的乃是柏格森。1905 年以后，法国受过教育的青年都变成了强硬的“柏格森主义者”。

年轻人很热切地抓住柏格森，并且按照他们自己的喜好去解释他的学说。他们把政治上的直接行动（通常是右派的而且很明显与柏格森的信念对立）以及教条式的宗教信仰（柏格森对此所持的态度很暧昧），都解释为柏格森的学说之一部分。就像思想史上经常发生的情形一样，学说的创始者（柏格森）对他自己的创造物失去了控制——他的门徒纷纷脱离他的守护与指导。在第一次世界大战前的五年当中，“柏格森主义”几乎完全脱离了其创始人，成了一种独立的东西。

这新起的一代反倒比他们的父执辈更为保守，这是一个很奇特的现象。他们的父执辈曾经为德雷福斯的清白而战，也曾经与“反动派”以及教士们对抗。照理说，这些后辈应该是不会去拥护查尔斯·莫拉斯* 和《法兰西行动》（*Action Francaise*）所提倡的新

---

① Genevieve Bianquis: *Nietzsche en France* (Paris, 1929), pp. 62–67. 相比之下，纪德在他的日记中对尼采更为贬低，见 Gide's *Journal 1889–1939* (Paris, 1948), translated and edited by Justin O'Brien as *The Journals of André Gide* (New York, 1947–1949), II, 419–420.

* 查尔斯·莫拉斯（Charles Maurras, 1868—1953），法国作家，反对民主思想，《法国行动》编者之一。

保皇主义（neoroyalism）或者是小说家莫里斯·巴雷斯*所提倡的温和、保守的民族主义的。在高等师院，图书馆员埃尔以及伟大的社会主义者饶勒斯的影响都渐次衰退—— 30年后成为法国总理，但当时只是一名杰出律师和文坛上之珍宝的莱昂·布鲁姆**，乃是他们的最后的伟大门徒之一。而对于比较具有批判力的年轻人来说，布鲁姆则显得太肤浅——他仍然把饶勒斯那个起伏不定的时代看得太重要。[①]

社会主义（或者是一般的左派政治）在法国受过教育的年轻
人的心目中之所以衰败的另一个原因，是对德雷福斯派之胜利太 342
过渲染的结果。胜利的激进分子从1901年开始进行一场意识形态上的报复行动。他们鼓励共济会的会员去监视那些有同情教权倾向的军官，由此开始有系统地压制宗教团体和学校；此事在1905年达到高潮，造成了教会与政府的分离。当修士与修女向外移民，而哭泣着的孩童也被武装士兵强迫离开学校的时候，甚至那些一直对宗教问题保持中立的人也开始为“法国教会之悲”（巴瑞语）而感到良心不安。同时在这些人当中的某些人的眼里看来，饶勒斯对于反教权运动的支持似乎就是一种变节的行为。饶勒斯充分利用了他作为一个政界的知识分子的地位，“用优美的说辞掩饰龌龊”，使它们“具有崇高的哲学道理的外表，让一些无知的人以为那是伟大的”。但是其他的人（如佩吉，甚或是普鲁斯特）却

* 莫里斯·巴雷斯（Auguste Maurice Barrès, 1862—1923），法国作家和政客，曾任众议员。

** 莱昂·布鲁姆（Léon Blum, 1872—1950），社会党的领袖，后来领导“人民阵线”，1936—1937年间任首相，后又任临时总统，曾推动激烈的改革运动。

① Entry for April 27, 1906; Ibid., I, 181.

不能忍受以下这种事实——亦即“那些为了不让人们批评说：在法国一个人可能会因为种族或宗教的关系而受苦，因而把整个国家都颠倒过来的人”，现在却在“驱逐教学团体，并且对一切有关宗教的事宣战。”[①] 正如犹太记者拉萨勒（Bernard Lazare）所说：教士多年迫害犹太人的事实，并不是以其人之道还治彼身的理由。[②]

1900 年之时，知识分子信仰天主教被认为是一件不好的事。但是到 1910 年，虽然大部分知识分子（大多是相信实证哲学的人）仍然是非教徒，但少数敏感、有鉴别力且为数渐多的人却又回头
343 去信仰他们原先所不信仰的东西了。一些伟大的皈依者可以为例：如长一辈中的诗人克劳德尔（Paul Claudel），以及年轻一辈中的哲学家马里谭（Jacques Maritain）。为使佩吉减轻良心上的困扰，马里谭曾经和佩吉的反教权的妻子一起劝佩吉让她的孩子们受洗，但是没有结果。

1905 年之时，高等师院只有三四个学生公开表示信教。到 1912 年有大约 40 人（三分之一的学生）如此。这个长久以来被称为“嘲讽式的不可知论者之据点”的伟大学府已经渐渐被新精神渗透了。[③] 在其他的重要学校以及知识圈里也有同样的事情发生。纪德的年轻文友罗杰·马丁·杜·加尔（Roger Martin du Gard）对这种对宗教态度的改变，曾经做了很令人佩服的记载。加尔在

① Jérome and Jean Tharaud: *Notre Cher Péguy* (Paris, 1926), I, 221, 235–236.

② Charles Péguy: *Notre Jeunesse* (originally published in the *Cahiers de la Quinzaine*, July 17, 1910) (Paris, 1933), p. 101.

③ Jacques Chastenet: *Une Epoque pathétique: la France de M. Fallières* (Paris, 1949), p 218.

出版于1913年的小说《钟·巴洛亚》（*Jean Barois*）中曾经追述他那个世代的精神历程。他对宗教上差别细微的顾忌有很敏锐的感受力，凭此他描述了一个小孩从未成熟的、纯真的虔诚心态转变成一个用“现代主义者”的观点以及象征方式来解释教条的人的过程。但是对于这个虚构的巴洛亚（正如和他同时代的许多真实人物一样），天主教的“现代主义”只是个令人不安的折中——教皇本人也责备这种思想。在这种现代主义之外，则有唯物论者以及实证主义者的积极的非宗教思想，而在这种非宗教思想之外，反而又产生一种与教会妥协的思想。就这个思想发展过程而言，加尔书中的主人翁似乎就是这个新世纪的典型人物。但是在具有宗教情操的读者们看来，这本书却有一种令人不安之感：巴洛亚的回归于天主教并不是良心上的负责任的选择，而是病态、个人之不幸以及对死亡的恐惧所造成的绝望之下的选择。

因此巴洛亚仍然是一个过渡型的人物——他徘徊在传统的自 344
由主义信仰以及未来的教条主义之间，造成一种痛苦的自我分裂。当他步入中年的时候，曾经有两个大学生来告诉他一些法国青年的新动向，巴洛亚感到他们的谈话很陌生，甚至还有点儿令人害怕。他们贬抑科学、崇尚暴力，这都使巴洛亚感到憎恶。在巴洛亚看来，他们只是代表一种“反动”（reaction）；他们却自认为肩负精神更新之责任。

在这种对比之下，我们就接触到1905年那个世代的主要的暧昧之处了。战前几年，在法国（德国也一样）的年青人当中，普遍存在着一种既尊重权威，同时又崇拜主动之创造精神的态度。根据不同的重点，史家对这一个时代有相当不同的评断。一方面，他们发现这个时代中存在着一种具有威胁性的“原始法西斯主义”（proto-facism）的气氛；另一方面，他们又发现一个文化与生活复兴（不幸被扼于萌芽）的时代。在这个时代，最优秀的法国人与德国人都丧生于战争——至少在当代人的眼里看起来是如此。但是他们对这场大屠杀的爆发，却抱以热烈的赞同的态度——这实在是一个具有悲剧性的讽刺。较为好战的人认为他们终于有机会掌握住他们所企盼已久的“行动的生活”（the life of action）了。较具有反省能力的人也欢迎这一场战争，认为这是从无望的期待中获得释放的方法——他们一再地说：“来一场战争总比这样一直等下去好。”①

345 佩吉与傅立叶

佩吉曾经写道：“我一生都在前线奋战”②——他这话至少有两层意义。他鲁莽、愚钝地追求知识上的诚实，而且不能容忍修辞上的灵巧与捡现成之行径。就此而言，他的确是想要站在思想的前线上。同时从1905年开始，他一方面坚持认为法国即将受到威胁，一方面也觉得自己是不断地在为保护法国的疆界而奋斗。战争爆发后一个月，巴黎近郊发生一场麻烦的小冲突，佩吉率先阵

① Pierre Andreu: *Notre Maître, M. Sorel* (Paris, 1953), p. 89, quoting Drieu La Rochelle; Chastenet: *La France de M. Faillières*, pp. 11–12, 353.

② *Note conjointe* (Péguy's last work, comprising "*Note sur M. Bergson et la philosophie bergsonienne*" and "*Note conjointe sur M. Descartes et la philosophie cartésienne*," the former originally published in the *Cahiers de la Quinzaine*, April 26, 1914, the latter left unfinished at his death) (Paris, 1935), p. 276.

亡——这对他来讲倒也是相称。

本书前面的几个章节中已经一再地谈到佩吉。他是柏格森的门徒，也是索雷尔的朋友和知识上的伴侣。他第一次碰见柏格森是在高等师院作学生的时候，曾因此而深受“震撼”：

> 他静静地听课，不参加讨论，也不做笔记。这就是这个“热情、沉郁、愚蠢的年轻人”的作风。柏格森并没有对他特别加以注意，因为别人曾经告诉他：佩吉是一个特殊的例子；若不是有一天佩吉在教室走廊上叫住他，他或许就永远不会听到佩吉的声音了；佩吉对他说：“我知道你撇下了个人的工作，把全部的时间花在我们身上。你不应该这样做。你必须写一本书，这件事比什么都重要”，然后就走开了。[1]

其后，柏格森被派到法兰西学院任教的时候，佩吉还偷偷地跑去 346
听他的课。通常他都是裹着蓝色的披肩，高高地坐在最后面的位置上，静静地聆听柏格森讲授的道理。

柏格森的课是在星期五下午。四点四十五分的时候，索雷尔会到《半月笔记》社的办公室去接佩吉和别的要听课的朋友们。星期四下午，“索老”（le père Sorel）（比他年轻得多的佩吉如此亲昵地称呼他）也会去佩吉那个奇特的出版社拜访。星期四乃是编者“在家”会见朋友、批评家以及读者们的时间。在那间小办公

① Daniel Halévy: *Péguy and Les Cahiers de la Quinzaine* (translation by Ruth Bethell of the revised version, published in France in 1940, of Halévy's *Charles Péguy et les Cahiers de la Quinzaine*) (London, 1946), p. 29.

室里面，唯一的椅子是留给索雷尔坐的；在这儿，这位强壮、满脸胡腮的年长的辩论家就会把他各类渊博的知识和个人偏见传播给这些年轻人。[①]

索雷尔和佩吉都具有真诚而广博的同情心，他们都坚守不变的道德主义，而且都不能容忍花言巧语以及伪善之言，同时也都痛恨法国政界以及学术界的精英分子；作为一个辩论家，他们二人的心智活动是一致的。但是就思想的范围与风格而言，他们却非常不同。我们可以回想一下：索雷尔所受的训练是技术人员的训练——他的心智倾向于抽象层次，风格精练，同时他也博览群书；佩吉则几乎没有时间读书，他的教育背景是文学与哲学的，而他的著作也极为冗长。索雷尔以他怪异的方式接触社会科学世界，佩吉则完全是一个文学之士：他是个诗人，同时也是散文家——的确，1909 年一般读者首次认识到他，乃是因为他所写的一首关于圣女贞德的长诗。

如此，佩吉就成了文学与社会思想之间的一道桥梁。同样地，
347 他的事业也成了一种典型，代表了其长辈的“抽象反省”（abstract reflection）转变到 1905 年那个世代所特有的强烈的政治忠诚之间的一个过渡期。佩吉本人的意识形态非常特殊，无法归纳到法国政治的任何一种传统的类别当中。他和莫拉斯以及巴雷斯都是民族主义的先知，但是他坚持他的“共和主义”（republicanism）以及社会主义者的理想。他赞成阿兰为一般大众的权利而反对官僚，

① Daniel Halévy: *Péguy and Les Cahiers de la Quinzaine* (translation by Ruth Bethell of the revised version, published in France in 1940, of Halévy's *Charles Péguy et les Cahiers de la Quinzaine*) (London, 1946), pp. 62–65.

但是他对于饶勒斯、激进党派以及1901—1905年的反教权立法的评断却与阿兰完全不一样。他痛恨涂尔干，认为他是那些以巴黎大学文理学院为据点而控制法国之文化生活的许多“大主教”之一；[①] 但是在德雷福斯事件造成骚动的时候，他却大喊“联合起来”，并且帮忙去维护这位社会科学家的授课工作，免得它们受民族主义派学生的攻击。佩吉不断跨越各种把法国社会划分成截然不同之层面的裂痕。他的改变和索雷尔的改变一样，使他的朋友和仰慕者都感到困惑。但是从某些唯有他自己才能懂的意义上来说，他对于他的生命与工作之意义何在，一直维持着一种强烈的个人看法。

对于他的同时代人，甚至那些不喜欢他所代表的事物的人来说，佩吉似乎是个全然“纯洁”的人物——他只是比他们年长一些，然而他是即将在1914年之后的可怕年代里受到战火之试炼的那一代人的象征和领导者。

1894年，佩吉进入高等师院的时候（时年21岁）已经是一个很特殊的人物了。他是个真实的“人民之子”（son of people），他比同班同学要稍年长一些；同时他也早就警告别人说他将不会屈服于高等师院中所惯有的那一套欺人的伎俩。其实他之所以能够 348
进入这些稀有的高等学府中就读，主要还是靠他自己的毅力，同时也是因为他的老师们慧眼识英雄，对他加以鼓励。同时他的遭

① 见 *Cahiers de la Quinzaine* 上分别刊载于1906年11月4日、12月2日和1907年2月3日、10月6日的四篇文章。这些文章后来辑为一册：*Situations* (Paris, 1940).

遇也可以作为一个孤证，证明法国教育中的民主理想不只是高雅的装饰。

索雷尔在佩吉死后五年（在他自己去世之前三年），在他的著作中曾经追溯过去，提出质疑，追问：作为一个高等师院毕业生是否真的对佩吉有好处？因为这件事：

> 使佩吉处于一个他无法由内心发出共鸣的环境当中。因为他不能屈从强加在所谓统治阶层的子孙身上的中产阶级的传统，所以他一生都被那些完全不懂他的平民化的本性的那些人视为叛逆。此外，学院派的矫饰作风也严重地影响了他的文风，使他误以为多用附加的形容词、对句以及出人意外的隐喻就是思想内容丰富的表示，其实这些东西只能够使他的读者们感到吃惊，受益却不多。[①]

在高等师院，佩吉和涂尔干一样都是不能适应环境以及带有外国风的人，但是他们之所以如此却出于不同原因。在这一群来自有教养之阶层、思想极为清晰的年轻人当中，佩吉（一个来自奥尔良的、失去了妻子的补椅子工人的孩子）对他所关心的一切事物的反应都过于迟缓，且过于沉郁和极度严肃。他的同学们都不得不对他表示尊敬——几年以后，在德雷福斯事件的巷战中，他带头一喊，这些人以及一些低年级同学们也都毫不迟疑地响应；但是他们发现他是个难以相处的人。佩吉一定也知道自己不适于

① “*Charles Péguy*,” *La Honda*, I (April 1919), 58–59.

那种环境。1898 年，他离开学校。他结了婚，但是在教师选任考 349
试中却落榜；其后，正常的学术发展途径受挫，他就在法国知识界扮演起独立的新闻从业人员的角色。

他曾短时期担任某一定期的社会主义评论杂志的编者。但是没有多久，他就和饶勒斯、埃尔、布鲁姆以及其他这个集团中的知识分子发生争执；1900 年他创办了自己的刊物。《半月笔记》（这个刊物的名称可以粗略地做此翻译）根本不是一份期刊。其中每一份“笔记”（cahier）其实就是独立的一本书或长篇论文，有许多是佩吉本人所写。从一个很特殊的意义上来讲，那是一份属于他个人的刊物——他自幼就是个工匠，因此对刊物的每一面都细心考虑；他坚持每一份“笔记”都必须是完美的，印刷厂所造成的每一个小错误都要找出来。

《半月笔记》的订户还不到 1000 人，它始终在濒临财政崩溃的边缘上挣扎；但是在 20 世纪的前十年当中，它却变成了全欧洲最富创意与刺激性的刊物。佩吉使这一份杂志具有乡土的新鲜感，同时在辩论中也坚持毫不妥协的立场。以他为中心，一些朋友以及投稿人构成了一个不平凡的支持德雷福斯的年轻的精英集团——当然，那个不可抗拒的索雷尔也是其中之一。

然而时近 1910 年，《半月笔记》却受到一连串事件的震撼。1908 年，佩吉宣称皈依天主教——这对于杂志的大多数订户（亦即像佩吉以前那样的态度强硬的自由思想家）而言，无疑是直接的侮辱。两年以后，他在《我们的青年时代》（*Notre Jeunesse*）杂志上对人们大肆宣传德雷福斯派之胜利的行为大加攻击，因此又使另外一批支持者变成了敌人。最后还上演了和索雷尔分手

（1912年）的事。这个决裂事出无聊，几乎令人难以相信那是真
350 的。班达（附随《半月笔记》杂志集团的许多犹太人之一）出版了一本叫《天命》（*L'Ordination*）的小说。拘谨的索雷尔指责那本书为色情小说。因此，当那本小说没有得到"龚古尔奖"（Prix Goncourt）的时候，佩吉就指责说那是索雷尔的阴谋，并且不让索雷尔再到《半月笔记》杂志社去。索雷尔也不再去那儿拜访——此后他们二人就完全没有再见过面了。①

这个决裂无疑是有其更深入的原因的。佩吉和索雷尔都超越了一般隔阂法国社会的裂痕，但是许多年来他们却在朝相反的方向超越。开始的时候，他们都是共和派、社会主义者以及自由思想家。但是索雷尔现在却向保皇主义献媚，而佩吉也回归教会。他们都向他们的右派敌人靠近了一步，但是他们迈这一步的时候却采取了不同的，甚至是矛盾的方式。据说索雷尔对于佩吉皈依天主教这件事并不重视；佩吉却认为索雷尔正千方百计地想要破坏《半月笔记》的处境。

佩吉在去世前两年穷困潦倒，孤立无援。《半月笔记》很显然是力量枯竭了。而佩吉本人也几乎和所有的朋友都吵过架。班达几乎是唯一剩下的友人，但是我们后面会谈到，他和佩吉几乎完全不同。② 佩吉对左派渐渐起了疑心。但是天主教徒和右派人士还不愿意接纳他——教会还没有为他的婚姻祝祷，他的孩子也还没

① See the accounts in Andreu: *Sorel*, pp. 272–286; Halevy: *Péguy and Les Cahiers*, pp. 171–172; Tharaud: *Notre Cher Péguy*, II, 137–143.

② 见本书第十章；同时请注意佩吉在《联合评注》（*Note conjointe*, 第62—69页）中对他自己与班达之间的关系的描述。

有受洗，因此他并不能正式地和他所信仰的宗教有所来往。1914年6月初，柏格森的著作被列入天主教会禁书目录，佩吉曾经为此力辩，但是终归无效，因此他自己的著作之被禁也只是迟早的事了。两个月以后战争爆发，不论怎么说，佩吉都是非常欢迎它的来临的。

他一向喜欢服务军旅，满心喜悦地向前线出发。玛恩河（the 351
Marne）* 之战前夕，他饮弹身亡，人们不禁想起他在九个月之前发表的诗句：

> 在伟大的战争中阵亡的人有福了，因为他们躺在地上，上帝已能眷顾到他们。①

佩吉描述他自己的文章之风格说："我们必须用不同的方式前进，要不断地发掘……我们要摸索着尽量向前推进；我们要一点一点地，像工兵挖掘地道一样地前进。"或者，换个譬喻来说："如果我们不在字句中添加什么，只是一直前进，现实本身是如何直截了当，我们就如何直截了当去描述，如此一来，我们就不知道，也无法知道我们是否能达到目标，或者究竟能达到什么目标。"② 在纪德看来，佩吉的文章乃是一种"知识上的结巴"（intellectual stuttering）——思想上的"口吃"。③ 这是它的弱点，同时也是它

---

* 在法国东北。

① "Blessed are those who have died in great battles,
Lying upon the ground in the sight of God."

② *Situations*, pp. 8, 105.

③ Entry for May 7, 1912, *Journals of André Gide*, I, 329.

的力量之所在。佩吉下笔以后，从不更改一字——这些字句以一种“庄严而不可避免的”姿态出现，一如佩吉的生活方式。

佩吉的思想风格代表着一种想要应用柏格森的形而上学的努力——努力想要捕捉生命本身之轮廓。因此它是缺乏逻辑次序的。它从某一个陈述转到另一个陈述上的时候，都有“变调”产生。它一句一句地、缓慢地、持续地改变，直到变成一个新的陈述。这种使读者感到困扰的文学上的独特格调——重复，以及一再使用同义字（但绝少意义完全相同）的方法——事实上乃是佩
352 吉的根本方法。读他的文章，只觉很凝重——好像螃蟹在爬行一样，很辛苦地爬向某一个结论，然后终于勾勒出这个结论的轮廓。从最好的观点看，这种方法最后可能会比按逻辑次序进行的传统方法更能臻于明确。但是用得不恰当的话（如索雷尔所看到的），它就会变成纯粹的修辞而已——佩吉努力要避免的也就是这一点。

佩吉嘲笑那些只重文学风格的作品。就这一点来说，他是最“非法国式的”（un-French）作家。同时就这一方面而论，他的文章也比柏格森（他的散文通常是毫无瑕疵的）本人更像“柏格森式的”。事实上，佩吉的著作正表现了整个柏格森式的方法在技术上的限制——语言（特别是法语）根本不适合于表现他们的思想。

佩吉在高等师院中就已经成为柏格森的门徒。在此之前他是一个农夫之子，他在思想以及表达方式上的弛缓的表现，也一直像个农夫——但也因此而变得更确切。在佩吉的坚实的核心中，除了教育所给予他的文学素养以外，就是这些东西了。他说他的《半月笔记》绝对不刊登任何不是出之于“我们自己所经历过的”个人经验的作品——他要求做到绝对廉正——这就是他对法国知

识生活的特殊的贡献。

从这个角度来看，在他所拥护过的不同的政治与社会学说之间，自有其一贯的统一性。佩吉始终认为他自己是个社会主义者——但却是和想要垄断此一头衔的党派政客相当不同的社会主义者。他认为这些政客只是中产阶级的煽动家，他们根本没有真正了解到一般大众的思想和感受。他自己理想中的社会则是一个“未来的城市”（*cité* of the future）——在这个社会中人们再次对诚实的劳力与生产感到骄傲。佩吉绝对不是要在资本主义所造成的旧有的紊乱之上再加上新的社会动乱，他的目的是要“开 353
创、恢复一种秩序——一种新的旧秩序，新而古老的，绝对不是现代的秩序；一种勤奋工作的秩序、劳力的秩序、一种工人的秩序……”①

那么他是不是一个民主派人士呢？他对数数选票与操纵多数人的行为当然没有信心。从某一个意义上来说，索雷尔不能算是民主派，但是从同一个意义上来说，佩吉则是民主派。他绝对不带有索雷尔那种“破坏性的否定主义”（destructive negativism）。的确，他也接受了一般法国人对共和政体与革命的神秘的信仰，就这一点来说他倒是相当天真的。他心目中的好政府，很显然是由一个广泛的“天生之贵族”（aristocracy of nature）所组成——而这些天性则是建立在勤奋的工作精神与个人价值上的。同样地，当他宣称自己是天主教徒的时候，他心中也有一种类似的信念，认为一般人所抱持的价值观以及一般人对天主教教义的看法本身

① *Notre Jeunesse*, pp. 144–145; see also Félicien Challaye: *Péguy socialiste* (Paris, 1954), Chapter 3.

各有其优点。他主张“博爱”（charity）应该被恢复为基督教的中心教义——时下把教会与上流社会的利益结合在一起，乃是大大地歪曲了基督的训示。

在1910年的法国，佩吉这种结合了强硬的共和主义与天主教教义的态度乃是一种新奇的意识形态。但是佩吉本人认为他这种双重的信念之间并不存在严重的矛盾。每一种信念都代表着一种神秘的信仰，它们共同构成了两大信仰体系，正是由于这些信仰，法国人遂能在历史上完成独特的伟大成就。对佩吉而言，一种“神秘的观念”（mystique）代表着高贵、新鲜、光明的社会或宗教信念，而“行动之方法”（politique）则代表着这种神秘的观念之堕落成为卑贱与自私的东西。他说：“每一种事物原先都是一种‘神秘的观念’，到后来却都变成了一种‘行动之方法’。”他特别指德雷福斯事件而言。但同时在比较广泛的意义上，也是指整

354 个历史与社会中之道德力量的性质而言。他写道：任何两种“神秘的观念”必有两种“行动之方法”与之对应，但是这两种“神秘的观念”之间互相抵触的程度，却远没有两种“行动之方法”间的抵触程度那么严重。的确，我们甚至可以说：某一种“神秘的观念”和与其相对应的另一个“神秘的观念”之间的共通之处，比前一个“神秘的观念”和一个以它本身为名的“行动之方法”之间的共通处还多。因此，佩吉在预言“共和主义与基督教这两种‘神秘的观念’必会在‘同一个深刻的运动中’一起复活”的时候，并不认为说这话是互相矛盾的。[①] 它们会一起把法国提升到

① *Notre Jeunesse*, pp. 17, 27, 50.

一个新的博爱互助的境地。

125 年的政治与宗教之纷争，使法国人不幸趋于分裂，佩吉死于战场上以后，又成了他们团结的象征。佩吉也和圣女贞德（他曾经颂扬她）一样，被尊奉为法国的神明。在第二次世界大战期间，他被认为是一个不太重要的诗人，却是个重要的“先知”。使这种崇奉为神明之举达于巅峰状态的则是第二次世界大战。1940—1944 年的被占领与抵抗期间，佩吉俨然成了受难民族的代言人。从极右派到极左派——在各种不同的社会阶层与意识形态阵营中的人们，都一再引述他的话，把他当作指示法国如何寻回国魂的作家。

对法国人而言，佩吉自然有一种他个人独有的特殊意义，没有任何一个外国人可以完全分享。基于同样的理由，法国人对他的看法也就往往缺乏批判性——几乎所有有关佩吉的论述都是在一种崇敬爱戴的心情下写出来的。我们这些局外人或许能够比较不具情绪色彩地作论断。

佩吉很显然没有留下任何重要的理论著作。他只是以片断的方式思考——把意想不到的观念并列而观。这是他的伟大的力量之所在——从思想角度，这确实几乎是他唯一的力量之所在。但 355
是我们不能只把他当作散文家——他身上具有某种极为动人的力量，使我们不能只对他如此看待。同时，我们也难以对他的重要性作明确论断——正如我们难以了解他的摸索式的写作风格一样。他的思想难以捕捉。我们充其量或许只能说：佩吉具有一种天分，能够把一些平凡的事物以不平凡的方式组织起来，使这些事物能够重拾其原始的状态与新鲜感。

最后我还可以举一个例子：有一个时期，几乎每一个人都认为他知道国家是什么，民族是什么，佩吉却从一个独特的观点来描述“民族”（peoples），使大家都吃了一惊。因为他所说的道理突破了民族主义者以及倾向于世界主义者所一贯持有的论调。佩吉以他对犹太人的描述（特别是他那令人难忘的关于拉萨勒的描写），几乎一手重新掀起有关德雷福斯事件的讨论。他对深深受创痛的这个民族——“焦虑的上帝之选民”（chosen race of anxiety）——的描述当中，充满了情感。这对于“反犹太者”（the anti-Semites）所刻意制造的恨意，不啻是个直接的挑战。但是佩吉的说法却也隐隐令人感到不安。因为这种说法没有同化主义者（the assimilationist）的情感的成分，它并没有去粉饰“容忍的”基督徒与犹太人之间所特有的区别。相反，在他的分析中，佩吉一直追究犹太人与基督教徒之间的区别，终于演变成了令人难以接纳的矛盾的说法。他详细地讨论存在于这二种民族之间的极为不同的“神秘的观念”所表现出来的每一种征象（包括外在的，以及精神上的）。他曾经宣称：“犹太人一向都在念书”，而新教教徒则念了二百年的书。天主教徒则只有两代人念过书——这话成了一句名言。[①]

他对自己的国人也有类似的描述。佩吉对于法国人（可怜的天主教徒）的了解是通过一种直接的体验而来——法国的文人很少有类似的体认。他在《我们的国家》（*Notre Patrie*）中，把法

① *Notre Jeunesse*, pp. 72 ff; *Note conjointe*, p. 82.

国人在天真狂热中的真实表现描述得很清楚。他说法国人已经懒 356
得再去听社会主义者的演说了，同时对于德雷福斯派为他们所开设的成人教育课程也感到厌倦了。他们所欣赏的乃是优秀的表演——军乐、马匹以及以整齐步伐前进的士兵。他们虽然对反武力的演讲加以喝彩，但是并没有真正相信那些论调。这种“双重性”使佩吉深感恼怒。他认为一个人应当对他自己的意见诚实——他必须以整个灵魂来“赞成或反对战争”，不能只是唱高调。在许多知识分子都获得同样的结论之前，他就正确地料中法国人的心情了。他们也和德国人一样，决定要介入战争。1914 年 8 月的事件证明佩吉非常正确。

佩吉最具有象征意义的一次行动是 1912 年 8 月从巴黎徒步到沙特尔（Chartres）* 朝圣。据某一记载，大约六个月（或一年）以后他还做了第二次的旅行，比他年轻 13 岁的傅立叶曾与他同行。另一种记载则记述说傅立叶有两次都打算和佩吉去莎特乐，但两次都是在最后关头改变了计划。① 不论如何，他们二人是朋友，对他们那一代以及次一代的法国人来说，他们似乎都代表了同样的理想。傅立叶比佩吉小 13 岁；他比较温和——实际上一点也不好斗；他纯粹是一个文人，对政治相当不感兴趣。但是他却和佩吉一样追求那种深深地感动了 1905 年那个世代的人们的性灵上的纯

* 巴黎西南方的城市，第二次十字军东征时在此誓师，亨利四世（Henry IV）加冕地。

① Compare the accounts in Halévy: *Péguy and Les Cahiers*, pp. 169–170, and Robert Gibson: *The Quest of Alain-Fournier* (New Haven, Conn., 1954), pp. 239–240, 286.

357 洁。同时他也和佩吉一样在战争的前几周中就阵亡了——他在佩吉阵亡两个星期以后被战火所吞没，连尸骨也找不到。

他的生命之短暂，以及“壮志未酬”的景况留下了令人感伤的记录。他的童年非常幸福——他是法国中心点上近布尔吉（Bourges）地区的一位教师之子；从小就被关爱、古老习俗以及大自然的诗意所围绕和安慰。快 12 岁的时候，他被送到巴黎的一个公立中学读书。其后他曾经在布列塔尼（Brittany）、英国求学，然后又回到巴黎。军旅生活的残酷和屈辱使他深感痛苦。最后，他羞赧地尝试写作而得到了纪德以及首都的一些文化界前卫人士的赞赏。战事爆发的时候，他已经建立了一点文名了。但是这一切却都没有用。丧失了孩童时代的纯真以及温暖的情感以后，他再也不能从任何事情当中得到安慰。他曾经暗恋一个只见过几次面的女孩，她后来嫁给了别人，这件事对他来说也是一件无法弥补的憾事。战争对傅立叶来说也是一种解脱。

但是这些悲伤的生活片断，以及童年的记忆和成熟以后的失望，却凝聚成一本伟大的小说。对于 1905 年那个世代的人们而言，《伟大的莫尔内》（*Le Grand Meaulnes*）是一本最动人的回忆录。它令人想起发现新世界的新鲜感——使人想起了初次体验到的全然纯洁的感受。这本书和佩吉的作品一样，是最“非法国式的”作品：其中几乎不带丝毫的色情成分。它使我们完全脱离 19 世纪——脱离了充斥着中产阶级之矫饰以及念念不忘“奸淫”（adultery）这观念的“现实”世界。傅立叶的小说把这些都抛到九霄云外去了；它是一个追寻的故事——对“纯真”（innocence）以及更进一步的东西（一些我们只能在意识最清明的时候才能揣测得知，

却无法加以解释的东西）的追寻，傅立叶写道： 358

> 我在追寻一些更神秘的东西。书本上曾经提到过这个途径——这是一个受阻的古老的路径，这位疲倦的王子无法找到这条路径的入口。最后，在最孤寂的早晨，当你忘记时钟就要敲响十一或十二点的时候，它被发现了……突然地，当你侧身躲到树丛与荆棘里的时候，你的眼前就出现一条若隐若现的长长的大道，道路的末端投射着一个小光圈。

我们只能瞥见那个秘密，却不能完全了解它。莫尔内写道：“我们的冒险结束了。今年冬天就像墓地一样地死寂。或许当我们死的时候——或许死亡才能让我们见到天日，让我们了解这个失败的冒险的结束与后果。”①

小说家与资产阶级的世界——纪德与托马斯·曼

《伟大的莫尔内》一书最初是在《法兰西新评论》（*Nouvelle Revue Française*）杂志上连载（1913 年 7—11 月间）。这个事实使人联想到佩吉的世界与纪德的世界之间的精神联系。因为在纯文学领域角度，《法兰西新评论》具有一种自我意识到的正直与对

① Translation by Françoise Delisle as *The Wanderer* (Boston and New York, 1928), pp. 156, 176. 我把译文稍改了一下。

“现成物”的不耐烦；而《半月笔记》在政治文学领域中所代表的就是这种特性。《法兰西新评论》创刊于 1908 年，比《半月笔记》晚了 8 年，却和《半月笔记》一样都是新世纪骚动的产物。它追求一种思想上与表达方式上的“古典主义”（Classicism）——它是
359 要运用“严格的批判警觉”来“辩明清明的心智”。同时它还鼓励作者们从事文学上的试验。这两个看似矛盾的目标，其实并不是不相容的——就这两方面来说，这个杂志都是要反对“商业主义”（commercialism）以及低贱的故作粉饰之风的。不出几年，这种作风的结合就造成了极大的影响。到 1914 年，这个杂志的订户已达到佩吉的《半月笔记》之订户数目的三倍之多。1911 年加入其中的出版社成为法国最优秀的出版社——有抱负的年轻作家最希望他们的作品能够由这家出版社出版。① 战争爆发以后，这份杂志的声望达于巅峰——《法兰西新评论》以及它的附属出版社——伽利玛（Gallimard）出版社几乎垄断了第一流的文学俊彦。

在创立这份杂志的 6 个年轻作家当中，纪德天分最高，也最称得上是主导的灵魂人物。谈到纪德，我们就接触到一个文学史上的新现象。前此作家都以匠人的姿态出现；文学家自然而然、不知不觉地运用他的技巧——正如其他一些依赖群众的才俊之士一样。事实上，截至 18 世纪末，在社会上一般人心目中艺术家就是这一类的人物。后来浪漫主义运动把艺术家塑造成了“叛徒”

---

① Albert J. Guerard: *André Gide* (Cambridge, Mass., 1951), p. 199; Léon Pierre-Quint, *André Gide: l'homme-sa vie-son œuvre-entretiens avec Gide et ses contemporains* (Paris, 1952), pp. 41–45.

（rebel）——蔑视传统，并且与社会疏离的叛徒。在整个 19 世纪，艺术家在一般社会大众心目中的“形象”（image）就是这种恶魔似的破坏者、受人轻蔑者、高雅之风尚所不齿者，以及上流社会的堕落者——这些人都变成了浪漫主义时代的典型人物。

纪德却有点不同。他是一个极为严肃的艺术家；他非常谨慎，
对文学的要求标准非常之高。但是他却不属于叛徒或“附随者” 360
（conformist）那一拨。他是一个有教养的上流社会的产物，根深蒂固地信仰上流社会的价值体系和生活方式。他的前半生也曾经努力在生活上迎合别人对他的期望（至少在外表上看来是如此）。最后事实证明他无法做到这一点——其中还存在着无法跨越的鸿沟。但是，纪德并没有摆出 19 世纪所常见的那一副疏离者的姿态。他在非常困难的环境中自我调整。在这个过程中，他创造了一种 20 世纪小说家的形象——这一类的小说家一方面追怀前一个世纪中安稳的中产阶级价值所造成的世界，另一方面却又不得不违抗自己的意志去反对那些价值，而提倡新的价值观。因此纪德很早就体会到他自己变成了一种性格的象征——年轻一点的作家们希望从他身上找到如何追求文学创作生活的线索。

有一次，纪德对马里谭（Jacques Maritain）说：“我很怕虚伪——这或许就是潜藏在我心中的新教精神罢。”[①] 纪德的新教背景更加深了存在于艺术家及其环境之间的常见的差异；而他的出身背景之不同于一般大众，更使他意识到自己内心所感觉到的差异（这些差异更令人感到不安）。法国的新教徒社会闻名于世的一向

① Entry for December 21, 1923, *Journals of André Gide*, II, 339.

是其自傲以及特殊地位感——这种地位感是因为他们人数少，但在商界、政界以及（最重要的）文化界影响力却大得不成比例的事实所造成的。纪德意识到自己是少数人（上帝或命运指定这些少数人担负特殊的任务并接受特殊的挑战）之中的一分子，就这一点而言，他一直是一个真实的法国新教教徒。同时他还相信人类必须不断进行“良心的省察”（examination of conscience）——亦即不客气地、不停地检讨是否有背离美德的行为——这也是加
361 尔文教派的传统。纪德对“绝对之诚挚”（total sincerity）的追求，与韦伯在这方面的追求一样，都是世俗化了的新道德观：必须去发掘真理，并将其公之于世——不论何人会因此而受到伤害。

但是我们怎么能够晓得真理何在？我们如何辨别什么是真正的诚挚以及常常假诚挚之名所做的看似可取的合理化的解释？纪德早在接触弗洛伊德的作品以前就深深地被这个问题困扰。他不知不觉触及一个精神分析理论所提出的中心问题。透过小说中的人物，他学会了去试探无意识心理不经意为人们设下的圈套——诸如隐藏在共同的宗教信仰背后的性欲，以及隐藏在青春期的大孩子们诱人笑脸后面的杀人冲动等。他在《日记》（*Journals*）中同时试图分析自己内心最深处的感受——他在那里的发现，即使对于一个和他自己一样（并非忠诚的丈夫、可敬的公民，以及骄傲的、新教中上阶层人物的后裔）的人来说，也是令人惊愕的事。他发现他自己确实是一个非常特殊的人物——属于那些中产阶级社会最轻蔑又没有表示出来的那种人之一。

1890 年代中期，在北非，纪德首次发现自己的同性恋倾向；那时他才是一个二十几岁的初入社会的年轻人，却已经受到王尔

德（Oscar Wilde）的秘密的怂恿了。然而纪德并没有因此而完全
认识到他自己和别人不同的所在——事实上还差得远；至于和自
己的本性取得一种协调则更谈不上。在这种协调之外，还必须能
够公开坦承自己的秘密的欲望，但是这一点却显然是做不到的。
纪德在 25 年的时间内，一连串完成了一系列的重要著作——从
1902 年的《背德者》到《伪币制造者》（*The Counterfeiters*），以
及完成于 1926 年的一部完整的自传；了解这些作品的一个角度是
把它们作为揭露纪德暧昧之天性的一个渐进的过程。他的著作当
中充满未被完全承认的思想、突然的沉默以及技巧性的掩饰。随 362
着时间的消逝，纪德的表态也就越来越清楚而明确——唯有像克
劳德尔那样宗教感觉鲁钝的人才无法猜出纪德是在说些什么。[1]

他之所以没有做彻底坦白的最重要原因，乃是对他妻子的尊敬。但是他知道整个事实迟早是要抖出来的。“他要使那些被一般人指为堕落者的人重获他们的自尊——即使为此而受到嘲讽与攻击也在所不惜。他认为这就是他的使命……”[2] 他知道这么做是很危险的。他也深知普鲁斯特所特有的非常不同的态度；普鲁斯特认为他自己的爱好都是“可憎的”，并且在他的小说中把男性的爱好对象转换成女性，同时有一次他还私下向纪德建议说：“你什么都可以说——但是有一个条件，那就是：永远不要用‘我’字。”[3] 但是

① See Robert Mallet, editor: *Paul Claudel et André Gide, Correspondence, 1899–1926* (Paris, 1949).

② Jean Schlumberger: *Madeleine et André Gide* (Paris, 1956), pp. 170–171, 176–177.

③ Entry for May 14, 1921, *Journals of André Gide*, II, 265. 另见次周三以及同年 12 月 2 日那两篇。

纪德还是抵抗不住想要坦承一切的冲动。普鲁斯特和王尔德想要否认的事，他却公开承认了——王尔德摆出一副“假烈士”（false-martyrdom）的姿态，纪德却无所畏惧地公开面对攻击。

纪德到 50 多岁的时候才完全坦白承认。但是，当纪德做这种坦白的时候，却没有像意料中那样群情激愤。时间发挥了作用。许多人（尤其是教徒们）都对他敬而远之。到 1920 年代中期，做过比较深入研究、在思想上比较敏感的人却从战后的年轻人身上，从其他的艺术家似承认又不承认的态度中，最重要的是从弗洛伊
363 德的学说中，学会了去接受人类的“两性性”（bisexuality）的观念，以及以下这个无可避免的事实：不论男性或女性，其本身之中都有相当具有分量的一部分是具有扮演异性的冲动的。[①]

但是，纪德的勇气不能忽视。他可能是西方世界自古以来第一次公开承认自己的“秘密的”欲望的人。他对 20 世纪宽容与放纵之伦理的形成也作了不少的贡献。纪德把弗洛伊德用纯粹医学用语抽象地表达出来的观念公开地拿来和广大的文学作品的读者一起讨论。正如弗洛伊德的著作使人们对婚外的性生活采取了更谅解的态度一样，纪德的自剖成了现代同性恋者争取合人性之待遇过程中的最重要的文献。在这两种情况中，情形都一样：原来在比较“高”的思想与文学层面上所发表的观念在一个世代的时间里，都已经开始重塑半通俗的文化中大众的态度了。

纪德之承认同性恋只是他试图为现代道德下一定义的努力过程中，比较具有刺激性的一面。这只是“内心感到有互相矛盾之

① Pierre-Quint: *Gide*, pp. 26–27, 64–68.

冲动的人如何在这些矛盾之中获得和谐，并且使自己变成一个可敬的与自爱的人”这个更广泛之问题的令人痛苦的一个表现。问题在于如何找到一个具有足够之包容力的道德标准，使它能容纳被社会所指责的行为方式，同时在这个过程中，把一向被人认为是绝对相异之事调和起来。我们要再一次重复纪德在内心里一直是保持着新教精神的：他渴望道德以及洁净的良心。同时他也比一般人更容易受到感官印象的刺激——他认为否认这些感官印象本身就是一种不道德的行为，是一种对自然界的不敬。因此，他不像韦伯一样，为了解决“意义不明”的问题而提出背道而驰、 364
互相抗衡的道德观。他愿意生活在“意义不明”之中，并且容忍自己内心的矛盾。他想要追求一种在表面上是不道德的（甚或正是因为它在表面上是不道德的），却仍然是“道德的”生活。在这个追求过程中，他也曾试图提出一种人性的定义——这种定义范围的广泛以及令人不安的程度，是西方世界前所未见的。他想要证明：一个人即使是“背德者”，也能在具有尊严、责任与同情心的情形下活下去。

有关纪德之道德观的讨论，使我们远远脱离了本书的中心论题。但是这个讨论或许也已经迂回表达出：第一次世界大战前的那十年当中，创作者从什么问题上也开始关心起那些使社会理论家们头痛的问题了。我们已经讨论过，纪德和韦伯一样都对“人类行为之暧昧性”（the ambiguity of human conduct）具有一种几乎是过度的关怀。他们两人都具有一种生活在高度紧张之情绪下的感受——亦即挣扎着要把那些使他们内心分裂的矛盾统合起来的感受。同时他们也有生活在一个缺乏不变之规范的历史情况中的感觉——旧道德崩溃了；我们能不能找到新的道德还是一个非常不确定的问题。

我们在追溯特洛尔奇和迈内克与条顿民族所特有的精神困境搏斗的时候，就已经讨论过这种觉得公认之标准已经崩溃的感受了。我们从帕累托的尖刻的怀疑主义、韦伯对未来的沮丧的看法以及弗洛伊德的精神分析理论之令人心服的化解能力当中，都可以一再地发现这种感受。就以上这些作家而言，他们都本着某种坦率的性格以及一种坚毅的责任感，而忠于一些他们当作是诫命的陈腐的原则，同时他们也都一致拒斥“相对主义者”这个称呼。

365 但是创作家的态度就非常不一样了。社会理论家们努力想要使道德观念不趋于相对化，但是在想象文学中，相对性的观念却自由自在地表现出来了。在20世纪的小说与戏剧中，相对主义几乎成了老生常谈。“伦理和哲学的本身都是不连贯的”这个观点很快就成为现代人的标准观念。从这个意义上来说，小说家和戏剧家们结束了社会理论家们还没有打完的仗，同时也把他们还没有完全表达出来的观念都表达出来了。这些创作家们怀抱着无责任感之人那样的天真的态度，直截了当地接受了哲学家与社会学家们所不敢接受的终极结论。

从纪德和托马斯·曼的早期作品以及黑塞和皮兰德娄的成熟期的作品中，可以发现他们都泰然承认“非道德的观念”乃是活力与创造的泉源。他们如果对道德立场有所表示的话，也都是视其为人类意志的有意识之“建构”（construct），而非基于宗教（甚或是现实）的诫命。这种“个体之意识创造了属于它自己的世界”的观点，显示了社会思想与文学之间的另一个联系——“意识”“建构”（亦即编造一个个体可以愉快地生存下去的世界的过程）等都是社会理论与想象文学所共有的主要用语。

基于同样的理由，20 世纪早期文学中的“实相”的观念也变成了一个极端富争论性的观念。这些作品中充满了“事物的实相和表相不一致”“关于同一实体各有互相矛盾的说法”，以及“表相底下还有我们无法解释，而只能在意识最清明的时刻体会到的更深奥的真理”等感受。关于这最后一种感受，我们在谈傅立叶年轻时代的小说中已经谈到过。同样地，某种对“心理上的讶异感”（psychological surprise）以及“角色之暧昧性”（ambiguity of roles）所具有的敏感，也成了托马斯·曼和纪德的早期作品的特色。在普鲁斯特的《追忆似水年华》（*Remembrance of Things Past*）
中，人们以及环境间的稳定的关系突然产生变动，变得迥然不同 366
于前；这时候，以上所说的那些感受便再度出现。皮兰德娄在他的戏剧中，对人物个性做无情的剖析（这是他的戏剧的主题），这一点也暗示出以上所谈到的那些感受。的确，我们发现皮兰德娄对“心理实体的暧昧性”（the dubious nature of psychological reality）持有最固执的看法——普鲁斯特、黑塞、纪德以及托马斯·曼最后都把他们对真理的看法告诉我们了；唯有皮兰德娄一直令我们感到困惑。

最后，想象文学也很明显地反映了我们在分析柏格森、弗洛伊德、荣格的作品时所提到过的“看透事物”（seeing through）——探测到事物深处——的技巧。同样地，在 20 世纪早期的小说中，

也一再出现把“无意识作用”当作不可磨灭之记忆的库房的观念。同时，对“时间之持续”（duration）——亦即对“时间即经验”（time-as-experience）之特性的一种过度的关切，也一再地出现在这些作品中。在傅立叶的《伟大的莫尔内》、托马斯·曼的《魔山》（*The Magic Mountain*），特别是普鲁斯特的《追忆似水年华》中，都表现出一种独特的风格：把时间视为实际之感受；体会到无意识作用可以使时间延长、缩短，并且使人们对它的观感产生变形，从而蒙骗人类。一般人公认《追忆似水年华》是典型的 20 世纪早期的小说，其最主要的因素便是以上所提到的那些特质。

当我们讨论到战后那几年的环境的变迁时，首先会清楚出现的便是这种社会思想和想象文学所共有的关切对象。此刻，我们只要说明以下这个事实就够了，亦即：在托马斯·曼，以及本书中其他一些和纪德一起在战前就已经建立稳固之声望的作家的作品中，这些“20 世纪”所特有的技巧和想象，都还没有呈现出完整的形态。一直到战后那一段时期，这些技巧和想象才被明白地表现出来。

我们在本书的最后一章中会讨论到托马斯·曼的辩证小
367 说——《魔山》。目前我们只要描述一下托马斯·曼和纪德的早期生活以及他们的著作的类似之处就可以了。对他们而言，“道德相对主义”都是躲也躲不掉的问题——（外在的）中产阶级社会之要求与内在的艺术创作之意愿互相冲突，必然会产生这种结果。托马斯·曼和纪德一样都是兴旺的中产阶级家庭的子弟——他是都市贵族，一种北方人特有的冷淡的尊严似乎就是他的第二天性。同时他也和纪德一样，在性格中始终都保持着固有的受人尊敬的特性。托马斯·曼也触及同性恋的问题，虽然没有十分强调，却也已经很明确地表示出来了。他的短篇小说——《威尼斯之死》（*Death in Venice*）在1911年发表的时候，曾经引起了一阵骚动——这篇小说以半嘲讽似的敏锐笔调，描述了一位年老作家对一位美少年产生恋情，而注定以悲剧收场的故事；这个故事使一些相信史蒂芬·乔治所宣扬的以男性友情为基础的贵族式之道德的人大为赞赏。[①] 但是托马斯·曼自己心里所想到的却不是这些事情。事实上，他的态度与乔治这种特许某种人做某种事的道德观以及对一般大众的吹毛求疵式的鄙视相当不同。同时他个人也不像纪德一样，相信一种从古典希腊典范中学来的反传统的道德观。其实他并没有执着于任何一种有意识的道德立场，他只是想要过一种独立的艺术家的生活——藉此摆脱阶级的情感与偏见，而使自己完全地掌握艺术技巧。

比《威尼斯之死》早出版八年的《汤尼欧·克鲁格》（*Tonio Kröger*）也比《威尼斯之死》更忠实地反映了年轻的托马斯·曼的理想和失望。这个故事叙述了作者摆脱年轻时代切身的事物（the associations of auther's youth）的过程，也叙述了对失去了无是非争议且秩序井然的世界所感到的懊恼眷恋之情。套一句故事里的主人翁的话，那是“一个出身中产阶级而误入艺术生涯的故事，
也是一个波西米亚人怀念失去的受人尊重之地位，以及一个心术 368
不正的艺术家的故事”。

① Arnold Bauer: *Thomas Mann und die Krise der bürgerlichen Kultur* (Berlin, 1946), pp. 42, 48–49.

> 我站在两个世界之间。两者都令我不自在，因此我痛苦……
>
> 我仰慕一些人。他们骄傲、冷酷，蔑视“人类”，一心一意追寻伟大的、如恶灵般的美；但是，我并不嫉妒他们。因为如果我能够成为一个诗人，那是因为我和一般中产阶级一样，对人道、生命与平凡之事物具有一种喜好。一切温暖、善意、幽默的态度都是由此而来……①

和战前的纪德一样，托马斯·曼还不知道怎样把自己的矛盾变成和谐的东西。一直到了1920年代的中期，他才把矛盾的观念加以调和，化成了令人满意的结果。

战争的道德遗产——斯宾格勒和“元老们”

在追溯1890年那个世代的知识领导人物时，在某些地方不免要提到他们对第一次世界大战所持的态度。无论怎么说，战争都不应该是他们所造成的——战争发生时，他们当中还没有任何人担负着政治的责任；那些基于政治原因而担负公共事务的人（如韦伯）也只能以冷静的态度警告世人，注意即将来临的灾祸。但是战争一来临，他们也无法亲身参战。他们只能袖手旁观，别无其他选择。

但是，他们对于“作为一个旁观者”的看法却非常不一样。

① Translation by H. T. Lowe-Porter in Thomas Mann: *Stories of Three Decades* (New York, 1936), p. 132.

像柏格森和涂尔干这样的法国人乃是极端的例子——他们绝对爱国，服务于国家的热诚始终不减，而且绝对相信他们的参战是为了正义。克罗齐、帕累托和索雷尔这三位极富创意的马克思批评 369
者，则站在另一个极端——他们认为他们应当超然“立于混乱之上”（au dessus de la mêlée），对于参战的双方都应当采取一种怀疑的态度。我们已经讨论过，克罗齐至少已经妥协地扮演了众人所希望他扮演的意大利参议员的角色。但是，帕累托和索雷尔却毫无顾忌地表示他们的嘲讽。他们认为战争的两方都不对——他们认为这场战争只不过是欧洲统治阶层中的不同利益集团你争我夺所造成的集体自杀而已。特别是索雷尔——当他发现他的哲学导师柏格森也和众人一起唱起“知识分子武装起来”的高调时，更是感到深深失望。[①]

在这两个极端中，弗洛伊德的态度是属于比较不强硬而超然的一种。他对奥地利的军事行动保持一种相当尊重的态度，同时也和一般人一样为他在军中服役的儿子的安危而挂虑。但是最重要的是：战争撕去了文明的外衣，并且使判断真理与谎言之间的衡论标准变得模糊。对这样的事实，弗洛伊德真是铭感于心，“心智最优秀的人显得心胸狭窄，他们冷酷无情，无法接受最有力的论辩，他们轻信最值得怀疑之主张”，这些都使弗洛伊德深感震惊。[②] 从欧

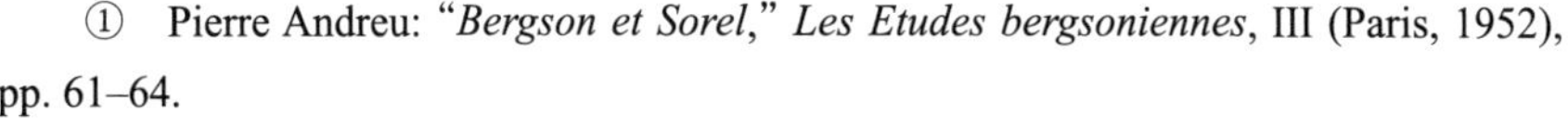

① Pierre Andreu: “*Bergson et Sorel*,” *Les Etudes bergsoniennes*, III (Paris, 1952), pp. 61–64.

② “Thoughts for the Times on War and Death” (first published in Imago, V [1915]), authorized translation under the supervision of Joan Riviere, *Collected Papers*, IV (London, 1925), p. 302.

洲人在战时的表现中，弗洛伊德得到一个可怕的确证，证明他一直在谈论着的人性的问题乃是正确的。

我们习惯于联想在一起的那三个人——特洛尔奇、迈内克和韦伯也都极力想要维持心智上的平衡，但是他们比弗洛伊德更进一步，不仅表现出爱国式的默许而已。韦伯虽然对德国的战时领导人物有所顾忌和保留，却由衷地觉得这场战争能唤起大家的这
370 种奉献乃是“伟大而了不起的”。特洛尔奇和迈内克至少在战争的前几年都同样受到虚伪的宗教情绪所感染。同时他们也衷心赞同韦伯的看法，认为德国负有“历史的责任”，不能让欧洲的文明完全被苏俄、拉丁民族，以及盎格鲁-撒克逊民族的价值观所掌握。[①]

令人感到奇怪的一个现象是：在这些崇高的思想层次当中，知识分子的态度竟然也和一般大众的态度那么接近。在这些人之中，法国人最义无反顾，德国人则很悲剧性地徘徊在爱国的热诚与半带罪恶感的疑惧之间，而两位意大利人和另一位奥地利人几乎是绝无仅有的对战争保持着超然态度的人——这似乎不是一件偶然的事。但是站在1920年代的立场回想起来，知识分子所持有的，也是最应该持有的一种态度，却是以上所说的最后一种态度。对于1890年那个世代的人来说（从知识之成长和成就的角度来看），战争标志着一个间断，几乎没有其他意义。

1918年与1919年之间的冬天，欧洲的作家和思想家重新开始

① Marianne Weber: *Max Weber*, pp. 571, 626.

被战争中断的工作，继续从事他们日常的研究活动，这时候，他们发现战争深深影响了他们所熟悉的那个知识分子的社会。那时候，革命的暴力和经济的苦痛对生活的外在环境所产生的影响正方兴未艾。但是，知识交换的基调与气氛在一种较不明显的方式下却已经有了改变。其中一项改变乃是战争的结果使在战时不知不觉臻于成熟的新观念与新起的才俊之士崭露头角。更具体地来讲，许多在战时因为出版困难而未问世的一些作品开始在书店里出现了。结果是使一股久经遏抑的思想与创造的潮流突然奔涌向 371
大众，而在大众心里也早已渴望着一些比在前线所射出来的子弹更为有内容的事物了。

战前像是处于文化僵固状态的维也纳变成了哲学革命的重心。[①] 意大利也出现了一批新的才俊之士——特别是新自由主义者（neo-liberal）哥贝提（Piero Gobetti）以及马克思主义者葛兰西；以前他们还没有施展才华就都被法西斯政府压抑住了。在法国，前卫派人士突然变成了中流砥柱。年轻的“超现实主义者”（Surrealists）紧紧盯住纪德，把他当作战后之风气的报信者。他的真正最具影响力的作品——在战争爆发时刚刚发表的《梵蒂冈地窖》（*Les Caves du Vatican*），为超现实主义者提供了一个最直接的典范。纪德本身也很谨慎，不让他的书带有太严肃的意味——他强调那本书的笑闹性质而称它为“游戏文章”或“闹剧”。他也以同样的幽默、半赞同的好奇态度面对年轻人那种过度的诙谐行径。他还是比较喜欢被这些嬉闹的艺术家和文人当作年长的玩伴，这

① 见本书第十章。

使他产生一种恢复青春活力的舒畅的感觉。他在《日记》中如此写道："每一个新的世代都带有必须表达出来的讯息，我们的任务就是帮助他们把那些讯息表达出来。"①

尤其是在德国，战后知识界的景象几乎与战前完全不一样了。在1914年以前，除了在声名狼藉的慕尼黑以外，那些自觉高雅而优秀的人（来自上流社会的冷静、严肃的作家与教授们）几乎是高高在上，没有人敢和他们相比较。战争结束，一般的标准也差
372 不多都崩溃了。文学与艺术上的新风格——如"表现主义"（expressionism）与"堕落文学"（decadence）掌握了大众的兴趣。一度以拘泥礼仪、枯燥无生气而闻名的柏林也取代巴黎，成了更特殊之形式的罪恶之首都。

同时，一些籍籍无名的学者如斯宾格勒和凯塞林*的被质疑的作品也开始有了热衷的收购者。这些"没受过多少教育"的业余玩家（套一句典型的德国式的责备的话）为世人提供了热情的、包罗万象的世界史之发展的诠释——这些作品确实使学术作品相形见绌。一些困惑的德国群众抓住斯宾格勒的充满自信的声明，以此来解释德国所遭遇到的无法解释的不幸。这些读者往往是政治上的右派人士。对于一个旁观者来说，紧接着战后那几年德国的景象所给予他们的最深刻的感受，乃是各种政治阵营里的实验

① Guerard: *Gide*, pp. 227, 232; Pierre-Quint: *Gide*, pp. 58–59, 356; entry for December 26, 1921, *Journals of André Gide*, II, 282. In the English translation *Les Caves du Vatican* is entitled *Lafcadio's Adventures*.

* 凯塞林（Count Mermann Alexander Keyserling, 1880—1946），德国社会哲学家与作家，《哲学家旅行日记》*Reise Tagebuch eines Philosophen* 一书的作者。

的狂热。这种现象做最好的解释也只是代表了一种充满希望的冲动而已。但是从一个比较晦暗的角度来看，它却代表着一种在10年之后将成为德国年轻人之主要心境的“知识上的虚无主义”（intellectual nihilism）。

在这个具有爆炸性的气氛之下，在一个世代之前被视为改革者的社会思想家们感到：他们就要完全被卷没了。因此他们虽然缺乏政治经验，却要设法力挽狂澜。我们已经看到像韦伯、特洛尔奇、迈内克这样的人如何接受了1918年11月的革命，把它当作一种迫切的需要。革命的一周以后，那些想要维持政治民主和中产阶级之价值的人组成了民主党（the Democratic party）。这个政党从一开始就带有很浓厚的知识气息——这是它值得骄傲之处，但也是它的弱点。迈内克和特洛尔奇曾经协助建立此一政党，有一段时期韦伯也曾经支持它；哲人政治家拉腾瑙很快就成为这个党派最受人瞩目的人物。但是这个政党缺乏内聚力和政治能力。373
它对于群众所热烈关切的问题始终没有表示定见。同时它也始终没办法决定实行自由企业或计划经济制度；也无法决定要支持民族主义者的蛮横态度，或者屈就盟国的要求。此外，1919年瑙曼的逝世，又三年后拉腾瑙的被刺，使得这个政党失去了最有力的政治领袖。最后，民主党再也生存不下去了。到1920年代晚期，它已经完全瓦解了。

迈内克曾经慨叹：“我们是保守的改革者，但是我们来得太晚了。”[①] 那些战前在大众以及教员群体的讨论当中自以为是的年轻的

① *Strassburg/Freiburg/Berlin 1901–1919: Erinnerungen* (Stuttgart, 1949), p. 169.

自由主义者，现在则被称为德意志共和国的“元老”。在当时的政治环境之下，一般因应群众之呼声而产生的政治态度只有极端主义（extremism）或漠然的态度，这些“元老”们的任务就是要在这中间找到一条中庸的路线。但是这份工作的前途却不很乐观。年轻一辈的保守主义者根本不愿意选择这一条路线。他们急躁、要求别人服从、反理知，而且从战争中学会了采取直接行动的态度；一方面他们也沉醉在尼采和史蒂芬·乔治所唱的高调中，所以他们厌恶那些仍然珍惜理性与人道价值，而且愿意与魏玛政权的“庸碌和异教思想”妥协的人。属于他们父亲那一代的伟大的自由主义者，现在似乎变成了无用的19世纪古董。正如暗杀拉腾瑙那个人所说的，拉腾瑙虽然曾经对过去的当权派有所批评，

> 但他仍然是属于那个时代的人，而且他也为那些当权派奉献过力量。他是那些当权派的最后也是最丰富的一个果实。他一身兼具了那些当权者所具有的价值观、思想、精神、苦
> 374 痛、尊严与信仰……我不能容忍这个崩溃、遭人唾弃的时代再出现伟大的人物……我也不能容忍这个人再给群众一种新的信仰——如果他还是利用此一信仰来迎合在战争中已死亡（绝对地死亡了）的时代利益的话……[①]

除了迈内克以外，这些“元老”的确都是在1919—1922年的四年中去世的。但是，他们在凋零之前，为后人留下了一个伟

① Klemperer: *Germany's New Conservatism*, pp. 115–116, quoting Ernst von Salomon.

大的文学纪念碑。当德国国家处境艰难、内在冲突迭起的时候，特洛尔奇最后终于找到一个真正的发表意见的所在。他每个月用“旁观者”（Spektator）的笔名发表于《艺术守护者》（*Der Kunstwart*）上的文章是描述新共和国求生存之过程的最公正与最动人的作品。特洛尔奇的神学与历史著作虽然冗长凝重而不清楚，但是他在这种新的评论与争辩的文章中，却能直接针对要点来讨论。这些“旁观者来函”（Spectator Letters）“语调清楚而坦率”，“分析力极强”，同时具有成熟的思想，可以算是少数能够永垂不朽的偶得之作。[①]

它们的主要题旨是：不管议会的民主怎样——不管它是如何庸俗、如何缺乏独创性，也不管统治者“心胸如何狭窄，如何自私自利”，德国的中产阶级势必要接受它。特洛尔奇主张：来自右派的“可怕的煽动和挑拨”几乎使德国无法建立一个负责任的政府。同时他也请求喧嚣的反对者停止他们的反对。特洛尔奇辩称：唯有当德国的社会领袖们“衷心地”而不只是“在表面上”同意
民主和共和的时候，德国才可能规划一个未来。唯有在“光明正 375
大、无保留地”肯定对这些制度的信仰之后，我们才能考虑如何来为德国的民主政治建立一种贵族式的、保守主义的“平衡力量”（counterpoise）。[②]也唯有在那时候，我们才能够去拯救、恢复那些存在于特洛尔奇以及其他“元老”们心中的更广泛的人文主义与

① Eric C. Kollman: “*Eine Diagnose der Weimarer Republik: Ernst Troeltschs politische Anschauungen*,” *Historische Zeitschrift*, CLXXXII (October 1956), 302.

② *Spektator-Briefe: Aufsätze über die deutsche Revolution und die Weltpolitik 1918–1922*, edited by H. Baron (Tubingen, 1924), pp. 52, 144, 299–300.

理性的价值。“旁观者来函”一直到特洛尔奇去世前四个月才停止刊登。特洛尔奇在极度的苦恼中去世，身后留下一个极为有力的呼吁，希望人类能够及早挽救欧洲的伦理传统。

在那些讥讽和反对“元老”们的年轻的德国保守主义者当中，包括了玄想派的历史学家斯宾格勒；斯氏的《西方的没落》于1918年的夏天战争就要结束的时候首次出版。斯宾格勒和特洛尔奇一样都主张尽力挽救欧洲的传统文化。但是对于如何着手，他的看法却与特洛尔奇相当不一样。的确，一如我们所谈到过的，特洛尔奇之所以要出版他那些未写成的关于历史思想之问题的文章，一部分的原因也是为了要答复斯宾格勒所提出的问题。

《西方的没落》一书表现出一种完整的历史变迁之循环理论以及文化的比较研究法——这种研究方法通过20世纪早期的社会思想中所隐含的假定，早已渐渐地被建立起来了。索雷尔尊重单纯时代的价值（the values of a simple age），同时对“进步的幻觉”（illusions of progress）也采取怀疑的态度，此其中就已经隐含了历史循环的观念了。帕累托曾经假定历史上有的时期“聚合力的持续”会占上风，而在另一些时期中则是“结合的本能”占优势，
376 彼此互相交替——这就更明显地表示出历史循环的观念了。甚至连韦伯也提出了一些基本的循环理论——他只有在对“西方世界的生活之合理化”的看法中才采取单线式的观点；其他诸如对文化与道德进步之怀疑，以及在比较宗教的研究中所提出的问题，都暗示出某种社会观——这种社会观认为西方历史并不一定要在人类历史中扮演主要角色，其他不同文明的价值也同样值得重

视。到了 1914 年，这样的观点确实几乎变成了前进的社会思想家的标准观点；甚至像涂尔干这样的人，在其他方面都保留了较早之传统的思想，但是当他在作为一个比较宗教学的研究者的时候，也很明显地采取了一种“文化相对主义”（cultural relativism）的立场。

斯宾格勒穷究这些趋势的理路。“历史的循环观念”以及“比较文明历程”等观念在比斯宾格勒年长一些的学者的著作中，都只是一些“运作的假定”（working assumption），斯宾格勒却不仅阐释得很清楚，并且把它们都化成了一种严格的学理。从狄尔泰对“历史的理性”（historical reason）提出批判的时候开始，德国的历史思想背后就隐藏着一种相对主义，斯宾格勒在把以上那两种观念化为学理的时候，其实也等于明白揭露这种潜藏着的相对主义。[①]狄尔泰和韦伯都很敏锐地察觉出：单从史料本身当中，无法找到任何理由来证明终极之真理和价值。他们都明白，历史学家和社会科学家最后还是必须肯定自己的价值体系。从这个意义上来说，他们都是相对主义者。但是他们不曾放弃获得一种至少 377
是片面的“客观性”（objectivity）（以及对不同之价值的同情的了解）的努力。斯宾格勒认为这二者都是不可能的。他认为某一个社会的价值体系是另一个文化中的成员所不能了解的，而历史学家充其量也只能针对所有外来文化而维护自己的文化精神而已。

① 罗西（Pietro Rossi）说：“虽然斯宾格勒没有直接提到狄尔泰，但他的作品中所提出的问题却得之于狄尔泰。”（见 Pietro Rossi: *Lo storicismo tedesco contemporanco* (Turin, 1956)，第 390 页），我不同意这个说法；我认为狄尔泰对斯宾格勒没有产生什么影响。

因此他摈弃了以下这种看法（这种看法不只是狄尔泰和韦伯的中心思想，也是克罗齐和迈内克的中心思想）：“激情”乃是研究历史的原动力，而把“激情”升华了以后，或者就能获得一种具有更广泛之正确的判断力。

但是实际上斯宾格勒却没有坚守他的立场。《西方的没落》这一本书以讨论“文明之比较结构”（the comparative morphology of civilization）为内容，这个事实本身就表明，斯宾格勒深信自己至少对外来文化有一定的了解。斯宾格勒的著作充满这种矛盾。从它的教条式的语气，从它的“决定论者的假定”（determinist assumptions）以及把自然科学术语肤浅地应用到人类历史过程等情形来看，《西方的没落》一书是再度堕入“天真的实证主义”（naive positivism）当中了。同时，从这本书所包含的想象力之丰富，以及一些引自人类生活之各种不同层面的令人叹为观止的对比的例子来看，这本书在这几点上都远超出了最大胆的唯心论思想的范围。以文学作品而言，《西方的没落》是一个了不起的成就，但是以历史而言，它却令人怀疑。

从一个哲学或社会科学方法的角度来看，斯宾格勒的作品相当粗陋。但是它却吸引了战后的读者，而且在1919年一整年当中，维持了一个空前的销售率（就一本篇幅如此长、内容如此困难的著作而论）。这个现象并不难加以解释。《西方的没落》一书用一些吸引人的“科学的”词汇描述了一种西方社会观（没有附加任
378 何限制），这种西方社会观在比斯宾格勒更年长的那些人，如索雷尔、帕累托以及韦伯的著作中都只是大略描述，或者只是包含在他们正式的方法论当中而已。根据这种观点，“个人主义、人道主

义、知识自由、怀疑主义”的时代马上就要结束了；新到来的时代将以“限制个人自由……恢复信仰……加强强制力”为特色。[①]感于战后的国耻与失败，德国读者可以从斯宾格勒的著作中得到关于他们所遭受的灾难的简洁解释，而他们的邻国也将遭受这种灾难。

读者们一直是用这种态度去阅读斯宾格勒的著作。《西方的没落》之所以能够产生长久的吸引力，因为它是一种合并了关于文化危机的征候与诊断的、特别动人的叙述。就作为一种诊断而言，斯宾格勒的著作表现了罕见的洞察力，同时在找寻吸引人的组合方式与效果突出的隐喻方面，也展现了无与伦比的才华，这些都使读者们不禁叹为观止。就作为一种征候而言，它用丰富的想象力与感人的忧郁情怀表达了一种已经占据我们的心灵达40年之久的心境。它是一系列似乎代表了一个文化时期之结束的小说和无法加以分类的著作中的第一部。[②]

战后的文坛骚动：黑塞、普鲁斯特、皮兰德娄

《西方的没落》的成功绝大部分要归功于它出版时的历史环境。斯宾格勒早在战争爆发之前就已经构想到它的内容，完成于

① Talcott Parsons: *The Structure of Social Action*, second edition (Glencoe, Ill., 1949), p. 179.

② 关于这方面的看法，拙著 *Oswald Spengler: A Critical Estimate*（New York, 1952）中有更完整的阐述。

379 1917年，因战争又迟了一年才出版。但是这本书如果早一点出版，那么它是否会同样受人欢迎则是很值得怀疑的——它利用战争的经验说服了人们，使人们相信斯宾格勒所说的话是有道理的。

1918年，斯宾格勒还是一个名不见经传的人物——他原是一个大学预科学校的教师，年近40居住在慕尼黑做一个单纯的学者。他的突然成名使每一个人都吃了一惊。另外三位在战后也同样名噪一时的创作家的情形却和他不一样。他们年龄都比较大，差不多有四五十岁；他们都在1890年代开始从事文学创作，而到战争爆发时成为名作家。但是他们都还没有受到广大读者们的注意。从一个被一般人批判认可与普受欢迎的意义上来说，他们的成功乃是一种战后所产生的现象。

黑塞的《彷徨少年时》(*Demian*)* 在1919年出版时所受到的关切，普鲁斯特的《追忆似水年华》之第二册的出版（同一年）所引起的骚动，以及1921年皮兰德娄的伟大的戏剧出版时所引起的热烈的反应，都提示我们去了解战后大众读者的一般倾向。他们为什么特别关心这些作品？这些作品含有哪些东西足以引起特别热切的反应？

首先，这些作者都是"不易了解的"。这一点无疑是他们在早期的创作生涯中未得到大众喜爱的缘故。他们都有注意心理的倾向，同时他们也都表达了一种通常被认为是"不惑的""悲观的"，甚至"嘲世的"人生观。他们都摒除了幻觉来写作——而且也都是以一种绝望的心情来写作。他们都是无意识作用的探测者：

---

* 有苏念秋先生所译之中译本；志文出版社，新潮文库；本书译名采苏先生所译。

他们的作品一再出现的主题即是：外在明显的常识实相（reality of common sense）跟内在的、折磨人类的"实相"之间的割裂与斜缠。

他们之中没有任何人与弗洛伊德有直接的关系。在文学界，380
托马斯·曼和纪德才是具有自我意识的弗洛伊德之学说的传承者。他们原先都没有得到精神分析的帮助，而发展出他们自己的对人类行为的看法。但是当他们得知弗洛伊德的研究成果时，他们却都毫无保留地加以接受。托马斯·曼在1930年代是弗洛伊德家中常客，特别受到这位伟人的那位谦让、自我牺牲的妻子的欢迎。同样在那个时期，当托马斯·曼转而从神话当中寻找新的题材的时候，他从那本备受议论的《图腾与禁忌》中得到了许多宝贵的启示。[①] 纪德则表现出他的一贯作风，显得特别慎重。他在1922年如此写道："在过去10年、15年中，我一直沉溺在弗洛伊德、弗洛伊德主义中而不自知！"或者，如他两年以后很不耐烦地写的："啊，弗洛伊德真是叫人发窘！在我看来，我们似乎不必透过他，就可以很容易地发觉他的新大陆，看来我最应该感谢他的事，是他使读者们习惯于我们所谈论的某些题目，而不对我们提出抗议，也不脸红……但是这位愚钝的天才所讲的事有多少是荒谬的呀！"[②]

① Ernest Jones: *The Life and Work of Sigmund Freud*, II: *Years of Maturity 1901–1919* (New York, 1955), p. 387, III: *The Last Phase 1919–1939* (New York, 1957), pp. 170, 199, 205, 347, 462–464; Thomas Mann: *Freud und die Zukunft* (Vienna, 1936), translated by H. T, Lowe-Porter as "Freud and the Future," *Essays of Three Decades* (New York, 1947), p. 422.

② Entries for February 4, 1922, and June 19, 1924, *Journals of André Gide*, II, 298, 351.

跟这两个人（托马斯·曼、纪德）相比较，黑塞、普鲁斯特和皮兰德娄从来就不曾受到弗洛伊德的影响。我们立刻就会谈到：黑塞受荣格的影响很大——的确，他乃是战后主要创作家中最倾向于精神分析的一个人。其他两个人，就我所知，则完全没有受到精神分析理论的影响。但是他们的作品在1919—1921年被接纳
381 的情形，则与弗洛伊德本人的作品在同一时间内受到接纳的情形类似。大众这种态度的转变——有心去了解早先被认为是不可理喻、变态、抑郁的观念的态度——在想象文学与社会理论领域内都激起了同样的反响。

黑塞的《彷徨少年时》出版的时候（原先是以无名氏名义出版），他正在瑞士过着一种自我放逐式的生活。在战争期间，他和法国小说家罗曼·罗兰都保持着一种和平主义者（pacifist）的超然态度，这一点使爱国的人士相当震怒。同样地，在战争期间里，他个人也产生了疏离的危机——与他的国家、亲戚朋友以及整个造就了他的社会疏离。

黑塞的家庭背景原来就是混杂的——他的父亲是临波罗的海（the Baltic Sea）地区的德国人，母亲则有斯华比亚公国（Swabia）* 与法语瑞士地区人的血统。他在符腾堡（Wütenburg）的一个小镇长大，在以家长为主的家庭关系与令人放心的整洁环境下成长；许多德国的天才都是这样的环境所培养出来的——可以联想托马斯·曼和迈内克幼年时期所接触到的传统主义者（traditionalist）

* 在德国西南部之一公国。

的环境。就黑塞而言，他的外国气质来自父母亲双方，但是托马斯·曼只限于他所承自巴西籍的母亲那里的东西。因此，黑塞的外祖父和父亲虽然都是牧师兼学者（这又是与一般德国知识分子的背景类似），但他们都是非常特殊的教士——他们都曾经在印度传教，同时也都从他们的旅行当中学到对印度教抱持同情的了解，并且也都得到了梵文方面的知识。

年轻的黑塞为了追求精神方面的发现，抛开妻子与他自己原先计划好的安稳生活，到印度去旅行，这其实也就是继承了他的
家庭传统。而当他从印度返回，定居于瑞士以后，他就和荣格有 382
了接触。这一点也是不足为奇的。荣格的典范无疑曾经帮助了黑塞去了解他自己。[①] 在其后 25 年当中，这种“自我意识”（self-awareness）的展现过程一直持续着——《彷徨少年时》只是代表了这个过程的第一个具有决定性的阶段而已。

托马斯·曼曾经追溯《彷徨少年时》一书对战后那整个一代人所产生的慑人心弦的影响：“……这部诗一般的作品，以一种出奇的正确性描述了时代的精神，使整个年轻的一代为之欣喜，为之感激，认为他们当中出现了一个能够传达内心最深处之感受的人了——其实使他们得到他们所追寻之物的人已经 42 岁了。”[②] 黑塞似乎也知道他的小说中的特质——这是他唯一没有用真姓名发表的著作，同样黑塞也故意使这本书染上暧昧的色调：其副标题“一个年轻人的故事”（*The Story of a Youth*）表明这个故事适用于

① Edmund Gnefkow: *Hermann Hesse: Biographie 1952* (Freiburg i. Br., 1952), pp. 15–18, 27–29, 56–57.

② Foreword to the English translation of *Demian* (New York, 1948), p. x.

整个年轻一代的人们。

对于那些刚刚从战争的折磨中解脱的年轻人而言，《彷徨少年时》有两点对他们特别具有吸引力。第一：这部小说记录着追求“伦理道德上的纯真完整”（the ethical integrity）与一种和个人本质相和谐的生活的心路历程。它的第一句话就把主题点出来了：“我只是想要过一种听从真正自我之指示的生活，为什么这样做如此困难呢？”或者如作者所讲的（当他意识到他自己在做什么的时候）：“一个人的唯一责任就是要找寻他自己，要摸索自己前进的道路——不管这条路将把他带向何方。”[①] 对于那些觉得从小就只听
383 惯谎言的人来说，这个简单的道德宣言像是神启。德国的年轻人尤其受不了中产阶级社会的虚伪的虔诚，更不满人们对战争本身所做的歪曲解释。

年轻一辈的保守主义者之所以不愿意接受共和国的“元老”们的领导，原因在于不满上一代的“可敬的”信仰。但是他们用一种冷酷的、权威的态度来拒绝这些“元老”们的领导——他们宣扬说必须建立起一套纪律，同时也要为战争而战争。他们的代表小说家便是“自由兵团”（the Free Corps）* 的英格（Ernst Jünger）。《彷徨少年时》与战后一般的抗议文学不一样的地方，在于它强调个人与人道的价值——这是它之所以特别具有吸引力的第二个原因。这些都是古老的信仰；但是年轻的一辈却认为：为了要使这些信仰适用于恶劣的社会形态，人们已经把它们曲解得很厉害了。《彷徨少年时》一书暗示说：目前的工作并不是要去

① Ibid., pp. 1, 158.

* 德国自愿军组成之兵团。

推翻这些价值，而是要寻找这些价值的原始意义。黑塞如此写道：“每一个个人的历史都是重要的、永恒的、神圣的。因此之故，每一个人只要是活着，只要是在实践自然的意旨（the will of nature），他就是了不起的，值得我们去关注的。在每一个人身上都有一种精神力量的形成，在每一个人身上都有一种折磨人的创造动力，在每一个人身上都有一个被钉上十字架上的救赎者。”①

因此，神秘的德米安（Max Demian）虽然是一个尼采式的“背德者”，并且眉上烙印着该隐（Cain）* 的罪恶标志，但他不是一个主张暴力或直接行动的使徒。德米安虽然说话坦白而直截了当，但他是一个人道主义者——他不多愁善感反而更好。德米安肯定地认为：欧洲社会所形成的那个古老的世界值得被摧毁——

或者说，它因为败坏道德的缘故而自毁：“旧世界眼看着就要崩溃 384
了……世界就要更新了。已经可以闻到死亡的味道。不死亡，则无法再生。”

而当战争真的来临：

> 不论世人多么注意战争，英雄行为、荣誉以及其他古老的理想，不论人道的呼声变得如何遥远、矫揉作态——这些都只是表面上的现象……在人类表面的行为之下深处有某种东西正在形成。这种东西或就是一种新的人类秩序。②

① Ibid., p. 2.

* 亚当与夏娃之长子，杀害其弟亚伯（Abel）。

② Ibid., pp. 194, 203.

《彷徨少年时》的作者知道自己心灵上的弱点——这也正是他所体验到的“德国精神”的弱点：亦即迷恋死亡、幻想自杀，以及病态的神秘主义。在战后道德与知识标准废弛的情形下，许多德国人都沉醉于这些精神罪恶中而引以为乐。黑塞却选择了相反的途径：他很谨慎地进行良心上的省察，希望藉此能够使自己摆脱个人内心之“恶魔”的困扰。他知道他成功的代价乃是与自己的国家和中产阶级社会的疏离。但是他也知道，如果因而能换来精神上的独立和人际关系的更新，则这种代价也是值得的。在这个重新估价的过程中，黑塞变成了20世纪的小说家中首先觉醒的“欧洲人”之一——他成了鼓舞那些在1933年以后被迫去国之人的精神力量。

普鲁斯特的《追忆似水年华》之第一部——《斯万的生活》（*Swann's Way*）于战争爆发前一年出版。它并没有引起很大的骚
385 动。纪德原先拒绝把这本书交给《法兰西新评论》社——这是个错误，纪德后来曾为此感到“很懊悔”；结果这本书便由一个比较不出名的出版社出版。普鲁斯特被认为是个急躁的努力往上爬的人，只不过时而有一些珍贵的偶得之作而已，这本书的出版本来也没有对他这种形象产生什么影响。评论家逐渐才采取了对他有利的看法。其后战争爆发，后来的书就暂时无法出版了。在战争期间，普鲁斯特的作品的内涵急速丰盈起来，几乎使他小心经营出来的故事结构不堪负荷。1919年出版事业又恢复了。

这一次的出版效果可就完全不一样了。这一系列作品中的第二部[1]（这一部作品同时也转由《法兰西新评论》社出版），在众人

① *A l'Ombre des jeunes filles en fleurs*, 英译：*Within a Budding Grove*。

的赞赏声中赢得了“龚古尔奖”。其后再出版的几部书只是锦上添花而已。普鲁斯特这时已经近 50 岁了——他已经是个没有复原希望的病人，只再活了三年。他在 1922 年 11 月中去世——那时他正在为他的杰作之最后一部做润饰的工作，已经将近完成了。

现代的读者对普鲁斯特这一部大部头的小说如此熟悉，几乎用不着再去重述它的主题。它在心理学的应用方面，结合了对人类动机的细密分析这样的法国传统与新起的重视无意识作用的方法（与柏格森之思想有关）。普鲁斯特的读者无论从哪一个角度来看都不是弗洛伊德派的。但是他的读者却受了柏格森的影响，所以他们愿意承认人类的行为在最深处是受到无意识作用（而不是理性之选择）的支配。柏格森在一个世代以前所发表的革命的著作，激烈地改变了人们的时间与记忆的观念——普鲁斯特的小说也正是为这些人而写。

那么，我们是不是可以说普鲁斯特是一个“柏格森派”的小说家？我想这个说法只有在某一个限度之内才是正确的。柏格森
本人到了晚年似乎也承认《追忆似水年华》是一个受到他的学说 386
之启发的作品：在一篇发表于 1934 年的文章上，他曾经约略地提到，在他之前没有一个小说家能够把自己“投注在内心生活之变迁之中”——“唯有某些人在某些地方，在迫不得已的情况下才能如此做；截至目前，还不曾有人系统地去‘追忆前尘往事’。”[①] 无疑地，普鲁斯特的作品传达了“过去伸衍到现在”的感受——这便是柏格森想要用“持续”（duration）这个词加以表达的。普鲁

① “*Introduction*,” *La Pensée et le mouvant: Essais et conférences* (Paris, 1934), p. 20.

斯特的作品和柏格森的作品一样，“在重新发现时间与自我的过程中，对单一的、独特的、不能重复的经验之追忆都发挥了一种特殊的功能”；因此“追忆”（recollection）变成了“一种活动、一种运作”，而不是“习惯性的记忆反应之消极的再制造”。[①] 但是这种运作在普鲁斯特的作品中（尤其是战后所出版的那些）却比柏格森的想象更系统化、更抽象化。

普鲁斯特在1900年代早期曾经听过柏格森的课。事实上，柏格森也因为和普鲁斯特的亲戚结了婚，所以成了普鲁斯特的姻亲。他们二人之间并没有什么交往，只不过是柏格森曾经有几次向普鲁斯特表示友善而已。普鲁斯特本人很佩服柏格森，也不反对人家用“柏格森式的”这种语词形容他的作品；但是他认为这个形容词无法明白说明他正在从事的工作。柏格森的理论或许能够帮助他去确定要写怎样的一本小说，却不能告诉他要如何去写。柏格森用流畅、温婉动人的文字所描述的“自我、时间、持续”之经验，从定义上来看根本就是一种属于个人的经验——一
387 个人或许能有这种经验，但是也可能没有。这种经验含有神秘的“冥想”（contemplation）的性质，基本上是无法传达给第二个人的。柏格森的门徒都没有丰富的著述，或许就是因为这个缘故吧。

此外，柏格森本人也并不完全赞同普鲁斯特所陈述的道理。他认为《追忆似水年华》不像真正的艺术作品那样，可以“弘扬、

① Hans Meyerhoff: *Time in Literature* (Berkeley and Los Angeles, 1955), pp. 47–48.

振奋精神”。[①] 但是柏格森这样的论断是十分不正确的。他和其后许多读者一样，都只看到普鲁斯特对于性格之描写的古怪与沉郁的一面。但这不是普鲁斯特的原意。他之所以去评论人类行为的可憎面，是为了表现道德上的空虚。在现实生活中，他曾经不断努力想要跻身贵族社会；一旦达到目的，他却发现那个社会是令人憎恶的。普鲁斯特认识到这些上流社会中的人的冷酷无情（heartless）。他在他们身上找不到那种曾经庇护了他的童年的温厚的情感。1905 年他的母亲去世以后，普鲁斯特就抛弃凡尘，躲到他那间排满软木塞的卧室里，专心从事写作，并且全神贯注地重新捕捉他的平凡的一生的意义。他和傅立叶一样，自从失去童年以后，始终无法从这个创痛中恢复。

弗洛伊德和柏格森也曾经表露出类似的怀想。他们表达了一种在战争刚结束那几年中一再出现于文学作品中的心境。要不抱幻觉而活下去的意思就是要悲伤地活下去。但是它同时也表示：慈悲的胸怀以及人类的情感是无法由别的什么取代的，因此生存的价值也只在于此。这些作家不因为他们的同胞迷失于人类感情
的迷宫而加以嘲讽、斥责；尽管他们对现实失望，却仍然渴望着 388
理想的人道精神。

普鲁斯特和柏格森一样，没有真正的衣钵传人。那些在法国小说中继承了心理学之传统的人——如马罗（André Malraux）、莫

① André Maurois: *A la Recherche de Marcel Proust* (Paris, 1949), translated by Gerard Hopkins as *The Quest for Proust* (London, 1950), pp. 64, 278. See also Floris Delattre: “Bergson et Proust,” *Les Etudes bergsoniennes*, I (Paris, 1948), pp. 39, 61–62, 112–114, 123, 126.

里亚克（François Mauriac）以及孟得龙（Henri Millon de Montherlant）等人对人类所采取的乃是一种比较不温厚的看法。正像它的标题所显示的，《追忆似水年华》促成了一个思想时代的结束，而不是开创一个新的时代。

皮兰德娄在1921年的五个星期之中，完成了他的最伟大的戏剧中的两部——《寻找作者的六个人物》(*Six Characters in Search of an Author*) 以及《亨利四世》(*Henry IV*)。次年又完成了一部悲剧《为裸者着衣》(*Naked*[*])[①]——这又是另一部杰作。这些剧作每一部都空前成功。一种新的戏剧体裁，一种新的美学观念，似乎因而诞生了——“皮兰德娄主义”(Piran-dellismo) 之波涛传遍了意大利和西方世界。

声望对于皮兰德娄和普鲁斯特而言都来得很晚，而且都得来不易。他获得成功那一年已经年届54，而其实他从1889年就开始出版诗集，1901年开始出版小说，1894年开始发表短篇小说，1898年开始发表剧作。皮兰德娄和莫斯卡一样是西西里岛人，也出身家境不错的中产阶级家庭，也在德国念过大学，而且因此深受德国诗歌的影响。但是他也有他的悲惨遭遇——他的妻子得了妄想症，几次的灾难使他耗尽家产。一直到1921年的25年之间，皮兰德娄在一所师范学校教书，靠着一份微薄的薪水过日子。

战前皮兰德娄主要以写短篇小说闻名。他的确曾经把许多戏剧里的情节都先用短篇小说的形式表达出来了：后来这些戏剧都

* 译文从意大利原文。

① 意大利语为：*Vestire gli ignudi*。

非常受人欢迎，但是这些凄楚的、过于具有分析性的描述心理痛苦的小说原来以短篇小说的形态出现时，却使大众无法接受。甚至连克罗齐也觉得它们难以接受。这两位20世纪意大利最杰出的 389
作家竟然不能相容，实在是一个很奇特的现象。

他们两人之间的争吵起源于皮兰德娄对克罗齐的《美学》(*Aesthetics*)所发表的“恶毒的评论”。克罗齐也在1909年的《批判》(*La Critica*)杂志上对皮兰德娄的文章“论幽默”(*L'Umorismo*)加以抨击，还以颜色。在克罗齐看来，“幽默”根本就不是一种“特殊的艺术”。此外，如他在近30年以后所写的：皮兰德娄的戏剧观念是“建立在他无能力做合逻辑的推理”这个事实上的。皮兰德娄则回过头来说这种批评是对他的作品的一种“最愚蠢”的曲解。他们两个人的心灵根本无法交流。“这两个人不仅是极端不同的思想家，也是很不相同的个人——克罗齐骨子里就是贵族，温文而幽默，很富有，而且名满世界；皮兰德娄则来自一个清白的中产阶级家庭，非常敏感，脾气有点儿乖张，经常自己一个人闭关自守，而且认定生命是不公平的，别人对他的态度也是不公平的。”

在克罗齐看来，“逻辑与概念乃是不可或缺的工具……而在皮兰德娄看来它们却是艺术的不共戴天的仇人。”[①] 皮兰德娄的剧作之所以具有一种独特的令人不安的性质，正是因为它们缺乏明显的逻辑的缘故。它们是在舞台上表现了“戏剧人物”的个人世界，每一个剧中人内心都有自己的一套逻辑——每一个人都认为他了解他的经验所代表的意义是什么。但即使这种个人的诠释也

① Domenico Vittorini: “*Benedetto Croce e Litigi Pirandello*,” in Francesco Flora, editor, *Benedetto Croce* (Milan, 1953), pp. 559, 561, 564–565.

表现了它们的内在之矛盾，而且天天在变动。因此这些剧中人所持有的对“实相”的互相冲突的看法也就永远无法使人获得一致感——皮兰德娄使他的剧中人始终悬于困境当中，永远喋喋不休地在争论事实的真相。因此，当《原来是如此》（*It Is So!*）或《如
390 果你认为如此》（*If You Think So*）[①] 落幕时，我们仍然不知道在最后一幕中，在一个几乎令人无法忍受的紧张情况下出现的蒙面妇女究竟是谁。是不是就如佛罗拉夫人（Signora Frola）所说的是她的女儿？抑或是另一个剧中人以同样肯定的态度所说的，是彭萨先生（Signor Ponza）的第二任妻子？她永远无法揭露事实真相——因为如此一来，她势必破坏了她心爱的人心目中的“现实的真相”。

皮兰德娄的戏剧中充满了这一类的人物。他们从令人无法忍受的困境中逃到了安稳的幻觉中。同时在这个逃避的过程中，为他们也为自己构筑了一个使他们能够生存下去的属于个人的宇宙。这个架构结果也是必须由作者本人去扯下来——他迫使他的剧中人认清他们自己的真面目。因此皮兰德娄的戏剧的最后一幕，总是充满了痛苦的呐喊并且都对这种侵犯情感圣坛的残酷行为做了绝望的抗议。化装成亨利四世的“疯子”抗议说：“如果你不抓住今天在你看来像是真实的事，那将是很可怕的。”[②] 从这个角度来看，疯子可以坚决否定逻辑，执意相信他自己的真理，他们倒反而幸运。同样地，《为裸者着衣》一剧中的主人翁在她所有的虚伪

① 意大利语为：*Così è (se vi pare)*。

② Translation by Edward Storer in *Naked Masks: Five Plays by Luigí Pirandello*, edited by Eric Bentley, Everyman paperback edition (New York, 1957), p. 193.

的行为、所有造作出来的尊严都被揭穿以后，她要求默默地孤独死去，免得再受那些有地位的人的嘲弄。

皮兰德娄的剧中人渴望能够具有为社会所认可的美德，却发觉他们被环境愚弄了，所以只能做出一些败坏名节的事。他们是困惑的中产阶级人士，在无望的艰难环境中奋斗，想要维持一点有秩序之生活的门面。无意识作用愚弄了他们，同时也证明了道德规范以及他们想要强加在生命本身之变动上的“实相的观念”
乃是虚矫的。[①] 皮兰德娄的戏剧描绘某些人的悲剧，他们在“具和 391
谐理路的大宇宙”（one universe of discourse）迷失自己，而无法找到一条新的生路。

皮兰德娄的著作凄楚地描述战争刚结束后精神瓦解的混乱处境。作者本身对这一现象并非毫不同情——他只是不轻用感情而已。同样地，我们在他的著作中也找不到一点政治之意识形态、对国家之效忠以及任何有意识的社会学说。1920 年代早期的伟大的戏剧达到了一个空前抽象的境地——社会的团结、熟悉的感官世界，甚至连个人本身全都消失无踪了。人与人之间的沟通完全断绝了。剩下来的只是无限痛楚，深刻认识到“人类之境遇”（la condition humaine），以及因失望而自绝于期待更美好之人性的迫切之情。

---

① Lander MacClintock: *The Age of Pirandello* (Bloomington, Ind., 1951), pp. 177, 183–184.

第十章　1920年代：瀕临分裂边缘的知识分子

392 1920—1923年是一个偶像崇拜的年代。在这38个月之内，索雷尔与帕累托相继以高龄去世，而韦伯和特洛尔奇则在50多岁的时候去世。1890年代的人物已渐凋零——佩吉在战事爆发后的前几个礼拜中就阵亡了；涂尔干则在战事快要结束的时候，因为心力交瘁而去世。

这个世代大多数知识分子相当长寿——他们大多活到1930和1940年代，有些甚至还活到了20世纪的下半个世纪。他们的作品跨越了战争的年代；而对其中有些人而言，致使一般知识活动停
393 顿的世界大战也不曾影响到他们稳定的文学创作历程。那么，我们为何要把1920年代当作是一个“休止期”（cæsura），一个总结算的时期——正如1890年代是一个改革的时期呢？

第一，从一个接一个的例子看来，我们发觉那股气势已经萎缩或涣散了。或者，更精确地说，我们发现：紧跟着战后那几年的知识全盛期之后，接着出现了一个创作的停滞期。被人尊崇为神的感觉不只是那些行将就木的人（如帕累托）才有的（对于这些人而言，迟来的赞誉刚好使他们能够在晚年获得一种实现理想的满足感）；其他的人——如弗洛伊德和那些注重心理倾向的创

作家们也发现他们突然地成名了——在战后的新气氛下，那些在1914年以前看起来艰涩、奥妙的作品，现在却表现出中西欧较具有文学修养与自我意识的人的主要心境。

有些人在1920年代早期就已经完成了他们的主要著作，因此发现再也没有什么东西值得讨论了。莫斯卡就是其中之一——他在1923年出版了第二册《政治科学要义》以后就满足于扮演一种教师与政治先进的角色；这个角色很适于他，其后近20年，他一直扮演着这个角色。克罗齐的情况又有一点不一样——如我们所讨论过的，克罗齐在战后那一段期间不断进行文学创作，但是他透过公众服务工作、辩论、文学评论、精心的论述与直接的历史阐述等方式来表达这些创作内容。从许多重要创作家的作品中，可以看到同样的“重新取向”（reorientation）的过程。例如，就纪德的情形来讲，20年代中期到30年代中期就代表着一个尖锐的心理转折点。纪德在出版了全部有关自剖的作品和最大部头的著作——《伪币制造者》（1925年）之后，就前往刚果和乍得旅行，这次旅行彻底改变了他知识上的关怀对象。同样地，皮 394
兰德娄虽然直到1936年去世，仍不断发表许多的剧作，却再也无法达到1921年——他的“奇迹年:（annus mirabilis）那时候的水准。

弗洛伊德也有一个类似的转折点。自从1923年出版了《自我与本我》（*The Ego and the Id*）之后，弗洛伊德的基本重要著作已经都完成了——从这个时候开始，弗洛伊德只不过在细节上修正已发展完成的理论（这种理论已渐渐赢得人们之认可）。同时，在1923年他还动了一次重要的外科手术，这次手术使他的生命延长

了16年，但也降低了他的工作能力，并且，使他日日与痛苦相伴。弗洛伊德在20年代和30年代晚期把注意力转到社会及宗教的探索上：诸如《一种幻想的未来》《文明及其不满》《摩西与一神教》等著作，代表了后期的弗洛伊德——从一个医生变为先知与圣人的弗洛伊德。

在以上这些例子当中，休止、改变，或创作力之停顿，都没有减低大众对知识的注意力。相反地，这些1890年代那个世代的幸存者，几乎终其一生都是知识界的领导人物。他们虽然感觉到影响力在衰退，但并不明显——人们只是对他们已经渐渐疏于“了解”而只是表示“尊敬”；同时在某些令人不耐的惊异的情况下，人们也发觉这些老人竟然如此强韧：到第二次世界大战结束的时候，托马斯·曼在德国已经几乎没有影响力了；而意大利的年轻人们对克罗齐在长达半个世纪的时间内所产生的绝对影响力，也渐渐地感到不耐了。

柏格森是唯一的例外。唯有他体验到比荣耀持续更长时间的不幸。像其他许多人一样，战后的几年为他带来了荣耀。看来他似乎就是在国际联盟（the League of Nations）赞助下成立的“知识合作委员会”（the commission for intellectual cooperation）的主
395 席的最佳人选；而他也在1927年获得了诺贝尔奖。但是同时他却患上比弗洛伊德更严重的疾病，在几乎整个20年代中，他写作的速度慢得可怜。最后，在1932年，当他的最后一本书——《道德与宗教的两个来源》（*Two Sources of Morality and Religion*）出版时，却造成了失望与令人泄气的转变。他的无与伦比的气势衰弱了许多，同时他的推理方式（从来就不很严格）也变得更松懈了。

最重要的是：从哲学上的意义来看，他已经是脱离了时代潮流了。

哲学兴趣上的激烈转变使柏格森突然地受到了袭击。直接感受到这种痛苦的虽然只有柏格森一个人，但是克罗齐和詹姆士的哲学也受到了威胁，而像韦伯那样比较倾向于理论的社会学家，也觉得他们的理论被驳斥了。这就是改变了的知识远景的前二个迹象——我们现在就必须来探讨这个改变了的知识之远景。

新的哲学关切

前面章节不只一次谈论了一些年轻人的出现，这些年轻人的作品向 20 世纪早期的社会学说所赖以建立的一些“假定”提出了挑战。特别是在德国，新兴的知识现象，诸如巴特（Karl Barth）的宗教新正统主义（neo-orthodoxy）和卢卡奇（Georg Lukacs）的新马克思主义（neo-Marxism）都暗示出：人们已经抛弃了文化上的纵容态度和怀疑主义，而转向更强硬的信仰教条。这种思想上的突变可以视为人们拒斥“元老”之领导（如我们在谈战后之政治时所谈到的）的表现。到了 1920 年代的早期，不论在抽象的思想或意识形态上，像韦伯和特洛尔奇这样的人所树立的典范看起来都已经过时了。在他们去世不久之后就进入大学的新的一代，
从卢卡奇的《历史与阶级意识》（*Geschichte und Klassenbewusst-* 396
sein，1923 年出版）和舍勒（Max Scheler）的“知识形态与社会”（*Die Wissensformen und die Gesellschaft*）中发现了一种不同的思想上的刺激；后一本书比前一本晚三年出版，它为一种名为“知识社会学”（sociology of knowledge）的新学术领域的基本内容做了

一个大略的描述。

令年轻一辈最感兴趣的两位哲学家是胡塞尔（Edmund Husserl）和海德格尔（Martin Heidegger）。与他们的名字连在一起的“现象学”（phenomenology）和“存在主义”（existentialism）这两种学说，很明显地断绝了欧洲的哲学传统（克罗齐和柏格森是这个传统在战前最杰出的代表人物）。现象学刻意探讨人经验的细微末节。存在主义则直接承继克尔凯郭尔（Soren Kierkegaard）的思想，也和这位丹麦神学家一样敌视启蒙运动的传统。如果我们认为胡塞尔的作品对“观念”（ideas）做了详细的分析，而使得克罗齐和柏格森的作品显得不严谨甚至像是外行人所写，那么，海德格所揭橥的“存在的悲剧观”（the tragic view of existence）就断然有别于法意两国的哲学派别跟18世纪思想所共同拥有的沉着、乐观的态度。

但是，从一个比较广泛的角度来观察，影响力日益增大的存在主义（在第二次世界大战末期达于巅峰），与其说是重新界定一些哲学上的“假定”，不如说是转移了哲学研究的重点。存在主义仍然伸展到形而上学、伦理学、社会哲学这些传统的哲学领域上去；同时实践存在主义之思想的人也毫不顾忌说些没有严格的科学根据的话。胡塞尔和海德格尔二人都响应了柏格森对直觉的信仰。同时存在主义也和柏格森一样（在某些方面，也和克罗齐一样）深切关切“历史之真实性”（historicity）以及“时间之经验特质”。“所有的存在主义思想家都把时间放在他们的形而上学体系
397 中心……他们的起点是‘暂时性’（temporality）或者‘历史之真实’……其终点乃是要‘超越’（transcend）这个暂时性的‘人类

之存在’的现象。”①

此外，在1920年代，存在主义的影响主要仅限于德国之内。反而是“实用主义”提出了一些将成为从1920年至今哲学关怀的新对象。一如詹姆士所说，实用主义乃是“哲学中的一个调和运动”——它希望获得一种“完整的、形而上的、有系统的‘实相观’（view of reality），却不忽略人类的问题在科学上的处理与逻辑上的细节”；“它介于把哲学当作一种世界观的传统观点以及新近的分析的哲学之间。”② 这些分析的哲学对于哲学问题的看法与战前对哲学问题的看法之间的不同程度，远超过了现象学或存在主义与战前看法的不同。

正如同第一次世界大战爆发前15年的时候，为欧洲思想振衰起弊者乃是一个非欧陆人——詹姆士——一样，英国人罗素成了战后欧陆分析哲学创始者。通常，我们可以把怀特海德（Alfred North Whitehead）与罗素的《数学原理》（*Principia Mathematica*）的出版（1910—1913年）看成是一种努力的起点，这种努力的目的在于融合哲学与数学的方法，同时藉此使这两者的概念架构（conceptual framework）更趋严格。30年后，罗素从一个最广泛的观点描述“逻辑分析哲学”（the philosophy of logical analysis）说：“……相比较那些体系建立者的哲学，科学的特质有一个优势——它可以一次解决一个问题，而不必一下子就创造出一种关于整个 398

① Hans Meyerhoff: *Time in Literature* (Berkeley and Los Angeles, 1955), pp. 138–139.

② Morton White: *The Age of Analysis* (New York, 1955), p. 19. See also White’s *Toward Reunion in Philosophy* (Cambridge, Mass., 1956) and Charles W. Morris: *Logical Positivism, Pragmatism, and Scientific Empiricism* (Paris, 1937).

宇宙的闭塞的理论。”

从知识清晰的程度来看，这种分析哲学无疑是一种成就。但是采用数理逻辑的方法却也意味着另一种巨大的牺牲：

> 但是对于某一个领域（传统上是包含在哲学之中的领域）而言，科学的方法仍嫌不足。因为这个领域当中包含了有关“价值”的终极问题；举个例子来说，我们单凭科学仍然无法证明：忍受残酷行为所造成的痛苦乃是一桩坏事。我们所能知道的事物，我们用科学的方法就可以去发现——但是原属于情感领域内的问题却不是科学所能解决的。①

罗素在维也纳找到了一群观点最为一致的追随者。1923 年（前面章节中曾经一再提及这个年代）有一群多数来自自然科学界的年轻人组成了“维也纳学派”（the Vienna Circle）。除了罗素以外，这个学派的精神守护者乃是数理逻辑家弗里德里希·弗雷格（Friedrich Frege），而最有条理的阐述者则是 32 岁的鲁道夫·卡尔纳普（Rudolf Carnap）。维也纳学派的成员们很清楚他们已构成了一个向心力很强、态度强硬的哲学派别；他们最初把他们的学说称为“逻辑实证论”（logical positvism），后来他们虽然把这个名称改为“逻辑经验论”（logical empiricism）（这个名称与 19 世纪的过时的学说“实证主义”较没有关联），但是烙印在人们心中的却仍然是“实证主义”这个字眼——它之所以会引起那么多的争论，或许就是因为使用了这个名称的缘故。

---

① Bertrand Russell: *A History of Western Philosophy* (New York, 1945), p. 834.

同样地，在国外引起最大之骚动的那一番话也不是维也纳学派的正式宣言。维特根斯坦比逻辑实证论的创始者们都更古怪、更极端、更缺乏严格的训练，同时他的主要兴趣乃是语言的哲 399
学，而不是数理哲学。但是大多数人对“逻辑实证论在追求什么”这问题的了解却得自于他的《逻辑哲学论集》(*Tractatus Logico-philosophicus*)，同时这本书也成了战后那几年当中最具影响力的一部哲学著作。

维特根斯坦这本书极具挑拨性——他似乎是刻意要写成这样子。它的篇幅不及百页，却向读者提出一系列简洁、封闭性的“命题”(propositions)(其中大多数命题都以“不证自明”(self-evident)的方式表示出来，而且都被认为是“等值”(of equal value)的命题)：让读者决定到底是要全部接受，或者一概不接受。维特根斯坦以“只要是可以说出来的话，都可以说得很清楚”(What can be said at all, can be said clearly)这个命题为起点，进而证明“可以说出来的话的确很少”——而这些极少数话都可以用逻辑符号或(最好是如此)用日常语言来表达。他主张：“人们所提出的大多有关哲学的命题和问题并不是‘不真’(false)，而是‘没有意义’(senseless)……因此也难怪一些最深奥的问题根本就不是问题……因此关于‘伦理’的命题也就不可能存在。”神秘主义与怀疑主义并不是“不能被驳斥”(irrefutable)，它们根本是“没有意义的”——因此在采取科学的研究法之哲学中它们根本没有存在的余地。[①]

① Ludwig Wittgenstein: *Logisch-Philosophische Abhandlung* (Vienna, 1921), translated with parallel German text as *Tractatus Logico-Philosophicus* (London, 1922), pp. 27, 63, 183, 187.

如此，维特根斯坦就下了一个最后的结论：“正确的哲学方法”就是要陈述“自然科学的命题——亦即和哲学没有关系的东西”；如此，“若有人要谈形而上的问题”，我们就可以向他说明他的方法是错误的。最后，维特根斯坦自己的命题也被证明是非必要的：

> 400 了解我的人最后在弄清楚那些命题之后，也认为它们是无意义的。（也就是说，他们在爬上梯子以后，就必须把那梯子甩掉）。
>
> 他必须超越这些命题，然后他才能对世界有正确的认识。
>
> 我们对于我们无法加以说明的事必须保持缄默。[①]

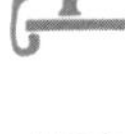

在知识解放的旗帜下，维特根斯坦和维也纳学派里面的年轻的哲学科学家（philosopher-scientists）只采取了那些在30年以前就很明显被绝对放弃了的立场——其中不免带有些许嘲讽的味道。乍看之下，从1890年代开始的哲学到这时候，似乎绕了一整个圈子又回到原来的地方了。那些第三代传人又重新在整理他们的祖父那一代的学说了——而他们的父亲那一辈人为了争取思想上的独立，却曾经对这些祖父辈的强硬的支配力量大力加以反抗。

在这个情形当中（一如在哲学史中经常发生的情形一样），一个世代到另一个世代之间的转变过程和“如何使‘实证主义’以

① Ibid., pp. 187, 189.

及‘科学与哲学间的联系’重新为人所接受”这个问题确是有些关联的。但是这个新的实证主义却不仅仅是 19 世纪的实证主义之再生。它的目标没有后者那么高远，同时它对科学的定义也比较精密。新实证论者已经不相信我们能够为所有的人类活动建立一系列“绝无问题”的因果关系。事实上，维特根斯坦已经怀疑这整个概念了，他说：“对因果关系的信仰乃是一种迷信；‘所谓自然律乃是关于自然现象的解释’，这是一种‘幻觉’。”自然界中唯一的“必然性”（necessity）乃是“逻辑上的必然性”（logical
necessity）。[①] 因此，新实证论者若要重建哲学中的科学方法，他们 401
就必须放弃孔德、斯宾塞、泰纳（Hippolyte Taine）以及其他的人最初为了科学教育而提出的那些理论的大部分内容。

他们几乎把所有在传统上被哲学家们认为是最重要的问题都视为价值或形上学的问题而搁置在一旁，只去探讨那些可以用逻辑或符号语言明确表达出来的问题。

从这个角度，他们似乎超越了实证主义者与反实证主义者之间的古老的争论。1890 年代的论战可以被看作一场顽固不通的论战——参战的双方都不曾真正了解他们到底在谈些什么。现在，罗素、佛烈格以及他们的弟子们终于把问题弄清楚了。

但是，在这个改变当中，最后还有一点不容易一下子就看出来。正如诗歌、绘画和音乐在 20 世纪都改变得更神秘、更“难懂”，不易为一般见识与教育程度平平的人所了解一样，哲学也走上了同一条路。一个受过普通教育的人可以把柏格森或克罗齐的

① Ibid., pp. 109, 181.

作品当作文学与道德教育一样，轻松愉快地读下去。但是，他却不能用同样的方法读维特根斯坦的作品。哲学之门显然是对一般读者关闭了，而此后的20年间欧洲也失去了一种可以对一般大众诉说他们最关切之事物的哲学了。

社会问题

当这种哲学终于出现的时候，它却以“涉身”（engagement）、“投注”（commitment）当作道德的诫命（moral imperatives）。1945年之后，法国的存在主义（existentialism）之所以风行一时，
402 其实便是对社会问题之关切（这似乎是必然的）所直接造成的结果。

这就是我们在前面提到过的“改变了的知识远景”的第二个层面。在1920年代中的大部分时间当中，人们似乎还可以把那个时代看作多少还算“正常的”，而在其中生活下去，在其中做哲学的思考。但是心智所能够悠哉悠哉地玩味的领域（地理上和心理上的）却大幅度地缩小了。战争显示了西欧、中欧人所持有的文明价值是不堪一击的。“布尔什维克主义”（Bolshevism）分离了苏联和自由的知识分子。而意大利法西斯主义的胜利也同样激起深刻的良心上的不安——因为它在半个世纪以来，第一次使一个主要的西欧国家落在一个极端反对自由的政权手中。难怪作为一个新政权的敌手的克罗齐和莫斯卡在20世纪会不知何去何从。而克罗齐（接着是德国的迈内克）最后会回过头来，为维护自由的制度而采取强硬的态度，这也不是偶然的——早先他们的立场非常

不同，他们那时认为史家应当超然立于政争之外。

在墨索里尼相对温和的暴政之下，学者们仍然可以维持一种举棋不定以及知识上的超然态度。但是在 1920 年代结束之际，经济上的不景气以及国家社会主义者（the National Socialists）的威胁却使这种妥协的姿态变得令人难以容忍。到了 1930 年代，欧洲渐渐有更多的知识分子觉得投入政治活动乃是唯一选择。有一些人——很少的一些人——选择了法西斯主义。在真正名重一时的人物当中，唯有海德格尔和荣格对纳粹政权采取了妥协的态度。[①]
欧洲大多数的知识分子领袖——不论是流亡国外的人，或者是意 403
识到事态严重的“人民解放阵线”（Popular Fronts）分子，或是感受到一种隐忍的痛苦而“在内心自我放逐的人”（inner emigration）则舍弃了法西斯主义的领导者所声称的“命定的未来”，而选择了抵抗一途。

纪德一向对新的潮流都比较敏感，所以他也比其他的人都更早感受到做一种政治上与道德上之投注的必要。他本来是要把法属赤道非洲之行当作文学工作之余的休闲，但是此行的结果却使他看到许多弊端恶行，使他内心的愤愤不平之气越来越高涨，最后终于使他投入共产党阵营。但是他也比别人更早发现知识分子投身有组织之政治运动中所遭遇到的危险。在前往刚果之后 10 年，他又到苏联访问，此行使他看清了实践共产主义的真实情况。同时，他也认识到自己对社会问题的关怀“毒害”了他的生命，破坏了他的创造活力。作为忠诚的党的支持者，他发现：知识分子

① 有关荣格的详细证据，见 Edward Glover: *Freud or Jung?* Meridian edition (New York, 1956)，第 147—152 页。

若不保持缄默便只有“误入歧途”——二者都违背传统对知识分子的功能的看法。[1]

德国的政治压力特大，而知识分子与现实脱离的传统也最根深蒂固，所以，无可避免地，这股新的投注的潮流乃在德国知识分子心中激起了最大的冲突。德国的作家和哲学家们向来几乎都反对群众的判断与实用的价值判断标准。尼采，以及其后的黑塞
404 都是为逃避群体舆论才遁迹瑞士；而德国知识分子对“纳粹主义”的反应通常也表现为逃避一途——不是流亡，就是求内心的遁隐。截至当时，在宣传与缄默之间，大多数的人都选择了后者。几乎唯有托马斯·曼一人很成功地融合了政治宣传与他早期的艺术创作水准。

不论如何，这种方式的选择对于 1890 年代的那一代人中还在世的人而言，都代表了一种剧烈的改变。这表示：他们的时代或许已成过去，1933 年以后的年代将是他们的知识背景所无法应付的“铁的时代”（age of iron）。经济的崩溃、政治的不安、流亡以及战争的威胁都深深改变了他们的生存的性质。在面临着恐怖政治与战争的新欧洲中，“独立知识分子”（freischwebende Intelligenz）的栖身之所到底何在？思想自由的知识分子或许已经成了 18 世纪与 19 世纪的无用的陈迹了。

---

① Letter of May 16, 1947, published as appendix to Albert J. Guerard, *André Gide* (Cambridge, Mass., 1951), p. 241; entry for December 29, 1932, in *Journal 1889–1939* (Paris, 1948), translated and edited by Justin O'Brien as *The Journals of André Gide* (New York, 1947–1949), III, 252.

知识分子的角色：托马斯·曼、班达、曼海姆

很矛盾地，到了 20 年代中期，我们所追溯的两股不同的且互相矛盾的潮流，已经开始互相激荡，同时使得我们不得不对知识分子的角色重新定义。因为这两股潮流都不能容忍传统上对欧洲哲学家和道德家的任务所持有的看法。从这两种中的任何一种立场来看，我们都不能再主张一个重要的作家必须去关心人类的所有问题——亦即以超然宁静的心情去观察人类的社会活动，然 405
后在文学和历史知识上做一番展示（但是对他自己的一些“假定”（presupposition）却只稍微做了一点反省），之后得到一个颇为堂皇的结论说真善美为何物。欧洲的知识分子自始至终就在做这一类的工作，而在 20 世纪的前 20 年当中，他们也仍然在做同样的工作。从这个角度来看，像克罗齐、柏格森和韦伯这样的哲学家和社会学家（甚至在比较具有理论的著作中所看到的弗洛伊德也是）乃是阿奎那（Thomas Aquinas）或蒙田（Michel Eyquem de Montaigne）的直接传人。而像索雷尔这种逸出常轨的人，不论曾经如何嘲骂理知主义者（intellectualist）的传统，在骨子里却仍然是个道德家。文学与社会科学之间的界线一直到 1920 年为止都还没有清楚地划分开来，知识分子们也觉得他们可以和歌德一样，自由自在地在人类活动的各种不同领域中活动。

但是，在新的逻辑实证论学派看来，这种业余郎中的态度是绝对不能接受的。同样，在主张做投身社会之人看来，这种态度

是否值得接受也颇令人怀疑，但是他们所持的理由却和逻辑实证论者相当不一样。就他们的观点看来，在一个痛苦抉择的时代里，每一个具有自我意识的个人都要挺身而出，接受时代的召唤，谁都不能例外——在这种情况下，知识分子一向所要求的“保持特殊的地位”以及不做论断的权利，也就成了令人难以容忍的轻妄的态度。接着，到了 20 年代中期，一个经过剧烈改变的知识远景渐渐展露；在这个新的知识环境中，旧有的充满自信的概化式的思想（the old confident generalizing）已无容身之地——极端小心的语言与符号的科学家们，以及布克哈特（Jacob Burckhardt）所谓 19 世纪之梦魇中的“可怕的简化者”（the terrible simplifier）互不相容地想要把思想的园地占为己有。

在这种情况之下，1924—1929 年（战后欧洲展现了表面之稳
406 定与繁荣的 6 个年头），三种性质完全不相关，而且互相独立的重要著作，不约而同地都想要从现代的观点，重新为欧洲“知识阶层”（literati）的功能与任务下一定义，这就不足为奇了。

首先发表意见的是一位小说家。对于托马斯·曼来说，战争在进行的那几个年头乃是一段试炼与带有悲剧性的矛盾时期。他感到无法从事长期创作，因此将成为他的第二部、也是他主要小说之一的《魔山》的写作工作停了下来。一般都认为，他在这一段时期中唯一具有分量的作品——《一个非政治人的反省》（*Betrachtungen eines Unpolitischen*）（*Reflections of an Unpolitical Man*）是他所有作品中遭遇最不幸的一部。在写作这本书的时候，他觉得他必须扮演一个宣传家的角色。他觉得他有责任为国家的战事贡献一己之力——通过反对仅仅是“文明的”（civilized）民主政治与西方的具有文学倾向的人道主义，从而维护德国的“阶层”（hierarchy）以及“内在体验”（inner experience）的“文化”价值。但是在宣传家的表面下，他的作品却藏有一种犹豫——字里行间他都不得不承认他自己在某个程度上也是个“文明的”知识分子。

因此，当《魔山》在战后第六年完成时，其范围以及思想重心都剧烈地改变了。它原本是附带在《威尼斯之死》一书之后的简短的、半诙谐的作品，结果却演变成一部描述托马斯·曼一向所关心事物之“大全”式的著作：包括疾病与死亡所带有的美学、色情和破坏性的意味，艺术家与中产阶级社会间的暧昧关系，以及德国民族的价值与欧式民主之间的不相容，另外还包含更广泛的人道主义的模糊理想。托马斯·曼在战争期间曾经对“文明的”价值大肆攻击，但时至1920年，他就有心以敬重甚至是谅解的态度去试着接受那些价值了。从这一点上看，《魔山》成了一个过渡
时期的标志，它划分了自我意识到疏离的早期的托马斯·曼以及 407
晚期肯定了人道主义的托马斯·曼。

因此这部后来成为德国战争期间最具影响力的小说便远不只是一部文学创作了。它具有其属于公众与政治的一面——托马斯·曼的同时代人也很快认识到这一点。早在1922年，当他发表那篇题为“德意志共和国”（The German Republic）的具有影响力的演说时，他就已经渐渐地对德国的“西方式的”制度采取了一种较为肯定的态度。两年以后，《魔山》受到了广泛的欢迎——这表示德国的读者们已经发现一种更新更高妙的、文学的、宇宙论

式的“每日祈祷书”（breviary）可看，这本书可以平衡一下他们从斯宾格勒那本“麻醉式”的《西方的没落》中所得到的看法。事实上，尽管托马斯·曼内心仍然犹豫不决，但是这本战后的伟大著作的出版已经使他成为魏玛共和之下的一位荣誉小说家了——这一点使他感到相当惊奇。

《魔山》一书的推出及其内容结构已经显示出其“属于公众”的一面。故事发生的地点（在瑞士境内高高的阿尔卑斯山上的一个结核病院内）本身就给人一种别树一格、抽象和刻意抽离于凡尘琐事的感觉。“这所医院的环境在时空上把病人与他们通常接触到的人或物隔离开来，这就使它具有了其他社区所没有的发展故事的可能性——亦即面临死亡的精神生命的历程。”在这样的“环境”当中，即使一个“平常人”，由于脱离了工作的束缚，也能学会去思索“终极价值”（ultimate values）的问题；在这个“环境”中，疾病本身变成了导师——它警告人们不能把山下“平地”上人们认为理所当然的事就当作理所当然的事。[①]

因此，作为一种教育的小说（读者多视其为这个性质的小
408 说），《魔山》表达了一种极为罕见的气氛——一种空间压迫与时间消逝的感觉；这是它的前身——以恶汉之冒险故事为题材的《威廉·麦斯特》（*Wilhelm Meister*）——当中所没有的一种感觉。它用一种辩证的方法（这是四个世代以来的德国思想家所珍惜的方法）追溯寻求启蒙的过程：故事描述一个平凡的中产阶级人士的子弟偶然间被送到两位自愿教师手里，以及这两位教师如何设

① Arnold Bauer: *Thomas Mann und die Krise der bürgerlichen Kultur* (Berlin, 1946), pp. 66–69, 71.

法拯救这个人的灵魂。

托马斯·曼自己描述他的原始的故事构想说："这是一个说教式的故事；它描述了一个年轻人被抛弃在一个道德败坏的地方，同时被安排在两个同样滑稽的教师之间的故事；这两位教师之中，有一位是意大利文人、人文主义者、修辞学家、'进步'的信徒，另外一位则是名声不太好的神秘主义者、反动而又提倡非理性思想的人。"[①] 但是在十多年的写作过程中，《魔山》却从一个"轻快诙谐的乐章"（scherzo）变成了一部极为严肃，而又时常表现出嘲讽意味的小说。故事里那位意大利人文主义者塞塔姆布里尼（Settembrini）已经变成一个与"好发空论者"或"在街头摇奏手风琴的人"（这是那位年轻主角在生气的时候对他的称呼）相去甚远的人——他已经转化成一个令人同情，甚至是庄严的角色；他的思想虽然肤浅鲁钝，却代表了启蒙时代所留传下来的理性、正义与对人类之爱等永恒的价值。而他的对手纳夫塔（Leo Naphta）则结合了犹太人的不合逻辑的思想和耶稣会的训练，几年当中也从一个"声名不佳"的怪人变成了代表战争及其余波所造成的恐怖的正统主义之力量的杰出的典型，同时他还以怪诞的想法揭露了未来的年代里的更严酷无情的恐怖情况。甚至连故事里的主角——从汉堡来的年轻的工程师——汉斯·卡斯托（Hans Castorp）也变成了能够用自己的眼光去判断事情的灵敏的学生；
故事快结束的时候，他变成了主角——他坐在塞塔姆布里尼的床 409
畔，以宽慰、尊敬的态度聆听他述说 1914 年 7 月的危机；这是一

① Cited in ibid., p. 70.

个学生对曾经给他很多教诲，但是现在却无法再给他什么的老师才表现得出来的态度。

在“魔山”上所发生的一场大论战中，得胜的人似乎是纳夫塔，尤其是在1930和1940年代读者的眼里看来更是如此。纳夫塔以强硬的非理性的态度参与辩论；当他胜利地肯定了非逻辑思想、疾病与恐惧之价值的时候，他所说的似乎也就成了荣格所谓的“20世纪心理学之阴暗面”的缩影。但是最后下结论的却是塞塔姆布里尼。当他的对手所陈述的非逻辑思想无可避免地被逼上一个结论——亦即纳夫塔也必须结束自己的生命时，这位意大利的人文主义者就完全占上风了。塞塔姆布里尼虽然已失去优势，仍然很乐观地坚持到最后，还给卡斯托一番鼓励，使他很快就回到平地上去为战争中的国家服务。“托马斯·曼后来让那位耶稣会教士（纳夫塔）自杀，而让塞塔姆布里尼活下去；从这一点看来，托马斯·曼似乎承认了他的旧敌人——‘文明的文学之士’（Zivilisationsliterat）有生存的权利了。”[①]

全书中的最主要的一句话也给人一种同样的感受——这句话代表了卡斯托的教育之完成，也是在所有托马斯·曼的著作中，唯一全部以斜体字标示的：“基于善与爱的缘故，人类不能让死亡的意念战胜他的思想。”[②] 启蒙运动所抱持的价值，使欧洲伟大的道德家们有了抽象的“存在的理由”（raison d’être）的伦理观念——克罗齐、莫斯卡、弗洛伊德、韦伯、涂尔干、柏格森等人所信仰

① J. M. Lindsay: *Thomas Mann* (Oxford, 1954), p. 49.

② *Der Zauberberg* (Berlin, 1924), translated by H. T. Lowe-Porter as *The Magic Mountain* (New York, 1927), p. 626.

不渝的价值，在这句话当中都毫无疑问地被完全肯定了。

最后还有一点暧昧之处未解决。卡斯托并不能坚守他在意气 410
轩昂的时候所得到的真理；人文主义和它所不可或缺的“残酷”之基础无法妥协——这个“综合”（synthesis）缺乏坚实的基础，无法长久维持。在故事快结束的时候，我们发现卡斯托在做一种忏悔——从“开明的”（enlightened）价值的观点来看，这是一种极具破坏性的忏悔：“我不顾塞塔姆布里尼先生的反对，在此宣布我相信‘非理性的原则’，关于疾病的‘灵性的原则’——事实上，许久以来，我就已经生活在这个信仰的庇护之下了。”[①] 而听取他的忏悔的乃是明希尔·皮佩尔科尔恩（Mynheer Peeperkorn），这一点使他的忏悔更具有破坏性的意味。因为，显然，皮佩尔科尔恩乃是代表着背离了逻辑、清晰与中庸之道的人格之基本力量——他代表着不带有理智与道德色彩的纯粹“克里斯玛”式的人物。这第三位教师确曾（很合理地）以了结自己的生命的方式，来结束他对卡斯托的教诲式的影响，而后来卡斯托也的确因为被迫重返平地而“得救”。但是我们却不能不怀疑：除了让战争这个“解困之神”（deus ex machina）来帮他的忙以外，托马斯·曼如何能解除卡斯托的教育上的困境。

因此皮佩尔科尔恩这个谜就悬而不能解了。作者告诉我们，当皮佩尔科尔恩以凌人的姿态出现的时候，塞塔姆布里尼与纳夫塔之间的辩论似乎就变得没意义。“在相对的两方之间没有火花灵巧地跳跃，没有闪光，也没有电流。他们的智慧本可以‘中和’

① Ibid., p. 760.

（neutralize）皮佩尔科尔恩的出现这个事实，反而被他的出现‘中和’了。”[①] 这两个自命“教育者”的人发现：在这个高贵的人（事实上是个蠢人——对他来说，语言只是不具有确切意义但是有力的声响而已）面前，他们之间的高妙推论都崩溃了。

因此，托马斯·曼在纳夫塔之外——也就是除了单单用知性
411 的态度去宣扬恐怖之观念以外，还揭露了某些东西。后来，托马斯·曼在他出版于1930年的短篇小说《马里奥和魔术师》（*Mario and the Magician*）中，又对这个主题做了更特殊的阐述。马里奥（很明显的，他是意大利法西斯主义的譬喻）再度对魔术般的个人的吸引力提出尖锐的警告。其中的含义乃是：世界上像纳夫塔这样的人所持的道理虽然不合情理，但是他们至少还能够与人交谈，并且做知识上的交流。启蒙运动的线索已伸展到极致，却还没有完全断绝。皮佩尔科尔恩和魔术师奇波拉（Cipolla）代表这一种新的类型之人物的出现。他们与欧洲的“文士”之间无法达成任何谅解。

托马斯·曼并没有在纳夫塔和塞塔姆布里尼的冲突之间把问题解决。三年之后（1927年），同一世代的一位法国哲学家又明确地起而维护启蒙运动的传统。在班达的《知识分子之背叛》（*The Betrayal of the Intellectuals*）中，参与争论的人物与那些在“魔山”上参与争论的人物不尽相同——背景由德国转换到法国的结果，双方争论的内容也失去了微妙的含义。班达使问题变得单纯化，因此也就能够使他的论辩更形尖锐。因为他并不想要去表彰他那

① Ibid., p. 743.

个时代里的知识改革者，也不想去分辨一个作家与另一个作家之间的微妙分别；他也不想要使 30 年来因为对启蒙运动的批评而产生的了解变得更深入——他只是要发出警告而已。

班达是这项任务的理想人选。他于 1867 年生于巴黎，是个犹太人（虽然他没有遵循犹太人的习俗，但至少在家庭传统上讲起来，他却是个犹太人）；他和信仰同一宗教的柏格森（比他大 8 岁）和布鲁门（比他小 5 岁）一样，终其一生都是彻头彻尾的巴黎人。他觉得自己禀承了父母亲的不同个性；晚年的时候，他曾经描述 412
自己为“一个来自古老东方之犹太人——一个喜爱永恒而鄙视暂时事物的犹太人与一个有写作冲动的急躁的巴黎犹太女人结合所生下来的孩子。”[①] 同时，双亲之间不问是非的爱情，以及成长过程中的温暖的家庭之爱使他有一种内在的安全感，这种感觉也一直伴随着他。

他的幼年时期在安稳的情况中渡过，也不曾产生痛苦的心理冲突。家庭在他成长过程中所灌输给他的是“共和主义”（republicanism）的思想（在 19 世纪最后几十年中，法国的犹太家庭都以此教育子女），这一点在求学过程中又经过学校的确认；因此班达的情况与一些生于天主教家庭的年轻人不一样，后者必须面对一些古老的冲突，而班达在公立学校所学的却正和家里教给他的一样。同样，公立学校中的严肃的“理智主义”思想也很容易使青年期的班达接纳。数学是他的喜好，而拉丁式的修辞学似乎也正是他由衷喜爱的，同时这种修辞学的教育也使他培养了简单、有力的

① *La Jeunesse d'un clerc* (Paris, 1936), p. 36.

风格，这对他将来参与论战有很大的帮助；但是他却讨厌当时的学院派哲学，他认为那种哲学是杂乱无章的。当他还是个小孩子的时候，他就发现了一个可以作为他的楷模的哲学家——还有必要去提这位哲学家的名字吗——那是斯宾诺莎。

班达的教育过程在每一个阶段中都有所不同，当年迈的班达回顾他在中年时所遇到的冲突，他就发现了他的思想紧密连贯的原因了。他的家人对建立在历史与宗教上的非逻辑的价值评价不高，他们也不欣赏活力与血气之勇；他的祖先们“从来没有当过司令官的。”[①] 在此我们发现了班达与将来人们攻击之对象——君主政治主义者（the monarchists）、权威主义者（the authoritarians），

413 以及主张扩充国势的信徒们所持有之不同理想间的强烈对比。这些或许就是班达臻于成熟的时候盛行的学说，但是班达对社会的诱惑以及时髦的思想风尚却都无动于衷。像柏格森或布鲁姆这些人都曾经在有名的公立中学就读，这些杰出、有前途的巴黎年轻人在那里结交了一些志同道合之士，自诩为他们那一代人的领袖；班达却和他们不一样——他来自一个比较卑微的环境。班达并没有感到他属于某一世代，他很满足于孤高地站在一旁。他很满足于法国知识分子的“保守”一面的生活——正如幼年时期一样，他一直认为“人类最伟大的模范乃是那些身处斗室，手执一支笔和稿纸就能自得其乐的人。”[②] 现代生活为他提供了一个完全独立的、属于自我的生活环境，他很满足于此——相当丰厚的收入、

---

① *La Jeunesse d'un clerc* (Paris, 1936), p. 53.

② Ibid., p. 73.

没有固定职业、没有妻子儿女等家累。在年近30的时候，他经历了一个事件，此一事件对他未来对政治上之是非的看法有绝对的影响——同样，他所碰到的问题也很明显：那就是“德雷福斯事件”。

班达和柏格森、涂尔干、索雷尔、佩吉一样，都支持德雷福斯。同时他也是无数支持《半月笔记》杂志，并且向那里投稿的犹太人之一。的确，如我们在前面所谈到过的，使索雷尔和佩吉在1912年产生决裂的原因乃是关于班达所写的小说《天命》的争执。

1917年与1922年里所发生的事使他有机会对“人类之理性”的基本信念再做一个检讨。我们必须从这个列宁与墨索里尼获胜的背景评论他的《知识分子之背叛》。20年代中期以前不可能有这样的作品产生。而到了那时候，当时的环境却急需这样一本书的
出现，因此它的出版就立刻引起了反响。简而言之，班达这本简 414
洁、充满战斗意味的小书对知识分子从文明的价值中退缩的事实提出警告——他认为欧洲的知识分子尤其应当为这个现象负最大的责任。

班达认为：从中古时代开始，“僧侣”或知识分子就自成一个阶级；他们不关心尘世的事而关心一些超乎现世的事情。他们在现代所造成的最大的“叛变”，其起因乃是他们“想要用行动的价值来贬抑知识的价值……大约在1890年的时候，文人们（特别是法国和意大利的文人）开始警觉到：专断的权威、纪律、传统、对自由精神之轻蔑，以及对战争和奴隶之道德的提倡都是一些傲慢而刻板的态度——它们对思想单纯的人所产生的影响远比它们

对自由主义和人道主义所产生的影响还要大。”① 因此这些文人们非但不去阻遏种族、阶级、民族主义等情绪的高涨，反而去助长它们的气焰。他们非但没有成为对抗这种新的非理性主义的力量，反而成了它的代言人。

他们的原始导师乃是19世纪的德国人，而尼采则是他们的先驱。在哲学上来说，他们想要把新浪漫主义借重“艺术感性”（artistic sensibility）的态度和坚持“我们只考虑事实”的实证主义的态度结合起来。但是他们却没有为这个矛盾感到困扰——他们以“实用主义”为傲。使他们团结在一起的乃是一种史无前例的形而上学，这种学说宣扬“崇拜偶发事件，轻视永恒事物”的态度。②

透过这种观念，班达得到了一个结论，在其中他不只指摘了
415 像但伦秋、巴雷斯、莫拉斯、吉柏林（Rudyard Kipling）等较不重要，而基本上都是宣传家等人物以及像佩吉这样占有中等地位的道德家，同时也把像索雷尔、柏格森等这样的主要思想创造者都一起责骂。班达指责索雷尔的暴力学说以及他对“工匠人”（homo faber）的颂扬；而对于柏格森，他则指责他“教人只从‘存在于时间内’的观点来衡量一切事物——亦即从‘某些特定状态之连续’，从‘转化’（becoming）、‘历史’的观点来衡量事情。”对于柏格森而言，班达只能攻击他的新形而上学中所隐含的意义；很

① *La Trahison des clercs* (Paris, 1927), translated as *The Betrayal of the Intellectuals*, Beacon paperback edition (Boston, 1955), pp. 119, 135. See also Robert J. Niess: *Julien Benda* (Ann Arbor, Mich., 1956), Chapter 7.

② *Betrayal of the Intellectuals*, pp. 78, 94, 137.

显然，这位倡导“原创力”学说（élan vital）的哲学家，本人并不像佩吉或索雷尔一样，提倡尚武的道德观念。同样地，对于涂尔干，班达也只能附带地责备他忽视了“重视永恒，态度超然的人心中的善意。”而对于詹姆士，班达则只提到他的赞成美西战争，以及詹姆士以各种形式把实用主义宣扬成为“对强权国家的崇拜，以及肯定实用主义乃是强权国家的道德基础。”[①]

如我们在前面所列举的例子所显示的，《知识分子的背叛》所引述的例子，大多是当代法国的例子。其中知识分子间的决裂情形也的确如班达所描写的那样尖锐，粗略而言是相应于政治上的“权威主义者”以及“共和主义者”之间的分野。但是在法国以外的地区，情况就十分不同了。如果我们只考虑到帕累托的学说之表面上的意义（其实他的学说是植根于启蒙运动的传统中的），我们就很可怀疑班达对于像他这样的思想家会做怎样的评论。班达对于德国与意大利思想中的精微与矛盾之处并不太注意。他的著作虽然经常强调永恒的价值，却免不了暴露出一种极为狭窄的观点。那是一种“巴黎式与法国式的”（Parisian-French）观点——古 416
典的、重形式的、逻辑的理智主义的观点。第一次世界大战确曾对他的观点产生影响——班达从来就不想为他自己对德国事物的嫌恶与恐惧做辩解。但是他的作品却拥有地方性色彩的力量——单纯而且有浓烈的确定感。

从一个比较深刻的层次评判，或许可以说，班达之未曾清楚表达他的基本假定，使他在争论当中获得了一个不公平的有利的

① *Betrayal of the Intellectuals*, pp. 39, 74, 79, 98–99, 101.

地位。在基本上，他所采取的立场是和自苏格拉底以降以至康德的西方哲学传统一致的。他暗示说：除了此一途径以外，别无其他稳固的基础——除此之外，到处都是相对主义与实用主义的陷阱。这种态度无可置疑是崇高的。在他的书快结束的时候，班达把这种态度表现得更强烈，他警告说文明的价值是脆弱的（如它们在西方世界所表现的）："人类一旦失去了这个珍宝，就无法再找到它了……人们忘了：希腊式的理性主义光照人寰的时间，实际上只有 700 年之久，其后 12 个世纪之间，它被隐藏起来了，直到最近这 400 年之间，它才重新照耀世界。"[①]

事实上，以上这个对二千年以来的思想史之概述，也是一种过度的简化。班达如果把他的基本假定述说得更清楚的话，就很明显可以看出他对敌手的打击是多么严重。他是在暗示：救赎（事实上也就是最基本的知识上的诚实）必须来自"他的定义下"的狭隘的西方的理性传统。他对于实际上参与日常事务的知识分子每天所遭遇到的困境并不很同情。他的严格的道德态度和"绝对主义"（absolutism）反映了他自己的事业的平静，同时也表示了：他的生命中的一个大危机（德雷福斯事件），很幸运地只是一
417 个单纯的事件。德雷福斯事件并没有重演——后来护卫德雷福斯派的立场远比他们的先驱者更为暧昧。而班达在这种危急的时候所提出的训示，亦即："就一个国家（城邦）的立场而言，雅典人拿毒草给苏格拉底是没有错的；但是就一个知识分子的立场而言，苏格拉底没有去逃避它也是对的"——这对于一个没有家累的人

---

① *Betrayal of the Intellectuals*, pp. 156, 158–159.

来说或许足够，却不能为知识分子提供一个适当的导向。[1] 在类似苏格拉底所碰到的情况下，伽利略则选择了另一个途径。欧洲的知识分子如果彻底地照他的忠告去做，那么度过他的书出版后之 20 年的时间而幸存的人就少之又少了。

就他较抽象的层次上的思想而言，情形也是一样。班达从来不曾认为他的知识上的敌手禀承了启蒙运动的精神——虽然他们曾经想要拓展启蒙运动思想所使用的方法。首先，班达根本就没有给他们一个充分的申辩的机会。他们之中最伟大的人物——如克罗齐、弗洛伊德、韦伯等人，在他的书中并没有被提及。“这是班达的论证当中最脆弱的一环——他拿我们这个时代的次要人物与别的时代的首要人物相比较。”[2] 而那些确曾在他的书中出现的大人物（如尼采、柏格森等）则被曲解了。如他自己所承认的，他只关心人类思想的“趋势”（“虽然我十分明白：在事实上来讲，这个训示应当更为复杂”）——“作为一个人道主义者，尼采根本没有什么影响；而我所要讨论的乃是这些‘学者’对世界所产生的影响，而不是他们本身……我还有必要去说明：从他的训示之性质而言，被我认为是一个差劲的‘学者’的尼采，从他忠心不二地追求‘精神’的观点来看，乃是一个最优秀的‘学者’吗？”[3]

但是这话又怎能说得通？班达一再表示他反对任何“实际的”
（practical）标准。但是他在评断尼采以及和尼采同一类型的人物 418
时，却犯了明显的实用主义之错误。柏格森的哲学受到大众的欢

① *Betrayal of the Intellectuals*, p. 171.

② Ibid., Introduction by Herbert Read, p. xxii.

③ Ibid., pp. 34, 130n, 179.

迎，被误用在反启蒙主义者以及民族主义者的目的上，这难道是柏格森的错？人类心智上的领袖在他们自己那个时代里未必一定不受人尊重。如果班达对像尼采和柏格森这二位具有崇高之精神的知识分子也可以做如此不公平的处理的话，那么他的整个论证中是否可能也具有一种深刻的缺憾？

班达的基本难处在他的知识范围太狭窄。他的笛卡尔式的思想以及传统式的形而上学就像是眼罩一样，妨碍了他的视野，使他无法对当代人的创造成就寄予一种同情的谅解。在他看来，直觉的方法乃是绝对令人嫌恶的方法。他严格遵循了启蒙运动的理念，因此无法想象到直觉的方法如何能够与这种理念取得一种妥协。他把直觉式思想的破坏性、可恨性、非理性的一面看得太清楚了。他未能看到它对超然的研究工作以及创作方面所具有的潜力。就作为一种道德上之谏诫以及对良心之省察（人们已经太久不曾做这种省察了）的呼吁，《知识分子之背叛》乃是20世纪思想当中的一个主要的成就。但是就作为一种过去之成就的总结，以及在20世纪的第二个25年开始的时候，作为一种对知识分子的指导而言，它却显然是不完美的。

在我们所挑选出来当作1920年代中期及晚期之方向指标的三项知识成就当中，曼海姆的《意识形态与乌托邦》则不像它的两个前驱者一样，那么明显地像是在维护启蒙运动。事实上，因为掩藏在德国社会思想之下的缘故，它所承自理性主义传统的地方也就往往被忽略了。但是作者的本意是很明确的。他那本书的目
419 的是要探讨在一个“众人都以非理性为尚，人与人之间互相沟通

之希望已完全消失”的时代中，“理性是否还有前途”的问题。[①] 当他开始讨论启蒙运动的时候，他也强调启蒙运动的“新鲜与年轻的性质”以及“它的启发性与激励性”；“它的中心思想是很明显的”，它教人保存“不确定与不受约束的感觉，从而诉诸自由意志……原先提倡这种思想的人并没有察觉它的抽象性，而右派与左派的批判也只是慢慢地才揭露了这一点。”[②]

此外，班达也想要把抽象的、范畴化的思维的传统（categorized thinking）从实用主义方法的危困当中拯救出来。但他不像他的法国先驱者，主张把整套詹姆士和柏格森式的思想都一举抛开。他想要把他们（以及弗洛伊德）的观念融合起来，使它们成为一种伟大的综合体系——从而使互相竞争的各种哲学与意识形态之派别能够用很文明的方式互相沟通。他所造成的东西必然是一种“综合”——却是不严谨的综合。为了把他的方法与他想要超越的“相对主义”分别开来，曼海姆把他这种综合的方法称为“关联主义”（relationism）。从这个角度来看，知识就“绝不会是空幻的经验”（如人们从相对主义的观点去看所得到的结论）。相反地，“所有构成某一特定的情况之意义的因素，彼此之间都互相有关联，而它们的意义也正是来自这种相互间的关系。”这乃是一种“动态的”（dynamic）方法——研究社会的人应当在各种变动的关系中保持一种微妙、平衡的观点。同时，如果他不是要以无法达到的超然境地为目标，而是要把“每一种互相矛盾冲突的思想都融入

① Preface by Louis Wirth to *Ideology and Utopia* (expansion and translation of *Ideologie und Utopie* [Bonn, 1929]) (London and New York, 1936), p. xxv.

② Ibid., pp. 205–206.

420 自己的看法中”的话，他就应当使他的思想“具有弹性和辩证性，而不应当使它成为死板、教条式的东西”①——如此做实际上对他是有好处的。

《意识形态与乌托邦》之所以具有特殊的吸引力，或者就是因为曼海姆坦然承认他包容了矛盾的缘故吧。“绝少有一部社会学的研究会受到这么多人的注意。不仅社会学家——经济学家、历史学家、哲学家和神学家们也都参与了讨论。”每一个人都能从这本书当中获得某些东西。书中关于社会分析的基本分类取自韦伯的著作，另外加上了舍勒的“抽象观念之集体来源”（collective origin of abstract ideas）的观念。同时曼海姆在阐述的过程中还把韦伯的方法更进一步地“相对化”（relativized）了。在韦伯的著作中，唯有“价值”才具有主观性，而科学的知识则保留了“客观”的性质。但是在曼海姆的手里，这种关系颠倒了过来：价值本身具有一种“客观的稳定性”（objective stability）——变动不居的乃是“客观的”知识的标准。②因此，不论曼海姆如何辩说他的观点不是相对主义的观点，我们仍然很难察觉它们与相对主义不同之处究竟何在。正如韦伯的论著一样（但是比韦伯表现得更明白），《意识形态与乌托邦》使我们了解到：研究社会学的人对确定性的追求是永无止境的。

或许休止的地方是有的——但是曼海姆本人却不曾提到这一

① *Ideology and Utopia* (expansion and translation of *Ideologic und Utopie* [Bonn, 1929]) (London and New York, 1936), pp. 76, 88n.

② Hans Speier: “Karl Mannheim’s Ideology and Utopia,” *Social Order and the Risks of War: Papers in Political Sociology* (New York, 1952), pp. 190, 192.

点。曼海姆和1920年代的许多德国思想家一样都从马克思那里得到了许多东西。在政治上，曼海姆同情社会民主党，因此他对马克思的观念非常注重。他倒不是对它们抱着教条主义式的态度——他反而一再强调阶级因素以外的另一些能决定个人和群体之“世界观”（Weltan-schauungen）。[①] 但是，他心里面最注重的 421
还是社会因素对人类思想的制约作用；曼海姆并不了解“往普遍原理摸索”的意义，而摸索普遍原理正是弗洛伊德、韦伯等人所执着者，也是班达刚刚以坚定自信的态度所维护的。在他的著作中，对于人类较高层次上之心灵活动的“终极自主性”（ultimate autonomy）之信念只是偶然出现一下而已——如他在描写启蒙运动的时候所表现出来的。曼海姆想要把当代重要的思想改革融入马克思主义的传统中，却没有完全成功——在最后所汇集出来的东西中，马克思的思想仍然占有很大的成分。

反省去看，就可以看到他在写作那本书时的历史高潮背景。1920年代德国——表面上繁荣而有秩序——提供了一个适当的环境，使人们能够做一番最后的努力，对过去半个世纪以来欧洲社会思想的进步做一个呈现。在欧洲历史上，没有任何一个时代的人们像这个时代的人受过那么好的教育，对文化具有这么深的体会。意识形态上的冲突也从来没有这么激烈。魏玛共和之下的德国提供了一个近乎理想的实验环境，据此人们可观察到当所有的价值都受到质疑，当“截至目前人类思想所赖以汲取养分的根源都被挖掘出来”的时候，它所造成的是一番怎样的景况？这

① Robert K. Merton: “The Sociology of Knowledge,” in Georges Gurvitch and Wilbert E. Moore, editors: *Twentieth Century Sociology* (New York, 1945), pp. 377, 383.

时候，较具感受力的德国知识分子，在意识上达到一个极度敏锐的状态——这种状态令人想起了一般人所谓的“将死之人的超人洞察力”。

曼海姆也察觉自己地位的飘浮不定。他说历史的契机必须及时把握住：

> 在这个历史转折点上，当有关人类的一切现象以及历史
> 422 本身的结构和成分都突然被揭露出来的时候，我们应当利用
> 我们的科学的思想来掌握大势——因为我们可以想象得到：
> 一如以前在历史上经常发生的情形一样，在比我们想象更快
> 的时间内，这个景象就会消逝，这个机会也会失去，而世界
> 也会再度变成平静、一致、不变的状态。[①]

因此这本书只探讨了一些关系不太密切的问题。曼海姆思想中的“多元主义”（pluralism）以及《意识形态与乌托邦》这本书之划分成三个独立之单元的事实，都表现出它的多重目的。在表面上看来，这本书的目的是要讨论意识形态之间的衡突（如该书之标题所暗示的），或者，用曼海姆自己的术语来说，是要讨论“利益息息相关”的“统治阶层”的态度（即狭义的意识形态）之间的互动；以及“非常有心要破坏、改革社会现状的，被压迫的群体”之观点（曼海姆称这种观点为乌托邦思想）。作者所使用的方法是把马克思主义者原先所发现的“无情地揭发假面具”之方

① *Ideology and Utopia*, pp. 38, 76.

法，按照逻辑推展到极至。[1]曼海姆暗示：要剥除敌人（及自己）的这种幻觉，如果需要相当的勇气的话，那么，很矛盾的，它也将造成互相间之了解，甚至是妥协。

因此，从逻辑的角度来看，曼海姆并不需要掩饰自己的偏见。就他所使用的方法而言，他只要清楚说明自己的偏好所依据的理论基础，并且把这些偏好与别人的偏见很"灵活"地联结，他就满意了。细心的读者很容易就可以看得出来：《意识形态与乌托邦》一书的作者偏好后一种充满动力的世界观，而不喜欢前面一种静 423
态的世界观。他在内心是倾向于乌托邦思想的——除了"千年至福说之信徒（Chiliastic）所造成的晦暗情况"而外（这种情况在20世纪的化身就是赋予索雷尔灵感的"工团主义"（syndicalism）理想）。曼海姆自己的乌托邦理想是比较实际、比较世俗化、比较乐观的——它们介于马克思思想和启蒙运动思想之间。由于忠于这一类型之思想的缘故，曼海姆往往无法察觉与这种思想对立的意识形态的强韧性。举一个最重要的例子来说：他就低估了法西斯运动——他认为那是当"个人失去或忘记他们的阶级思想倾向时"所造成的"暂时现象"。[2]

但是，我们如果认为曼海姆的乌托邦思想只是一种情感的滥用，那就很不对了。他的书或许狂热地交织着真知灼见与浮泛的空论；但是从最好的角度来看，它能透视未来而使读者惊讶不已。以当代的眼光来看，他最后归结出来的"没有乌托邦的社会"是令人失望的。今天，我们如果不针对着目前美国的情况来看，我

① *Ideology and Utopia*, pp. 36, 37.

② Ibid., pp. 127, 205–206.

们就无法了解他对一个“只对具体和孤立之细节具有兴趣的贫瘠的社会”以及对“分裂成一系列处理社会调适的、个别的技术问题”的社会学所提出的严厉的批评。曼海姆暗示：对他那个世代的人来讲，这种“呆板”的态度是难以容忍的。“要做到这一点，必须要有一种硬心肠（这在我们这个世代的人当中是无法做到的）；要不然就需要一种毫不怀疑的天真的态度——这种态度是那些刚刚步入社会，可以和现实（没有任何超然的成分）绝对取得和谐的人才能拥有的。”①

因此，在《意识形态与乌托邦》一书快要结束的时候，曼海姆就变成了一个先知，他所传达的讯息几乎与斯宾格勒所传达的讯息一样令人沮丧：

> 424 乌托邦成分的彻底消失……将代表着……人类的发展会产生一种新的性质……那时我们将会面对最大的一个矛盾——亦即：已经在生活中达到最高之理性境地的人类，一旦失去了所有的理想，将会变成一种纯粹被冲动所支配的动物。因此，在人类具有最高意识的阶段，当历史不再是盲目的命运，而是越来越成为人类自己之创造物的时候，若是放弃了乌托邦的理想，人类就会失去创造历史的意志，同时也会失去了解历史的能力。②

① *Ideology and Utopia*, pp. 225, 228, 230.

② Ibid., p. 236.

“同时也会失去了解历史的能力”——曼海姆和狄尔泰、克罗齐一样，都认为唯有投身于历史之中才能了解历史。对他来讲（正如对他的 1890 年代之先驱者来讲一样），思想并不是一件超然与静态的事——它是深深地与生活结合在一起的。从这个观点来看，知识分子就不只是观察者了。他代表了社会的良心——他一方面害怕不能给人们予明确的领导，因而失去人们对他的信任；另一方面又怕发生作为他人之宣传工具这种相反的“背叛”行为，所以他的处境是微妙而危险的。在法国那种情况下，班达就一直对后者的危险比较具有警觉性。而曼海姆透过德国的情况，所看到的更危险的事乃是“超然”（detachment）与“冷漠”（apathy）的态度。在他的书出版四年以后——当大浩劫来临的时候，大多数德国知识分子的表现证明了他的看法是正确的。

他想要把他那个时代的各种不同哲学与意识形态融合在一起——亦即把某些“非理性”的思想（班达反对这种思想）融入理性的传统中；从这一点看来，他和班达一样关心知识分子在现
代社会中所扮演的角色。当时欧洲的知识分子仍然自觉担负着特 425
殊的功能。曼海姆和班达一样，把这种感觉的来源，追溯到他们在中古时代扮演享有特权“僧侣”时的感觉上去。但是他和他的先驱者不一样，他特别强调因为“教会之专利崩溃”之后所产生的思想之暧昧性和“前所未见的丰饶情形”。这个问题至少在 16 世纪的时候就已经产生了。但是，溯自第一次世界大战以后，这问题也变得极度地尖锐化。在曼海姆那个时代，知识分子与社会之间的关系达于极度暧昧的状态。曼海姆自己则认为可走的路只有四条，亦即：向“激进的社会主义——共产主义者的无产阶级”

靠拢；“假知识廉正之名”（in the name of intellectual integrity）而持怀疑的态度（韦伯和帕累托便是如此）；“以恢复宗教之情感、唯心论、象征和神话”的方法“遁隐到过去的历史中”以及远离尘世，拒绝“直接参与创造历史的过程”等方法。[①] 曼海姆在描写一个没有乌托邦的未来时，心中所想到的便是最后一种方法。

在以上这些方法中，他认为只有第二种方法具有“创造的可能性”（creative possibility）。它虽然有失消极，但是它却具有“坦诚”（frankness）的美德——当乌托邦之理想变得渺茫的时候，我们所能拥有的最佳状态或许就是这一种状态了。曼海姆认为，对知识分子最有利的一点乃是：唯有他们构成了“一个比较不分阶级……而且不太固定于社会阶层上的一个阶层……共同享有教育传统的结果，渐渐地消除了出身、地位、职业、财富上的歧异，使受过教育的人能够站在他们所受之教育的基础上团结起来。”因
426 此，也唯有知识分子才能成为“动态的知识仲裁”（dynamic intellectual mediation）的工具——此刻各种互相破坏之意识形态和乌托邦思想正在使欧洲社会趋于分裂，这就是一种透过对这些思想的内在的领悟，从而引导群众去了解的最后一项伟大的努力。知识分子的介入，只提供了一线渺茫的希望，庶几能够化解将临之大灾难。[②]

这当然是个幻觉，但是曼海姆在写作时似乎也早已知道这是个幻觉。他在他的多重、错误的思想当中，似乎一直没有把明晰之思想与人类的半自我欺瞒之思想划分开来。的确，就他所描述

① *Ideology and Utopia*, pp. 11, 233.

② Ibid., pp. 137–138, 168, 231.

的不断变迁的社会而言，如果在其中去划这一道界限，不啻是无知和无意义的。同样地，他对欧洲知识分子所寄予的希望也有其暧昧性——他所赋予他们的是介于“涉身”这种新伦理观和较传统的“独立的”（unattached）的思想家或作家之间的一种角色。《意识形态与乌托邦》之最后一层意义乃是对即将消失的“特立独行之士”的一种申辩。

1890 年代的人在有利的历史环境中开始他们的工作，并且完成他们的思想大要。他们趁着百年以来对“进步”的古老信仰之末流，享受了欧洲有史以来最后一段和平与安全的时期。他们一方面享受到现代工业技术所提供的舒适的环境与设备，一方面在晚年（当他们的世界观已经定型了以后）却又看到了其所具有的破坏性的一面。他们在年轻时代经历了启蒙运动的高潮，也对这个运动提出最深入的批判。的确，正因为对“开明的”价值具有一种坚定不移的信仰（虽然他们时常对这些价值加以嘲讽），所以他们才能够这么无情地把这些价值所蒙上的一些幻觉去除。他们 427
所具有的心理上之安全感——他们对人类行为以及知识廉正等未明白表示出来的假定所具有的信心，使他们产生了一种内在力量，对良心做了一番前所未有的省察工作。他们处在两个教条主义的时代之间——在他们后面有实证主义和马克思主义的旧教条，在前面则有新的“投注”之观念和精确的逻辑思想，因此他们能够暂时不做结论的判断。温和的怀疑哲学——如怀疑主义、实用主义、多元主义都没有使他们感到恐惧。

因此我们在克罗齐或柏格森的著作当中，才会发现到那种宁静的性质以及对矛盾观念所具有的泰然的包容力，他们得天独厚

地能够过一种沉思冥想式的生活：在欧洲历史上大部分的时期中，知识分子都被琐事所困——诸如财务上的困难、政府权威的干涉、个人的危险感等，但是他们却完全不为这些事所困扰。他们是伟大的“特立独行之士”的仅存硕果。曼海姆是较晚加入这群人中的人，他或许能够综合所有这些人所代表的角色，并且将这些角色重新定义，使它们能够适应他所看到的渐渐来临之激烈变迁的环境。但是他无法使一种在消逝中的生活方式恢复生机。至少对于其后的20年来说，不论身在何处的“独立的知识分子”都已经处在一种防御的位置了。

对这个世代的回溯

466 从第二次世界大战后的观点来看，1890年代那一代人的作品可以被看作是为了适应一种“新的实相观念”（new concept of reality）的“第一个尝试”。虽然这个广泛的思想革命中包含了对某些我们所熟悉的唯心论之原则（已经经过大大的修正）的重估，但是它所代表的不只是“回归旧式的唯心论”而已。从最广泛的意
428 义上来说，约从1890年到1920年早期的这30年代表着一个时代，在这个时代中较富创造力的思想家都觉得“从前那个理性的实相观”已嫌不足，人类在他们的思想中，必须作一种“让步”——承认另一个“实相”的存在，而这个实相并非一个井然有序的体系。在这个让步与适应的过程中，“人类意识的活动”首次变成了最重要的东西。因为“意识”似乎提供了人类与“社会和历史之世界”间唯一的一道联系。

“实相的性质”（the nature of reality）本身“已无法再提供一个有连贯性的整体”（coherent totality）——在现在看起来，我们似乎唯有透过传统的“拟制”的观点，才能去了解自然界（以及广义的“实相”）。“然而，社会则介之于这个一般的实相与人类之间的领域，同时兼具两者的原素，所以依然可为人所接近，所了解。”[①] 如维柯在两个世纪以前所宣称的：人类能够了解“文明的世界”（civil world），因为这个世界是他所创造的。利用想象的“建构”（construction），人类可以重新体验创造的过程，从而得到对这种创造过程的了解。

克罗齐本人甚至在世纪之交以前，就以他惯有的气势与巧妙的文笔表达出类似的观念：

> 我们再也不像希腊人那样，相信人世间的幸福；我们再也不像基督徒那样，相信来世的幸福；我们也不像上一个世纪中乐观的哲学家一样，相信人类有一个美好的未来……我们再也不相信那一类的事情；**我们所保留下来的唯一的东西乃是对我们本身的一种自觉，以及要这种自觉更趋明朗清晰的需求**——为了满足这种需求，我们乃求助于科学与艺术。[②] 429

1920年以后，原来产生于德国、法国、意大利的一种对“意

① Leonard Krieger: “The Intellectuals and European Society,” *Political Science Quarterly*, LXVII (1952), 232–233.

② Quoted in Mario Corsi: *Le origini del pensiero di Benedetto Croce* (Florence, 1951), pp. 20–21.

识与社会”所持有的新态度，开始在西方世界得到越来越多人的支持。诸如西班牙的加塞特（Ortega y Gasset）以及英国的柯林伍德或马林诺夫斯基（Bronislaw Karper Malinowsky）等思想非常不同的人物，显示出这种渐渐传播开来的影响所表现出来的方式，是多么不同。在美国，像拉斯威尔（Harold Lasswell）的《心理病理学与政治》（*Psychopathology and Politics*）、帕森斯的《社会行动的结构》等开拓性的著作，以及卡尔·贝克尔（Carl Becker）的历史理论，都与古老的学术传统极为不同。到了第二次世界大战爆发的时候，关于人类动机的精神分析研究法，社会研究中的“理想类型”法，以及一种导自新唯心论者之前提的历史研究准则，都已成了各个不同领域中较活泼的思想家所具有的特出标记了。在文学创作上，也产生了一种类似的改变：整个西方世界中，以实证主义之“假定”为基础的“现实主义”（realistic）式的处理法已完全被人扬弃了。

但是，如我们刚刚所提到过的，这种态度的改变需要在理智上做非常复杂的让步和适应。它是一种基础薄弱的综合，随时都有在某一种方式下崩溃的危险。它起源于对实证主义（明示或暗示的）的反叛，却仍然相信精确之科学所使用的方法。它代表着唯心论思想的再生，却排斥了唯心论者对精神价值之永恒的信仰。
430 它最明显的表现是对实用主义的信仰——但是，没有约束的实用主义却使它失去了精微的部分，而变成了纯粹由实际经验所得到思想而已。最明显的是它对人类理性的潜力提出了质疑——但是“非理性主义”（irrationalism）却只是 1890 年代那一世代的人们所揭橥之理想的扭曲与衰退的结果。

“理性的问题”（the question of rationality）是关键，这桩问题正可以探测这一世代的知识上的努力何者有孕育力量，何者只是短暂、瞬息即逝的成果。为了阐明他们对理性所持的态度，20世纪早期的社会思想家不得不行走于剃刀边缘。在一边是18世纪以及实证主义之传统所犯的错误，在另一边则有“非理性以及情绪化”的思想所可能犯的错误。虽然心理学上与历史学上的发现，曾对理性加上了相当的限制；甚至还正是因为有这个限制的缘故，所以在以上两种错误之间，就只有信仰理性这一窄途了——不论“直觉”、自由联想（free association）以及其他一些非正统的研究方法如何放宽了社会思想中的“证据的准则”（the criteria of evidence），理性仍然是最后的控制力量与仲裁者。

甚至连这一代人当中最伟大的人物都觉得：要在这狭道上以不变的稳健步伐前进是不可能的。柏格森和索雷尔最后都受困于某种社会神秘主义（social mysticism）。弗洛伊德开始的时候很天真地相信机械论的解释——他也从来没有明白表示要放弃这种解释方法。但是他到晚年的时候却跨越到另一个极端上去，让自己的玄想任意驰骋，毫不受理性约束。帕累托从来就不曾充分了解可以把“价值”（不论它的起源是如何不合理性）看作比“残余的思想”更有意义的东西——他从来就不曾了解人类的愚昧思想与有连贯性的价值体系间之区别。克罗齐在早期的时候是了解这种区别的。但是年事渐长，他也渐渐地（几乎是不知不觉地）改
变了他的中心历史原则。他的“唯有合于理性的事物才能成为历 431
史之主题”的理论，最初只是一种简单、无可置疑的说法——即“历史学所处理的只是一些能用理性去解释的事物”。但是经过最

后之界定的结果，它却大大地缩小了史家的知识领域——亦即把整个非理性行为完全排除在历史之外，纯粹把它们看成是一种不一致的东西。

因此到了1920和1930年代，克罗齐和弗洛伊德就都已经从相反的方向跨越过一道狭窄的界限——这一道界限暂时超越了理知主义与幻想所形成的、危险万分的冲突。但是，奇怪得很，他们两人到了最后却都变得更像文人，而不那么像社会科学家。因为到他们去世的时候，文学与社会科学已经完全分开了。到20世纪中期，精确的逻辑学者以及科学家都已经扬弃克罗齐那一套理性的观念及逻辑的方法，同时也对弗洛伊德的“超历史的”（meta-historical）玄想表示不敢恭维。理性的方法与文学的意义之间已经出现一道裂痕。

韦伯很敏锐地意识到这种危险。他在试图超越实证主义者与唯心论者的争论时，便曾竭力寻求一种解释，希望能够把逻辑领域与价值领域维系在一起。如此，他就变成了唯一维持着他那一整个世代人的中心思想的人。唯独他一直坚持理性和非逻辑的方法都是了解人类世界之基本方法——这个观点从未动摇过。他暗示：虽然“真相”是由非理性行为所控制，但是理性的处理是去了解它的唯一方法。然而韦伯在知识上的一贯思想却几乎是以别人所无法承受的心理上的紧张作为代价所换取的。在短短的一二十年当中，他和他那一代人曾经努力要使理性与情感的价值保持微妙的平衡关系；这两者却如此迅速地分开了，这也是不足为奇的。

书后：关于书目

我想我不需要为这本书开列一份正式的书目。读者们从注释 432
当中就可以知道我那些原始资料以及二手资料来自何处。

但是，我有必要说明哪一类的文献是最有用的。我们从各个不同学科的正式历史当中并没有得到太多的好处。就我的目的而言，它们几乎不是太浮泛就是太专门了。相反，我发现有许多传记是不可或缺的——如果没有琼斯那一部关于弗洛伊德的伟大的著作，玛丽安·韦伯对她的丈夫之事业所做的敏锐而富有启发性的描述，以及安德鲁、韩福瑞和梅色尔最近提供给我们的关于索雷尔之生活的充实的研究，我真不知道如何去完成某些章节。

关于柏格森、克罗齐、涂尔干、帕累托等人的描述，我就必须自己想办法了。在论及柏格森的时候，我不得不做自己的选择——因为事实上我得到的资料不是太缺乏批判性、一味恭维，就是采取非常敌对的角度来描述他。至于克罗齐，我们则仍然缺乏一部对他做重新评价的经典之作；但是如卡朋尼格里（A. Robert Caponigri）、查伯德（Chabod）、科西（Mario Corsi）、卡布拉力（Vittorio de Caprariis）和史布里格（Cecil J. S. Sprigge）等人的近作，却已显示出一些新评价的迹象。关于涂尔干和帕累托，帕森

433 斯的《社会行动的结构》是不可缺少的一部指南。它确实也是我最倚重的三部杰出的综合性著作当中的一部。

其余两部都是意大利人的作品——亦即安东尼（Carlo Antoni）的《从历史主义到社会学》*（*Dallo storicismo alla sociologia*）以及罗西（Pietro Rossi）的《当代德国的历史主义》（*Lo storicismo tedesco contemporaneo*）。这两部书所讨论的范围虽然大体一样，但是它们的哲学方法很不相同——前者是一位受人敬重的年高的学者所写的，作者很坦率地承认它的风格是克罗齐式的；后者则出自一个聪明的初学者之手，它是倾向于韦伯传统下的社会学的。读者们看了本书的第六、第八两章以后就可以很明白地看到我的观点是倾向于后者的。

我还要补充说明：书中的译文，除另外加注之处，都是出自我自己之手。只要找得到原文的一手译文或二手译文，我都会告诉读者。当我提到那些书名的时候，我只有在它们还尚未有译本的情况下，才采用原文名字。在少数场合，我虽然看到有些译文容易令人产生误解或不妥当，但是我也没有去更动它们。

* 海登 · 怀特（Hayden V. White）英译:《从历史到社会学》（*From History to Sociology*, Detroit, 1959）。

图书在版编目(CIP)数据

意识与社会:1890年至1930年间欧洲社会思想的新取向/(美)H.斯图尔特·休斯著;李丰斌译.—北京:商务印书馆,2024
(汉译世界学术名著丛书:120年纪念版:珍藏本:增订本)
ISBN 978-7-100-23767-3

Ⅰ.①意… Ⅱ.①H…②李… Ⅲ.①社会学—思想史—研究—欧洲—近现代 Ⅳ.①C91-095

中国国家版本馆CIP数据核字(2024)第112336号

汉译世界学术名著丛书
(120年纪念版·珍藏本·增订本)
意识与社会
1890年至1930年间欧洲社会思想的新取向
〔美〕H.斯图尔特·休斯 著
李丰斌 译

商务印书馆出版
(北京王府井大街36号 邮政编码100710)
商务印书馆发行
北京中科印刷有限公司印刷
ISBN 978-7-100-23767-3

2024年5月第1版　　开本710×1000 1/16
2024年5月北京第1次印刷　　印张30
定价:180.00元